"十二五"國家重點圖書出版規劃項目
哈佛燕京圖書館書目叢刊第十五種

沈津 主編

美國哈佛大學
哈佛燕京圖書館藏
中文善本書志

Annotated Catalogue of the Chinese Rare Books
in the Harvard-Yenching Library,
Harvard University, U.S.A.

· 6 ·

 叢部

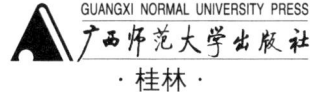
廣西師範大學出版社
· 桂林 ·

《百川學海》一百種一百七十九卷　宋左圭編　明弘治十四年(1501)華珵刻本

《說郛》一百二十卷《續說郛》四十六卷
明陶宗儀輯　清陶珽重輯　清順治三
年(1646)李際期宛委山堂刻本

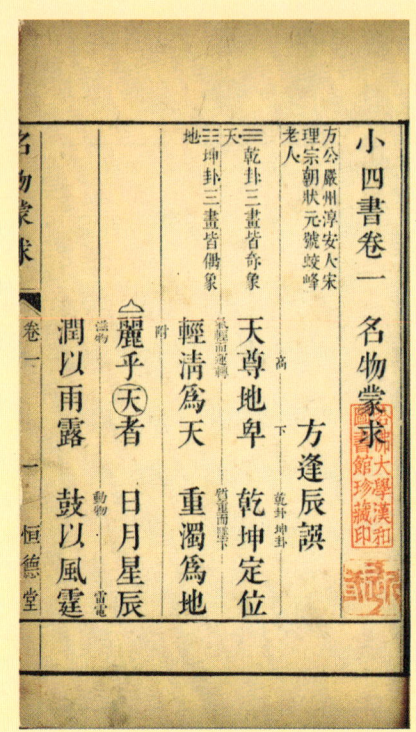

《小四書》五卷　清陸隴其輯　清雍正十一年(1733)朱廷標恒德堂刻本

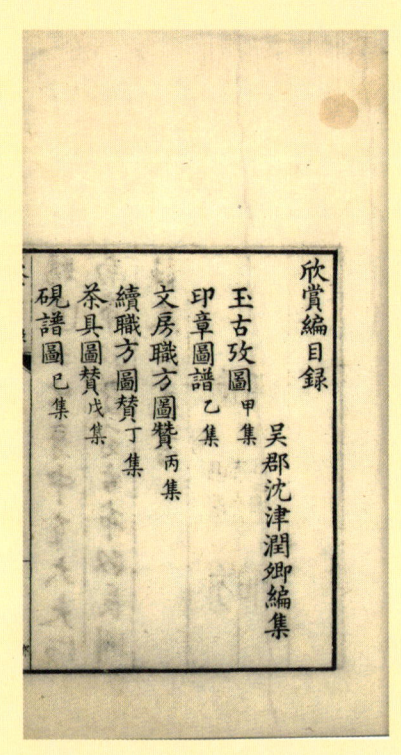
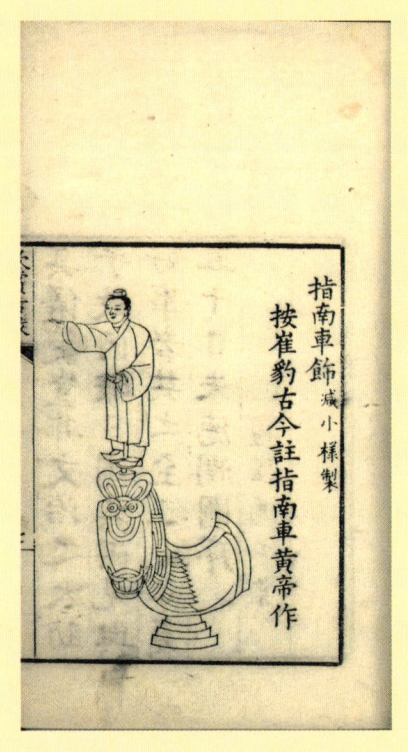

《欣賞編》十種十四卷　明沈津編　明正德間沈氏刻萬曆增補印本

《國朝典故》不分卷　明朱當㴐　明抄本

《金聲玉振集》五十一種六十二卷
明袁褧編　明嘉靖二十九年
(1550)至三十(1551)袁氏嘉趣
堂刻本

《今獻彙言》三十九種三十九卷
明高鳴鳳編　明刻本　清孫潛校

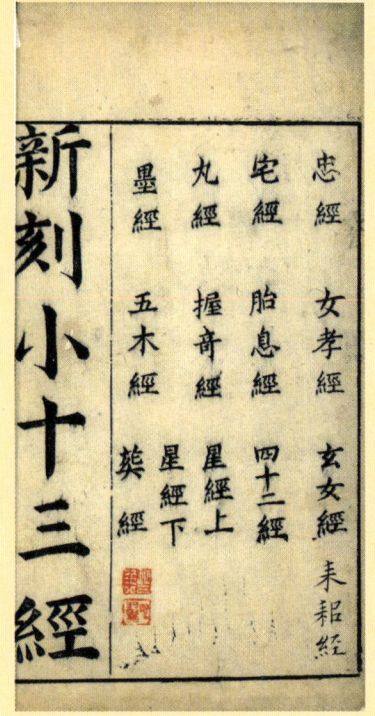
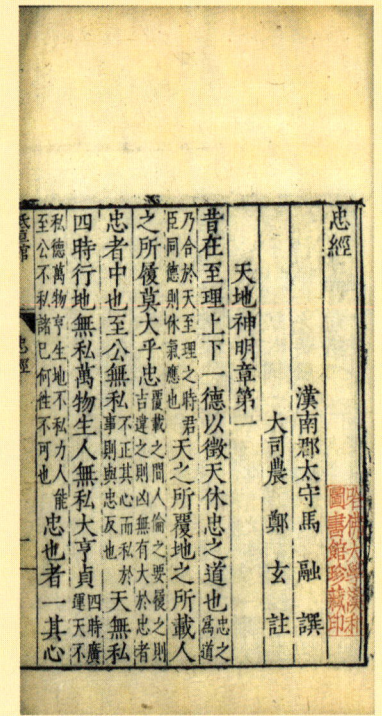

《小十三經》十三種十六卷　明顧起經編　明嘉靖衹洹館刻本

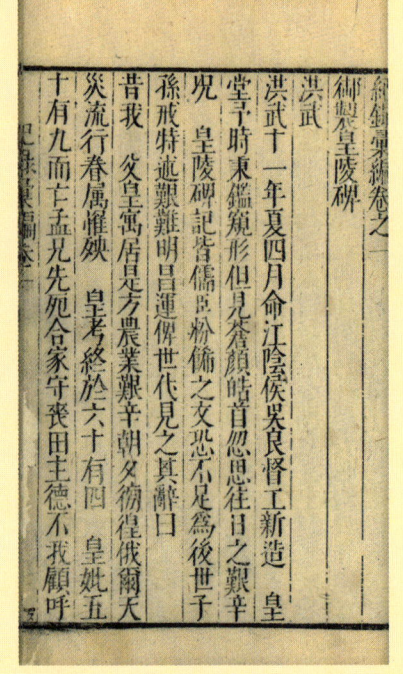

《文林綺繡》五種五十九卷　明凌迪知編　明萬曆凌氏桂芝館刻本

《紀錄彙編》一百二十三種二百二十四卷　明沈節甫編　明萬曆四十五年(1617)陳于廷刻本

《歷代小史》一百六種一百六卷
明李栻編　明刻本

《彙刻三代遺書》六種二十八卷
明趙標輯　明萬曆二十二年(1594)
大名知府塗時相刻本

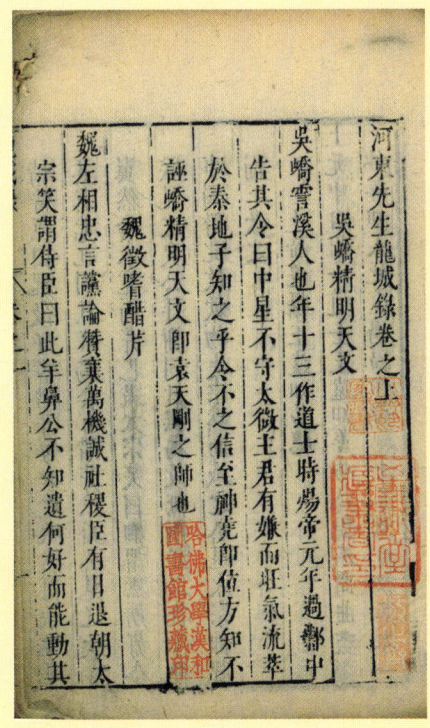

《稗海》四十六種二百八十五卷
明商濬編　明萬曆商氏半埜堂刻本

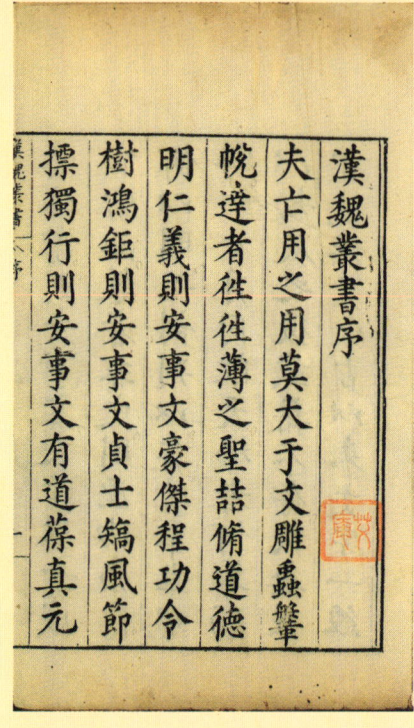
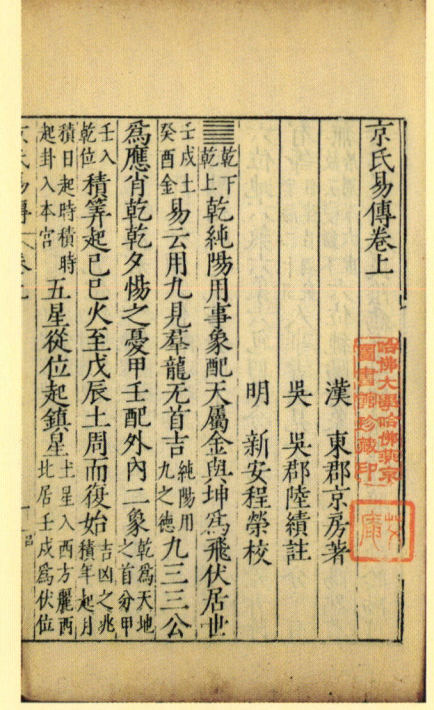

《漢魏叢書》三十八種二百五十一卷　明程榮編　明萬曆二十年(1592)程榮刻本

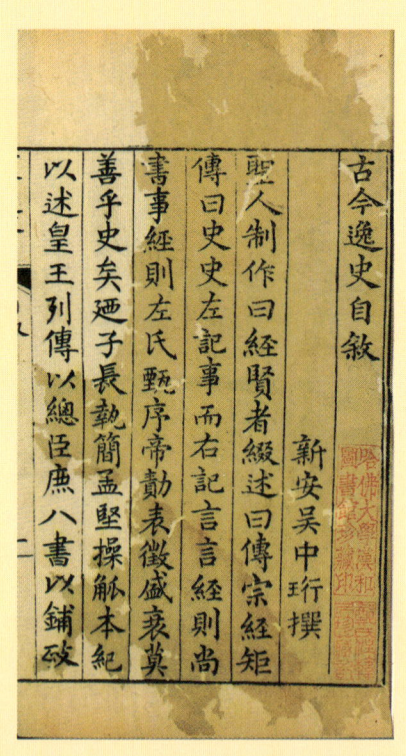
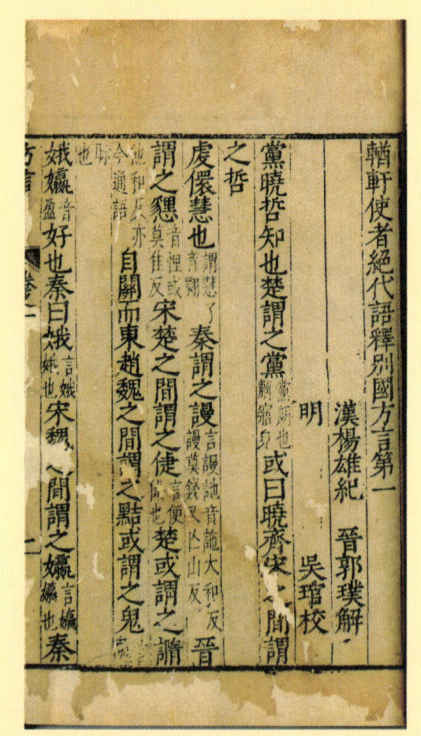

《增定古今逸史》五十五種二百二十三卷　明吳琯編　明吳琯刻本

《尚白齋鐫陳眉公訂正秘笈》二十一種四十七卷　明陳繼儒編
明萬曆三十四年（1606）沈氏尚白齋刻本

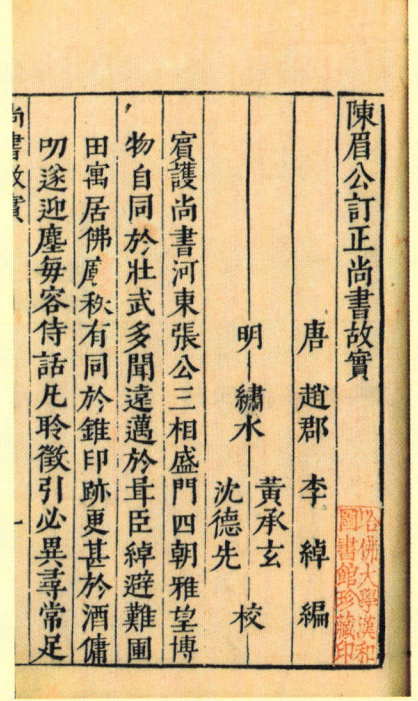

《寶顏堂續秘笈》五十種一百卷　明陳繼儒編　明萬曆間沈氏尚白齋刻本

《亦政堂鐫陳眉公家藏廣秘笈》五十四種一百三卷　明陳繼儒編　明萬曆間沈氏尚白齋刻本

《亦政堂鐫陳眉公普秘笈一集》五十種八十八卷　明陳繼儒編　明萬曆間沈氏尚白齋刻本

《亦政堂鐫陳眉公家藏彙秘笈》四十二種八十六卷　明陳繼儒編　明萬曆間沈氏尚白齋刻本

《尚白齋鐫陳眉公寶顏堂秘笈》十七種四十九卷　明陳繼儒編　明萬曆間沈氏尚白齋刻本

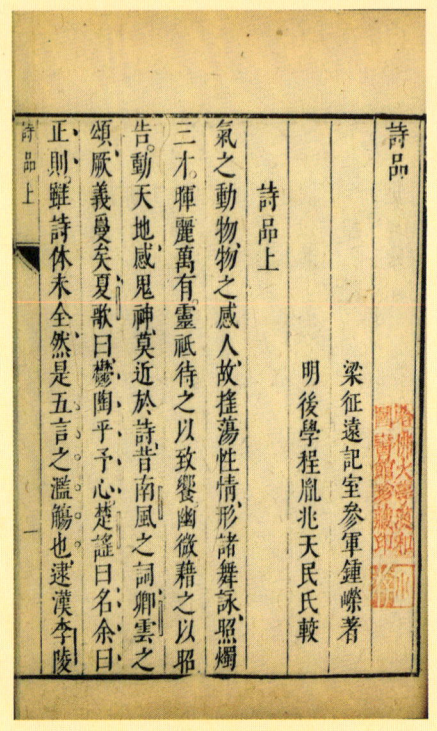

《天都閣藏書》十五種二十六卷　明程允兆輯　明刻本

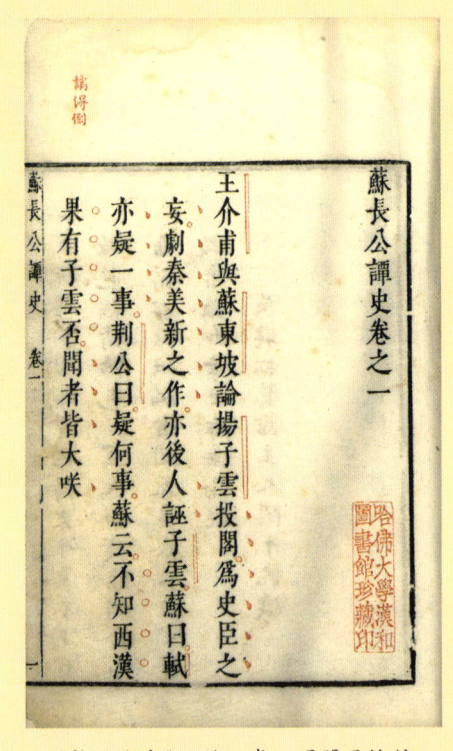

《三注鈔》三種十六卷　明鍾惺輯
清趙吉士等訂正　清順治十五年
(1658)趙吉士刻本

《枕函小史》五種四卷　明閔于忱編
明閔于忱松筠館刻朱墨套印本

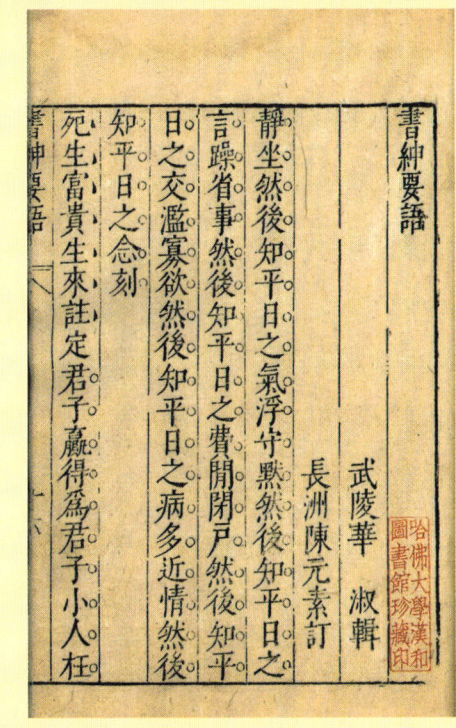
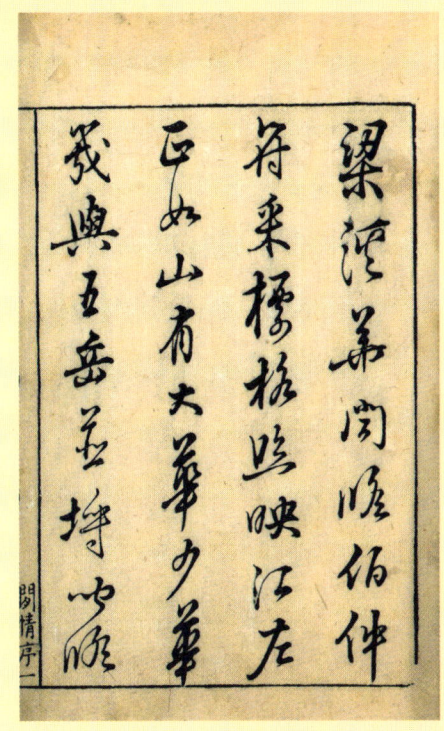

《閑情小品》二十七種二十八卷附錄一卷　明華淑編　明刻本

《廣快書》五十種五十卷　明何偉然編
明崇禎刻本

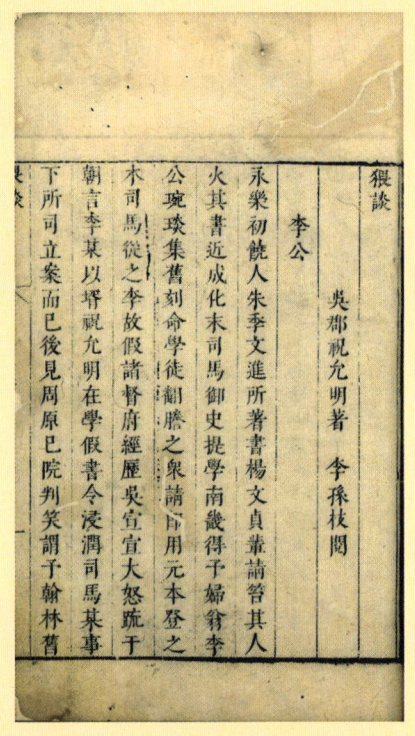

《快閣藏書》十種六十八卷　明唐琳編　明天啟唐氏快閣刻本

《春社猥談》十卷　明佚名輯　明刻本

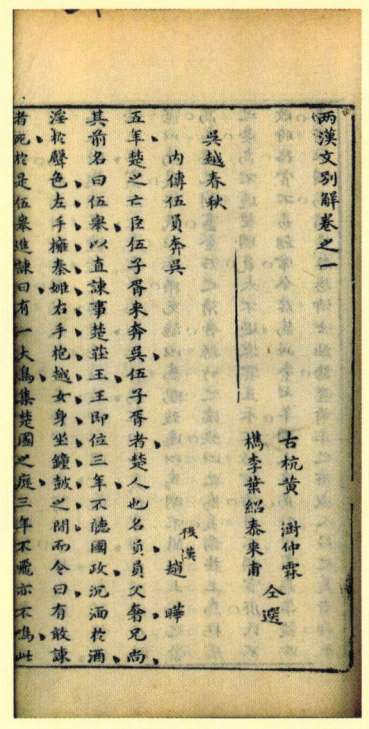

《漢魏別解》十六卷　明黃澍、葉紹泰編　明崇禎十一年（1638）香谷山房刻本

《五朝小說》四百六十六卷　明崇禎刻本

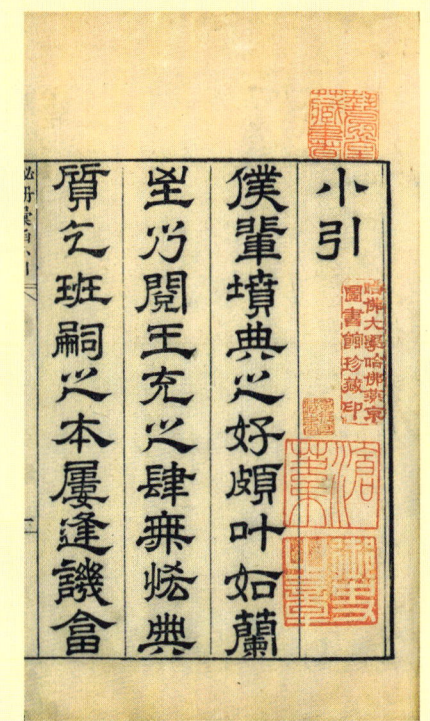

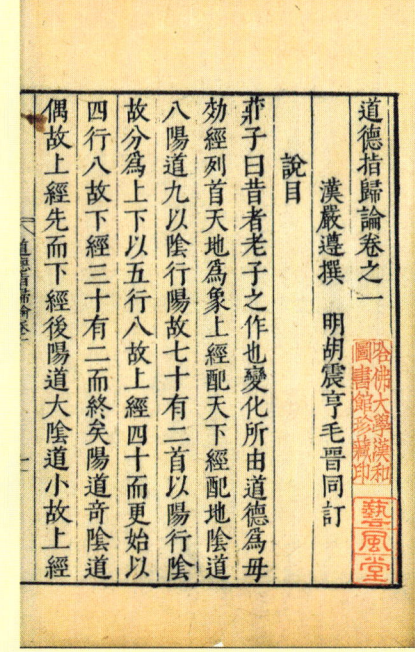

《津逮秘書》十五集一百四十一種七百四十八卷　明毛晉編　明崇禎毛氏汲古閣刻本

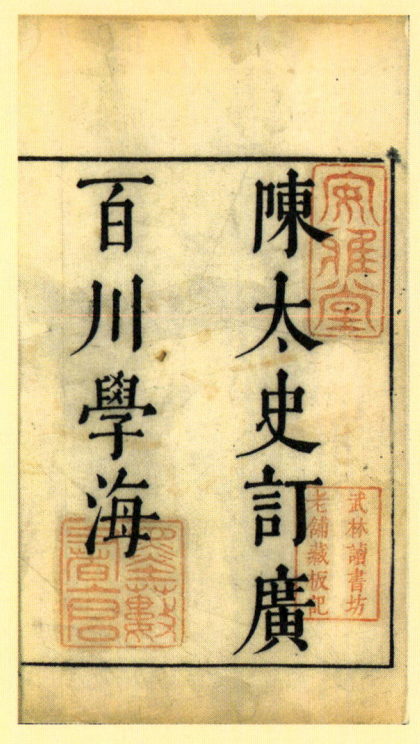 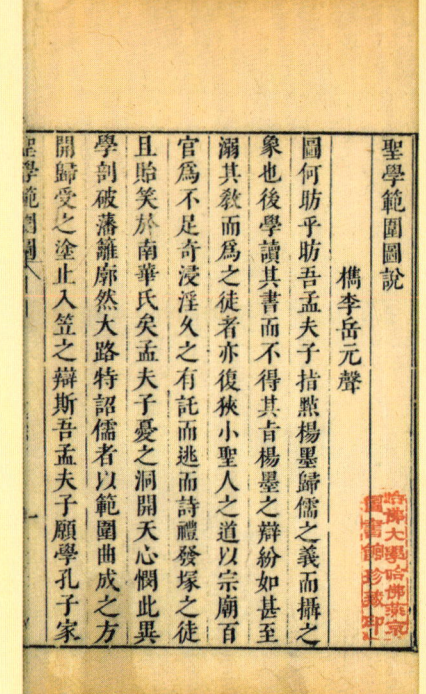

《廣百川學海》一百三十種一百五十六卷　明馮可賓編　明末刻本

 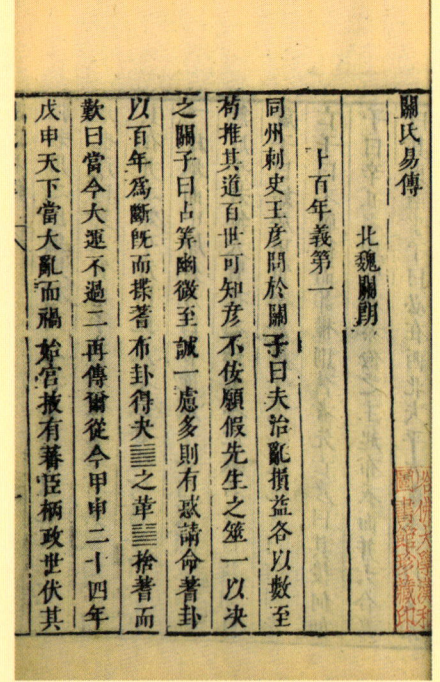

《唐宋叢書》九十一種一百五十一卷　明鍾人傑、張遂辰輯　明刻後印本

《居家必備》十卷　明末刻本

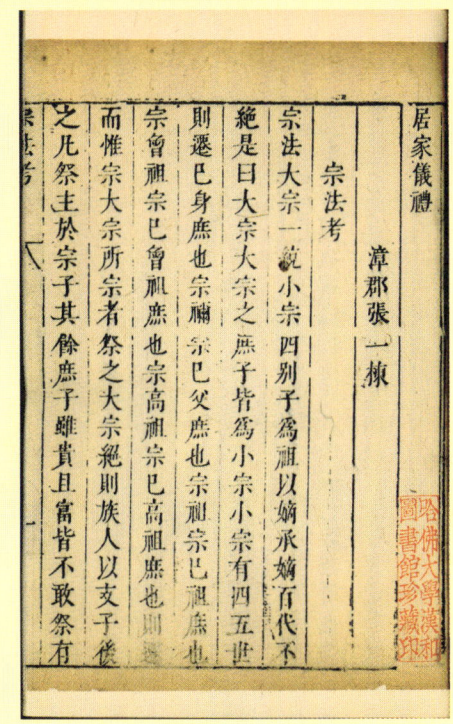

《秘書廿一種》九十四卷　清汪士漢輯　清康熙八年(1669)新安汪氏據明刻《古今逸史》板重編印本

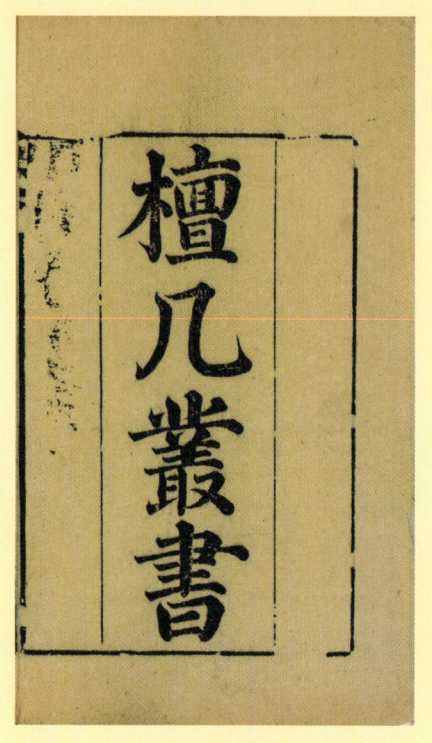
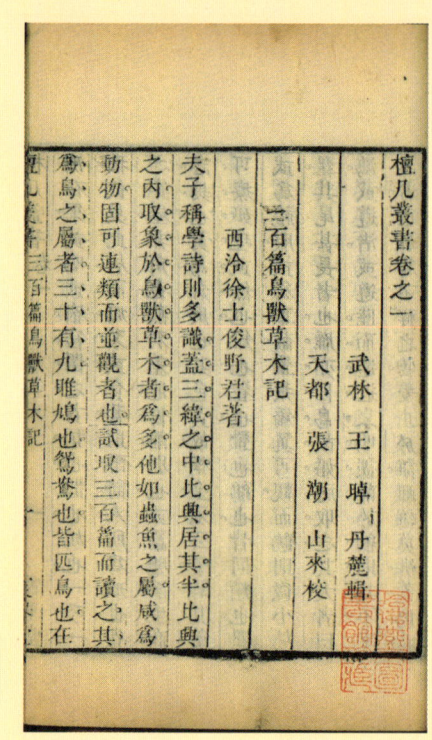

《檀几叢書》一百五十七種一百三卷　清王晫撰　清張潮輯
清康熙三十六年(1697)新安張氏霞舉堂刻本

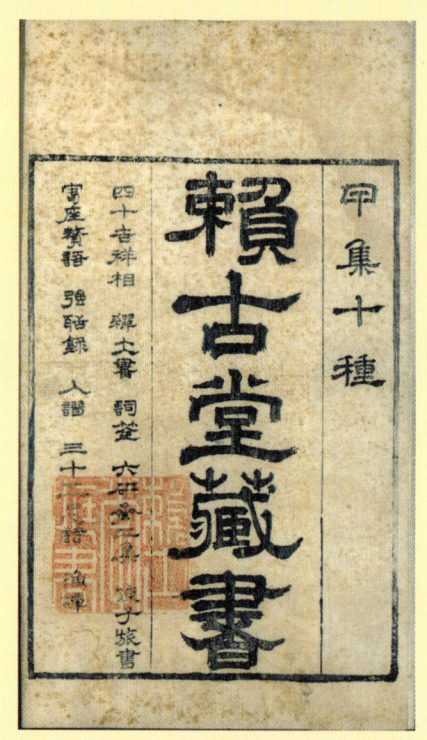
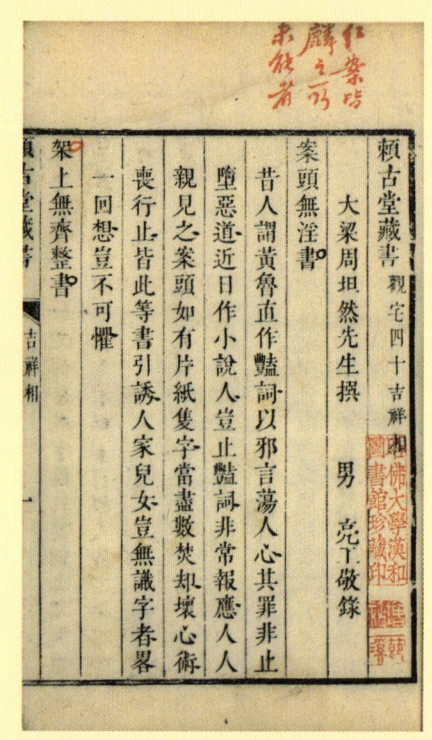

《賴古堂藏書甲集》十種十卷　清周亮工、周在都輯　清康熙周氏賴古堂刻本

《武英殿聚珍版書》一百三十八種
二千四百十六卷　清高宗敕輯　清
乾隆武英殿活字印本

《奇晉齋叢書》十六種十九卷
清陸烜輯　清乾隆三十四年
(1769)陸烜奇晉齋刻本

《紫藤書屋叢刻》六種十四卷
清陳氏輯　清乾隆間秀水陳氏刻本

《春浮園集》六種九卷附二種六卷
明蕭士瑋等撰　清康熙間蕭伯升
刻本

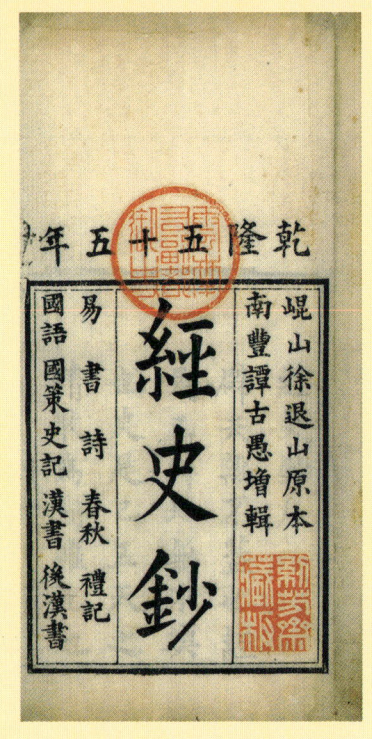
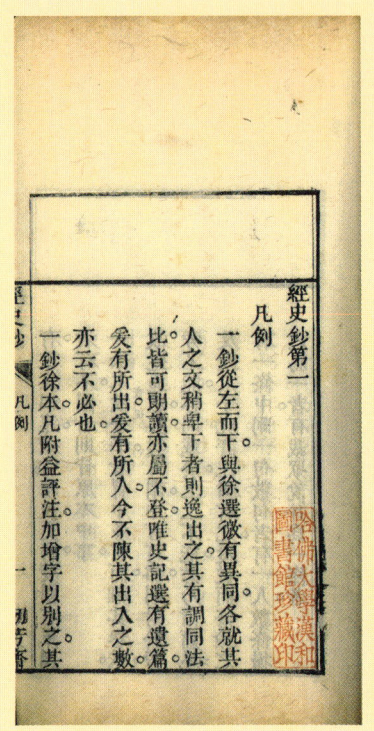

《經史鈔》十種三十三卷　清徐與喬輯　清譚尚忠增輯　清乾隆五十五年(1790)紉芳齋刻本

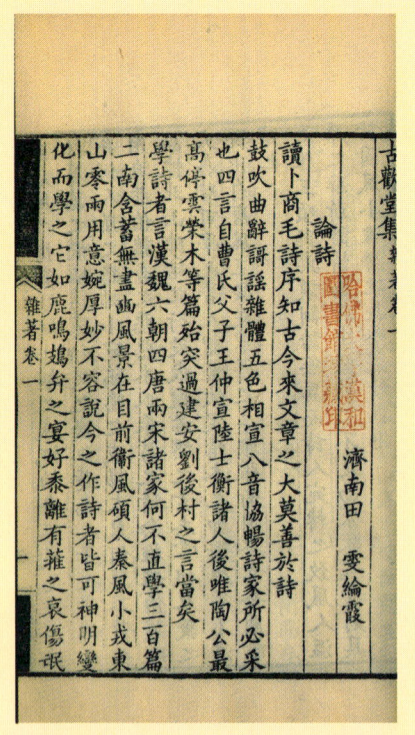
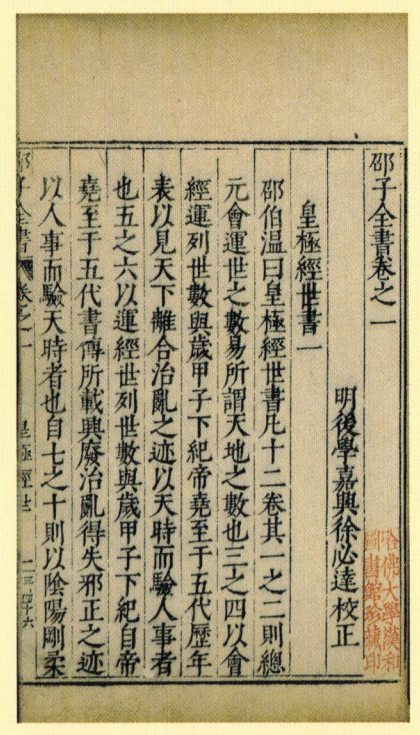

《德州田氏叢書》十三種一百十卷
清田雯等撰　清康熙、乾隆間刻本

《邵子全書》二十四卷　宋邵雍撰
明萬曆徐必達刻本

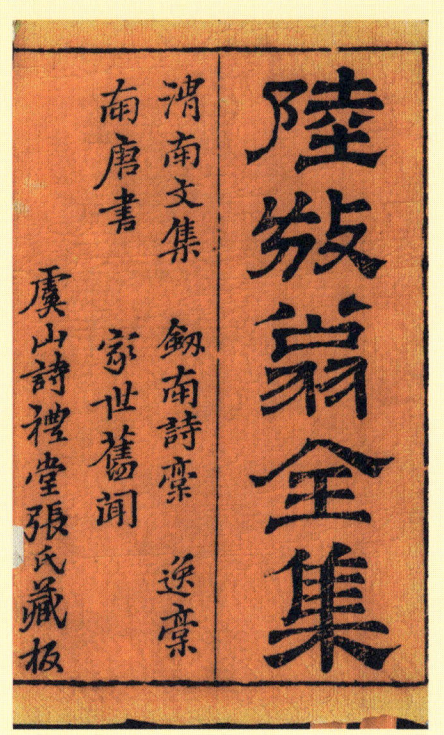
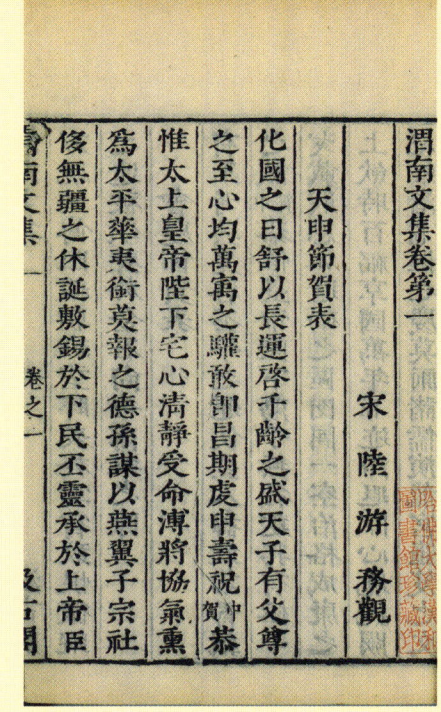

《陸放翁全集》六種一百五十七卷　宋陸游撰　明崇禎毛氏汲古閣刻清毛扆增刻本

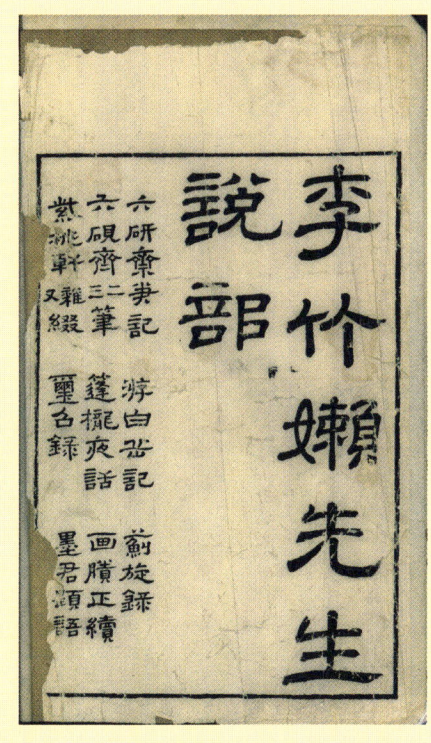
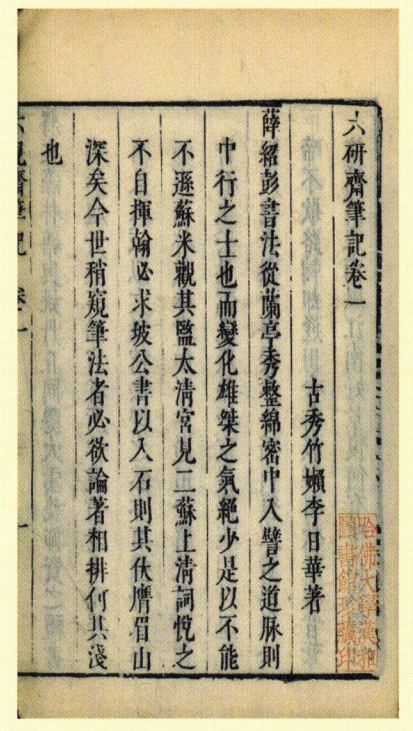

《李竹嬾先生說部》八種二十五卷　明李日華撰　附錄《墨君題語》一卷
明李會嘉撰　項聖謨輯　明天啓至崇禎刻本

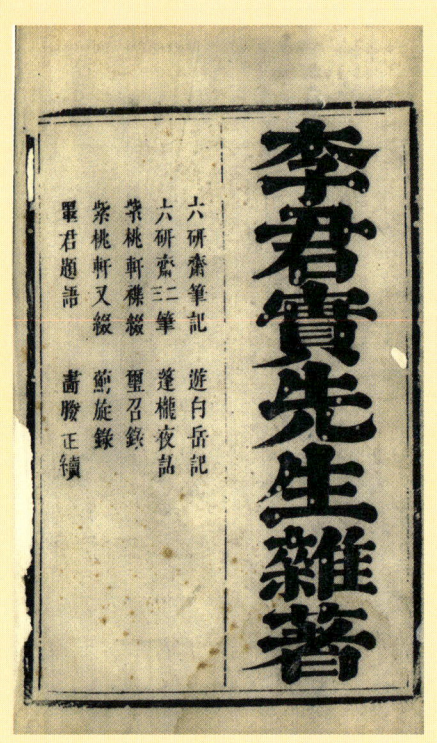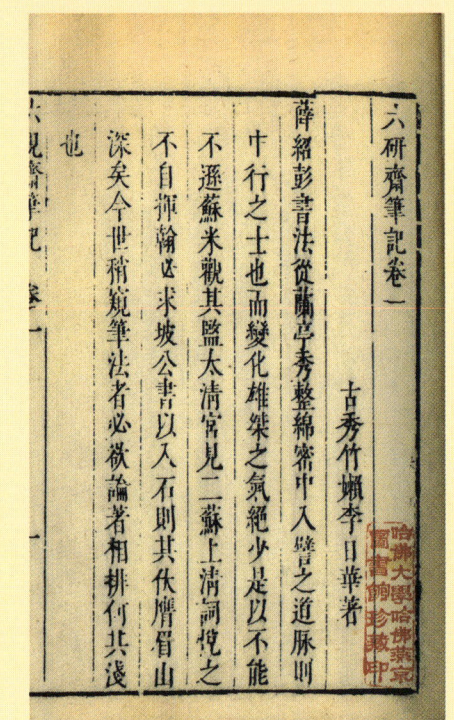

《李竹嬾先生說部》八種二十五卷　明李日華撰　附錄《墨君題語》一卷　明李會嘉撰
項聖謨輯　明天啓至崇禎刻清康熙、乾隆修補印本

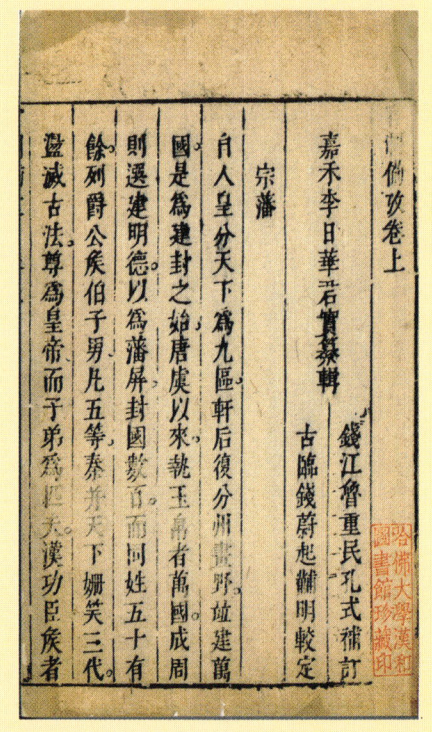

《四六全書》五種三十九卷　明李日華撰　明崇禎十三年(1640)錢蔚起、魯重民刻本

《王季重先生集》九種九卷
明王思任撰　明末清暉閣刻本

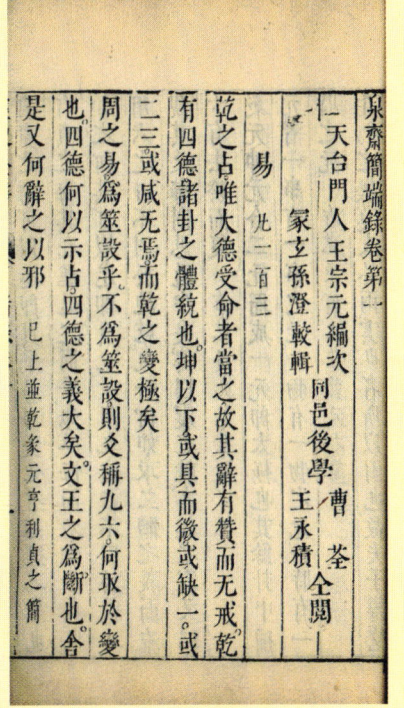

《邵文莊公經史全書》五種二十八卷　明邵寶撰　清康熙十二年(1673)刻本

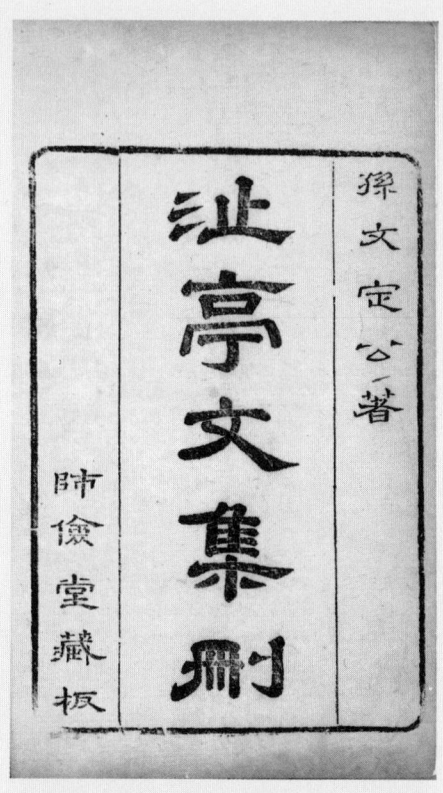

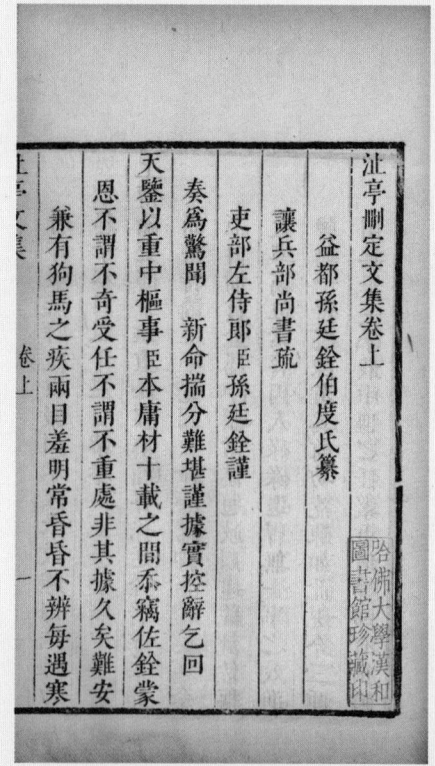

《孫文定公全集》六種十二卷　清孫廷銓撰　清康熙刻本

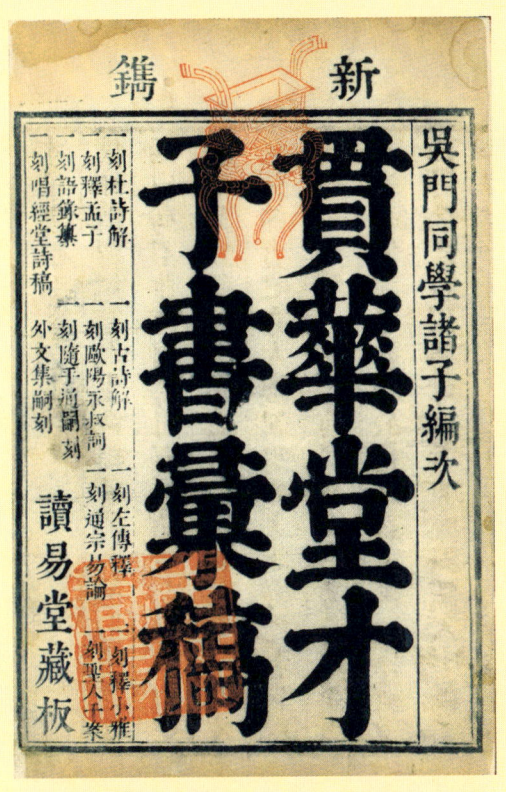

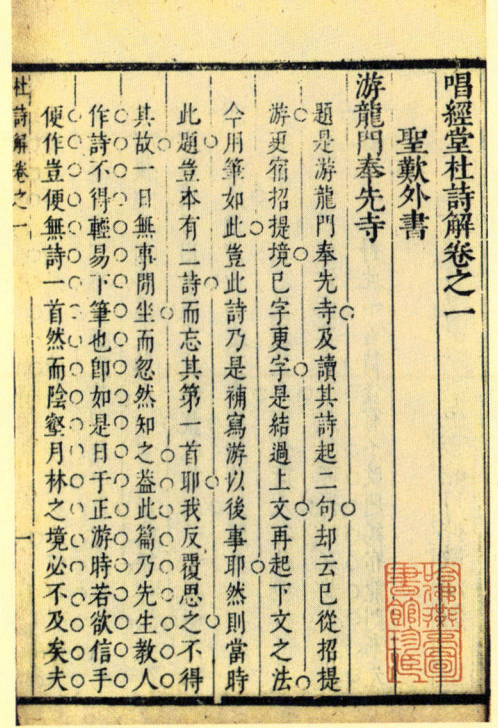

《唱經堂才子書》十種十五卷　清金人瑞撰　清初刻本

《王漁洋遺書》三十八種二百七十三卷　清王士禛撰並輯　清康熙間刻彙印本

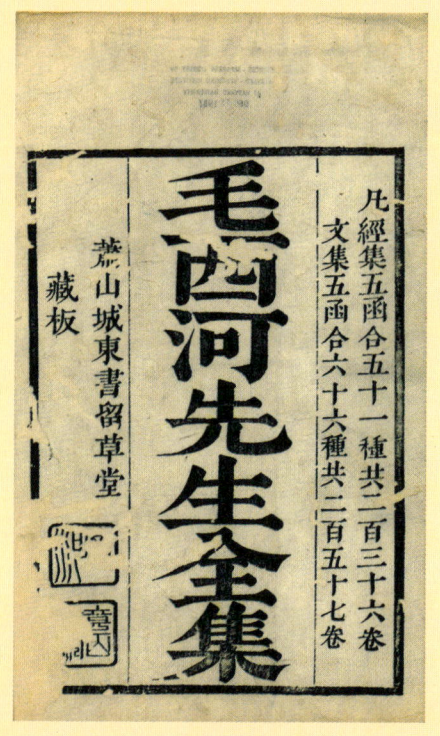

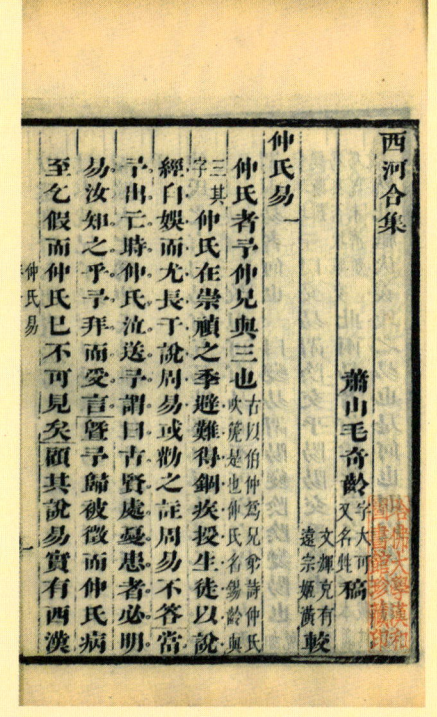

《西河合集》一百十九種四百九十六卷　清毛奇齡撰　清康熙書留草堂刻後印本

八紘譯史

錢濟南王阮亭
錢塘高士奇 兩先生評定
錢塘陸次雲士 著
本衙藏板

譯史
荒史 峒谿纖志
嶽志志餘 附譯史紀餘 澄江集
北墅緒言 玉山詞 附湖壖雜紀

八紘譯史卷之一

錢塘陸次雲雲士著
蓉江貢 煒麃園校
受業曹 沅鄴湘訂

東部

日本

日本倭國在大海中浙閩之東北隅漢滅朝鮮通
使稱王者三十餘國初王名御天中主傳二十三
世建武初奉朝貢光武賜以印綬其後國亂女

《陸次雲雜著》九種二十一卷　清陸次雲撰　清康熙刻本

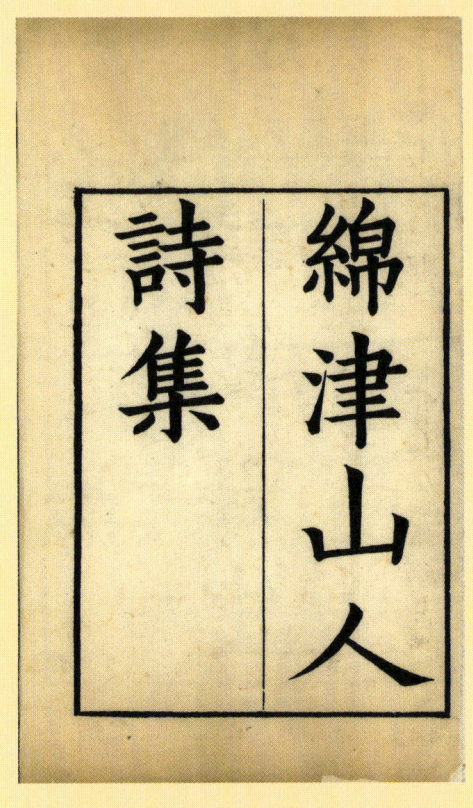

綿津山人詩集卷一

商丘 宋　犖牧仲

古竹圃稿

擬古五首

鳳凰覽德輝羽翼昭文章五雲橫清漢千仞恣翱
翔梧桐始一棲竹實始一嘗秉身既有德豈在荊
棘傍紛紛鷄與鶩徒知謀稻粱
人生宇宙間譬若地上蓬飄搖無根蒂到處隨天
風莊周古達士栩栩觀無窮一身忽變化萬事孰
要終飲酒被紈素長嘯脫樊籠

《綿津山人集》六種附二種三十九卷　清宋犖撰　清康熙間商丘宋氏刻本

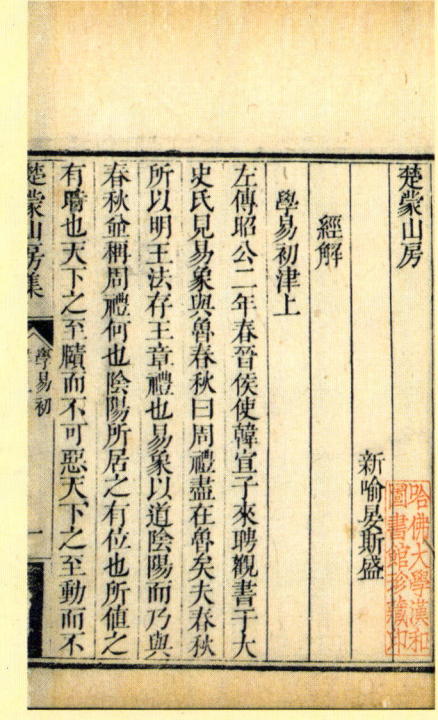

《楚蒙山房集》四種四十九卷　清晏斯盛撰　清乾隆間新喻晏氏刻本

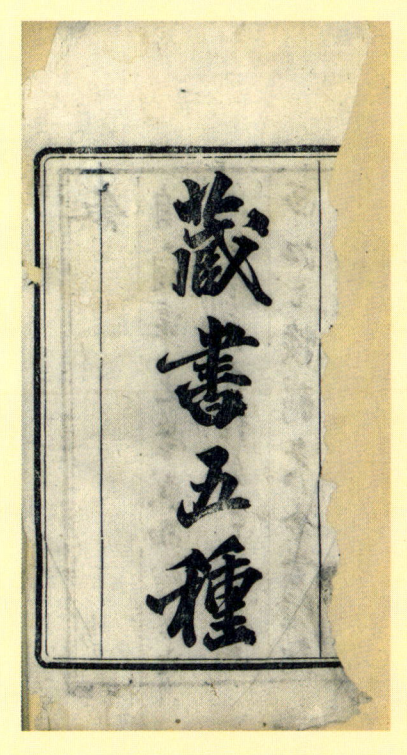

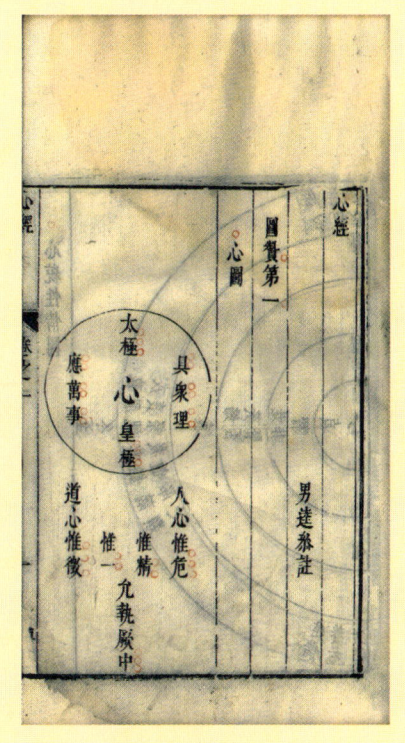

《程氏叢書》二十三種三十六卷　清程作舟撰　清康熙夢園刻本

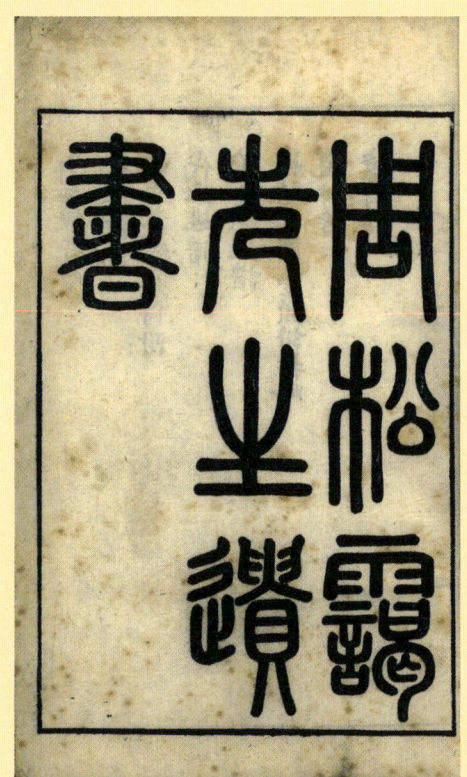

易經　　　　海寧周春學

辨音

需陸氏釋文音須　說文廣韻相俞翻
心母字也今通讀如
舒乃心音轉為審也濡音儒繻亦音儒
竝日字母也今通讀濡繻竝如舒則由需字偏傍而誤

褥釋文徐敕紙翻音耻徹母字　玉篇敕爾翻廣徹澄音近所以有此兩音案
音豸澄母字　韻池耳翻同　又直是翻
說文褥讀若池許氏云讀若者已括兩音之理徐氏不知
竟注平聲直離翻音池殊失許氏之旨矣

《周松靄先生遺書》八種二十九卷　清周春撰　清乾隆、嘉慶間刻本

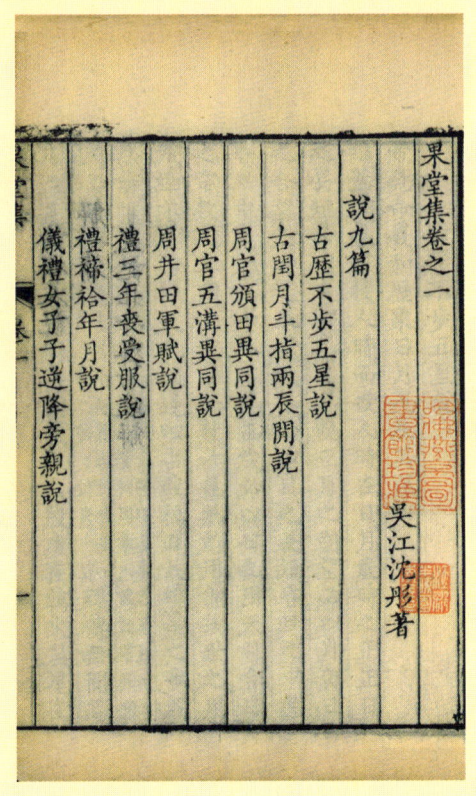

《果堂全集》五種二十三卷　清沈彤撰　清乾隆吳江沈氏果堂刻本

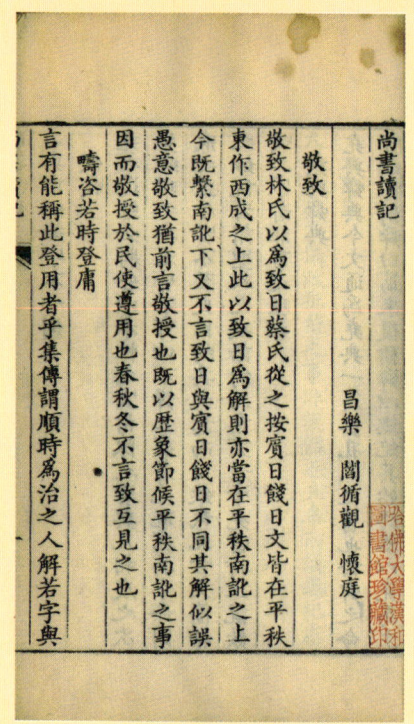

《西澗草堂全集》五種十八卷　清閻循觀撰　清乾隆三十八年(1773)樹滋堂刻本

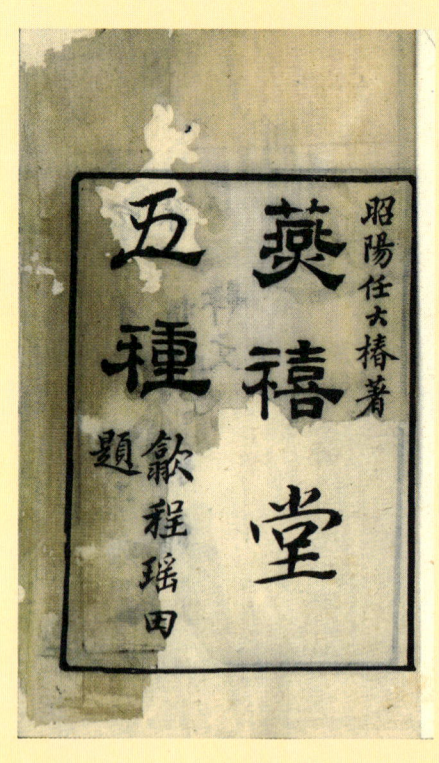
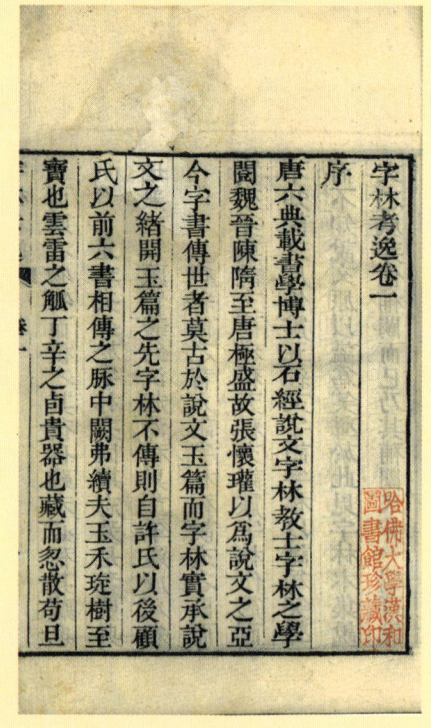

《燕禧堂五種》十五卷　清任大椿撰並輯　清乾隆刻本

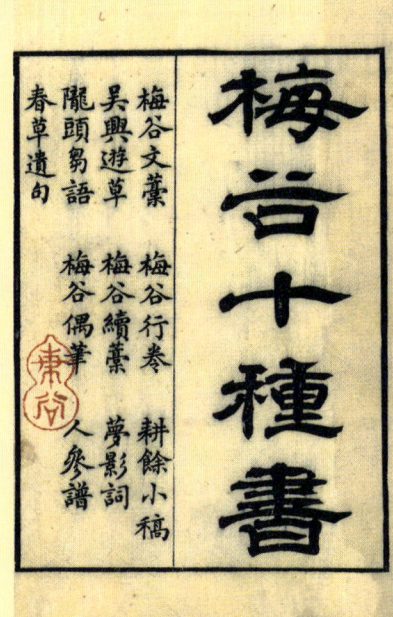

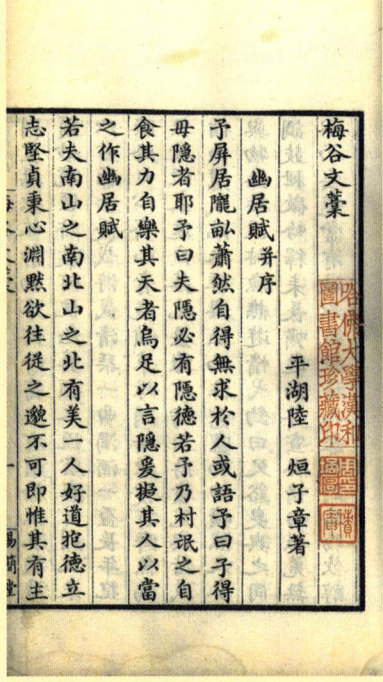

《梅谷十種》十七卷　清陸烜撰　清乾隆刻本

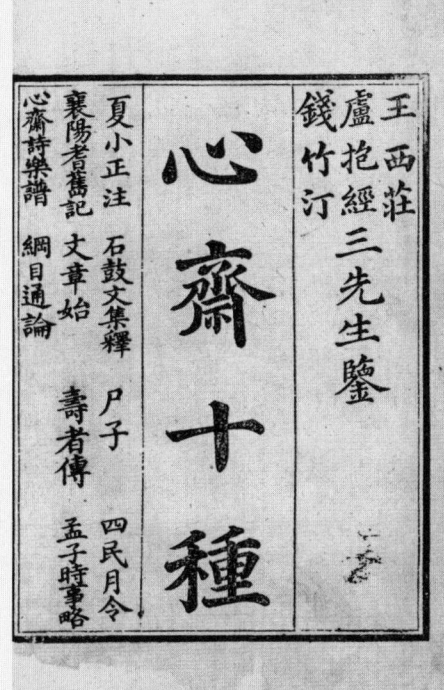

心齋十種

王西莊
盧抱經 三先生鑒
錢竹汀

夏小正注　石鼓文集釋　尸子　四民月令
襄陽耆舊記　文章始　壽者傳　孟子時事略
心齋詩樂譜　綱目通論

夏小正卷第一

震澤任兆麟文田註

春
正月
啟蟄
言始發蟄也蟄說文藏也莊子蟄蟲始作郭音釩
雁北鄉　鄉許亮切
先言雁而後言鄉者何也見雁而後數其鄉也鄉者何也鄉其居也雁曰北方為居

《心齋十種》二十二卷　清任兆麟撰　清乾隆間震澤任氏刻本

叢部

3033 明弘治刻本百川學海

T9100/1622

《百川學海》一百種一百七十九卷,宋左圭編。明弘治十四年(1501)華珵刻本。二十册。半頁十二行二十字,左右雙邊,白口,無魚尾。框高19.4釐米,寬14.5釐米。前有宋咸淳九年(1273)左圭自序。

左圭,字禹錫,號古鄮山人。

是書分甲、乙、丙、丁、戊、己、庚、辛、壬、癸十集,爲僅次於《儒學警悟》之我國第二部綜合性叢書,所收晉至宋代著作,多野史雜説,宋人詩話尤多。

左圭自序云:"余舊裒雜説數十種,日積月累,殆逾百家,雖編纂各殊,醇疵相半,大要足以識言行,裨見聞,其不悖於聖賢之指歸則一。揚子雲有言,百川學海而至於海。又曰,川雖曲,而通諸海則由諸夫川,惟其流而不息,故能合衆水而朝宗。使其或止或停,或有所限而不通,則潢潦溝澮而已矣。人能由衆説之流派,遡學海之淵源,則是書之成夫豈小補。因壽諸梓,以溥其傳,而名之曰《百川學海》云。"

此本爲華珵所刻,然佚去錢鶴序。珵字汝德,無錫人,以貢授大官署丞。善鑒别古奇器法書名畫,築尚古齋,又好聚書。葉德輝《書林清話》卷八有云:"珵刻有宋左圭《百川學海》,改竄宋本舊第,爲世所譏,大約華氏所刻書,均不必可據。特以傳世日稀,又無宋本可以比校,故書估藏家展轉推重也。"又此本封面佚名題"宋刊明修",誤。

《四庫全書總目》未收。《中國古籍善本書目》著録,中國國家圖書館、上海圖書館等十四館有全帙。臺北"國家圖書館"(五部)及日本内閣文庫、静嘉堂文庫、尊經閣文庫亦有入藏。是書又有二十卷本,爲明嘉靖十五年鄭氏宗文堂刻本。臺北"國家圖書館"又有一百四十四卷本二種,皆明人重編,一作明末刻本,一作明末葉坊刻本。

鈐印有"李文田"、"讀萬閣主人"、"伊耆子"、"本立"、"密岩書畫"。

3034 清順治刻本説郛

T9100/0122

《説郛》一百二十卷《續説郛》四十六卷,明陶宗儀編;清陶珽重輯。清順治三年(1646)李際期宛委山堂刻本。一百六十八册。半頁九行二十字,左右雙邊,白口,單魚尾。框高19釐米,寬13.8釐米。

陶宗儀,字九成,號南村,浙江台州人。少舉進士第,一不中,即棄去,元末流寓松江,以課徒爲生。明洪武初,詔徵天下儒士,引疾不赴。務古學,無所不窺。一生著述甚富,有《輟耕録》、《書史會要》、《南村詩集》、《國風尊經》、《四書備遺》、《草莽私乘》等,《四庫全書總目》多有著録。其友江陰孫作《滄螺集》卷四有《陶先生小傳》,《(光緒)台州府志·文苑傳二》、《新元史》卷二三八亦有傳。

陶珽,字紫闐,號不退,又號天台居士,雲南姚安人。萬曆三十八年進士,官大名府知府、遼東及武昌兵備道等。嘗讀書西湖,與袁中郎、陳眉公諸名卿交,所爲詩文,海内稱絶。清甘雨撰《姚州志》卷七載其傳。

是書爲陶氏纂輯歷朝經史傳記、諸子百氏、稗官小説諸書而成,收録極爲繁富,内容包羅萬象,有經史百家、傳記雜書、山川風物、蟲魚草木、詩詞評論等。書名取自《揚子法言·問神》:

"天地萬物,郛也;五經衆説,郛也,是五經郛衆説也。"明人楊維楨序云:"學者得是書,開所聞、擴所見者多矣。"《四庫全書總目》入子部雜家類,《總目》云:"雖經竄亂,崖略終存,古書之不傳於今者,斷簡殘編,往往而在;佚文瑣事,時有徵焉。固亦考證之淵海也。"

原書作一百卷,子目一千餘種,宗儀編成《説郛》後不久病卒,有多家抄本流行,見於《澹生堂藏書目》、《述古堂書目》等。明成化十七年,郁文博罷官歸鄉,於松江龔某家借錄一鈔本,以爲"是書搜集萬事萬物,備載無遺,有益後人"。然字多訛闕,兼有重出與當並者,於是終歲手錄,逐一校勘,仍編爲一百卷。郁氏校訂本在明代或曾刊行,《邵亭知見傳本書目》、《四庫簡明目錄標注》等皆言及有明刊本《説郛》,莫伯驥《五十萬卷樓藏書目錄初編》著錄有明刊《説郛》一百卷,半頁八行,行十七字,惜明刊本未見存世。

今世通行本即此一百二十卷本,姚安陶珽編次,清順治三年浙江提學道李際期整理舊板,重定印行,並附《續説郛》四十六卷。"卷"均題作"弓",陶宗儀《輟耕錄·弓字》有"弓即卷字,《真誥》中謂一卷爲一弓"。此版錯訛指不勝屈,如《四庫全書總目》所載,揉雜竄亂,多非南村原本,故乾嘉諸賢往往歎息於《説郛》之亡,亡於剞劂!

《四庫全書總目》亦收入《續説郛》四十六卷,入子部雜家類存目。提要云:"是編增輯陶宗儀《説郛》,迄於元代,復雜抄明人説部五百二十七種以續之,其删節一如宗儀之例。然正、嘉以上,淳樸未灕,猶頗存宋元説部遺意。隆、萬以後,運趨末造,風氣日偷。道學侈稱卓老,務講禪宗,山人競述眉公,矯言幽尚。或清談誕放,學晉宋而不成;或綺語浮華,沿齊梁而加甚。著書既易,入競操觚,小品日增,卮言疊煽。求其卓然蟬蜕於流俗者,十不二三。珽乃不別而漫收之,白葦黃茅,殊爲冗濫。至其失於考證,時代不明,車若水之《腳氣集》以宋人而見收,鮮于樞之《箋紙譜》以元人而闌入,又其小疵矣。"雖然"皆明人餖飣之詞,全書尚不足觀,摘錄益無可取,别存其目,不復留溷簡牘焉。"

現存《説郛》子目如下:

弓一

《大學石經》一卷　　　　　　　　　　　《大學古本》一卷,明陶宗儀錄
《中庸古本》一卷,明陶宗儀錄　　　　　《詩小序》一卷,周卜商撰
《詩傳》一卷,周端木賜撰　　　　　　　《詩説》一卷,漢申培撰

弓二

《乾鑿度》二卷　　　　　　　　　　　　《元包》一卷,北周衛元嵩撰
《潛虛》一卷,宋司馬光撰　　　　　　　《京氏易略》一卷,漢京房撰
《關氏易傳》一卷,題後魏關朗撰　　　　《周易略例》一卷,魏王弼撰
《周易古占》一卷,宋程迥撰

弓三

《周易舉正》一卷,題唐郭京撰　　　　　《讀易私言》一卷,元許衡撰
《元包數義》一卷,宋張行成撰　　　　　《櫄蓍記》一卷,元劉因撰
《論語筆解》一卷,唐韓愈撰　　　　　　《論語拾遺》一卷,宋蘇轍撰
《疑孟》一卷,宋司馬光撰　　　　　　　《詰墨》一卷,題漢孔鮒撰
《翼莊》一卷,晉郭象撰

弓四

《毛詩草木鳥獸蟲魚疏》二卷,吳陸璣撰　《詩説》一卷,宋張耒撰

《三禮敘錄》一卷,元吳澄撰
《月令問答》一卷,漢蔡邕撰
《小爾雅》一卷,漢孔鮒撰
《夏小正》一卷,漢戴德傳
《九經補錄》一卷,宋楊伯喦撰

弓五

《三墳書》一卷,明陶宗儀訂
《易洞林》一卷,晉郭璞撰
《易巛靈圖》一卷
《尚書璇璣鈐》一卷
《尚書考靈耀》一卷
《詩含神霧》一卷
《春秋元命苞》一卷
《春秋文曜鉤》一卷
《春秋孔演圖》一卷
《春秋感精符》一卷
《春秋佐助期》一卷
《春秋後語》一卷,晉孔衍撰
《禮稽命徵》一卷
《禮鬥威儀》一卷
《樂稽耀嘉》一卷
《孝經鉤命決》一卷
《孝經右契》一卷
《五經折疑》一卷,題魏邯鄲綽撰
《龍魚河圖》一卷
《河圖稽命徵》一卷
《河圖始開圖》一卷
《遁甲開山圖》一卷
《易飛候》一卷,漢京房撰
《易稽覽圖》一卷
《易通卦驗》一卷
《尚書帝命期》一卷
《尚書中候》一卷
《詩紀靈樞》一卷
《春秋運鬥樞》一卷
《春秋合誠圖》一卷
《春秋說題辭》一卷
《春秋潛潭巴》一卷
《春秋緯》一卷
《春秋繁露》一卷,漢董仲舒撰
《禮含文嘉》一卷
《大戴禮逸》一卷
《孝經援神契》一卷
《孝經左契》一卷
《孝經內事》一卷
《五經通義》一卷,漢劉向撰
《河圖括地象》一卷
《河圖稽耀鉤》一卷
《洛書甄耀度》一卷
《淮南萬畢術》一卷,漢劉安撰

弓六

《聖門事業圖》一卷,宋李元綱撰
《希通錄》一卷,宋蕭參撰
《兼明書》五卷,唐丘光庭撰
《寶賓錄》一卷,宋馬永易撰

弓七

《譚子化書》六卷,南唐譚景昇撰
《枕中書》一卷,晉葛洪撰
《陰符經》一卷,漢張良等注
《素書》一卷,漢黃石公撰
《參同契》一卷,漢魏伯陽撰

弓八

《三教論衡》一卷,唐白居易撰
《漁樵對問》一卷,宋邵雍撰
《藝圃折中》一卷,元鄭厚撰
《令旨解二諦義》一卷,梁蕭統撰
《西疇老人常言》一卷,宋何垣撰
《發明義理》一卷,宋呂希哲撰

弓九

《鹿門隱書》一卷,唐皮日休撰
《山書》一卷,唐劉蛻撰

《兩同書》一卷,唐羅隱撰　　　　　　《迂書》一卷,宋司馬光撰
《心書》一卷,漢諸葛亮撰　　　　　　《權書》一卷,宋蘇洵撰

引十

《正朔考》一卷,宋魏了翁撰　　　　　《史剡》一卷,宋司馬光撰
《綱目疑誤》一卷,宋周密撰　　　　　《揚子新注》一卷,唐柳宗元撰
《新唐書糾繆》一卷,宋吳縝撰　　　　《遂初堂書目》一卷,宋尤袤撰

引十一

《輶軒絕代語》一卷,漢揚雄撰　　　　《獨斷》一卷,漢蔡邕撰
《臆乘》一卷,宋楊伯嵒撰　　　　　　《芥隱筆記》一卷,宋龔頤正撰
《宜齋野乘》一卷,宋吳枋撰

引十二

《中華古今注》三卷,宋馬縞撰　　　　《古今考》一卷,宋魏了翁撰
《刑書釋名》一卷,宋王鍵撰　　　　　《釋常談》三卷,宋闕名撰
《續釋常談》一卷,宋龔熙正撰　　　　《事原》一卷,唐劉孝孫撰

引十三

《演繁露》一卷,宋程大昌撰　　　　　《學齋呫嗶》一卷,宋史繩祖撰
《李氏刊誤》一卷,唐李涪撰　　　　　《孔氏雜說》一卷,宋孔平仲撰

引十四

《鼠璞》二卷,宋戴埴撰　　　　　　　《資暇錄》一卷,唐李濟翁撰
《賓退錄》一卷,宋趙與時撰　　　　　《紀談錄》一卷,宋晁邁撰
《過庭錄》一卷,宋范公稱撰　　　　　《楮記室》一卷,闕名撰

引十五

《螢雪叢說》二卷,宋子俞子撰　　　　《孫公談圃》三卷,宋孫升述,宋劉延世錄
《墨客揮犀》一卷,宋彭乘撰　　　　　《師友談記》一卷,宋李廌撰

引十六

《宋景文公筆記》一卷,宋宋祁撰　　　《王文正筆錄》一卷,宋王曾撰
《丁晉公談錄》一卷,宋丁謂撰　　　　《楊文公談苑》一卷,宋楊鑑撰
《欒城先生遺言》一卷,宋蘇籀撰

引十七

《愛日齋藁抄》一卷,宋葉氏撰　　　　《能改齋漫錄》一卷,宋吳曾撰
《識遺》一卷,宋羅璧撰　　　　　　　《退齋雅聞錄》一卷,宋侯延慶撰
《南墅閒居錄》一卷,闕名撰　　　　　《雪浪齋日記》一卷,闕名撰
《廬陵官下記》一卷,唐段成式撰　　　《玉溪編事》一卷,五代闕名撰
《渚宮故事》一卷,唐余知古撰　　　　《麟臺故事》一卷,宋程俱撰
《五國故事》一卷,宋闕名撰　　　　　《郡閣雅言》一卷,宋潘若同撰
《物類相感志》一卷,宋蘇軾撰

引十八

《侯鯖錄》一卷,宋趙德麟撰　　　　　《畫墁錄》一卷,宋張舜民撰
《摭青雜說》一卷,宋王明清撰　　　　《樂郊私語》一卷,宋姚桐壽撰

《隱窟雜志》一卷,宋温革撰　　　　　《梁溪漫志》一卷,宋費袞撰
《墨娥漫録》一卷,宋闕名輯　　　　　《三水小牘》一卷,唐皇甫牧撰

弓十九
《寓簡》一卷,宋沈作喆撰　　　　　　《碧雞漫志》一卷,宋王灼撰
《晁氏客語》一卷,宋晁逈撰　　　　　《涪翁雜説》一卷,宋黄庭堅撰
《雲麓漫抄》一卷,宋趙彦衛撰　　　　《黄氏筆記》一卷,元黄溍撰
《兩鈔摘腴》一卷,宋史浩撰　　　　　《碧湖雜記》一卷,宋謝枋得撰
《西林日記》一卷,元姚燧撰　　　　　《搜神秘覽》一卷,宋章炳文撰
《牧豎閒談》一卷,宋景涣撰　　　　　《紫薇雜記》一卷,宋吕祖謙撰

弓二十
《岩下放言》一卷,宋葉夢得撰　　　　《玉澗雜書》一卷,宋葉夢得撰
《石林燕語》一卷,宋葉夢得撰　　　　《避暑録話》一卷,宋葉夢得撰
《深雪偶談》一卷,宋方嶽撰　　　　　《葦航紀談》一卷,宋蔣津撰
《豹隱紀談》一卷,宋周遵道撰　　　　《悦生隨抄》一卷,宋賈似道撰
《齊東野語》一卷,宋周密撰　　　　　《邇言志見》一卷,宋劉炎撰
《晰獄龜砲》一卷,宋鄭克撰

弓二十一
《青箱雜記》一卷,宋吴處厚撰　　　　《冷齋夜話》一卷,宋釋惠洪撰
《癸辛雜識》一卷,宋周密撰　　　　　《墨莊漫録》一卷,宋張邦基撰
《龍川别志》一卷,宋蘇轍撰　　　　　《羅湖野録》一卷,宋釋曉瑩撰
《鶴林玉露》一卷,宋羅大經撰　　　　《雲谿友議》一卷,宋范攄撰

弓二十二
《後山談叢》一卷,宋陳師道撰　　　　《林下偶譚》一卷,宋吴氏撰
《緗素雜記》一卷,宋黄朝英撰　　　　《捫虱新話》一卷,宋陳善撰
《研北雜志》一卷,元陸友仁撰　　　　《清波雜志》一卷,宋周煇撰
《壺中贅録》一卷　　　　　　　　　　《物類相感志》一卷,宋蘇軾撰

弓二十三
《因話録》一卷,唐趙璘撰　　　　　　《同話録》一卷,宋曾三異撰
《五色綫》一卷,宋闕名撰　　　　　　《五總志》一卷,宋吴炯撰
《金樓子》一卷,梁蕭繹撰　　　　　　《乾𦠆子》一卷,唐温庭筠撰
《投荒雜録》一卷,唐房千里撰　　　　《炙轂子録》一卷,唐王叡撰
《抒情録》一卷,宋盧懷撰　　　　　　《啓顔録》一卷,唐侯白撰
《絶倒録》一卷,宋朱暉撰　　　　　　《唾玉集》一卷,宋俞文豹撰
《辨疑志》一卷,唐陸長源撰　　　　　《開城録》一卷,唐李石撰
《原化記》一卷,唐皇甫氏撰　　　　　《蠹海録》一卷,宋王逵撰
《澄懷録》一卷,元袁桷撰

弓二十四
《王氏談録》一卷,宋王洙撰　　　　　《先公談録》一卷,宋李宗諤撰
《槁簡贅筆》一卷,宋章淵撰　　　　　《傳講雜記》一卷,宋吕希哲撰

《繼古藂編》一卷，宋施青臣撰
《後耳目志》一卷，宋曾鞏撰
《雁門野説》一卷，宋邵思撰
《負暄雜録》一卷，闕名撰
《緯略》一卷，宋高似孫撰

《南窗記談》一卷，宋闕名撰
《群居解頤》一卷，唐高懌撰
《三柳軒雜識》一卷，元程棨撰
《中吴紀聞》一卷，宋龔明之撰
《鉤玄》一卷，元闕名撰

弓二十五

《遯齋閑覽》一卷，宋范正敏撰
《志林》一卷，宋蘇軾撰
《晉問》一卷，唐柳宗元撰
《席上腐談》一卷，宋俞琰撰
《田間書》一卷，宋林芳撰

《稗史》一卷，元仇遠撰
《因論》一卷，唐劉禹錫撰
《窮愁志》一卷，唐李德裕撰
《讀書隅見》一卷，宋闕名撰
《判決録》一卷，唐張鷟撰

弓二十六

《東園友聞》一卷，元闕名撰
《西墅記譚》一卷，前蜀潘遠撰
《姑蘇筆記》一卷，宋羅志仁撰
《龍城録》一卷，唐柳宗元撰
《義山雜記》一卷，唐李商隱撰
《法苑珠林》一卷
《青瑣高議》一卷，宋劉斧撰
《耕餘博覽》一卷，宋闕名撰

《劉馮事始》一卷，唐劉存、前蜀馮鑑撰
《遺史紀聞》一卷，宋詹玠撰
《南部新書》一卷，宋錢希白撰
《桂苑叢談》一卷，唐馮翊撰
《文藪雜著》一卷，唐皮日休撰
《蒼梧雜志》一卷，宋胡珵撰
《秘閣閒話》一卷

弓二十七

《雞肋編》一卷，宋莊綽撰
《吹劍録》一卷，宋俞文豹撰
《鑑戒録》一卷，後蜀何光遠撰
《佩楚軒客談》一卷，元戚輔之撰
《浩然齋視聽抄》一卷，宋周密撰
《陵陽室中語》一卷，宋范季隨撰
《昭德新編》一卷，宋晁迥撰

《泊宅編》一卷，宋方勺撰
《投轄録》一卷，宋王明清撰
《暇日記》一卷，宋劉跂撰
《志雅堂雜抄》一卷，宋周密撰
《瑞桂堂暇録》一卷，宋闕名撰
《猗覺寮雜記》一卷，宋朱翼撰
《山陵雜記》一卷，元楊奐撰

弓二十八

《雞肋》一卷，宋趙崇絢撰
《雲谷雜記》一卷，宋張淏撰
《野人閒話》一卷，宋景焕撰
《東齋記事》一卷，宋許觀撰
《坦齋通編》一卷，宋邢凱撰
《草居聽輿》一卷，宋陳直撰

《桯史》一卷，宋岳珂撰
《船窗夜話》一卷，宋顧文薦撰
《植杖閒談》一卷，宋錢康功撰
《澹山雜識》一卷，宋錢功撰
《桃源手聽》一卷，宋陳賓撰
《仇池筆記》一卷，宋蘇軾撰

弓二十九

《暘谷漫録》一卷，宋洪巽撰
《野老記聞》一卷，宋孫穀祥撰
《澗泉日記》一卷，宋宋虎撰

《友會談叢》一卷，宋上官融撰
《灌畦暇語》一卷，唐闕名撰
《步里客談》一卷，宋陳唯室撰

《雲齋廣錄》一卷，宋李獻民撰　　　《續瓿甋說》一卷，宋朱昂撰
《西齋話記》一卷，宋祖士衡撰　　　《雪舟誑語》一卷，元王仲暉撰
《西軒客談》一卷，明闕名撰　　　　《蒙齋筆談》一卷，宋鄭景璧撰
《廬陵雜說》一卷，宋歐陽修撰　　　《昌黎雜說》一卷，唐韓愈撰
《漁樵閒話》一卷，宋蘇軾撰

弓三十

《游宦紀聞》一卷，宋張世南撰　　　《行都紀事》一卷，宋陳晦撰
《鄰幾雜志》一卷，宋江休復撰　　　《楓窗小牘》二卷，宋袁褧撰，宋袁頤續
《荆湘近事》一卷，宋陶岳撰

弓三十一

《誠齋雜記》一卷，元周達觀撰　　　《溫公瑣語》一卷，宋司馬光撰
《蔣氏日錄》一卷，宋蔣穎叔撰　　　《剡溪野語》一卷，宋程正敏撰
《釣磯立談》一卷，宋費樞撰　　　　《盛事美談》一卷，宋闕名撰
《衣冠盛事》一卷，唐蘇特撰　　　　《硯崗筆志》一卷，宋唐稷撰
《窗閒記聞》一卷，宋陳子兼撰　　　《翰墨叢記》一卷，宋滕康撰
《備忘小抄》一卷，五代文谷撰　　　《艅艎日疏》一卷，元淩準撰
《輶軒雜錄》一卷，宋王襄撰　　　　《獨醒雜志》一卷，宋吳宏撰
《姚氏殘語》一卷，宋姚寬撰　　　　《有宋佳話》一卷，宋闕名撰
《採蘭雜志》一卷　　　　　　　　　《嘉蓮燕語》一卷
《戊辰雜抄》一卷　　　　　　　　　《真率筆記》一卷
《芸窗私志》一卷，元陳芬撰　　　　《致虛雜俎》一卷
《內觀日疏》一卷　　　　　　　　　《漂粟手牘》一卷
《奚囊橘柚》一卷　　　　　　　　　《玄池說林》一卷
《賈氏說林》一卷　　　　　　　　　《然藜餘筆》一卷
《荻樓雜抄》一卷　　　　　　　　　《客退紀談》一卷
《下帷短牒》一卷　　　　　　　　　《下黃私記》一卷

弓三十二

《嫏嬛記》一卷，元伊世珍撰　　　　《宣室志》一卷，唐張續撰
《傳載》一卷，唐劉餗撰　　　　　　《傳載略》一卷，宋釋贊寧撰
《瀟湘錄》一卷，唐李隱撰　　　　　《野雪鍜排雜說》一卷，宋許景迂撰
《耳目記》一卷，唐張鷟撰　　　　　《樹萱錄》一卷，唐劉壽撰
《善謔集》一卷，宋天和子撰　　　　《紹陶錄》一卷，宋王質撰
《視聽抄》一卷，宋吳華撰　　　　　《卻掃編》一卷，宋徐度撰
《開顏集》一卷，宋周文玘撰　　　　《雞跖集》一卷，宋王子韶撰
《葆化錄》一卷，唐陳京撰　　　　　《聞見錄》一卷，宋羅點撰
《洽聞記》一卷，唐鄭常撰　　　　　《閒談錄》一卷，宋蘇耆撰
《談撰》一卷，元虞豫撰　　　　　　《延漏錄》一卷，宋章望之撰
《三餘帖》一卷　　　　　　　　　　《北山錄》一卷，宋闕名撰
《玉匣記》一卷，宋皇甫牧撰　　　　《潛居錄》一卷

《解酲語》一卷,元李材撰

弓三十三

《西溪叢語》一卷,宋姚亮撰　　《倦游雜錄》一卷,宋張師正撰
《虛谷閑抄》一卷,元方回撰　　《玉照新志》六卷,宋王明清撰
《方氏筆記》一卷,元方回撰　　《復齋閑記》一卷,宋龔相撰
《醉翁寢語》一卷,宋樓璹撰　　《錦里新聞》一卷,宋闕名撰

弓三十四

《清尊錄》一卷,宋廉宣撰　　《昨夢錄》一卷,宋康譽之撰
《就日錄》一卷,宋虞集撰　　《漫笑錄》一卷,宋徐愷撰
《軒渠錄》一卷,宋呂居仁撰　　《拊掌錄》一卷,元元懷撰
《諧噱錄》一卷,唐劉訥言撰　　《咸定錄》一卷,宋闕名撰
《天定錄》一卷,宋闕名撰　　《調謔編》一卷,宋蘇軾撰
《謔名錄》一卷,宋吳淑撰　　《艾子雜說》一卷,宋蘇軾撰

弓三十五

《摭言》一卷,唐何晦撰　　《諧史》一卷,宋沈俶撰
《可談》一卷,宋朱彧撰　　《話腴》一卷,宋陳郁撰
《談藪》一卷,宋龐元英撰　　《談淵》一卷,宋王陶撰

弓三十六

《尚書故實》一卷,唐李綽撰　　《次柳氏舊聞》一卷,唐李德裕撰
《隋唐嘉話》一卷,唐劉餗撰　　《劉賓客嘉話錄》一卷,唐韋絢錄
《賓朋宴語》一卷,宋丘昶撰　　《廣政雜錄》一卷,宋何光遠撰
《家塾雜記》一卷,宋呂希哲撰　　《劉氏新語》一卷,宋劉義慶撰
《法藏碎金錄》一卷,宋晁迥撰

弓三十七

《春渚紀聞》一卷,宋何遠撰　　《曲洧舊聞》一卷,宋朱弁撰
《茅亭客話》一卷,宋黃休復撰　　《避戎嘉話》一卷,宋石茂良撰
《閑燕常談》一卷,宋董弅撰　　《儒林公議》一卷,宋闕名撰
《賈氏談錄》一卷,宋張洎撰　　《燈下閒談》一卷,宋江洵撰
《蘜堂野史》一卷,宋林子中撰　　《退齋筆錄》一卷,宋侯延慶撰
《皇朝類苑》一卷,宋江少虞撰

弓三十八

《白獺髓》一卷,宋張仲文撰　　《清夜錄》一卷,宋俞文豹撰
《貴耳錄》一卷,宋張端義撰　　《碧雲騢》一卷,宋梅堯臣撰
《異聞記》一卷,宋何先撰　　《芝田錄》一卷,唐丁用晦撰
《避亂錄》一卷,宋王明清撰　　《啽囈集》一卷,元宋無撰

弓三十九

《揮塵錄》一卷,宋王明清撰　　《揮塵餘話》一卷,宋王明清撰
《避暑漫抄》一卷,宋陸游撰　　《南唐近事》一卷,宋鄭文寶撰
《洞微志》一卷,宋錢希白撰　　《該聞錄》一卷,宋李略撰

《從駕記》一卷,宋陳隨隱撰　　　　　《東巡記》一卷,宋趙彥衛撰
《青溪寇軌》一卷,宋方勺撰　　　　　《英藩可録》一卷,宋張萬賢撰

弓四十

《歸田録》二卷,宋歐陽修撰　　　　　《嬾真子録》一卷,宋馬永卿撰
《陶朱新録》一卷,宋馬純撰　　　　　《東皋雜録》一卷,宋孫宗鑑撰
《東軒筆録》一卷,宋魏泰撰　　　　　《山房隨筆》一卷,元蔣子正撰
《北山記事》一卷,宋王遘撰　　　　　《石室新語》一卷,宋陳懋撰
《十友瑣説》一卷,宋温革撰

弓四十一

《春明退朝録》三卷,宋宋敏求撰　　　《澠水燕談録》一卷,宋王闢之撰
《幙府燕閑録》一卷,宋畢仲詢撰　　　《老學庵筆記》一卷續一卷,宋陸游撰
《蓼花洲閑録》一卷,宋高文虎撰　　　《秀水閒居録》一卷,宋朱勝非撰
《元和辨謗録》一卷,元李德裕撰　　　《汴水滔天録》一卷,宋王振撰
《甘陵伐叛記》一卷,宋文升撰

弓四十二

《大唐創業起居注》三卷,唐温大雅撰　《乾淳起居注》一卷,宋周密撰
《御塞行程》一卷,宋趙彥衛撰　　　　《熙豐日曆》一卷,宋王明清撰
《建炎日曆》一卷,宋汪伯彥撰　　　　《牛羊日曆》一卷,宋劉軻撰
《中興小曆》一卷,宋熊克撰　　　　　《唐年補録》一卷,唐馬總撰

弓四十三

《東觀奏記》三卷,唐裴庭裕撰　　　　《國老談苑》二卷,宋王君玉撰
《明道雜志》一卷續一卷,宋張耒撰

弓四十四

《燕翼貽謀録》五卷,宋王栐撰　　　　《玉堂逢辰録》一卷,宋錢惟演撰
《宜春傳信録》一卷,宋羅誘撰　　　　《洛陽搢紳舊聞記》一卷,宋張齊賢撰
《小説舊聞記》一卷,唐柳公權撰　　　《廣陵妖亂志》一卷,唐鄭廷誨撰

弓四十五

《玉堂雜記》三卷,宋周必大撰　　　　《玉壺清話》一卷,宋釋文瑩撰
《道山清話》一卷,宋王□撰　　　　　《家世舊聞》一卷,宋陸游撰
《錢氏私志》一卷,宋錢愐撰　　　　　《家王故事》一卷,宋錢惟演撰
《桐陰舊話》一卷,宋韓元吉撰

弓四十六

《北夢瑣言》一卷,宋孫光憲撰　　　　《杜陽雜編》三卷,唐蘇鶚撰
《金華子雜編》一卷,南唐劉崇遠撰　　《玉泉子真録》一卷,唐闕名撰
《松窗雜記》一卷,唐杜荀鶴撰　　　　《南楚新聞》一卷,唐尉遲樞撰
《中朝故事》一卷,南唐尉遲偓撰　　　《戎幕閒談》一卷,唐韋絢撰
《商芸小説》一卷,梁殷芸撰　　　　　《封氏聞見記》一卷,唐封演撰
《景龍文館記》一卷,唐武平一撰

弓四十七
《行營雜錄》一卷,宋趙葵撰
《江行雜錄》一卷,宋廖瑩中撰
《聞見雜錄》一卷,宋蘇舜欽撰
《養痾漫筆》一卷,宋趙溍撰
《文昌雜錄》一卷,宋陳襄撰
《遂昌雜錄》一卷,元鄭元祐撰
《宣政雜錄》一卷,宋江萬里撰
《古杭雜記》一卷,元李有撰
《錢塘遺事》一卷,元劉一清撰
《默記》一卷,宋王銍撰

弓四十八
《朝野僉載》一卷,唐張鷟撰
《唐國史補》一卷,唐李肇撰
《唐闕史》一卷,唐高彥休撰
《唐語林》一卷,宋王讜撰
《大唐新語》一卷,唐劉肅撰
《大唐奇事》一卷,唐馬總撰
《三聖記》一卷,唐李德裕撰
《先友記》一卷,唐柳宗元撰
《皮子世錄》一卷,唐皮日休撰
《盧氏雜說》一卷,唐盧言撰
《零陵總記》一卷,唐陸龜蒙撰
《玉堂閒話》一卷,唐闕名撰

弓四十九
《四朝聞見錄》一卷,宋葉紹翁撰
《三朝聖政錄》一卷,宋石承進撰
《會昌解頤錄》一卷,唐包麓撰
《洛中紀異錄》一卷,宋秦再思撰
《鐵圍山叢談》一卷,宋蔡絛撰
《困學齋雜鈔》一卷,元鮮于樞撰
《金鑾密記》一卷,唐韓偓撰
《常侍言旨》一卷,唐柳珵撰
《朝野遺記》一卷,宋闕名撰
《朝野僉言》一卷,宋闕名撰
《大中遺事》一卷,唐令狐澄撰
《西朝寶訓》一卷,宋闕名撰
《涑水紀聞》一卷,宋司馬光撰
《蜀道征討比事》一卷,宋袁申儒撰
《大事記》一卷,宋呂祖謙撰
《三朝野史》一卷,宋吳萊撰

弓五十
《甲申雜記》一卷,宋王鞏撰
《隨手雜錄》一卷,宋王鞏撰
《聞見近錄》一卷續一卷,宋王鞏撰
《南游記舊》一卷,宋曾紆撰
《燕北雜記》一卷,宋武珪撰
《山居新語》一卷,元楊瑀撰
《家世舊事》一卷,宋程頤撰

弓五十一
《卓異記》一卷,唐李翱撰
《翰林志》一卷,唐李肇撰
《續翰林志》一卷,宋蘇易簡撰
《翰林壁記》一卷,唐丁居晦撰
《御史臺記》一卷
《上庠錄》一卷,宋呂榮義撰
《唐科名記》一卷,宋高似孫撰
《五代登科記》一卷,宋韓思撰
《趨朝事類》一卷,宋闕名撰
《紹熙行禮記》一卷,宋周密撰
《上壽拜舞記》一卷,宋陳世崇撰
《封禪儀記》一卷,漢馬第伯撰
《明禋儀注》一卷,宋王儀撰
《梁雜儀注》一卷,唐段成式撰
《婚雜儀注》一卷,唐段成式撰
《朝會禮記》一卷,漢蔡質撰
《稽古定制》一卷

弓五十二
《明皇十七事》一卷,唐李德裕撰
《開元天寶遺事》一卷,後周王仁裕撰

叢　部

《開天傳信記》一卷，唐鄭棨撰
《撫異記》一卷，唐李濬撰
《新城錄》一卷，唐沈亞之撰
《幽閒鼓吹》一卷，唐張固撰
《愧郯錄》一卷，宋岳珂撰

弓五十三

《南渡宮禁典儀》一卷，宋周密撰
《燕射記》一卷，宋周密撰
《天基聖節排當樂次》一卷，宋周密撰
《宮本雜劇段數》一卷，宋周密撰
《藝流供奉志》一卷，宋周密撰
《南宋故都宮殿》一卷，宋周密撰
《乾淳御教記》一卷，宋周密撰
《唱名記》一卷，宋周密撰
《乾淳教坊樂部》一卷，宋周密撰
《高宗幸張府節次略》一卷，宋周密撰
《南宋市肆紀》一卷，宋周密撰

弓五十四

《晉史乘》一卷，吾衍撰
《蜀檮杌》一卷，宋張唐英撰
《五代新說》一卷，唐徐炫撰
《江南野錄》一卷，宋龍袞撰
《楚史檮杌》一卷，吾衍撰
《幸蜀記》一卷，唐宋居白撰
《三楚新錄》一卷，宋周羽翀撰

弓五十五

《金志》一卷，宋宇文懋昭撰
《松漠記聞》一卷，宋洪皓撰
《虜廷事實》一卷，宋文惟簡撰
《北風揚沙錄》一卷，宋陳準撰
《遼志》一卷，宋葉隆禮撰
《雞林類事》一卷，宋孫穆撰
《夷俗考》一卷，宋方鳳撰

弓五十六

《蒙韃備錄》一卷，宋孟珙撰
《燕北錄》一卷，宋王易撰
《西使記》一卷，元劉郁撰
《天南行記》一卷，元徐明善撰
《北邊備對》一卷，宋程大昌撰
《北轅錄》一卷，宋周輝撰
《使高麗錄》一卷，宋徐兢撰
《高昌行紀》一卷，宋王延德撰

弓五十七

《聖賢群輔錄》一卷，晉陶淵明撰
《真靈位業圖》一卷，梁陶弘景撰，唐閭丘方遠校定
《蓮社高賢傳》一卷，晉闕名撰
《漢末英雄記鈔》一卷，魏王粲撰
《東林蓮社十八高賢傳》一卷，晉闕名撰
《古今高士傳》一卷，晉皇甫謐撰

弓五十八

《汝南先賢傳》一卷，晉周斐撰
《會稽先賢傳》一卷，吳謝承撰
《楚國先賢傳》一卷，晉張方撰
《長沙耆舊傳》一卷，晉劉彧撰
《廣州先賢傳》一卷，鄒閎甫撰
《西州後賢志》一卷，晉常璩撰
《列女傳》一卷，晉皇甫謐撰
《漢中士女志》一卷，晉常璩撰
《幼童傳》一卷，梁劉劭撰
《陳留耆舊傳》一卷，魏蘇林撰
《益都耆舊傳》一卷，晉陳壽撰
《襄陽耆舊傳》一卷，晉習鑿齒撰
《零陵先賢傳》一卷，晉司馬彪撰
《閩川名士傳》一卷，唐黃璞撰
《文士傳》一卷，晉張隱撰
《梓潼士女志》一卷，晉常璩撰
《孝子傳》一卷，晉徐廣撰
《高道傳》一卷，宋賈善翊撰

《續神仙傳》一卷,南唐沈份撰
《集仙傳》一卷,宋曾慥撰
《江淮異人錄》一卷,宋吳淑撰

《方外志》一卷
《列仙傳》一卷,漢劉向撰

弓五十九

《漢官儀》一卷,漢應劭撰
《玄晏春秋》一卷,晉皇甫謐撰
《帝王世紀》一卷,晉皇甫謐撰
《東宮舊事》一卷,晉張敞撰
《大業拾遺錄》一卷,唐杜寶撰
《山公啓事》一卷,晉山濤撰
《陸機要覽》一卷,晉陸機撰
《譙周法訓》一卷,蜀譙周撰
《虞喜志林》一卷,晉虞喜撰
《魏春秋》一卷,晉孫盛撰
《晉陽秋》一卷,晉庾翼撰
《晉中興書》一卷,劉宋何法盛撰
《會稽典錄》一卷,晉虞預撰
《建康實錄》一卷
《鄴中記》一卷,晉陸翽撰

《獻帝春秋》一卷
《九州春秋》一卷,晉司馬彪撰
《魏晉世語》一卷,晉郭頒撰
《元嘉起居注》一卷
《建康宮殿簿》一卷,唐張著撰
《八王故事》一卷,晉盧諝撰
《桓譚新論》一卷,漢桓譚撰
《裴啓語林》一卷,晉裴啓撰
《魏臺訪議》一卷,魏王肅撰
《齊春秋》一卷,梁吳均撰
《續晉陽秋》一卷,劉宋檀道鸞撰
《宋拾遺錄》一卷,梁謝綽撰
《三國典略》一卷,晉魚豢撰
《三輔決錄》一卷,漢趙岐撰
《吳錄》一卷,晉張勃撰

弓六十

《靈憲注》一卷,漢張衡撰
《徐整長曆》一卷,吳徐整撰
《玉符瑞圖》一卷,梁顧野王撰
《五行記》一卷,唐闕名撰
《發蒙記》一卷,晉束晳撰
《在窮記》一卷,孔元舒撰
《雞林志》一卷,宋闕名撰
《九國志》一卷,劉旻撰
《十道志》一卷,唐李吉甫撰
《太平寰宇記》一卷,宋樂史撰
《神境記》一卷,劉宋王韶之撰
《三輔黃圖》一卷,漢闕名撰
《西都雜記》一卷,唐韋述撰
《敦煌新錄》一卷,後魏劉昞撰
《南宋市肆紀》一卷,宋周密撰

《玉曆通政經》一卷
《孫氏瑞應圖》一卷,孫柔之撰
《地鏡圖》一卷
《玄中記》一卷
《決疑要注》一卷,晉摯虞撰
《河東記》一卷
《湘山錄》一卷,宋闕名撰
《九域志》一卷,宋李昕撰
《十三洲記》一卷,晉黃義仲撰
《風土記》一卷,晉周處撰
《西征記》一卷,晉戴祚撰
《三輔舊事》一卷,唐袁郊撰
《太康地記》一卷,晉闕名撰
《扶南土俗》一卷,吳康泰撰

弓六十一

《三秦記》一卷,□辛□撰
《關中記》一卷,晉潘岳撰
《梁州記》一卷,南齊劉澄之撰

《長安志》一卷,宋宋敏求撰
《洛陽記》一卷,晉陸機撰
《梁京寺紀》一卷

《宜都記》一卷,晉袁崧撰　　　　　　　　《益州記》一卷,晉任豫撰
《荊州記》一卷,劉宋盛弘之撰　　　　　　《湘中記》一卷,晉羅含撰
《武陵記》一卷,鮑堅撰　　　　　　　　　《沙州記》一卷,劉宋段國撰
《南雍州記》一卷,劉宋王韶撰　　　　　　《安城記》一卷,王孚撰
《南康記》一卷,晉鄧德明撰　　　　　　　《潯陽記》一卷,晉張僧鑒撰
《鄱陽記》一卷,南齊劉澄之撰　　　　　　《九江志》一卷,晉何晏撰
《丹陽記》一卷,劉宋山謙之撰　　　　　　《會稽記》一卷,晉孔曄撰
《永嘉郡記》一卷,劉宋鄭緝之撰　　　　　《三齊略記》一卷,晉伏琛撰
《南越志》一卷,晉沈懷遠撰　　　　　　　《廣州記》一卷,晉顧微撰
《廣志》一卷,晉郭義恭撰　　　　　　　　《番禺雜記》一卷,唐鄭熊撰
《始興記》一卷,劉宋王韶撰　　　　　　　《林邑記》一卷
《涼州記》一卷,北涼段龜龍撰　　　　　　《交州記》一卷,晉劉欣期撰

弓六十二
《雲南志略》一卷,元李京撰　　　　　　　《遼東志略一卷》,元戚輔之撰
《桂海虞衡志》一卷,宋范成大撰　　　　　《岳陽風土記》一卷,宋范致明撰
《真臘風土記》一卷,元周達觀撰　　　　　《陳留風俗傳》一卷,晉江微撰
《成都古今記》一卷,宋趙樸撰　　　　　　《臨海水土記》一卷
《臨海異物志》一卷,吳沈瑩撰

弓六十三
《吳地記》一卷,唐陸廣微撰　　　　　　　《游城南注》一卷,宋張禮撰
《北戶錄》一卷,唐段公路撰　　　　　　　《西湖勝蹟記》一卷,宋田汝成撰

弓六十四
《入越記》一卷,宋呂祖謙撰　　　　　　　《吳郡諸山錄》一卷,宋周必大撰
《廬山錄》一卷《後錄》一卷,宋周必大撰　　《九華山錄》一卷,宋周必大撰
《金華游錄》一卷,宋方鳳撰　　　　　　　《大嶽志》一卷,明方升撰

弓六十五
《來南錄》一卷,唐李翱撰　　　　　　　　《入蜀記》一卷,宋陸游撰
《攬轡錄》一卷,宋范成大撰　　　　　　　《驂鸞錄》一卷,宋范成大撰
《吳船錄》一卷,宋范成大撰　　　　　　　《驂舟錄》二卷,宋周必大撰
《乾道庚寅奏事錄》一卷,宋周必大撰　　　《河源志》一卷,元潘昂霄撰
《于役志》一卷,宋歐陽修撰　　　　　　　《峽程記》一卷,前蜀韋莊撰
《南遷錄》一卷,梁丁謂撰　　　　　　　　《乘軺錄》一卷,宋路振撰

弓六十六
《佛國記》一卷,晉釋法顯撰　　　　　　　《神異經》一卷,漢東方朔撰,晉張華注
《拾遺名山記》一卷,前秦王嘉撰　　　　　《海內十洲記》一卷,漢東方朔撰
《洞天福地記》一卷,前蜀杜光庭撰　　　　《述異記》一卷,梁任昉撰
《西京雜記》一卷,漢劉歆撰　　　　　　　《南部煙花記》一卷,唐馮贄撰

弓六十七
《豫章古今記》一卷,劉宋雷次宗撰　　　　《睦州古跡記》一卷,宋謝翱撰

《南海古跡記》一卷,元吳萊撰　　　　　《游甬東山水古跡記》一卷,元吳萊撰
《洛陽伽藍記》一卷,後魏楊衒之撰　　　《京洛寺塔記》一卷,唐段成式撰
《益都方物略記》一卷,宋宋祁撰　　　　《嶺表錄異記》一卷,唐劉恂撰
《溪蠻叢笑》一卷,宋朱輔撰　　　　　　《函潼關要志》一卷,宋程大昌撰

弓六十八
《東京夢華錄》一卷,宋孟元老撰　　　　《古杭夢游錄》一卷,宋耐得翁撰
《錢塘瑣記》一卷,宋于肇撰　　　　　　《六朝事蹟》一卷,宋張敦頤撰
《汴故宮記》一卷,元楊奐撰　　　　　　《汴都平康記》一卷,宋張邦基撰
《東京艮嶽記》一卷,宋張淏撰　　　　　《洛陽名園記》一卷,宋李廌撰
《吳興園林記》一卷,宋周密撰　　　　　《廬山草堂記》一卷《草堂三謠》一卷,唐
　　　　　　　　　　　　　　　　　　　　白居易撰
《終南草堂十志》一卷,唐盧鴻撰　　　　《平泉山居雜記》一卷,唐李德裕撰
《平泉山居草木記》一卷,唐李德裕撰

弓六十九
《歲華紀麗譜》一卷,元費著撰　　　　　《荊楚歲時記》一卷,梁宗懍撰
《乾淳歲時記》一卷,宋周密撰　　　　　《輦下歲時記》一卷,唐闕名撰
《秦中歲時記》一卷,唐李淖撰　　　　　《玉燭寶典》一卷,隋杜台卿撰
《四民月令》一卷,漢崔寔撰　　　　　　《千金月令》一卷,唐孫思邈撰
《四時寶鏡》一卷　　　　　　　　　　《歲時雜記》一卷,宋呂原明撰
《影燈記》一卷

弓七十
《書簾緒論》一卷,宋胡太初撰　　　　　《官箴》一卷,宋呂居仁撰
《政經》一卷,宋真德秀撰　　　　　　　《忠經》一卷,漢馬融撰
《女孝經》一卷,唐鄭□撰　　　　　　　《女論語》一卷,唐曹大家撰
《省心錄》一卷,宋林逋撰　　　　　　　《厚德錄》一卷,宋李元綱撰

弓七十一
《涑水家儀》一卷,宋司馬光撰　　　　　《顏氏家訓》一卷,北齊顏之推撰
《石林家訓》一卷,宋葉夢得撰　　　　　《陸氏緒訓》一卷,宋陸游撰
《蘇氏族譜》一卷,宋蘇洵撰　　　　　　《訓學齋規》一卷,宋朱熹撰
《呂氏鄉約》一卷,宋呂大忠撰　　　　　《義莊規矩》一卷,宋范仲淹撰
《袁氏世範》一卷,宋袁采撰　　　　　　《鄭氏家範》一卷,元鄭太和撰

弓七十二
《前定錄》一卷,唐鍾輅撰　　　　　　　《續前定錄》一卷,唐鍾輅撰
《還冤記》一卷,北齊顏之推撰　　　　　《報應記》一卷,唐唐臨撰

弓七十三
《祛疑說》一卷,宋儲泳撰　　　　　　　《辨惑論》一卷,元謝廷芳撰
善誘文一卷,宋陳錄撰　　　　　　　　《樂善錄》一卷,宋李昌齡輯
《東谷所見》一卷,宋李之彥撰

引七十四

《山家清供》一卷,宋林洪撰　　《山家清事》一卷,宋林洪撰
《忘懷錄》一卷,宋沈括撰　　《登涉符錄》一卷,晉葛洪撰
《卧游錄》一卷,宋吕祖謙撰　　《對雨編》一卷,宋洪邁撰
《農家諺》一卷,漢崔寔撰

引七十五

《經鉏堂雜志》一卷,宋倪思撰　　《吴下田家志》一卷,元陸泳撰
《天隱子養生書》一卷,唐司馬承禎撰　　《保生要錄》一卷,宋蒲處貫撰
《保生月錄》一卷,唐韋行規撰　　《養生月錄》一卷,宋姜蜕撰
《攝生要錄》一卷,明沈仕撰　　《齊民要術》一卷,後魏賈思勰撰
《林下清錄》一卷,明沈仕撰　　《蘭亭集》一卷,晉王羲之撰
《輞川集》一卷,唐王維撰　　《洛陽耆英會》一卷,宋司馬光等撰
《洛中九老會》一卷,唐白居易等撰

引七十六

《錦帶書》一卷,梁蕭統撰　　《耕禄槁》一卷,宋胡錡撰
《水族加恩簿》一卷,宋毛勝撰　　《禪本草》一卷,宋釋慧日撰
《義山雜纂》一卷,唐李商隱撰　　《雜纂續》一卷,宋王銍撰
《雜纂二續》一卷,宋蘇軾撰

引七十七

《小名錄》一卷,唐陸龜蒙撰　　《侍兒小名錄》一卷,宋王銍撰
《侍兒小名錄》一卷,宋温豫撰　　《侍兒小名錄》一卷,宋洪遂撰
《侍兒小名錄》一卷,宋張邦幾撰　　《釵小志》一卷,唐朱揆撰
《妝樓記》一卷,南唐張泌撰　　《妝臺記》一卷,唐宇文士及撰
《靚粧錄》一卷,唐温庭筠撰　　《髻鬟品》一卷,唐段成式撰

引七十八

《織錦璇璣圖》一卷,前秦蘇蕙撰　　《北里志》一卷,唐孫棨撰
《教坊記》一卷,唐崔令欽撰　　《青樓集》一卷,元黄雪簑撰
《麗情集》一卷,宋張君房撰

引七十九

《文則》一卷,宋陳騤撰　　《文錄》一卷,宋唐庚撰
《詩品》三卷,梁鍾嶸撰　　《詩式》一卷,唐釋皎然撰
《詩譜》一卷,元陳繹曾撰　　《二十四詩品》一卷,唐司空圖撰
《詩談》一卷,宋闕名撰　　《詩論》一卷,宋釋普聞撰
《詩病五事》一卷,宋蘇轍撰　　《杜詩箋》一卷,宋黄庭堅撰

引八十

《風騷旨格》一卷,唐釋齊己撰　　《韻語陽秋》一卷,宋葛立方撰
《藝苑雌黄》一卷,宋嚴有翼撰　　《譚苑醍醐》一卷,明楊慎撰
《竹林詩評》一卷　　《謝氏詩源》一卷
《潛溪詩眼》一卷,宋范温撰　　《本事詩》一卷,唐孟棨撰

《續本事詩》一卷，□聶奉先撰

弓八十一

《石溪詩話》一卷，宋黃徹撰　　　　《環溪詩話》一卷，宋吳沆撰
《東坡詩話》一卷，宋蘇軾撰　　　　《西清詩話》一卷，宋蔡絛撰
《艇齋詩話》一卷，宋曾季貍撰　　　《梅澗詩話》一卷，宋韋居安撰
《後村詩話》一卷，宋劉克莊撰　　　《漫叟詩話》一卷
《桐江詩話》一卷　　　　　　　　　《蘭莊詩話》一卷，明閔文振撰
《迂齋詩話》一卷　　　　　　　　　《金玉詩話》一卷
《漢皋詩話》一卷　　　　　　　　　《陳輔之詩話》一卷，宋陳輔撰
《敖器之詩話》一卷，宋敖陶孫撰　　《潘子真詩話》一卷，宋潘子真撰
《青瑣詩話》一卷，宋劉斧撰　　　　《玄散詩話》一卷

弓八十二

《六一居士詩話》一卷，宋歐陽修撰　《司馬溫公詩話》一卷，宋司馬光撰
《劉攽貢父詩話》一卷，宋劉攽撰　　《後山居士詩話》一卷，宋陳師道撰
《許彥周詩話》一卷，宋許顗撰

弓八十三

《滄浪詩話》一卷，宋嚴羽撰　　　　《珊瑚鉤詩話》三卷，宋張表臣撰
《石林詩話》三卷，宋葉夢得撰　　　《烏臺詩案》一卷，宋朋九萬撰

弓八十四

《庚溪珊瑚》一卷，宋西郊野叟撰　　《紫微詩話》一卷，宋呂本中撰
《竹坡老人詩話》一卷，宋周紫芝撰　《臨漢隱居詩話》一卷，宋魏泰撰
《苕溪漁隱叢話》一卷，宋胡仔撰　　《歲寒堂詩話》一卷，宋張戒撰
《娛書堂詩話》一卷，宋趙與虤撰　　《二老堂詩話》一卷，宋周必大撰
《比紅兒詩話》一卷，宋馮曾撰　　　《林下詩談》一卷，宋闕名撰
《詩話雋永》一卷，元喻正己撰　　　《詩詞餘話》一卷，元俞焯撰
《詞品》一卷，明朱權撰　　　　　　《詞旨》一卷，元陸行直撰
《詞評》一卷，明王世貞撰　　　　　《四六餘話》一卷，宋相國道撰

弓八十五

《佩觿》三卷，後周郭忠恕撰　　　　《干祿字書》一卷，唐顏元孫撰
《金壺字考》一卷，宋釋適之撰　　　《俗書證誤》一卷，隋顏愍楚撰
《字書誤讀》一卷，宋王雱撰　　　　《字格》一卷，唐寶臯撰
《字林》一卷，晉呂忱撰

弓八十六

《六義圖解》一卷，明王應電撰　　　《筆勢論略》一卷，晉王羲之撰
《筆陣圖》一卷，晉衛夫人撰　　　　《筆髓論》一卷，唐虞世南撰
《二十四書品》一卷，唐歐陽詢撰　　《五十六書法》一卷，唐韋續撰
《九品書》一卷，唐韋續撰　　　　　《書品優劣》一卷，唐韋續撰
《續書品》一卷，唐韋續撰　　　　　《書評》一卷，唐梁武帝撰
《書評》一卷，梁袁昂撰　　　　　　《論篆》一卷，唐李陽冰撰

叢 部

《陽冰筆訣》一卷,唐李陽冰撰
《四體書勢》一卷,晉衛恒撰
《衍極》一卷,元鄭杓撰
《顏公筆法》一卷,唐顏真卿撰
《法書苑》一卷,宋周越撰

弓八十七
《書譜》一卷,唐孫過庭撰
《書斷》四卷,唐張懷瓘撰
《書評》一卷,梁梁武帝撰
《能書錄》一卷,齊王僧虔撰
《續書譜》一卷,宋姜夔撰
《書品》一卷,梁庾肩吾撰
《後書品》一卷,唐李嗣真撰

弓八十八
《書史》二卷,宋米芾撰
《翰墨志》一卷,宋高宗趙構撰
《歐公試筆》一卷,宋歐陽修撰
《海岳名言》一卷,宋米芾撰
《思陵書畫記》一卷,宋周密撰

弓八十九
《寶章待訪錄》一卷,宋米芾撰
《法帖刊誤》二卷,宋黃伯思撰
《集古錄》一卷,宋歐陽修撰
《譜系雜説》二卷,宋曹士冕撰
《法帖刊誤》一卷,宋陳與義撰

弓九十
《古畫品錄》一卷,南齊謝赫撰
《續畫品錄》一卷,唐李嗣真撰
《名畫記》一卷,唐張彥遠撰
《采畫錄》一卷,唐馬朗撰
《後畫品錄》一卷,陳姚最撰
《益州名畫錄》三卷,宋黃休復撰
《名畫獵精》一卷,唐張彥遠撰
《廣畫錄》一卷,□釋仁顯撰

弓九十一
《畫學秘訣》一卷,唐王維撰
《林泉高致》一卷,宋郭熙撰
《紀藝》一卷,宋郭思撰
《畫竹譜》一卷,元李衎撰
《貞觀公私畫史》一卷,唐裴孝源撰
《畫論》一卷,宋郭思撰
《畫梅譜》一卷,宋釋仲仁撰
《墨竹譜》一卷,元管夫人撰

弓九十二
《畫史》一卷,宋米芾撰
《畫鑑》一卷,元湯垕撰
《畫品》一卷,宋李廌撰
《畫論》一卷,元湯垕撰

弓九十三
《茶經》三卷,唐陸羽撰
《試茶錄》一卷,宋宋子安撰
《宣和北苑貢茶錄》一卷,宋熊蕃撰
《品茶要錄》一卷,宋黃儒撰
《煎茶水記》一卷,唐張又新撰
《述煮茶小品》一卷,宋葉清臣撰
《鬥茶記》一卷,宋唐庚撰
《茶錄》一卷,宋蔡襄撰
《大觀茶論》一卷,宋徽宗趙佶撰
《北苑別錄》一卷,宋趙汝礪撰
《本朝茶法》一卷,宋沈括撰
《十六湯品》一卷,唐蘇廙撰
《採茶錄》一卷,唐溫廷筠撰

弓九十四
《酒譜》一卷,宋竇蘋撰
《續北山酒經》一卷,宋李保撰

《酒經》一卷,宋蘇軾撰　　　　　　　　《酒經》一卷,宋朱翼中撰
《麴本草》一卷,宋田錫撰　　　　　　　《安雅堂觥律》一卷,元曹紹撰
《酒爾雅》一卷,宋何剡撰　　　　　　　《小酒令》一卷,宋趙景撰
《觥律》一卷,宋曹繼善撰　　　　　　　《觴政述》一卷,宋趙與時撰
《醉鄉日月》一卷,唐皇甫崧撰　　　　　《酒名記》一卷,宋張能臣撰
《酒小史》一卷,宋宋伯仁撰　　　　　　《罰爵典故》一卷,宋李鷹撰
《熙寧酒課》一卷,宋趙珣撰　　　　　　《新豐酒法》一卷,宋林洪撰
《酒乘》一卷,元草孟撰　　　　　　　　《觥記注》一卷,宋鄭獬撰

弓九十五
《食譜》一卷,唐草巨源撰　　　　　　　《食經》一卷,□謝諷撰
《食珍錄》一卷,劉宋虞悰撰　　　　　　《膳夫錄》一卷,唐鄭望之撰
《玉食批》一卷,宋司膳內人撰　　　　　《士大夫食時五觀》一卷,宋黃庭堅撰
《糖霜譜》一卷,宋洪邁撰　　　　　　　《中饋錄》一卷,□吳□撰
《刀劍錄》一卷,梁陶弘景撰　　　　　　《洞天清錄》一卷,宋趙希鵠撰

弓九十六
《硯史》一卷,宋米芾撰　　　　　　　　《硯譜》一卷,宋李之彥撰
《硯譜》一卷,宋蘇易簡撰　　　　　　　《端溪硯譜》一卷,宋葉樾訂
《歙州硯譜》一卷,宋洪適撰　　　　　　《歙硯說》一卷,元曹繼善撰
《辨歙石說》一卷,元曹繼善撰　　　　　《雲林石譜》三卷,宋杜綰撰
《漁陽石譜》一卷,宋漁陽公撰　　　　　《宣和石譜》一卷,宋常懋撰

弓九十七
《吳氏印譜》一卷,宋王厚之考　　　　　《學古編》一卷,元吾丘衍撰
《傳國璽譜》一卷,宋鄭文寶撰　　　　　《玉璽譜》一卷
《相貝經》一卷,漢朱仲撰　　　　　　　《相手版經》一卷
《帶格》一卷,宋陳隨隱撰　　　　　　　《三器圖義》一卷,宋程迥撰
《寶記》一卷　　　　　　　　　　　　　《三代鼎器錄》一卷,唐吳協撰
《鼎錄》一卷,梁虞荔撰　　　　　　　　《錢譜》一卷,宋董逌撰
《泉志》一卷,宋洪遵撰　　　　　　　　《刀劍錄》一卷,梁陶弘景撰

弓九十八
《香譜》一卷,宋洪芻撰　　　　　　　　《名香譜》一卷,宋葉廷珪撰
《墨經》一卷,宋晁貫之撰　　　　　　　《墨記》一卷,宋何遠撰
《筆經》一卷,晉王羲之撰　　　　　　　《蜀牋譜》一卷,元費著撰
《蜀錦譜》一卷,元費著撰　　　　　　　《衛公故物記》一卷,唐草端符撰

弓九十九
《古玉圖考》一卷,元朱德潤撰　　　　　《文房圖贊》一卷,宋林洪撰
《文房圖贊續》一卷,元羅先登撰　　　　《燕几圖》一卷,宋黃伯思撰

弓一百
《琴曲譜錄》一卷,宋釋居月撰　　　　　《雅琴名錄》一卷,劉宋謝莊撰
《琴聲經緯》一卷,宋陳暘撰　　　　　　《琴箋圖式》一卷,明陶宗儀撰

《雜書琴事》一卷,宋蘇軾撰
《樂府解題》一卷,唐吳兢撰
《唐樂曲譜》一卷,宋高似孫撰
《嘯旨》一卷,唐孫廣撰

《觱栗格》一卷,唐段成式撰
《管絃記》一卷,淩秀撰
《樂府雜錄》一卷,唐段安節撰

《古琴疏》一卷,宋虞汝明撰
《驃國樂頌》一卷,唐闕名撰
《籟紀》一卷,陳王叔齋撰
《玄真子漁歌記》一卷,唐張志和撰,李德裕錄

《柘枝譜》一卷,宋樂史撰
《衙鼓吹格》一卷

弓一百一
《尤射》一卷,魏繆襲撰
《九射格》一卷,宋歐陽修撰
《投壺新格》一卷,宋司馬光撰
《打馬圖》一卷,宋李清照撰
《譜雙》五卷,宋洪遵撰

《射經》一卷,唐王琚撰
《投壺儀節》一卷,宋司馬光撰
《丸經》二卷,元闕名撰
《蹴踘圖譜》一卷,汪雲程撰

弓一百二
《除紅譜》一卷,元楊維楨撰
《骰子選格》一卷,唐房千星撰
《藝經》一卷,魏邯鄲淳撰
《彈棋經》一卷,晉徐廣撰
《棋經》一卷,宋張擬撰
《棋品》一卷,梁沈約撰
《古局象棋圖》一卷,宋司馬光撰
《羯鼓錄》一卷,唐南卓撰

《醉綠圖》一卷,張光撰
《樗蒲經略》一卷,宋程大昌撰
《五木經》一卷,唐李翱撰,元革注
《儒棋格》一卷,魏□肇撰
《棋手勢》一卷,徐泓撰
《圍棋義例》一卷,宋徐鉉撰
《琵琶錄》一卷,唐段安節撰

弓一百三
《金漳蘭譜》一卷,宋趙時庚撰
《菊譜》一卷,宋范成大撰
《菊譜》一卷,宋史正志撰
《海棠譜詩》二卷,宋陳思撰

《王氏蘭譜》一卷,宋王貴學撰
《菊譜》一卷,宋劉蒙撰
《海棠譜》一卷,宋陳思撰

弓一百四
《洛陽牡丹記》一卷,宋歐陽修撰
《陳州牡丹記》一卷,宋張邦基撰
《牡丹榮辱志》一卷,宋丘璿撰
《梅譜》一卷,宋范成大撰
《花經》一卷,宋張翊撰
《洛陽花木記》一卷,宋周氏撰
《楚辭芳草譜》一卷,宋謝翱撰
《園林草木疏》一卷,唐王方慶撰

《洛陽牡丹記》一卷,宋周氏撰
《天彭牡丹譜》一卷,宋陸游撰
《揚州芍藥譜》一卷,宋王觀撰
《梅品》一卷,宋張功甫撰
《花九錫》一卷,唐羅虬撰
《魏王花木志》一卷
《南方草木狀》三卷,晉嵇含撰

弓一百五
《桐譜》一卷,宋陳翥撰

《竹譜》一卷,晉戴凱之撰

《續竹譜》一卷，元劉美之撰　　　　　《筍譜》二卷，宋釋贊寧撰
《荔枝譜》一卷，宋蔡襄撰　　　　　　《橘錄》三卷，宋韓彥直撰
《打棗譜》一卷，元柳貫撰

弓一百六

《菌譜》一卷，宋陳仁玉撰　　　　　　《蔬食譜》一卷，宋陳達叟撰
《野菜譜》一卷，明王鴻漸撰　　　　　《茹草紀事》一卷，宋林洪撰
《藥譜》一卷，唐侯寧極撰　　　　　　《藥錄》一卷，晉李當之撰
《何首烏錄》一卷，唐李翱撰　　　　　《彰明附子記》一卷，宋楊天惠撰
《種樹書》一卷，唐俞宗本撰

弓一百七

《禽經》一卷，周師曠撰，晉張華注　　《肉攫部》一卷，唐段成式撰
《麟書》一卷，宋汪若海撰　　　　　　《蠶書》一卷，宋秦觀撰
《養魚經》一卷，周范蠡撰　　　　　　《漁具詠》一卷，唐陸龜蒙撰
《相鶴經》一卷，浮丘公撰　　　　　　《相牛經》一卷，周甯戚撰
《相馬書》一卷，宋徐咸撰　　　　　　《蟹譜》一卷，宋傅肱撰
《蟬史》一卷　　　　　　　　　　　　《禽獸決錄》一卷，南齊卞彬撰
《解鳥語經》一卷，□和菟撰

弓一百八

《風后握奇經》一卷，漢公孫弘解　　　《周髀算經》一卷，宋謝察微撰
《望氣經》一卷，唐邵諤撰　　　　　　《星經》二卷，周甘公、石申撰
《相雨書》一卷，唐黃子發撰　　　　　《水衡記》一卷
《水經》二卷，漢桑欽撰

弓一百九

《太乙經》一卷，玄女撰　　　　　　　《起世經》一卷
《宅經》一卷，黃帝撰　　　　　　　　《木經》一卷，宋李誡撰
《耒耜經》一卷，唐陸龜蒙撰　　　　　《感應經》一卷，元陳櫟撰
《褚氏遺書》一卷，南齊褚澄撰　　　　《脈經》一卷，晉王叔和撰
《子午經》一卷，周扁鵲撰　　　　　　《玄女房中經》一卷，唐孫思邈撰
《相地骨經》一卷，漢青烏子授　　　　《相兒經》一卷，晉嚴助撰
《龜經》一卷　　　　　　　　　　　　《卜記》一卷，宋王宏撰
《箕龜論》一卷，宋陳師道撰　　　　　《百怪斷經》一卷，宋俞誨撰
《土牛經》一卷，宋向孟撰　　　　　　《夢書》一卷
《漏刻經》一卷　　　　　　　　　　　《感應類從志》一卷，元釋贊寧撰
《數術記遺》一卷，漢徐岳撰，北周甄鸞注

弓一百十

《漢雜事秘辛》一卷，漢闕名撰　　　　《大業雜記》一卷，唐杜寶撰
《大業拾遺記》一卷，唐顏師古撰　　　《元氏掖庭記》一卷，明陶宗儀撰
《焚椒錄》一卷，遼王鼎撰　　　　　　《開河記》一卷，唐闕名撰
《迷樓記》一卷，唐闕名撰　　　　　　《海山記》一卷，唐闕名撰

叢　部

引一百十一
《東方朔傳》一卷,漢郭憲撰
《趙飛燕外傳》一卷,漢伶玄撰
《趙后遺事》一卷,宋秦醇撰
《梅妃傳》一卷,唐曹鄴撰
《高力士傳》一卷,唐郭湜撰
《漢武帝内傳》一卷,漢班固撰
《飛燕遺事》一卷
《楊太真外傳》二卷,宋樂史撰
《長恨歌傳》一卷,唐陳鴻撰

引一百十二
《緑珠傳》一卷,宋樂史撰
《謝小娥傳》一卷,唐李公佐撰
《劉無雙傳》一卷,唐薛調撰
《韓仙傳》一卷,唐韓若雲撰
《劍俠傳》一卷,唐闕名撰
《非煙傳》一卷,唐皇甫枚撰
《霍小玉傳》一卷,唐蔣防撰
《虬髯客傳》一卷,唐張説撰
《神僧傳》一卷,晉釋法顯撰

引一百十三
《穆天子傳》一卷
《同昌公主傳》一卷,唐蘇鶚撰
《林靈素傳》一卷,宋趙與時撰
《梁清傳》一卷,劉宋劉敬叔撰
《魏夫人傳》一卷,唐蔡偉撰
《麻姑傳》一卷,晉葛洪撰
《柳毅傳》一卷,唐李朝威撰
《汧國夫人傳》一卷,唐白行簡撰
《鄴侯外傳》一卷,唐李繁撰
《梁四公記》一卷,唐張説撰
《希夷先生傳》一卷,宋龐覺撰
《西王母傳》一卷,漢桓驎撰
《杜蘭香傳》一卷,晉曹毗撰
《白猿傳》一卷,唐闕名撰
《李林甫外傳》一卷,唐闕名撰

引一百十四
《太清樓侍宴記》一卷,宋蔡京撰
《保和殿曲宴記》一卷,宋蔡京撰
《東城老父傳》一卷,唐陳鴻祖撰
《東陽夜怪録》一卷,唐王洙撰
《冥音録》一卷,唐朱慶餘撰
《古鏡記》一卷,隋王度撰
《廷福宫曲宴記》一卷,宋李邦彦撰
《周秦行紀》一卷,唐牛僧孺撰
《登西臺慟哭記》一卷,宋謝翱撰
《冥通記》一卷,梁陶弘景撰
《三夢記》一卷,唐白行簡撰
《錦裾記》一卷,唐陸龜蒙撰

引一百十五
《甘澤謡》一卷,唐袁郊撰
《會真記》一卷,唐元稹撰
《集異記》一卷,唐薛用弱撰
《續齊諧記》一卷,梁吴均撰
《夢游録》一卷,唐任蕃撰
《博異志》一卷,唐鄭還古撰
《齊諧記》一卷,梁宋東陽撰
《春夢録》一卷,元鄭禧撰

引一百十六
《諾皋記》一卷,唐段成式撰
《集異志》一卷,唐鄭還古撰
《括異志》一卷,宋魯應龍撰
《才鬼記》一卷,宋張君房撰
《金剛經鳩異》一卷,唐段成式撰
《括異志》一卷,宋張師正撰
《靈鬼志》一卷,唐荀氏撰

弓一百十七
《異聞實録》一卷,唐李玖撰　　　　　《靈異小録》一卷,宋曾忄予撰
《異苑》一卷,劉宋劉敬叔撰　　　　　《幽明録》一卷,劉宋劉義慶撰
《續幽明録》一卷,唐劉孝孫撰　　　　《搜神記》一卷,晉干寶撰
《搜神後記》一卷,晉陶潛撰　　　　　《稽神録》一卷,宋徐鉉撰
《賢異録》一卷,唐雍陶撰　　　　　　《幽怪録》一卷,唐牛僧孺撰
《幽怪録》一卷,唐王惲撰　　　　　　《續幽怪録》一卷,唐李復言撰
《窮怪録》一卷　　　　　　　　　　《玄怪記》一卷,唐徐炫撰
《續玄怪録》一卷　　　　　　　　　《志怪録》一卷,唐陸勳撰
《志怪録》一卷,晉祖台之撰　　　　　《吉凶影響録》一卷,宋岑象求撰
《靈應録》一卷,唐傅亮撰　　　　　　《聞奇録》一卷,五代于逖撰

弓一百十八
《録異記》一卷,前蜀杜光庭撰　　　　《纂異記》一卷,唐李玫撰
《采異記》一卷,宋陳達叟撰　　　　　《乘異記》一卷,宋張君房撰
《廣異記》一卷,唐戴孚撰　　　　　　《獨異志》一卷,唐李元撰
《甄異記》一卷,劉宋戴祚撰　　　　　《徂異記》一卷,宋聶田撰
《祥異記》一卷　　　　　　　　　　《近異録》一卷,劉宋劉質撰
《旌異記》一卷,宋侯君素撰　　　　　《冥祥記》一卷,晉王琰撰
《集靈記》一卷　　　　　　　　　　《太清記》一卷,劉宋王韶之撰
《妖化録》一卷,宋宣靖撰　　　　　　《宣驗記》一卷,劉宋劉義慶撰
《睽車志》一卷,宋郭彖撰　　　　　　《睽車志》一卷,元歐陽玄撰
《鬼國記》一卷,宋洪邁撰　　　　　　《鬼國續記》一卷,宋洪邁撰
《甕上記》一卷,唐蘇頲撰　　　　　　《物異考》一卷,宋方鳳撰

弓一百十九
《雲仙雜記》十卷,唐馮贄撰

弓一百二十
《清異録》四卷,宋陶穀撰

《説郛續》
弓一
《正學編》一卷,明陳琛撰　　　　　　《聖學範圍圖説》一卷,明岳元聲撰
《元圖大衍》一卷,明馬一龍撰　　　　《周易稽疑》一卷,明朱睦㮮撰
《周易會占》一卷,明程鴻烈撰　　　　《戊申立春考》一卷,明路士登撰
《讀史訂疑》一卷,明王世懋撰　　　　《書傳正誤》一卷,明郭孔太撰
《莊子闕誤》一卷,明楊慎撰　　　　　《廣莊》一卷,明袁宏道撰

弓二
《草木子》一卷,明葉子奇撰　　　　　《夑龍子》一卷,明董穀撰
《觀微子》一卷,明朱衮撰　　　　　　《海樵子》一卷,明王崇慶撰
《沆瀣子》一卷,明蔣鐄撰　　　　　　《郁離子微》一卷,明劉基撰

《潛溪邃言》一卷，明宋濂撰　　　　　《蘿山雜言》一卷，明宋濂撰
《何子雜言》一卷，明何景明撰　　　　《華山厄辭》一卷，明王禕撰
《青岩叢錄》一卷，明王禕撰　　　　　《廣成子解》一卷，明蘇軾撰
《空同子》一卷，明李夢陽撰　　　　　《續志林》一卷，明王禕撰

弓三

《冥影契》一卷，明董穀撰　　　　　　《宵練匣》一卷，明朱得之撰
《玄機通》一卷，明仇俊卿撰　　　　　《求志編》一卷，明王文祿撰
《從政錄》一卷，明薛瑄撰　　　　　　《遁徇編》一卷，明葉秉敬撰
《海涵萬象錄》一卷，明黃潤玉撰　　　《補衍》一卷，明王文祿撰
《機警》一卷，明王文祿撰　　　　　　《筆疇》一卷，明陳世寶撰
《古言》一卷，明鄭曉撰　　　　　　　《燕書》一卷，明宋濂撰
《庸書》一卷，明崔銑撰　　　　　　　《松窗寤言》一卷，明崔銑撰
《後渠漫記》一卷，明崔銑撰　　　　　《仰子遺語》一卷，明胡憲仲撰
《蒙泉雜言》一卷，明闕名撰　　　　　《槎庵燕語》一卷，明來斯行撰
《容臺隨筆》一卷，明董其昌撰

弓四

《未齋雜言》一卷，明黎久撰　　　　　《南山素言》一卷，明潘府撰
《類博雜言》一卷，明岳正撰　　　　　《思玄庸言》一卷，明桑悅撰
《東田臯言》一卷，明馬中錫撰　　　　《侯城雜識》一卷，明方孝孺撰
《西原約言》一卷，明薛蕙撰　　　　　《凝齋筆語》一卷，明王鴻儒撰
《方山紀述》一卷，明薛應旂撰　　　　《經世要談》一卷，明鄭善夫撰
《儼山纂錄》一卷，明陸深撰　　　　　《奇子雜言》一卷，明楊春芳撰
《拘虛晤言》一卷，明陳沂撰　　　　　《文昌旅語》一卷，明王文祿撰
《雞鳴偶記》一卷，明蘇濬撰　　　　　《讀書筆記》一卷，明祝允明撰
《汲古叢語》一卷，明陸樹聲撰　　　　《病榻寤言》一卷，明陸樹聲撰
《清暑筆談》一卷，明陸樹聲撰

弓五

《遵聞錄》一卷，明梁億撰　　　　　　《賢識錄》一卷，明陸釴撰
《在田錄》一卷，明張定撰　　　　　　《逐鹿記》一卷，明王禕撰
《璽起雜事》一卷，明楊儀撰　　　　　《龍興慈記》一卷，明王文祿撰
《聖君初政記》一卷，明沈文撰　　　　《聖統肇基錄》一卷，明夏原吉撰
《東朝紀》一卷，明王泌撰　　　　　　《椒宮舊事》一卷，明王達撰
《復辟錄》一卷，明楊瑄撰　　　　　　《保孤記》一卷，明闕名撰
《秘錄》一卷，明李夢陽撰

弓六

《明良錄略》一卷，明沈士謙撰　　　　《明良記》一卷，明楊儀撰
《明臣十節》一卷，明崔銑撰　　　　　《造邦賢勳錄略》一卷，明王禕撰
《致身錄》一卷，明史仲彬撰　　　　　《明輔起家考》一卷，明徐儀世撰
《掾曹名臣錄》一卷，明王鴻儒撰

弓七
《翊運錄》一卷,明劉基撰
《遜國記》一卷,明闕名撰
《革除遺事》一卷,明黄佐撰
《擁絮迂談》一卷,明朱鷺撰
《天順日録》一卷,明李賢撰
《九朝野記》一卷,明祝允明撰
《玉池談屑》一卷,明闕名撰
《嵩陽雜識》一卷,明闕名撰
《溶溪雜記》一卷,明闕名撰
《郊外農談》一卷,明闕名撰
《冶城客論》一卷,明陸采撰
《西皋雜記》一卷,明闕名撰
《滄江野史》一卷,明闕名撰
《澤山雜記》一卷,明闕名撰
《沂陽日記》一卷,明闕名撰
《海上紀聞》一卷,明闕名撰
《孤樹裒談》一卷,明李默撰
《西墅雜記》一卷,明楊穆撰

弓八
《藩獻記》一卷,明朱謀㙔撰
《琬琰錄》一卷,明楊廉撰
《瑣綴錄》一卷,明尹直撰
《代醉編》一卷,明張鼎思撰
《明廷雜記》一卷,明陳敬則撰
《水東記略》一卷,明葉盛撰
《玉壺遐覽》一卷,明胡應麟撰
《良常仙系記》一卷,明鄒迪光撰
《賜游西苑記》一卷,明李賢撰
《延休堂漫録》一卷,明闕名撰
《濯纓亭筆記》一卷,明戴冠撰

弓九
《錦衣志》一卷,明王世貞撰
《殉身錄》一卷
《備遺録》一卷
《醫閭漫記》一卷,明賀欽撰
《制府雜錄》一卷,明楊一清撰

弓十
《南巡日錄》一卷,明陸深撰
《農田餘話》一卷,長谷真逸撰
《雨航雜録》一卷,明馮時可撰
《霏雪錄》一卷,明孟熙撰
《征藩功次》一卷,明王守仁撰
《保民訓要》一卷,明劉宗周撰

弓十一
《平夏錄》一卷,明黄標撰
《平定交南錄》一卷,明丘濬撰
《滇南慟哭記》一卷,明王紳撰
《滇載記》一卷,明楊慎撰
《日本寄語》一卷,明薛俊撰
《朝鮮紀事》一卷,明倪謙撰
《雲中事記》一卷,明蘇祐撰
《琉球使略》一卷,明陳侃撰

弓十二
《否泰錄》一卷,明劉定之撰
《遇恩錄》一卷,明劉仲璟撰
《彭公筆記》一卷,明彭時撰
《蓊勝野聞》一卷,明徐禎卿撰
《西堂日記》一卷,明楊豫孫撰
《今言》一卷,明鄭曉撰
《觚不觚錄》一卷,明王世貞撰
《金臺紀聞》一卷,明陸深撰
《玉堂漫筆》一卷,明陸深撰

弓十三
《皇朝盛事》一卷,明王世貞撰
《雙槐歲抄》一卷,明黄瑜撰
《後渠雜識》一卷,明崔銑撰
《古穰雜録》一卷,明李賢撰

叢部

《震澤紀聞》一卷,明王鏊撰
《莘野纂聞》一卷,明伍餘福撰
《客座新聞》一卷,明沈周撰
《尊俎餘功》一卷,明闕名撰
《平江記事》一卷,明高德基撰

《菽園雜記》一卷,明陸容撰
《駒陰冗記》一卷,明闌莊撰
《枝山前聞》一卷,明祝允明撰
《漱石閒談》一卷,明王元楨撰

弓十四

《南翁夢錄》一卷,安南黎澄撰
《中洲野錄》一卷,明程文憲撰
《懸笥瑣探》一卷,明劉昌撰
《吳中故語》一卷,明楊循吉撰
《續巳編》一卷,明郎瑛撰
《快雪堂漫錄》一卷,明馮夢禎撰
《聞雁齋筆談》一卷,明張大復撰

《公餘日錄》一卷,明湯沐撰
《三餘贅筆》一卷,明都邛撰
《蘇談》一卷,明楊循吉撰
《庚巳編》一卷,明陸粲撰
《長安客話》一卷,明蔣一葵撰
《雲夢蓺溪談》一卷,明文翔鳳撰
《鬱岡齋筆麈》一卷,明王肯堂撰

弓十五

《胡氏雜説》一卷,明胡儼撰
《丹鉛雜錄》一卷,明楊慎撰
《田居乙記》一卷,明方大鎮撰
《聽雨紀談》一卷,明都穆撰
《意見》一卷,明陳于陛撰
《語言談》一卷,明張獻翼撰

《劉氏雜志》一卷,明劉定之撰
《書肆説鈴》一卷,明葉秉敬撰
《碧里雜存》一卷,明董穀撰
《宦游紀聞》一卷,明張誼撰
《識小編》一卷,明周賓所撰
《子元案垢》一卷,明何孟春撰

弓十六

《西樵野記》一卷,明侯甸撰
《寒檠膚見》一卷,明毛元仁撰
《詢蒭錄》一卷,明陳沂撰
《涉異志》一卷,明閔文振撰
《維園鉛摘》一卷,明謝廷讚撰
《墨池浪語》一卷,明胡維霖撰
《春雨雜述》一卷,明謝縉撰

《甲乙剩言》一卷,明胡應麟撰
《語窺今古》一卷,明洪文科撰
《新知錄》一卷,明劉仕義撰
《前定錄補》一卷,明朱佐撰
《攬蒩微言》一卷,明顧其志撰
《雪濤談叢》一卷,明江盈科撰
《世説舊注》一卷,梁劉孝標撰,明楊慎錄

弓十七

《簪曝偶談》一卷,明顧元慶撰
《蜩笑偶言》一卷,明鄭瑗撰
《篷軒別記》一卷,明楊循吉撰
《瑯琊漫抄》一卷,明文林撰
《水南翰記》一卷,明李如一撰
《巳瘧編》一卷,明劉玉撰
《祐山雜説》一卷,明馮汝弼撰
《投甕隨筆》一卷,明姜南撰
《丑莊日記》一卷,明姜南撰

《病逸漫記》一卷,明陸釴撰
《東谷贅言》一卷,明敖英撰
《蓬窗續錄》一卷,明馮時可撰
《高坡異纂》一卷,明楊儀撰
《藜牀瀋餘》一卷,明陸溶撰
《夢餘錄》一卷,明唐錦撰
《江漢叢談》一卷,明陳士元撰
《洗硯新錄》一卷,明姜南撰

弓十八
《雙溪雜記》一卷,明王瓊撰
《窺天外乘》一卷,明王世懋撰
《近峰聞略》一卷,明皇甫庸撰
《寓圃雜記》一卷,明王錡撰
《方洲雜錄》一卷,明張寧撰
《宛委餘編》一卷,明王世貞撰
《委巷叢談》一卷,明田汝成撰

《二酉委譚》一卷,明王世懋撰
《百可漫志》一卷,明陳蕭撰
《近峰記略》一卷,明皇甫庸撰
《青溪暇筆》一卷,明姚福撰
《遼邸記聞》一卷,明錢希言撰
《谿山餘話》一卷,明陸深撰
《無用閒談》一卷,明孫緒撰

弓十九
《迪旃璅言》一卷,明蘇祐撰
《林泉隨筆》一卷,明張綸撰
《讕言長語》一卷,明曹安撰
《桑榆漫志》一卷,明陶輔撰
《戒庵漫筆》一卷,明李詡撰
《大賓辱語》一卷,明姜南撰
《馬氏日抄》一卷
《玄亭涉筆》一卷,明王志遠撰
《西峰淡話》一卷,明茅元儀撰

《井觀瑣言》一卷,明鄭瑗撰
《推蓬寤語》一卷,明李豫章
《震澤長語》一卷,明王鏊撰
《延州筆記》一卷,明唐觀撰
《暖姝由筆》一卷,明徐充撰
《抱璞簡記》一卷,明姜南撰
《菊坡叢語》一卷,明單宇撰
《野航史話》一卷,明茅元儀撰

弓二十
《寶櫝記》一卷,明滑惟善撰
《望崖錄》一卷,明王世懋撰
《閑中今古錄》一卷,明黃溥言撰
《春風堂隨筆》一卷,明陸深撰
《兼葭堂雜抄》一卷,明陸楫撰
《願豐堂漫書》一卷,明陸深撰
《乾貞堂壁疏》一卷,明淩登名撰
《戲瑕》一卷,明錢希言撰
《談剩》一卷,明胡江撰

《腳氣集》一卷,明車若水撰
《燕閑錄》一卷,明陸深撰
《綠雪亭雜言》一卷,明敖英撰
《雲蕉館紀談》一卷,明孔邇撰
《鳳凰臺記事》一卷,明馬生龍撰
《天爵堂筆餘》一卷,明薛崗撰
《譚輅》一卷,明張鳳翼撰
《塵餘》一卷,明謝肇淛撰

弓二十一
《雲林遺事》一卷,明顧元慶撰
《墐戶錄》一卷,明楊慎撰
《枕譚》一卷,明陳繼儒撰
《記事珠》一卷,唐馮贄撰
《名公像記》一卷,明遯園居士撰

《比事摘錄》一卷,明闕名撰
《病榻手吹》一卷,明楊慎撰
《群碎錄》一卷,明陳繼儒撰
《俗呼小錄》一卷,明李詡撰
《傷逝記》一卷,明遯園居士撰

弓二十二
《景仰撮書》一卷,明王達撰
《見聞紀訓》一卷,明陳良謨撰
《畜德錄》一卷,明陳沂撰
《國寶新編》一卷,明顧璘撰

《仰山脞錄》一卷,明閔文振撰
《先進遺風》一卷,明耿定向撰
《新倩籍》一卷,明徐禎卿撰
《金石契》一卷,明祝肇撰

叢部

《西州合譜》一卷,明張鴻磐撰
《吳中往哲記》一卷,明楊循吉撰
《吳風錄》一卷,明黃省撰

弓二十三
《兒世說》一卷,明趙瑜撰
《女俠傳》一卷,明鄒之麟撰
《香案牘》一卷,明陳繼儒撰
《貧士傳》二卷,明黃姬水撰

弓二十四
《客越志》一卷,明王穉登撰
《明月篇》一卷,明王穉登撰
《閩部疏》一卷,明王世懋撰
《黃山行六頌》一卷,明吳士權撰
《雨航紀》一卷,明王穉登撰
《荊溪疏》一卷,明王穉登撰
《入蜀紀見》一卷,明郝郊撰

弓二十五
《瀛涯勝覽》一卷,明馬歡撰
《吳中勝記》一卷,明華鑰撰
《南陸志》一卷,明崔銑撰
《雲南山川志》一卷,明楊慎撰
《蜀都雜抄》一卷,明陸深撰
《海槎餘錄》一卷,明顧岕撰
《泉南雜志》一卷,明陳懋仁撰
《貴陽山泉志》一卷,明慎蒙撰
《金陵冬游紀略》一卷,明羅洪先撰
《豫章漫抄》一卷,明陸深撰

弓二十六
《廬陽客記》一卷,明楊循吉撰
《武夷游記》一卷,明吳拭撰
《半塘小志》一卷,明潘之恒撰
《西干十寺記》一卷,明謝廷瓚撰
《楚小志》一卷,明錢希言撰
《烏蠻瀧夜談記》一卷,明董傳策撰
《滇行紀略》一卷,明馮時可撰
《游台蕩路程》一卷,明陶望齡撰
《西吳枝乘》一卷,明謝肇淛撰
《蓬攏夜話》一卷,明李日華撰
《居山雜志》一卷,明楊循吉撰
《太湖泉志》一卷,明潘之恒撰
《諸寺奇物記》一卷,明遯園居士撰
《西浮籍》一卷,明錢希言撰
《朔雪北征記》一卷,明屠隆撰
《邊堠紀行》一卷,元張耀卿撰
《銀山鐵壁漫談》一卷,明李元陽撰
《榕城隨筆》一卷,明淩登名撰
《禮白嶽紀》一卷,明李日華撰

弓二十七
《居家制用》一卷,元陸梳山撰
《晁采清課》一卷,明費元祿撰
《林水錄》一卷,明彭年撰
《玉壺冰》一卷,明都穆撰
《清齋位置》一卷,明文震亨撰
《岩棲幽事》一卷,明陳繼儒撰
《山棲志》一卷,明慎蒙撰

弓二十八
《帝城景物略》一卷,明劉侗撰
《賞心樂事》一卷,明張鎡撰
《武陵競渡略》一卷,明楊嗣昌撰
《林下盟》一卷,明沈仕撰
《古今諺》一卷,明楊慎輯
《南陔六舟記》一卷,明潘之恒撰
《熙朝樂事》一卷,明田汝成撰
《吳社編》一卷,明王穉登撰
《清閒供》一卷,明程羽文撰
《田家曆》一卷,明程羽文撰
《畫舫約》一卷,明汪汝謙撰

弓二十九

《明經會約》一卷,明林希恩撰
《林間社約》一卷,明馮時可撰
《生日會約》一卷,明高兆麟撰
《紅雲社約》一卷,明徐𤊹撰
《浣俗約》一卷,明李日華撰
《霞外雜俎》一卷,明杜巽才撰
《禪門本草補》一卷,明袁中道撰
《韻史》一卷,明陳梁撰

《讀書社約》一卷,明丁奇遇撰
《勝蓮社約》一卷,明虞淳熙撰
《月會約》一卷,明嚴武順撰
《紅雲續約》一卷,明謝肇淛撰
《運泉約》一卷,明李日華撰
《韋弦佩》一卷,明屠本畯撰
《蘇氏家語》一卷,明蘇士潛撰

弓三十

《陰符經解》一卷,明湯顯祖撰
《析骨分經》一卷,明寧一玉撰
《葬度》一卷,明王文祿撰
《友論》一卷,明西洋利瑪竇撰
《居家宜忌》一卷,明瞿祐撰

《胎息經疏》一卷,明王文祿撰
《醫先》一卷,明王文祿撰
《農說》一卷,明馬一龍撰
《田家五行》一卷,明婁元禮撰
《放生辯惑》一卷,明陶望齡撰

弓三十一

《長者言》一卷,明陳繼儒撰
《續清言》一卷,明屠隆撰
《木几冗談》一卷,明彭汝讓撰
《玉笑零音》一卷,明田藝蘅撰
《狂言紀略》一卷,明黃汝亨撰

《清言》一卷,明屠隆撰
《歸有園麈談》一卷,明徐學謨撰
《偶譚》一卷,明李鼎撰
《寓林清言》一卷,明黃汝亨撰

弓三十二

《切韻射標》一卷,明李世澤撰
《讀書十六觀》一卷,明陳繼儒撰
《歌學譜》一卷,明林希恩撰
《陽關三疊圖譜》一卷,明田藝蘅撰

《發音錄》一卷,明張位撰
《文章九命》一卷,明王世貞撰
《三百篇聲譜》一卷,明張蔚然撰

弓三十三

《談藝錄》一卷,明徐禎卿撰
《詩文浪談》一卷,明林希恩撰
《南濠詩話》一卷,明都穆撰
《敬君詩話》一卷,明葉秉敬撰
《懷麓堂詩話》一卷,明李東陽撰
《存餘堂詩話》一卷,明朱承爵撰
《升庵詞品》一卷,明楊慎撰

《秋圃撷餘》一卷,明王世懋撰
《歸田詩話》一卷,明瞿祐撰
《蓉塘詩話》一卷,明姜南撰
《蜀中詩話》一卷,明曹學佺撰
《夷白齋詩話》一卷,明顧元慶撰
《娛書堂詩話》一卷,宋趙與虤撰

弓三十四

《千里面譚》一卷,明楊慎撰
《詩談》一卷,明徐泰撰
《西園詩麈》一卷,明張蔚然撰
《閨秀詩評》一卷,明江盈科撰

《詩家直說》一卷,明謝榛撰
《香宇詩談》一卷,明田藝蘅撰
《雪濤詩評》一卷,明江盈科撰
《閒書杜律》一卷,明楊慎撰

《樂府指迷》一卷,宋張玉田撰　《墨池瑣錄》一卷,明楊慎撰

弓三十五
《書畫史》一卷,明陳繼儒撰　《書畫金湯》一卷,明陳繼儒撰
《論畫瑣言》一卷,明董其昌撰　《丹青志》一卷,明王穉登撰
《繪妙》一卷,明茅一相撰　《畫麈》一卷,明沈顥撰
《畫說》一卷,明莫是龍撰　《畫禪》一卷,明釋蓮儒撰
《竹派》一卷,明釋蓮儒撰

弓三十六
《射經》一卷,明李呈芬撰　《鄉射直節》一卷,明何景明撰
《名劍記》一卷,明李承勳撰　《玉名詁》一卷,明楊慎撰
《古奇器錄》一卷,明陸深撰　《紙箋譜》一卷,元鮮于樞撰
《箋譜銘》一卷,明屠隆撰　《十友圖贊》一卷,明顧元慶撰
《古今印史》一卷,明徐官撰　《硯譜》一卷,明沈仕撰

弓三十七
《水品》一卷,明徐獻忠撰　《煮泉小品》一卷,明田藝蘅撰
《茶譜》一卷,明顧元慶撰　《茶錄》一卷,明馮時可撰
《茶疏》一卷,明許次紓撰　《茶箋》一卷,明聞龍撰
《茶解》一卷,明羅廩撰　《羅岕茶記》一卷,明熊明遇撰
《岕茶箋》一卷,明馮可賓撰　《茶寮記》一卷,明陸樹聲撰
《煎茶七類》一卷,明徐渭撰　《焚香七要》一卷,明朱權撰

弓三十八
《觴政》一卷,明袁宏道撰　《文字飲》一卷,明屠本畯撰
《醉鄉律令》一卷,明田藝蘅撰　《小酒令》一卷,明田藝蘅撰
《弈問》一卷,明王世貞撰　《弈旦評》一卷,明馮元仲撰
《弈律》一卷,明王思任撰　《詩牌譜》一卷,明王良樞輯,明周履靖校續
《宣和牌譜》一卷,明瞿祐撰　《壺矢銘》一卷,明袁九齡撰
《朝京打馬格》一卷,明文翔鳳撰　《彩選百官鐸》一卷,明闕名撰

弓三十九
《穎譜》一卷,明鄔樵叟撰　《六博譜》一卷,明潘之恒撰
《兼三圖》一卷,明屠幽叟撰　《數錢葉譜》一卷,明汪道昆撰
《楚騷品》一卷,明汪道昆撰　《嘉賓心令》一卷,明巢玉庵撰
《葉子譜》一卷,明潘之恒撰　《續葉子譜》一卷,明潘之恒撰
《運掌經》一卷,明黎遂球撰　《牌經》一卷《馬吊腳例》一卷,明馮夢龍撰
《鷸陣譜》一卷,明袁福徵撰

弓四十
《瓶史》一卷,明袁宏道撰　《缾花譜》一卷,明張醜撰
《瓶史月表》一卷,明屠本畯撰　《花曆》一卷,明程羽文撰
《花小名》一卷,明程羽文撰　《學圃雜疏》三卷,明王世懋撰

《花疏》一卷/《果疏》一卷/《瓜蔬疏》一卷　《藥圃同春》一卷,明夏旦撰
《募種兩堤桃柳議》一卷,明聞啓祥撰　《草花譜》一卷,明高濂撰
《亳州牡丹表》一卷,明薛鳳翔撰　《牡丹八書》一卷,明薛鳳翔撰

弓四十一
《荔枝譜》二卷,明徐𤊹撰　《荔枝譜》一卷,明宋珏撰
《荔枝譜》一卷,明曹蕃撰　《荔枝譜》一卷,明鄧慶采撰
《記荔枝》一卷,明吳載鼇撰　《廣菌譜》一卷,明潘之恒撰
《種芋法》一卷,明黃省曾撰　《野菜箋》一卷,明屠本畯撰
《野菜品》一卷,明高濂撰

弓四十二
《藿經》一卷,明蔣德璟撰　《獸經》一卷,明黃省曾撰
《虎苑》一卷,明王稚登撰　《名馬記》一卷,明李翰撰
《促織志》一卷,明袁宏道撰　《促織志》一卷,明劉侗撰
《海味索隱》一卷,明屠本畯撰　《魚品》一卷,明顧起元撰

弓四十三
《冥寥子游》一卷,明屠隆撰　《廣寒殿記》一卷,明宣宗朱瞻基撰
《洞簫記》一卷,明陸粲撰　《周顛仙人傳》一卷,明太祖朱元璋撰
《一瓢道士傳》一卷,明袁中道撰　《醉叟傳》一卷,明袁宏道撰
《拙效傳》一卷,明袁宏道撰　《李公子傳》一卷,明陳繼儒撰
《楊幽妍別傳》一卷,明陳繼儒撰　《阿寄傳》一卷,明田汝成撰
《義虎傳》一卷,明祝允明撰　《倉庚傳》一卷,明楊慎撰
《煮茶夢記》一卷,元楊維楨撰　《西玄青鳥記》一卷,明茅元儀撰

弓四十四
《女紅餘志》一卷,元龍輔撰　《燕都妓品》一卷,明冰華梅史撰
《蓮臺仙會品》一卷,明曹大章撰　《廣陵女士殿最》一卷,明萍鄉花史撰
《秦淮士女表》一卷,明曹大章撰　《曲中志》一卷,明潘之恒撰
《金陵妓品》一卷,明潘之恒撰　《秦淮劇品》一卷,明潘之恒撰
《曲豔品》一卷,明潘之恒撰　《後豔品》一卷,明潘之恒撰
《續豔品》一卷,明潘之恒撰　《劇評》一卷,明潘之恒撰

弓四十五
《艾子後語》一卷,明陸灼撰　《雪濤小說》一卷,明江盈科撰
《應諧錄》一卷,明劉元卿撰　《笑禪錄》一卷,明潘游龍撰
《談言》一卷,明江盈科撰　《權子》一卷,明耿定向撰
《雜纂三續》一卷,明黃允交撰

弓四十六
《猥談》一卷,明祝允明撰　《異林》一卷,明徐禎卿撰
《語怪》一卷,明祝允明撰　《幽怪錄》一卷,明田汝成撰

書中偶見佚名墨筆批注。此係撥拾板片後印之本,無各書校閱者姓氏,多有漫漶不清。

民國八年冬,海寧張宗祥主京師圖書館事,獲見館中殘本明抄《說郛》,復借涵芬樓及傅增

湘所藏明抄殘本四種，以及書賈求售之明抄本共六種，即明弘農楊氏抄本、吳寬叢書堂抄本、弘治十八年抄本、玉海樓藏明抄本、萬曆間抄本、隆萬間抄本，互相參校，訂其訛奪，欲還南村之舊。民國十六年上海涵芬樓排印，子目七百二十五種，爲《說郛》另一通行之本。有關陶宗儀及《說郛》編纂校訂、版本源流，可參閱民國十三年法人伯希和撰《說郛考》一文，發表於《北平圖書館館刊》第六卷第六期；民國二十七年日本京都文化研究所渡邊幸三撰《說郛考》一文，載於該所《東方學報》第九册；臺灣昌彼得先生撰《說郛考》一書，臺北文史哲出版社1979年版；應再泉等編《陶宗儀研究論文集》一書，浙江人民出版社2006年版。

《中國叢書綜録》著録中國國家圖書館、中國科學院圖書館、上海圖書館等二十家圖書館藏此順治刻本。《中國古籍善本書目》著録八種明抄本，分藏中國國家圖書館、上海圖書館、浙江省圖書館及浙江省瑞安縣玉海樓；順治刻本則有三十三家圖書館藏有全帙，《說郛續》二十八家圖書館有藏。日本東洋文庫、内閣文庫、静嘉堂文庫、國會圖書館、東京大學東洋文化研究所、京都大學圖書館等數家有藏。《香港大學馮平山圖書館藏善本書録》著録有明沈瀚抄本，存六十九卷，廿四册，饒宗頤先生以爲當出於嘉靖間序次，可謂最接近陶氏真本，爲"人間瓌寶，在本館所藏諸善本書，可謂錚錚者矣"。

3035　清乾隆刻本小四書　　T5161/2524

《小四書》五卷，清陸隴其輯。清雍正十一年(1733)朱廷標恒德堂刻本。四册。半頁六行字數不計，左右雙邊，白口，單魚尾，書口下刻"恒德堂"。框高20.9釐米，寬13.1釐米。前有朱升序，雍正十一年鄒持雅序。目録頁後有康熙三十二年(1693)趙鳳翔、趙慎徽識語。

陸隴其，見清康熙刻本《四書大全》。

此書計《名物蒙求》一卷、《性理字訓》一卷、《歷代蒙求》一卷、《史學提要》二卷，皆四字成言，童幼習之，便於精熟。

鄒持雅序云："當湖陸稼書先生爲當代名儒，輯宋元諸家著述爲《小四書》，令於未讀小學前讀之，今之父師有愛其子弟者，誠以是爲教，旬月之間即可了辦，而入道之塗徑已明。蓋《名物蒙求》，今之《爾雅》也，雖止於辨別訓詁，而事事要歸正理。《性理字訓》，經學之總修，爲之次第具焉。《歷代蒙求》、《史學提要》，則《通鑑綱目》之津梁，而得失治亂之跡詳焉。熟此四者，以上接乎小學、《近思録》、四書、六經、諸史，其有弗能通貫者鮮矣，爲功無多，得效甚大如此……顧此書雲間舊刻，板已漫漶不可識辨，因與朱生鉉增其音注，別其品目，精爲讎校，重付開雕，以廣其傳。"

趙鳳翔、趙慎徽識語云："右《小四書》五卷，方蛟峰、程勿齋、陳定宇、黃成性四先生所作，先師稼書陸先生所欲重梓，以廣其傳也。先生嘗嘆科舉之學盛，而士風日陋，特刊《程氏分年日程》一書，示學者以古人問學之方。其首卷所謂八歲未入學以前，先讀《性理字訓》者，即此書之一種也。蓋人之神智，月異歲遷，惟童而習之者終身不忘。若此編卷帙無多，而性命精微名物浩衍，與夫歷代興衰治亂，一寓目而已盡得其概。由此悉依程氏分年法循序而深造之，則本末具而體用該，所謂蒙以養正者，此書實爲之津梁矣。辛酉秋，鳳翔兄弟從白門購得是書善本，歸呈先生，先生嘆賞不置，親爲校正，擬即付之剞劂，會以北行未果。歸田後，同學諸子與鳳翔兄弟謀共授梓。"趙鳳翔、趙慎徽伯仲爲雲間人。

此本有扉頁，刻"小四書。當湖陸稼書先生較訂。名物蒙求、性理字訓、歷代蒙求、史學提要。恒德堂重刻"。每卷末刻"吴門後學朱廷標鼎和較刊"。

《四庫全書總目》、《續修四庫全書》未收。《中國古籍善本書目》著錄明嘉靖八年胡明善刻本,作"明朱升編"。又有《朱楓林先生注釋小四書》,明崇禎十年程性初刻本。

鈐印有"近三"、"達德之印"、"元白山人"。

3036　明正德刻萬曆增補印本欣賞編　　T6003/3135

《欣賞編》十種十四卷,明沈津編。明正德間沈氏刻萬曆增補印本。十冊。半頁字數不等,四周單邊,白口,單魚尾。框高16.9釐米,寬12.3釐米。前有正德六年(1511)沈杰序。

沈津,字潤卿,蘇州人,正德中選入太醫院。又有《鄧尉山志》。

此書收宋、元時有關文房、博戲等著作。共十集,以甲、乙、丙、丁、戊、己、庚、辛、壬、癸計之。爲《集古考圖》一卷,元朱德潤撰。《漢晉印章圖譜》一卷,宋王厚之撰。《文房圖贊》一卷,宋林洪撰。《續文房圖贊》一卷,宋羅先登撰。《茶具圖贊》一卷。《硯譜》一卷。《燕几圖》一卷,宋黃伯思撰。《古局象棋圖》一卷。《譜雙》五卷,題宋洪遵撰。《打馬圖》一卷,題宋李清照撰。

沈杰序云:"吾宗姪津,嗜古勤學,嘗得諸家圖籍若干卷,彙而名之曰《欣賞編》,刻之梓。"

此書從十種序跋看,似各自刻成。如《漢晉印章》之黃雲序云:"長洲沈潤卿嗜古甚篤,又摹孟思之不及見者,通計若干印,譜無刻本,潤卿刻之,以孟思與己之所摹者併刻焉。"又《燕几圖》,有弘治十七年邢參跋云:"吾友沈潤卿間取摹之,以刻於棗,可謂博雅之一端也。"又《古局象棋圖》,有正德六年徐禎卿跋云:"潤卿偶獲此本,愛而刻之。"《打馬圖》,弘治十八年朱凱跋云:"吾甥沈潤卿氏,得而鋟木行之,以資好事者之多聞。"然從書之格式并刻工看,又似自始至終。又《茶具圖贊》一種,有萬曆八年茅一相序。《硯譜》一種,有萬曆八年溫博序。

此本刻工有祝正、洪有、趙周、顧正、顧本仁、鄒彥、鄒邦彥、鄒子明、洪贊、何貞、邵直、劉文諫、周邦明、錫人何鯨、烏程周雷。

《四庫全書總目》所載《欣賞編》乃爲續編,始詩法,終保生心鑑,入子部雜家類存目。《中國古籍善本書目》著錄,作明萬曆茅一相刻本。中國國家圖書館、上海圖書館等十四館入藏。臺北"國家圖書館"藏兩部,一作明正德六年長洲沈氏刻本,另一作正德六年長洲沈氏原刻萬曆間增補本。臺北"中央研究院"史語所也藏兩部。國圖等館作茅一相刻本,或有所據。又日本內閣文庫所藏亦作茅一相刻本。

3037　明抄本國朝典故　　T2720/6454

《國朝典故》不分卷,明朱當㴐輯。明抄本。十九冊。有闕名朱墨兩色批校。半頁十一行二十四字,四周雙邊,白口,無魚尾。框高23.2釐米,寬14.9釐米。朱絲欄。無序跋。

朱當㴐,號望洋子。明魯宗室鉅野王朱泰澄之孫,封將軍。《(康熙)兗州府志》卷三〇《封建志》云:"鉅野諸宗,多尚文雅,最著名者曰將軍朱當㴐,博覽群集,蓄書甚富。購得異本,手自抄錄不下萬卷。尤功墨妙,發爲詩文,甚別雅。"

明季野史,迭經清廷禁毀,流傳日鮮,裒輯有明一代史部著述者,除《國朝典故》外,尚有《紀錄彙編》、《金聲玉振集》等書。是書所輯雖不若《紀錄彙編》詳繁,亦多有其所無之書,故頗爲治明史者重視。所收均爲明初至嘉靖間史籍,有實錄、傳記、文集、筆記等多種體裁。存世皆抄本,卷帙最多者爲中國國家圖書館所藏明藍格抄本,六十三種一百一十卷。中國國家圖書館另藏四十一種、八十四卷明藍格抄本一部,前有嘉靖二十一年朱氏自序,稱其編書經過,"予乃搜獵曲存,較讎魚亥,第其倫次,萃其渙而會其統,遂因各家之成書,類而聚之,其重者不删,各存其説。上自祖宗創守之艱難,中及臣工私録之聞見,下迨僭竊夷狄之叛服,靡不畢具,使開卷便矚,用資博識之士。"

哈佛此本存三十六種,有《皇明本紀》、《皇朝平吴録》、《北平録》、《平蜀記》、《洪武聖政記》、《欽定滁陽王廟碑歲祀册暨敕賜滁陽王廟碑》、《壬午功臣爵賞録》、《北征前後録》、《北征記》、《建文遺蹟》、《革除遺事》、《宣宗御製官箴》、《野記》、《宸章集録》、《勅議或問》、《大狩龍飛録》、《立齋閒録》、《天順日録》、《燕對録》、《損齋備忘録》、《畜德録》、《謇齋瑣綴録》、《清溪暇筆》、《寓圃雜記》、《病逸漫記》、《蓬軒類記》、《彭文憲公筆記》、《菽園雜記》、《後鑑録》、《平定交南録》、《議處安南事宜》、《平蠻録》、《東征紀行録》、《使事紀略》、《日本國考略》。第一册前有後訂總目三頁,知原爲二十二册,尚缺第二册《國初事蹟》、《國初禮賢録》和第四、五册《奉天靖難記》内容。

皮紙抄寫,潔白堅韌,開本宏朗。不避清諱。各卷卷端原有鈐印均被挖掉,卷端題署與行間的"國朝典故××"亦被除挖殆盡,蓋書賈以殘充全矣。書中有大量朱、墨兩色批校,亦不避清諱,眉批記事多用"國朝"、"本朝",除《實録》、《皇明文衡》外,還常有"一本云",當是曾以他本校勘。此批校應是明人所爲。

《四庫全書總目》將《北平録》、《安南奏議》、《畜德録》等十八種收入史部附存目録。《續修四庫全書總目提要(稿本)》收入《國朝典故》,所見者爲六十三種三十卷之明抄本。

是書有明萬曆刻本,題鄧士龍輯,六十四種,一百一十卷,與此朱氏《國朝典故》大體相同,北京大學圖書館、南京圖書館、臺北"國家圖書館"有藏。鄧士龍,江西南昌人,萬曆乙未科進士,由翰林庶吉士授編修,累官至國子監祭酒。是書《千頃堂書目》著録。1993 年北京大學出版社出版以北大藏本爲底本之點校整理本,許大齡、王天有主編。

《中國叢書綜録》未收。《中國古籍善本書目》入叢部彙編叢書類,著録四部明抄本,卷數、種數各自不同,分藏於中國國家圖書館、上海圖書館、北京師範大學圖書館、陝西省圖書館、江西省圖書館五家。另查臺北"國家圖書館"、"故宫博物院"、"中央研究院"史語所傅斯年圖書館也藏有多部明抄本。《四庫全書存目叢書》以中國國家圖書館、陝西省圖書館所藏明抄本爲底本拼合,影印出版《皇朝平吴録》、《否泰録》等十八種。

3038　明嘉靖刻本金聲玉振集　　　　　　　　T9100/8415

《金聲玉振集》五十一種六十二卷,明袁褧編。明嘉靖二十九年(1550)至三十年(1551)袁氏嘉趣堂刻本。四十四册。清李文田批并跋。半頁十行十八字,左右雙邊,白口,單魚尾。框高 17.2 釐米,寬 12.3 釐米。

袁褧,字尚之,晚號謝湖,吴縣人。諸生。性亢潔,工詩文,擅書畫。與兄表、弟褒、裦及伯父之子裘等,時號袁氏六俊。又有《田舍集》、《奉天刑賞録》等。

《孟子·萬章》下:"孔子之謂集大成。集大成也者,金聲而玉振之也。金聲也者,始條理也;玉振之也者,終條理也。始條理者,智之事也;終條理者,聖之事也。"謂孔子之德,猶作樂先撞鐘,以發衆聲,樂將止,擊以收衆音。後以金聲玉振喻聲名洋溢廣布。

此本較《中國古籍善本書目》所著録，少《設險守邊圖説》一卷、《居敬堂集》一卷。又《六詔紀聞》末有"嘉靖十四年二月日刊行"，後卷末又刊"嘉靖庚戌菊月望日重刻於嘉趣堂"。《海道經》末刊"嘉靖庚戌仲冬藏亭校刊"。《蒙泉類博稿》末刊"嘉靖辛亥孟冬吳郡袁褧漫記"。《革除遺事》末刊"皇明嘉靖辛亥孟秋七月望日嘉趣堂較過、李宗信雕"。《奉天刑賞録》末刊"嘉趣堂雕、李宗信庚戌仲春初六日"。刻工又有鄔興祖、張克明，見《海運則例》、《供祀記》後。《國寶新編》末刊"蘇城吳趨坊陸家雕版"。

　　是書所刻之本如《海寇後編》，已延至嘉靖四十四年，袁褧跋云："紀倭亂者，始於廣寧伯劉江載之《水東日記》，迨今嘉靖三十三年之亂，范表詳其事，後總制胡公所述王直徐海本末，予因次第刻紀亂則中，俾後之可以考也。乙丑三月，再罹倭警，吳之郡邑荷大巡溫公之威嚴，身冒矢石，將士協謀，剿除屢次，吳民百萬户得以安枕者，非其功耶？因附記如此，别有所録。是歲陽至日，謝湖老人漫筆。"

　　又此集每種封面并首册目録均爲清李文田手書。《北征録》、《後北征録》、《後北征記》均有李氏批注。《後北征記》後又有李跋，録如下："案記七月甲戌朔，則己丑不豫，乃十六日也。辛卯爲十八日，至八月壬子，靈轝至宮，加斂納梓宫爲初十日，距崩時二十二日矣。即使秦始之鮑魚亂臭，安能不齊桓之蟲出户外耶？潘檉章《明史考異》引王氏二史考云，榆木川之崩，金文靖公速集諸内侍，秘不發喪，銷錫爲椑，錮之即殺工滅口。比喪達京師，皇太子至，遂發喪易梓宫。又引楊文貞撰楊文敏墓志云，師次榆木川上，不豫；既上賓，凡沐浴襲奠，飯含棺斂，一切之禮，悉出二公（楊榮、金幼孜）。然則當時必有龍轝，或錫或木，但倉卒之際，楄柎薄，故須易耳。否則歷二十二日早已腐爛矣，安得更納梓宫乎？光緒十二年七月二十日漫識於此。仲約。"按，文田字仲約，號芍農，廣東順德人。咸豐九年進士，官至禮部左侍郎。其學出於鄭夾漈、王深寧。金元故實、西北水地，旁及醫方、壬遁形家言，靡不精綜。詞章書翰，特其餘事。有《宗伯詩文集》。

　　《四庫全書總目》未收。《中國古籍善本書目》著録。中國國家圖書館、上海圖書館等八館，臺北"國家圖書館"（四部，其一爲原藏北平館者）及美國國會圖書館、日本内閣文庫（兩部）、尊經閣文庫、京都大學人文科學研究所亦有入藏。

　　鈐印有"趙期頤"。

3039　明刻本今獻彙言　　T9100/8220

　　《今獻彙言》三十九種三十九卷，明高鳴鳳編。明刻本。存六册。清孫潛校。半頁十行二十三字，四周單邊，白口，無魚尾。框高 18.5 釐米，寬 12.7 釐米。

　　是書爲殘本，今存《賢識録》一卷（明陸釴撰）、《遵聞録》一卷（明梁億撰）、《損齋備忘録》一卷（明梅純撰）、《守溪長語》一卷（明王鏊撰）、《雙溪雜記》一卷（明王瓊撰）、《菽園雜記》一卷（明陸容撰）、《撫安東夷記》（明馬文升撰）、《西征石城記》一卷（明馬文升撰）、《興復哈密記》一卷（明馬文升撰）、《平夷録》一卷（明趙輔撰）、《江海殲渠記》一卷（明祝允明撰）、《東征紀行録》一卷、《醫閭漫記》一卷（明賀欽撰）。按，《明史·藝文志》著録此書爲二十八卷，與《中國古籍善本書目》著録相去甚遠。

　　此本經清孫潛批校。潛，字潛夫，一字節生，又曰知節君，號菽園，常熟人。家有二酉堂，喜藏書。

叢　部

是書刻工有吳世良、陳友、劉福成、吳邦亮、葉世榮、熊還、施永興、葉再生、詹賓、羅興、官成、葉一郎、江郎、葉伯應、江毛、劉青、楚。

《四庫全書總目》入子部雜家類存目。《中國古籍善本書目》著録,中國國家圖書館有全帙,中山圖書館有殘本。臺北"國家圖書館"及日本内閣文庫(兩部)、尊經閣文庫亦有入藏。

鈐印有"孫潛之印"。

3040　明嘉靖刻本小十三經　　　　　　　　　　　　　　T9100/9412

《小十三經》十三種十六卷,明顧起經編。明嘉靖衹洹館刻本。四册。半頁十行十八字,左右雙邊,白口,單魚尾,書口上方刻"衹洹館"。框高 17.2 釐米,寬 12.4 釐米。

顧起經,字長濟,又字玄緯,號羅浮外史。無錫人。顧可學從子。好藏書。從可學官京師,嚴嵩知其才,要置直廬,屬爲應制之文,起經逡巡謝去。以國子生謁選,授廣東鹽課副提舉。有《類箋王右丞集》。

此《小十三經》者,爲《忠經》一卷、《女孝經》一卷、《佛説四十二章經》一卷、《胎息經》一卷、《通占大象曆星經》二卷、《黄帝宅經》二卷、《黄帝授三子玄女經》一卷、《青烏先生葬經》一卷、《墨經》一卷、《風后握奇經》一卷、《耒耜經》一卷、《丸經》二卷、《五木經》一卷。

《丸經》序後,刊"嘉靖壬戌月南至重刊於幽石清漣山院"。《墨經》後刊"辛亥九月付梓"。

此本有扉頁,刊"新刻小十三經。忠經、女孝經、玄女經、宅經、胎息經、四十二經、丸經、握奇經、星經上、星經下、墨經、五木經、葬經"。并鈐有"晉詒"、"心翼"。"耒耜經"三字係後人墨筆所加。

《四庫全書總目》未收。《中國古籍善本書目》著録,中國國家圖書館、上海圖書館有全帙。北京大學圖書館、南京圖書館有殘本。臺北"國家圖書館"也有收藏,題"明顧玄緯編,明嘉靖四十一年顧氏衹洹館刊本"。

鈐印有"吳興姚氏邃雅堂鑑藏書畫圖籍之印"。

3041　明萬曆刻本文林綺繡　　　　　　　　　　　　　　T9290/3418

《文林綺繡》五種五十九卷,明凌迪知編。明萬曆凌氏桂芝館刻本。五十二册。半頁八行十七字,左右雙邊,白口,單魚尾。書口下有刻工。

是書計《左國腴詞》八卷、《太史華句》八卷、《文選錦字録》二十一卷、《兩漢雋言》十六卷、《楚騷綺語》六卷。

《左國腴詞》框高 19.2 釐米,寬 12.5 釐米。題"吳興凌迪知稚哲輯;同郡閔一鶴聲甫校"。前有萬曆四年凌迪知序。采《左傳》、《國語》字句,分類編輯。凡《左傳》五卷,爲類四十;《國語》三卷,爲類四十有三。《四庫全書總目》云:"所摘皆僅存一二語,既不具其始末,又不標爲何人之言。且注與正文,混淆不辨,非惟不足以資考證,并不可以供掇撦。"

《太史華句》框高 18.2 釐米,寬 12.5 釐米。題"吳興凌迪知稚哲輯;弟稚隆以棟校"。前有萬曆五年凌迪知序。皆摘《史記》字句,以類編次。

《文選錦字録》框高 18.9 釐米,寬 12.5 釐米。題"吳興凌迪知稚哲輯;弟稚隆以棟校"。前有萬曆五年凌迪知序。目録末有牌記,題"萬曆丁丑春仲吳興凌氏桂芝館梓行"。以《文選》字句輯爲二十七門。《四庫全書總目》云："自謂合清江劉氏《類林》、盾山蘇氏《雙字類要》而增損之，然二家之書，已涉餖飣，疊牀架屋，尤爲無謂矣。"

《兩漢雋言》框高18.8釐米，寬12.9釐米。題"宋括蒼林越次甫輯；明吳興凌迪知稚哲校"。前有萬曆四年凌迪知序。《四庫全書總目》云："宋林越作《漢雋》，所采止於西漢，迪知因仿越體例，輯後漢故實，與越書合爲一編，改題今名。自第一卷至十卷，皆林氏之舊，題曰前集。十一卷至十六卷，迪知所續者，題曰後集。采摭亦備，然不自爲一書。而補葺舊本，創立新名，是則明人之結習矣。"

《楚騷綺語》框高18.5釐米，寬12.5釐米。題"雲間張之象玄超輯；吳興凌迪知稚哲訂"。前有萬曆四年凌迪知序。該書摘《楚辭》字句，以供撏撦。凌迪知序云："余重訂之，梓布海內。"

是書寫工有吳郡錢世傑、長洲顧榞、吳門高洪。刻工有顧時中、顧植、彭天恩、夏邦彥、仇觸、仇鵬、張璈、王伯才、錢世英、何道甫、劉安、趙應其、世祥、文、沈、高、加、言、何、玄、修、希、化、慕、如，其中彭天恩、王伯才、夏邦彥爲吳郡人。

《四庫全書總目》將《左國腴詞》、《太史華句》、《兩漢雋言》入史部史鈔類存目。將《文選錦字錄》、《楚騷綺語》入子部類書類存目。《中國古籍善本書目》著錄，中國國家圖書館、上海圖書館等十二館有全帙，華東師範大學圖書館等三館有殘卷。臺北"國家圖書館"及日本內閣文庫亦有入藏。

鈐印有"怡亭藏書"。

3042　明萬曆刻本紀錄彙編

T9100/2822

《紀錄彙編》一百二十三種二百二十四卷，明沈節甫編，明萬曆四十五年(1617)陳于廷刻本。四十八冊。半頁十行二十字，四周單邊，白口，無魚尾，書口下有刻工。框高21.7釐米，寬14.4釐米。前有萬曆四十五年陳于廷序文；沈節甫輯《凡例》六則。

沈節甫，字以安，號錦宇。烏程人。嘉靖三十八年進士，官至工部左侍郎。曾疏請省浮費，核虛冒，止興作，減江浙織造，停江西瓷器，不報。中官傳奉，節甫持不可。又嘗獻治河之策，語鑿鑿可用。致仕卒，謚端靖。喜藏書。有《玩易樓藏書目錄》。

是書收明初至嘉靖以前君臣雜記、詩評、志怪、時事之作，卷帙甚富，而體例不免冗雜。《四庫全書總目》云："是書採嘉靖以前諸家雜記，裒爲一集，凡一百一十九種。其中有關典故者，多已別本自行。其餘如王世貞《明詩評》之類，則文士之餘談；祝允明《志怪》之類，又小說之末派，一概闌入，未免務博好奇，傷於冗雜。且諸書有全載者，有摘抄者，甚或有一書而全錄其半、摘鈔其半者，爲例亦復不純。"

陳于廷序云："余按部之暇，得覩沈司空所裒輯《紀錄彙編》若干種，雖裨官野史之流，然要皆識大識小之事也。故上之足以斧藻皇猷，勵揚帝業；次之足以褒忠昭美，誅諛懲奸；即下之而爲芼爾麈談者，亦不乏毅然狐史。因亟登梓，以廣同好。"

此本卷二、卷六、卷一二、卷一五等卷末鐫"廣信府同知鄒潘、推官方重校正，臨江府推官袁長馭、上饒縣學教諭余學申對讀，湖州府後學吳仕旦覆訂"。卷一七九末鐫"湖州府後學吳仕旦覆訂，建昌府督刊知事毛禎，督寫檢校季士俊，對讀教授徐文淵，訓導陸勝宗"。又序并書中二十餘頁爲後人抄配。

是書寫工有王坤、穆文、蔣舜、鄒玉。刻工有鄒光岳、羅全、余懷、熊汝昇、熊汝昌、范洪、徐元、鄒邦化、鄒光耀、萬堯、萬德、罗松、章允明、涂士賢、舒瑞、熊元銓、鄒邦瑚、鄒元弼、熊賢、鄒道、郭一德、郭景光、楊泮、傅增、李暘、李森、趙亨、志明、游恩、傅忠、傅魁、劉玉、游仰、周懷、游才、葉伯、葉栢、葉宇、游旭、單良、劉宗、鄭西、傅光、山、之、子、文、臣、世、秀、慧、葵、相、鉞、林、振、珍、儒、湯、遂、仁、佐、洛、瑞、古、吉、通、甫、怡、心、冬、化、易、宇、端、忠、見、良、奇、求、夕、乙、兆、赤、太、敬、申、寧、純、利、啓、定、胥、行、加、而、中、才、嵩。按,羅全、余懷、范洪、羅松、志明爲福建籍,傅光、熊汝昌、鄒邦化爲南昌籍。

《四庫全書總目》入子部雜家類存目。《中國古籍善本書目》著録,中國國家圖書館、上海圖書館、南京圖書館等九館有全帙。臺北"國家圖書館"及日本內閣文庫、尊經閣文庫、京都大學人文科學研究所、東京大學東洋文化研究所亦有入藏。

3043　明刻本歷代小史　　　　　　　　　　　　　　T9100/7295

《歷代小史》一百六種一百六卷,明李栻編,明刻本。三十二册。半頁十一行二十六字,四周單邊,白口,單魚尾,書口下有刻工。框高21.5釐米,寬13.1釐米。前有萬曆十二年(1584)陳文燭序。

李栻,字孟敬,豐城人。嘉靖四十四年進士。官至浙江按察司副使。有《困學纂言》。

原書不著輯刻人姓氏。陳文燭序云:"中丞趙公刻《歷代野史》,委序於不佞。不佞授而卒業,侍御李公所集也。"

《四庫全書總目》云:此書"不著編輯者名氏。首有汙陽陳文燭序,稱侍御李公所集,而中丞趙公刻之,皆不著其名字里籍,不知爲何許人也。其書蓋欲仿曾慥《類説》之例,雜採野史,每書刪序數條,凡一百五種,以一種爲一卷。中間時代顛倒,漫無端緒,蓋當時書帕之本,以校刊付之吏胥者也"。

《中國古籍善本書目》所著録爲一百六種、一百六卷,是書爲一百五種、一百五卷,與《四庫全書總目》所云同,蓋《中國古籍善本書目》將第五卷《世説新語又大業雜記》分爲二卷之故。

是書刻工有王太、王明、陸二、朱智、朱祥、吳孫、劉長、蔣源、王尋、吳友貴、羅林、劉胡、余林、吳勝、朱芽、范任、張興、余業、吳顯、余積、余崇、余全、余連、吳可、游正、劉有、劉壽、陳文、鄭在、能、高、毛、葉、同、戈、李、曾、詹、周。又此本卷一八之第六至二十四頁配清抄本。

《四庫全書總目》入子部雜家類存目。《中國古籍善本書目》著録,南京圖書館、南京大學圖書館、中國社會科學院文學研究所等五館有全帙。臺北"國家圖書館"亦有收藏,題"舊題明李栻編,明萬曆十四年刊本"。日本內閣文庫、尊經閣文庫亦有入藏。

鈐印有"六篆樓藏書印"、"季材"、"季材所藏"、"陸超曾印"、"西屏"、"允康"、"洞庭陸氏藏書"、"陸氏士鼎"、"愛新覺羅氏臣師善珍藏手澤之餘印"、"温氏藏書"。

3044　明萬曆刻本彙刻三代遺書　　　　　　　　　　T9100/1235

《彙刻三代遺書》六種二十八卷,明趙標輯。明萬曆二十二年(1594)大名知府塗時相刻本。六册。半頁八行十八字,四周雙邊,白口,單魚尾,書口下有刻工。框高21.4釐米,寬14.1釐米。竹書紀年題"梁沈約注;明范欽訂;河東趙標刊"。前有萬曆二十二年趙標序,萬曆二十二年陳簡序。

趙標,字貞甫,山西解州人。萬曆十四年進士,十六年由庶吉士授江西道御史。十七年告病。二十一年復除浙江道,巡按真定。二十二年爲巡按直隸監察御史。

是書六種,爲《竹書紀年》二卷(梁沈約注、明范欽訂)、《汲冢周書》十卷(晉孔晁注、明楊慎校)、《批點考工記》二卷(漢鄭玄注、元吳澄考注、明周夢暘批評)、《穆天子傳》六卷(晉郭璞注、明范欽訂)、《檀孟批點》二卷(宋謝枋得批點、明楊慎注)、《六韜》六卷。三代者,夏、商、周也。

趙標序云:"余少嗜古,自六經而外,於諸子百氏之書稍稍窮探,乃高者入青旻,下者入黃壚,卒無當於沕穆而道且觝繆。迨廁中秘,稍益肆力,嘗取《紀年》、《汲冢》、《考功》、《穆傳》、《檀子》、《六韜》之編,旦夕搜羅其言,人人殊其沕穆之氣、廣微之旨,絕不類三代以下語。竊意其筆自三代,非後世贋作者比,蓋獨契焉……遂於公餘,取前所契六種之書,稍加訂次,因名之曰《三代遺書》,付大名守塗君,爲之鋟梓。蓋書俱三代所遺者,而梓之今日,則三代之存,即余志也。"

此書爲大名知府塗時相所刻。時相,湖南沅州人,萬曆八年進士。十九年任大名府,興舉廢墜,建社倉,給種麥,開支河,賑貧生,施冬衣,立社學,民德之。官至光禄寺少卿。《(咸豐)大名府志》卷一三有傳。

此本刻工爲王秀、孝、艾、魁、中、祚、休、京、萬、忠、登、安、見、云、才、臣、佃等。

《四庫全書總目》未收。《中國古籍善本書目》著錄,上海圖書館、北京大學圖書館等四館亦有入藏,作明萬曆二十二年趙氏刻本。臺北"國家圖書館"所藏,作明萬曆二十二年大名府刻本(兩部,其一爲原藏北平館者)。

3045 明萬曆刻本稗海

T9100/2435

《稗海》四十六種二百八十五卷,明商濬編,明萬曆商氏半埜堂刻本。存七册。半頁九行二十字,四周單邊,白口,單魚尾。

此本存七種三十三卷,爲《小名錄》二卷(唐陸龜蒙撰)、《歸田錄》二卷(宋歐陽修撰)、《雲麓漫抄》四卷(宋趙彥衛撰)、《墨客揮犀》十卷(宋彭乘撰)、《侯鯖錄》八卷(宋趙德麟撰)、《龍城錄》二卷(題唐柳宗元撰)、《搜采異聞錄》五卷(題宋永亨撰)。

鈐印有"劉城鑑藏"、"大明貴池劉氏藏書"、"敬止齋"、"小野節家藏書"、"讀我書屋主人"。

3046 明萬曆刻本漢魏叢書

T9100/3235

《漢魏叢書》三十八種二百五十一卷,明程榮編,明萬曆二十年(1592)程榮刻本。二十四册。半頁九行二十字,左右雙邊,白口,單魚尾。框高19.9釐米,寬13.5釐米。前有萬曆二十年(1592)屠隆序。

程榮,字伯仁,安徽歙縣人。

是書分爲經、史、子三部。經部十一種、史部四種、子部二十三種。各卷首頁除作者外,題"明新安程榮校"。又《新書》十卷附錄一卷、《古今刀劍錄》一卷配清抄本。

此本《大戴禮記》卷一三末題"餘姚宋禮書"。《風俗演義》卷一首頁書口下有"孟龍。武林郁文瑞書"。刻工有黃尚瀾、仇俊、孫愛瑚、王茂、黃中元、蔡孟龍、汝信、黃德寵、光宇、黃華、仇高、國岳、國卿、黃池、黃惟潛、黃組、黃汝貞、吕、玉、兆、百、柱、守、潤、少、山、丁、鋁、子、六、魏、錦、太、元、高、人、濟、秀、中、格、朱、宮、余、梓、鋒、水、時、江、今、瀚、方、五、良、閆。其中蔡孟龍爲蕭山人。

《四庫全書總目》未收。《中國古籍善本書目》著録,上海圖書館、天津圖書館、山西省圖書館等四十館有全帙。臺北"國家圖書館"及日本内閣文庫、静嘉堂文庫、京都大學人文科學研究所、東京大學東洋文化研究所亦有入藏。

鈐印有"艾庵"。

3047　明刻本增定古今逸史　　T9100/4683

《增定古今逸史》五十五種二百二十三卷,明吴琯編,明吴琯刻本。三十五册。半頁十行二十字,左右雙邊,白口,單魚尾。框高 20 釐米,寬 13.2 釐米。前有吴琯自序;《凡例》十一則。

吴琯,字中珩,福建漳浦人。隆慶元年進士。官至吏科給事中。有《唐詩紀》。

是書分爲逸志、逸記二大類。收集歷代有關語言如《方言》、地志如《山海經》、逸紀如《穆天子傳》、國史如《晋史乘》、傳記如《高士傳》等流傳不多之書編成。初印本共四十二種,一百八十二卷,此爲增定之本。據《凡例》云:"逸志中有合而志之者,如班應二通之類,統天地名物而括之也。有分而志之者,如風土、如伽藍,即地理、宫室、老釋、藝文諸志之類也。故有合志、分志之别,庶使觀者不至相淆耳。""逸記中稱紀者,記諸帝王妃后,論其世也;稱世家者,記諸侯王將相,論其國也;稱列傳者,記諸賢豪,以逮方技,論其人也。蓋獨遵太史公之例,班氏以下勿論矣。"

是書各卷端除作者外,題"明吴琯校"或"明吴中珩校"。又此本較《中國古籍善本書目》著録少《集異記》一卷、《遼志》一卷、《金志》一卷、《松謨紀聞》一卷。又《六朝事蹟編類》卷下末有清乾隆三十八年何應舉録宋韓仲通跋語。

刻工有劉、文、鄧、倫、武。

《四庫全書總目》未收。《中國古籍善本書目》著録,中國國家圖書館、上海圖書館、天津圖書館等十三館有全帙。臺北"國家圖書館"亦有收藏。

鈐印有"鄭氏註韓居珍藏記"。

3048　明萬曆刻本尚白齋鐫陳眉公訂正秘笈　　T9100/3092

《尚白齋鐫陳眉公訂正秘笈》二十一種四十七卷,明陳繼儒編,明萬曆三十四年(1606)沈氏尚白齋刻本。十册。半頁八行十八字,四周單邊,白口,無魚尾或單魚尾不等。框高 20.2 釐米,寬 12 釐米。前有萬曆三十四年陳萬言序,姚士麟序。

陳萬言序云:"天生乃益富蒐覽,悉綜合奇書秘笈,凡稗官小史之所不及備者,鏨而存之,而先爲流通其什一,自《玉照新志》而下若干卷,屬余序。"

姚士麟序云:"此刻爲友人沈天生及其弟水部白生齋頭所藏,亦以不傳爲慮。爰檢小史、學稗諸海所無者,自梁、宋、遼、元至今,凡得二十種,昆季手校,授之剞劂,乞敘於余。因述生平知舊所從見聞,深爲此刻歎幸。而天生兄弟可謂以傳布爲藏,真能藏書者矣。"按,二序所云天生,乃沈德先;白生者,爲沈孚先,德先弟,秀水人。

是書有扉頁,題"陳眉公先生訂。尚白齋祕笈。繡水沈衙藏板"。又此本較《中國古籍善本書目》著録少去《雲烟過眼續録》一卷,其種數與姚士麟序所云同,即二十種。

《四庫全書總目》未收,《中國古籍善本書目》著錄。河南省圖書館、湖南圖書館、清華大學圖書館等十九館有全帙。臺北"國家圖書館"及美國國會圖書館、日本內閣文庫、静嘉堂文庫、尊經閣文庫(殘)、京都大學人文科學研究所亦有入藏。

鈐印有"越府圖書之寮"。

3049　明萬曆刻本寶顏堂續秘笈　　T9100/3092

《寶顏堂續秘笈》五十種一百卷,明陳繼儒編,明萬曆間沈氏尚白齋刻本。二十冊。半頁八行十八字,四周單邊,白口,無魚尾。框高 20.5 釐米,寬 12 釐米。前有沈德先序,沈孚先序。

是書各種首頁,除作者外,或題"明繡水黄承玄、沈德先校",或題"仲醇陳繼儒、天生沈德先、白生沈孚先同校","仲醇陳繼儒、白生沈孚先校"等。目錄後刊"本宅藏書,尚有百種,政在鐫刻,用廣秘笈,故隨梓隨帙,不分甲乙,以公同好,識者毋謂其混先後之次也"。"本宅"者,當爲沈氏也。寶顏堂,陳繼儒齋名。

沈德生序云:"余既鐫《彙秘籍》,猶然不療饕癖,復從陳眉公簏中索得若干種,輒以艷詫親好,人亦不靳出所藏來會,而家弟更從荆邸寄我數編,謂足壓惠生一幅矣……續編五十家也,尚有餘書,則更竢廣笈。"

《四庫全書總目》未收。《中國古籍善本書目》著錄,河南省圖書館、中國科學院圖書館等十一館有全帙。臺北"國家圖書館"及美國國會圖書館、日本內閣文庫、尊經閣文庫、京都大學人文科學研究所亦有入藏。

鈐印有"越府圖書之寮"。

本館又有零種《後山談叢》四卷、《觚不觚集》一卷、《井觀瑣言》三卷、《鄭省齋蜩笑偶言》一卷。

3050　明萬曆刻本亦政堂鐫陳眉公家藏廣秘笈　　T9100/3092

《亦政堂鐫陳眉公家藏廣秘笈》五十四種一百三卷,明陳繼儒編,明萬曆間沈氏尚白齋刻本。二十一冊。半頁八行十八字,四周單邊,白口,無魚尾或單魚尾不等。框高 20.2 釐米,寬 12.3 釐米。前有萬曆四十三年(1615)李日華序,萬曆四十三年沈德先序。

李日華序云:"眉公先生之籍多異書,嘗一再發之,以惠同好。同好之士讀之,益用色飛神動,競出所蓄隱文逸簡以求當先生。先生以籍受之恒滿,而又輒恒發之甚,有不及籍,而削牘者捧之去,今所勒《廣笈》五十餘種,而意猶未已。"沈德先序又云:"眉公家多書,貴不秘焉,自多能日益其所未見,與海內共之,爲多不可及也。余兄弟雖猶然帖括生,無青箱異帙,顧息息羨眉公之多樂,推我眼中塵壤,謂足崔嵬嵩岱,與眉公角富,則亡弟白生尤稱勇鷙。故從秘籍正續就函以來,每向藏書家得半通少幀、墨副蠹殘,輒緘送寄,質問得備鄴侯籤軸否。"

是書各種首頁除作者外,題"明陳繼儒仲醇、沈德先天生校"、"明檇李顧雲鵬、李肇亨校"、"明檇李王廷翰、王錫祚校"等。又此本較《中國古籍善本書目》著錄少《牋紙譜》一卷、《蜀錦譜》一卷、《丙丁龜鑑續錄》一卷。

據王重民《中國善本書提要》引李日華《味水軒日記》云:"萬曆四十三年二月七日,書林張氏梓眉公《廣秘籍》既成,來乞余序。九日招郁伯承夜坐,伯承好古,酷嗜奇隱,張氏所梓眉公集,大半都其書也。"

《四庫全書總目》未收。《中國古籍善本書目》著錄,天津圖書館、中國科學院圖書館、故宮博物院圖書館等七館有全帙。臺北"國家圖書館"及美國國會圖書館、日本内閣文庫、尊經閣文庫、京都大學人文科學研究所亦有全帙。

鈐印有"亦政堂印"、"越府圖書之寮"。

3051　明刻本亦政堂鐫陳眉公普秘笈一集　T9100/3092

《亦政堂鐫陳眉公普秘笈一集》五十種八十八卷,明陳繼儒編,明萬曆間沈氏尚白齋刻本。二十册。半頁八行十八字,四周單邊,白口,無魚尾。框高19.8釐米,寬12.2釐米。前有張可大序,泰昌元年(1620)王體元序。

王體元序云:"《秘笈》初集,大半眉公先生結撰,中多物外玄談,林間韻事,而經世學術,稍稍露其一班。常寓吾郡中,墨瀋淋漓,高言驚座。每謂藏書家庋閣朽蠹,不如散褫流通。沈天生、白生兄弟,頗同此志,出先世藏蓄,并輶軒懸購,爲廣、爲續,幾數十種,玉魚金盌,並出人間,而《秘笈》之傳,益膾炙海内……天生鴻儀之羽,暫託枋榆,志不以一日易千秋,避跡江鄉,榜其居曰寥寥年年歲歲一床書,意甚深遠。眉公常以扁舟過訪,上下折衷,更即予所訂定,與天生所選錄,成普、彙二集。諸書在天地,非若名山之封、深淵之沉,但久則易滅,僻則易湮。詎如懸之國門,人得展誦朝章,故實足以補國史之遺,野修緒業,兼用採岩居之操,其視説海碎事,不啻過之,所謂雖不眉公文,而以眉公行者。"

是書各種首頁除作者外,題"明黃承玄與參、沈德先天生訂"、"明沈中英雋林、張應世名之校"、"明顧雲鳳儀甫、顧雲鵬達生校"等。又此本較《中國古籍善本書目》著錄少《陳眉公訂正剿奴議撮》一卷,又該目《陳眉公訂正金華游錄》一卷,此本爲二卷。另目錄頁之末頁及《酒史》之末頁,爲後人抄配。

《四庫全書總目》未收。《中國古籍善本書目》著錄,中國國家圖書館、山西省祁縣圖書館、中國科學院圖書館等七館有全帙。臺北"國家圖書館"及美國國會圖書館、日本内閣文庫、京都大學人文科學研究所亦有入藏。

鈐印有"衣文庫"。

本館又有零種《研北雜志》二卷。

3052　明刻本亦政堂鐫陳眉公家藏彙秘笈　T9100/3092

《亦政堂鐫陳眉公家藏彙秘笈》四十二種八十六卷,明陳繼儒編,明萬曆間沈氏尚白齋刻本。十八册。半頁八行十八字,四周單邊,白口,無魚尾或單魚尾不等。框高19.7釐米,寬12.8釐米。前有李日華序。

是書每種首頁除作者外,題"明黃承玄與參、岳元聲石帆藏"、"明沈元嘉褒生、沈元熙廣生同校"、"讀書臺主人陳繼儒、繡水後學陳詩教校"等。又此本較《中國古籍善本書目》著錄多《平蜀記》一卷,然少《南嶽遇師本末》一卷。

《四庫全書總目》未收。《中國古籍善本書目》著錄,中國國家圖書館、浙江省上虞市圖書館、中國科學院圖書館等七館有全帙。臺北"國家圖書館"及日本內閣文庫、靜嘉堂文庫(殘)、尊經閣文庫、京都大學人文科學研究所亦有入藏。

鈐印有"方功惠印"。

本館又有是書零種,《物異考》一卷、《夷俗考》一卷。

3053　明萬曆刻本尚白齋鐫陳眉公寶顏堂秘笈　T9100/3092

《尚白齋鐫陳眉公寶顏堂秘笈》十七種四十九卷,明陳繼儒編,明萬曆間沈氏尚白齋刻本。十冊。半頁八行十八字,四周單邊,白口,無魚尾或單魚尾不等。框高20釐米,寬12釐米。前有李日華序,萬曆三十四年(1606)沈德先序。

沈德先序云:"今年來,館項稺玉家,余益得搜其秘,乃稍爲取所雜著,釐訂合而行之。讀其書,遠識玄心,自足千古,離憂送窮,鱷魚鵬鳥之態、牢騷沈痼之辭,都不入其腑臟,夷然不用於世。而世卒不可以無眉公之言,山猿自卧,威鳳自儀,遂令天下不得謂處士純盜虛聲,眉公其不必庚爲解嘲也哉!"

是書各種首頁除作者外,題"繡水沈德先、沈孚先同校"、"繡水沈德先校"、"繡水沈孚先校"等。又此本較《中國古籍善本書目》著錄少《書畫金湯》一卷、《寶顏堂清明曲》一卷。

《四庫全書總目》未收。《中國古籍善本書目》著錄,中國國家圖書館、首都圖書館、河南省圖書館等十四館有全帙。臺北"國家圖書館"、日本內閣文庫、尊經閣文庫、京都大學人文科學研究所亦有入藏。

鈐印有"越府圖書之寮"。

本館又有零種《珍珠船》四卷。鈐印有"木堂圖書"、"木堂讀過"、"藝華亭長"、"汪士鐘印"。

3054　明刻本天都閣藏書　T9100/1474

《天都閣藏書》十五種二十六卷,明程允兆輯。明刻本。十二冊。半頁九行十九字,左右雙邊,白口,單魚尾。框高20.5釐米,寬14釐米。前有天啓七年(1627)程胤兆序。

程允兆,歙縣人。胤兆弟。天都閣爲其樓名。

是書所收,爲《詩品》三卷(梁鍾嶸撰)、《滄浪吟》一卷(宋嚴儀撰)、《德隅齋畫品》一卷(宋李薦撰)、《繪妙》一卷(明鍾鼎玉撰)、《書品》一卷(梁庾肩吾撰)、《書斷》四卷、《本事詩》一卷(唐孟啓撰)、《試筆》一卷(宋歐陽修撰)、《詩評》一卷、《國朝詩評》一卷、《詞評》一卷、《古今書評》一卷、《衛夫人筆陣圖》一卷、《雜評》一卷、《詞品》六卷《拾遺》一卷。

程胤兆序云:"家弟好之慨之,暇日出其所藏鍾仲偉《詩品》、楊用修《詞品》、庾肩吾《書品》、李方叔《畫品》,以及雜著種種,悉合而梓之。其搜攬未備者,隨有續刻焉,題之曰《天都閣藏書》,而索序於予。予何以序之,不過就其所謂品者辨之而已。"

《四庫全書總目》入子部雜家類存目。《總目》於此書評價甚低,云:"所錄自鍾嶸《詩品》以下,凡十四種,中嚴羽《滄浪詩話》,題曰《滄浪吟卷》,蓋羽詩集本名《滄浪吟卷》,明人所刻。以詩話冠首,允兆從集中剷出,而不辨其爲全集之名也。《雜評》一卷,不著名氏,皆論書之語,中忽云幞帽興於國朝。此唐張彥遠之語也。又稱我朝王孟端及沈周、陳道復,則明人語也。參錯無章,殆不知文義人所爲。袁昂《書評》之後,贅以《筆陣圖》、張懷瓘《書斷》,改其名曰《書斷列傳》。敖陶孫《詩評》,僅一頁有餘,蓋自《丹鉛録》抄出,而併評末楊慎之論,連爲陶孫之評,蓋坊賈射利之本耳。"

《中國古籍善本書目》未著録。臺北"國家圖書館"所藏乃原藏北平館者,作明程胤兆編,明天啓七年新都程氏刻本。王重民《中國善本書提要》於此書作明程胤兆輯。皆誤。按,《(道光)歙縣志》卷九之一《書目》,著録有"天都閣藏書,程允兆"。此本總目頁配清抄本。

鈐印有"小游"。

3055　清順治刻本三注鈔　　　　　　　　　　T9100/108

《三注鈔》三種十六卷,明鍾惺輯,清趙吉士等訂正。清順治十五年(1658)趙吉士刻本。四册。半頁九行十九字,四周單邊,白口,無魚尾。眉上鎸評,行間小字鎸夾批。框高21.6釐米,寬14.2釐米。三種卷端均題"竟陵鍾惺選批",其下訂正者各不同,《三國志》題"西泠趙吉士訂正",《水經注》題"黄山趙朗訂正",《世説新語》題"錢江趙端訂正"。前有李楷序、順治十五年趙吉士序。

鍾惺,字伯敬,號退谷,別號退庵、止公居士、晚知居士,湖北竟陵人。萬曆三十八年進士,官工部主事,改南京禮部主事,天啓初升任福建提學僉事。以父憂歸,卒於家。爲人嚴冷,不喜接俗客,由此得謝人事,研讀史書。其詩文另闢幽深孤峭之徑,流於冷僻晦澀,文氣支離,時稱"竟陵體"。與同邑譚元春唱和往來,共同編選《詩歸》五十一卷,風行明末三十年間,與譚元春並稱"鍾譚"。著有《隱秀軒集》、《史懷》等。《明史》有傳。

趙吉士,見清康熙刻本《牧愛堂編》。

是書選輯鍾惺所批裴松之《三國志》、酈道元《水經注》、劉孝標《世説新語》三書之注,各爲一書,合題《三注鈔》,計爲《三國志注鈔》八卷,《水經注鈔》六卷,《世説新語注鈔》二卷。《隱秀軒集》中有鍾氏自撰《〈三注鈔〉》序一篇,不見於此本,序稱:"三注是也,夫是以可鈔也……或曰:'《水經》,經也;《三國志》,志也;《世説》,説也。書宜首經、次史、次説,子於三子世焉何居?'曰:'已離乎其所注者,而直爲注矣。直爲注,則其次,視諸注者之人之世焉可也。'"

李序云:"竟陵鍾伯敬與黄海趙伯玉相友善,所訂《三國志注》、《水經注》、《世説新語注》共襄其事。兩公俱作古人,而此書未大行於世,於是趙天羽氏纂其祖緒,較正修舉。"

趙序云:"先大父伯玉公嘗録《三注鈔》一編,當時與鍾竟陵周旋,竟陵猶佳析異,爲有明一人。其論斷亦如晉人之注,恒出所注之外,他著作多行世,《三注鈔》未廣流布。偶披遺篋,大父手澤如新,其間覈其美稭,撮其清英,此書深足益人神智,大父與有力焉。因爲重訂梓行,亦以志當時共事之雅云爾。"吉士大父,即《水經注》下所題"黄山趙朗"也,伯玉或爲其字。

《四庫全書總目》未收。《續修四庫全書總目提要(稿本)》著録,其云:"裴、劉、酈氏之注,均以閑雅沖淡勝,《水經注》描景繪物,尤所獨長,可爲臨文範本。惺鈔輯其文,蔚爲一集,足以便蒙,但總不脱明季文士積習耳。"

《中國叢書綜録》未收。《中國古籍善本書目》著録明萬曆四十五年刻本,首都圖書館、南京圖書館、浙江省圖書館三家藏有完帙,北京大學圖書館、北京師範大學圖書館爲不全之本。日本内閣文庫藏《三注鈔》,東洋文庫藏《三國志注鈔》,皆著録爲明萬曆四十五年序刊本。另查中國國家圖書館有《世説新語注鈔》二卷;中國科學院圖書館有《水經注鈔》六卷,皆著録爲明刻本。《中國古籍善本書目(徵求意見稿)》著録明萬曆四十五年刻本行款、版式爲"九行十九字,白口,四周單邊"。按,細審順治刻本上李楷及趙吉士二序,三《注鈔》合刊,此前似未有也,因未見萬曆刻本,不詳是否即此順治刻本。此外,北京大學有《三國志注鈔》八卷,清順治刻本,胡適題識。中國人民大學圖書館有《三國志注鈔》八卷,亦順治刻本。

鈐印有"貴池劉氏聚卿收藏書籍之印"、"天尺樓",知此書曾爲清末民初上海文物、古籍收藏大家劉世珩所藏。世珩,字聚卿,祖籍安徽貴池。歷任江寧商會總理、直隸財政監理、度支部左參議等職。家藏極富,著名者如唐琴大小忽雷、宋刊《玉海》、《魏書》等。刊刻書籍有《玉海堂景宋叢書》、《聚學軒叢書》、《貴池先哲遺書》、《暖紅室傳奇彙刻》等,皆稱精善。

3056　明刻本閑情小品　　　　　　　　　T9100/7996

《閑情小品》二十七種二十八卷附錄一卷,明華淑編,明刻本。四册。半頁八行十八字,四周單邊,白口,單魚尾。框高20.4釐米,寬13.5釐米。前有陳繼儒序,陳所聞序;吳天胤跋,張志徵跋;華淑自序。末有萬曆四十五年(1617)華淑跋;《凡例》三則。

華淑,字聞修,無錫人。有小築曰斷園,引客倡和其中。於詩苦心數十年,別成杼柚。有《清睡閣快書》、《惠山名勝志》、《明詩選》、《雪蕉集》、《吟安草》。《(光緒)無錫金匱縣志》卷二三有傳。

華淑自序云:"長夏,草廬隨興抽檢,得古人佳言韻事,復隨意摘錄,適意而止,聊以伴我閑日。命曰閒情,非經非史非子非集,自成一種閑書而已。然而莊語足以警世,曠語足以空世,寓言足以玩世,淡言足以醒世。而世無有省者,必曰此閑書不宜讀而已。人之避閑也如是哉,然而吾自成其非經非史非子非集之閑書而已。"又華淑跋云:"今年夏初,偶檢舊篋,得曩所錄閑情牘數卷,清言洗俗,艷語憐人,點次一過,塊磊盡消。韓偓香奩,徐陵玉鏡,各有別腸,非關至極,牢騷之感,如斯而已。"

是書除《田園詩》題"雲間陳繼儒著、梁谿華淑訂"外,其他均題"武陵華淑輯"。又此本較《中國古籍善本書目》著錄少《煮泉小品》一卷、《皇明吳郡丹青志》一卷、《寶顏堂訂正畫説》一卷、《寶顏堂訂正耄餘雜識》一卷、《大學士高中玄公伏戎紀事》一卷、《寶顏堂訂正谿山餘話》一卷、《附錄》一卷。又將《揚州夢》一卷、《揚州夢補》一卷分作二卷,故是書實爲二十二種。

金鑲玉裝。

《四庫全書總目》未收。《中國古籍善本書目》著錄,中國國家圖書館、貴州省圖書館、北京大學圖書館等六館有全帙。日本内閣文庫亦有入藏。

鈐印有"國楨藏書"、"面城精舍"。國楨,爲謝國楨。面城精舍疑爲羅振玉室名。

3057　明刻套印本枕函小史　　　　　　　T9100/4195

《枕函小史》五種四卷,明閔于忱編,明閔于忱松筠館刻朱墨套印本。四册。半頁七行十七字,四周單邊,白口,無魚尾,書眉上刻評。框高19.2釐米,寬13.6釐米。前有閔于忱撰《凡例》五則。

閔于忱,字冬叔,吳興人。

枕函者,中間可放置物件之匣狀枕頭。唐司空圖《司空表聖詩集》三《楊柳枝・壽盃詞》之六:"偶然樓上捲珠簾,往往長條拂枕函。"小史者,記述軼聞瑣事之著作。是書五種,計《蘇長公譚史》、《米襄陽譚史》、《東坡居士艾子雜説》(以上三種二卷)、《悦容編評林》一卷、《癖顛小史》一卷。

《四庫全書總目》云："是編凡分二種，一曰譚史，採蘇米志林議論；二曰癖史，雜記古人癖事，各加評點，總不出明季佻纖之習。"

此本《凡例》後有"行閔三"、"松筠館閔于忱藏板"二印。松筠館還刻有《孫子參同》五卷。

《四庫全書總目》入子部雜家類存目。《中國古籍善本書目》著録，遼寧省圖書館、上海圖書館、故宫博物院圖書館三館有全帙。日本内閣文庫亦有入藏。

3058　明崇禎刻本廣快書　　　　　　　　　　　　　　T5793/0895

《廣快書》五十種五十卷，明何偉然編。明崇禎刻本。二十册。半頁八行十八字，左右雙邊，白口，無魚尾。框高 20 釐米，寬 13.7 釐米。題"西湖何偉然仙臞纂；延陵吴從先寧野定"。前有崇禎二年(1629)何偉然序。

何偉然，字仙臞，浙江仁和人。又有《快書》、《四六霞肆》。

何偉然曾編有《快書》五十種初行，人争相賞，此《廣快書》者，乃何氏再以五十種廣之，其意在"廣則開闢宏暢，精采流溢"。所採皆取明人説部，每一書爲一卷，卷帙多者則刪刻其文。《四庫全書總目》云：每種之"立名詭異，有曰一聲鶯者，有曰情癡者，有曰照心犀者，有曰嘔絲者，所謂萬病可醫，俗不可醫者歟"。

子目爲：

《槎庵燕語》一卷，明來斯行撰　　　　《花錫新名》一卷，明佘君翼撰
《碣石宫鬢語》一卷，明阮堅之撰　　　《丹甑》一卷，明袁宗道撰
《一聲鶯》一卷，明張來初撰　　　　　《弋説》一卷，明沈長卿撰
《何之子》一卷，明周元孚撰　　　　　《璅言》一卷，明于慎行撰
《秋籹樓眉判》一卷，明何偉然撰　　　《雜記》一卷，明于慎行撰
《儒禪》一卷，明吴從先撰　　　　　　《病中抽史》一卷，明鄧予垣撰
《瀾堂夕話》一卷，明張次仲撰　　　　《松霞館贅言》一卷，明李長卿撰
《史輪》一卷，明吴穎撰　　　　　　　《獨鑑録》一卷，題明觳齋主人撰
《無盡燈》一卷，明來斯行撰　　　　　《善易者言》一卷，明吴穎撰
《即山論》一卷，明沈君烈撰　　　　　《讀五胡載記》一卷，明歐陽于玉撰
《千一録客談》一卷，明方弘静撰　　　《蒲團上語》一卷，明鮑在齊撰
《海樵子》一卷，明王崇慶撰　　　　　《青鏤管夢》一卷，明項德純撰
《玉笑零音》一卷，明田藝蘅撰　　　　《正法眼》一卷，明佘聿雲撰
《尋常事》一卷，題明西韓生撰　　　　《倉庚集》一卷，明魏崑陽撰
《世書》一卷，明吴穎撰　　　　　　　《有情癡》一卷，明吴季子撰
《燕貽法録》一卷，明方定之撰　　　　《山游十六觀》一卷，明沈懋功撰
《月唉》一卷，明凌仲望撰　　　　　　《蟲天志》一卷，明沈弘正撰
《秋水鏡》一卷，明洪月誠撰　　　　　《曲讌》一卷，題明天都逸史撰
《桂枝女子傳》一卷，明闕名撰　　　　《識小編》一卷，明周寅所撰
《審是帙》一卷，明張靖之撰　　　　　《珠采》一卷，明闕名撰

《照心犀》一卷,明薛應旂撰	《瞻禮舍利記》一卷,明李封若撰
《士令》一卷,明郭子章、黄寓庸撰	《天爵堂筆餘》一卷,明薛崗撰
《長嘯餘》一卷,明孫燕貽撰	《戲瑕》一卷,明錢希言撰
《嘔絲》一卷,明何偉然撰	《十影君傳》一卷,明支廷訓撰
《斷肉編》一卷,明閻含卿撰	《海味索隱》一卷,明屠本畯撰

何偉然序云:"是書得之白門市上者三,其什之七則三吴江淮遊囊之餘潤也。風霜挾於字中,蛟龍蟠於懷内,鳳凰棲於玄草,蟻陣澩於紫潭,可供雜俎,可作愛鼎,顛狂忽發,則視爲孟召之文不能自攝,則劉道强單鵠寡鳬之弄欲私枕秘山藏者也。"

按,此書有翻刻本,臺北"國家圖書館"善本書志初稿"叢書部彙編類著錄兩種,一作"明崇禎二年刻本"(四周單邊,與本館藏本不同),一作"覆明崇禎二年刻本"。於覆刻本云:"本書版式内容皆同前本,惟字體稍有不同,另從字體、紙張研判,當爲覆刻本。"

《四庫全書總目》入子部雜家類存目。《中國古籍善本書目》著錄,中國國家圖書館、南京圖書館、復旦大學圖書館等十五館也有入藏。

3059　明天啓刻本快閣藏書　　T9100/9745

《快閣藏書》十種六十八卷,明唐琳編,明天啓唐氏快閣刻本。十二册。半頁九行二十字,四周單邊,白口,無魚尾,書眉上刻評。框高20.4釐米,寬13.7釐米。

唐琳,字玉林,新都人。

是書十種,爲《古三墳》一卷、《陰符經》一卷《解》一卷、《古握機經》三卷《緯》十三卷(明曹胤儒注)、又《握機緯》二卷(明劉寅約注)、《穆天子傳》六卷(晉郭璞注)、《素書》一卷(宋張商英注)、《韓詩外傳》十卷(漢韓嬰撰)、《新書》十卷附錄一卷(漢賈誼撰)、《西京雜記》六卷(題晉葛洪撰)、《博物志》十卷(題晉張華撰、宋周日用等注)、《古今注》三卷(題晉崔豹撰)。按,此本卷數與《中國古籍善本書目》略異,如《善本書目》中《握機緯》作五卷,并佚又《握機緯》二卷。

此本有扉頁,題"初刻十種。快閣藏書。武林唐國器發行",并鈐"快閣藏書"印及"翻刻必究"木記。各種前均另刻扉頁,題"快閣藏板"。《古三墳》前有天啓六年唐琳序。《陰符經》、《穆天子傳》、《素書》、《韓詩外傳》、《西京雜記》、《古今注》、《博物志》前均有唐琳序。

刻工爲黄君瑞。

《四庫全書總目》未收。《中國古籍善本書目》著錄,北京大學圖書館有全帙,上海圖書館、吉林省圖書館、重慶市圖書館、東北師範大學圖書館有殘本。

3060　明刻本春社猥談　　T9130/5340

《春社猥談》十卷。明佚名輯。明刻本。二册。半頁九行二十字,左右雙邊,白口,單魚尾,框高19.1釐米,寬13.6釐米。前有祝允明《題猥譚》。目錄頁題"春社猥談"。

春社,祭名,祭祀土地。《禮·明堂位》:"是故夏礿、秋嘗、冬烝、春社、秋省,而遂大蠟,天子之祭也。"《全唐詩》六九〇王駕《社日》云:"桑柘影斜春社散,家家扶得醉人歸。"猥,有雜濫、繁瑣意。

祝允明《題猥譚》云:"伊猥譚,紀瑣事,訂細文,述善戲,憶曩昔,長者次,雄論間,獲隨侍,追後來,廣交契,雕龍賓,不遐棄,高軒過,每移晷,或造請,尸客位,及綈緗,古哲對,所見聞,頗多識,擇其善,就編記,論篤外,有雜碎,齒頰餘,匪厚味,聊解頤,不忍置,因萃斯,祝氏志。"

按,此書計十種,爲《猥談》、《俗考》、《語怪》、《異林》、《記事珠》、《袖中錦》、《義山雜纂》、《雜纂續》、《雜纂二續》、《雜纂三續》。

除《猥談》、《俗考》、《袖中錦》三種外,餘皆和《五朝小說》中所收同板。然細加核對,此本初印,凡書中作者處,如《異林》題"吳徐禎卿著、武林朱煒閱"、《記事珠》題"唐馮贄纂、顧懋樊校閱"、《義山雜纂》題"唐李商隱著、趙文治閱",在《五朝小說》本中,皆挖去閱者之名,且板片所印模糊。此本印刷應早於《五朝小說》本。按,《五朝小說》之板片,多是書賈由明刻《百川學海》、《漢魏叢書》等書移來,拼湊整理,另立名目。又按,此本《猥談》、《語怪》、《異林》三種,和《廣百川學海》中所收同板,其他各種,《廣》本未收。又《北京圖書館古籍善本書目》子部叢書類著錄有《八公游戲叢談》八種,十二冊,明末刻本。存六種,中有《春社猥談》十卷,行款俱同此本,然不知與此同板否。

此本目錄後,有《春社圖》二幅,甚精。

《四庫全書總目》、《中國古籍善本書目》皆未著錄。

3061　明崇禎刻本漢魏別解　T9133/4834

《漢魏別解》十六卷,明黃澍、葉紹泰編,明崇禎十一年(1638)香谷山房刻本。十二冊。半頁九行二十六字,四周單邊,白口,無魚尾。書口下有"香谷山房"。眉上刻評。框高 21.5 釐米,寬 12 釐米。題"古杭黃澍仲霖、檇李葉紹泰來甫全選"。前有黃澍序,葉紹袁序,崇禎十一年葉紹泰序;葉紹泰撰《凡例》八則。

黃澍,字仲霖,又字劬庵,杭州人。崇禎十年進士。

葉紹泰,字來甫,檇李人。

是書計兩漢文、兩晉文、南北朝文,共四十八篇。據《凡例》云:"漢魏六朝之間,作者無慮數百家,今所捃採僅什之二,蓋高文鉅篇,足資諷習。如徒紀事物,無關舉業者不錄。""諸家皆錄全文,不加剪截,即有繁簡異同,亦本從來。"每篇文後或書眉上刻有黃澍、葉紹泰、茅坤、李贄、楊慎、陳道復、王守仁等人批注。

葉紹袁序云:"從弟來甫,小時即有飛兔之聲,英英特起,與黃君仲霖爲班荆贈帶之交,相視莫逆。來甫,蕭然貧士也,仲霖盡發其家藏之書,與來甫晝閉户而夜籝燈讀之,轆轤不歇,何患井深……而今且溯原漢魏以先之,吾於漢魏則又置人所共解,而以別解解之,自裁獨見,不襲衆型。"

葉紹泰序云:"予籍松陵之汾湖,先高曾以經術起家,累葉箕裘,雅稱清白,無黃金白鋌之詒。茅茨數椽,牙籤萬軸,以故才舞勺,便知嗜古。邇年遊學武林,獲交仲霖諸君子,風窗雪案,講藝擇言,每至莫逆處,刻臂以誓,不許示人。及仲霖成進士去,予更浪迹遠方,間以郵筒一商近業……因與仲霖抽漢魏六朝文,財擇而丹黄之,顏曰《別解》。"

《四庫全書總目》入子部雜家類存目。《四庫全書總目》云:"自《吳越春秋》訖於薛收《元經傳》,凡四十六種。其《凡例》云,六朝諸家文集,一篇不載,而編中收江淹、任昉諸集,不一而足。又云皆錄全文,而節錄者亦復不少。至近代僞書,如《天祿閣外史》之類,亦一概濫收,殊失鑒别。"《中國古籍善本書目》著錄。首都圖書館、內蒙古自治區圖書館、山東省圖書館等十七館,及美國普林斯頓大學葛思德東方圖書館、日本内閣文庫亦有入藏。

是書有闕名硃筆圈評。

3062　明崇禎刻本五朝小説　　　　T5736/1490A

《五朝小説》四百六十六卷。明崇禎刻本。六十册。半頁九行二十字，左右雙邊，白口，單魚尾。框高19釐米，寬13.7釐米。前有苕上野客序。

所收内容有魏晉小説　傳奇家：《穆天子傳》一卷；《西王母傳》一卷（漢桓驎撰）；《東方朔傳》一卷（漢郭憲撰）；《漢武帝内傳》一卷（漢班固撰）；《趙飛燕外傳》一卷（漢伶玄撰）；《薛靈芸傳》一卷（前秦王嘉撰）；《吴女紫玉傳》一卷（漢趙曄撰）；《天上玉女記》一卷（劉宋賈善翔撰）；《秦女賣枕記》一卷（晉干寶撰）；《蘇娥訴冤記》一卷（晉干寶撰）；《泰山生令記》一卷（晉司馬彪撰）；《泰嶽府君記》一卷（晉庾翼撰）；《度朔君别傳》一卷（晉干寶撰）；《山陽死友傳》一卷（魏蔣濟撰）；《麋生瘞邮記》一卷（前秦王嘉撰）；《東越祭蛇記》一卷（晉干寶撰）；《楚王鑄劍記》一卷（漢趙曄撰）；《古墓斑狐記》一卷（晉郭頒撰）；《太古蠶馬記》一卷（吴張儼撰）；《烏衣鬼軍記》一卷（晉李朏撰）；《夏侯鬼語記》一卷（晉孔曄撰）。志怪家：《續齊諧記》一卷（梁吴均撰）；《還冤記》一卷（北齊顔之推撰）；《冥通記》一卷（梁陶弘景撰）；《搜神記》一卷（晉干寶撰）；《搜神後記》一卷（晉陶潛撰）；《幽明録》一卷（劉宋劉義慶撰）；《續幽明録》一卷（唐劉孝孫撰）；《别國洞冥記》一卷（漢郭憲撰）；《述異記》一卷（梁任昉撰）；《宣驗記》一卷（劉宋劉義慶撰）；《古鏡記》一卷（隋王度撰）；《異苑》一卷（劉宋劉敬叔撰）。偏録家：《大業雜記》一卷（劉宋劉義慶撰）；《西京雜記》一卷（漢劉歆撰）；《漢雜事秘辛》一卷；《星經》二卷（漢甘公、石申撰）；《東宫舊事》一卷（晉張敞撰）；《鄴中記》一卷（晉陸翽撰）。雜傳家：《群輔録》一卷（晉陶潛撰）；《真靈位業圖》一卷（梁陶弘景撰）；《列仙傳》一卷（漢劉向撰）；《神仙傳》一卷（晉葛洪撰）；《神僧傳》一卷（晉釋法顯撰）；《列女傳》一卷（晉皇甫謐撰）；《麻姑傳》一卷（晉葛洪撰）；《丁新婦傳》一卷（吴殷基撰）；《襄陽耆舊傳》一卷（晉習鑿齒撰）；《益都耆舊傳》一卷（晉陳壽撰）；《汝南先賢傳》一卷（晉周斐撰）；《楚國先賢傳》一卷（晉張方撰）；《會稽先賢傳》一卷（吴謝承撰）；《零陵先賢傳》一卷（晉司馬彪撰）；《東林蓮社十八高賢傳》一卷。外乘家：《豫章古今記》一卷（劉宋雷次宗撰）；《西州後賢志》一卷（晉常璩撰）；《漢中士女志》一卷（晉常璩撰）；《梓橦士女志》一卷（晉常璩撰）；《風土記》一卷（晉周處撰）；《宜都記》一卷（晉袁山松撰）；《湘中記》一卷（晉羅含撰）；《荆州記》一卷（劉宋盛弘之撰）；《南越志》一卷（□沈懷遠撰）；《廣州記》一卷（晉顧微撰）；《水衡記》一卷；《海内十洲記》一卷（漢東方朔撰）；《拾遺名山記》一卷（前秦王嘉撰）；《洛陽伽藍記》一卷（後魏楊衒之撰）；《佛國記》一卷（晉釋法顯撰）；《梁京寺記》一卷；《三齊略記》一卷（晉伏琛撰）。雜志家：《袖中記》一卷（梁沈約撰）；《輶軒絶代語》一卷（漢揚雄撰）；《荆楚歲時記》一卷（梁宗懔撰）；《南方草木狀》三卷（晉嵇含撰）；《刀劍録》一卷（梁陶弘景撰）；《神異經》一卷（漢東方朔撰）；《金樓子》一卷（梁元帝撰）。訓誡家：《顔氏家訓》一卷（北齊顔之推撰）；《褚氏遺書》一卷（南齊褚澄撰）；《齊民要術》一卷（後魏賈思勰撰）；《探春歷記》一卷（漢東方朔撰）；《登涉符籙》一卷（晉葛洪撰）；《三輔決録》一卷（漢趙岐撰）；《三國典略》一卷（晉魚豢撰）；《魏晉世語》一卷（晉郭頒撰）；《陸機要覽》一卷（晉陸機撰）；《裴啓語林》一卷（晉裴啓撰）。品藻家：《詩譜》一卷（元陳繹曾撰）；《詩品》三卷（梁鍾嶸撰）；《書品》一卷（梁庾肩吾撰）；《四體書勢》一卷（晉衛恒撰）；《書評》一卷（梁武帝撰）；《法書苑》一卷（宋周越撰）；《古畫品録》一卷（南齊謝赫撰）；《後畫品録》一卷（陳姚最撰);《筆經》一卷(晉王羲之撰)。藝術家:《風后握奇經》一卷附《握奇經續圖》一卷《八陣總述》一卷(漢公孫弘解、續圖缺名撰,《八陣總述》晉馬隆述);《相貝經》一卷(漢朱仲撰);《相手板經》一卷、《相兒經》一卷(晉嚴助撰);《相鶴經》一卷(□浮丘公撰);《相牛經》一卷(周寧戚撰);《禽經》一卷(周師曠撰、晉張華注);《驅經》一卷;《水經》二卷(漢桑欽撰)。

唐人百家小說 偏錄家:《尚書故實》一卷(唐李綽撰);《次柳氏舊聞》一卷(唐李德裕撰);《松窗雜記》一卷(唐杜荀鶴撰);《金鑾密記》一卷(唐韓偓撰);《龍城錄》一卷(唐柳宗元撰);《小說舊聞記》一卷(唐柳公權撰);《夢書》一卷;《鼎錄》一卷(梁虞荔撰);《尤射》一卷(魏繆襲撰);《儒棋格》一卷(魏□肇撰)。紀載家:《籟記》一卷(陳陳叔齊撰);《竹譜》一卷(晉戴凱之撰);《卓異記》一卷(唐李翱撰);《摭異記》一卷(唐李濬撰);《朝野僉載》一卷(唐張鷟撰);《中朝故事》一卷(南唐尉遲偓撰);《南楚新聞》一卷(唐尉遲樞撰);《金華子雜編》一卷(南唐劉崇遠撰);《杜陽雜編》三卷(唐蘇鶚撰);《幽閒鼓吹》一卷(唐張固撰);《劉賓客嘉話錄》一卷(唐韋絢錄);《隋唐嘉話》一卷(唐劉餗撰);《桂苑叢談》一卷(唐馮翊撰);《周秦行紀》一卷(唐牛僧孺撰);《三夢記》一卷(唐白行簡撰);《廣陵妖亂志》一卷(唐鄭廷誨撰);《常侍言旨》一卷(唐柳珵撰);《夢游錄》一卷(唐任蕃撰);《迷樓記》一卷(唐韓偓撰);《集異記》一卷(唐薛用弱撰);《博異志》一卷(唐鄭還古撰);《海山記》一卷(唐韓偓撰);《幽怪錄》一卷(唐王惲撰);《續幽怪錄》一卷(唐李復言撰);《耳目記》一卷(唐張鷟撰);《瀟湘錄》一卷(唐李隱撰);《前定錄》一卷(唐鍾輅撰);《長恨歌傳》一卷(唐陳鴻撰);《梅妃傳》一卷(唐曹鄴撰);《李林甫外傳》一卷(唐□□撰);《東城老父傳》一卷(唐陳鴻撰);《高力士傳》一卷(唐郭湜撰);《鄴侯外傳》一卷(唐李繁撰);《開河記》一卷(唐韓偓撰);《劍俠傳》一卷(唐段成式撰)。瑣記家:《洛中九老會》一卷(唐白居易等撰);《黑心符》一卷(唐于義方撰);《大藏治病藥》一卷(唐釋靈澈撰);《平泉山居草木記》一卷(唐李德裕撰);《嶺表錄異記》一卷(唐劉恂撰);《來南錄》一卷(唐李翱撰);《北戶錄》一卷(唐段公路撰);《吳地記》一卷(唐陸廣微撰);《南部烟花記》一卷(唐馮贄撰);《粧樓記》一卷(南唐張泌撰);《教坊記》一卷(唐崔令欽撰);《北里志》一卷(唐孫棨撰);《本事詩》一卷(唐孟棨撰);《終南十志》一卷(唐盧鴻撰);《洞天福地記》一卷(前蜀杜光庭撰);《比紅兒詩》一卷(唐羅虬撰);《義山雜纂》一卷(唐李商隱撰);《嘯旨》一卷(唐孫廣撰);《茶經》三卷(唐陸羽撰);《十六湯品》一卷(唐蘇廙撰);《煎茶水記》一卷(唐張又新撰);《醉鄉日月》一卷(唐皇甫松撰);《食譜》一卷(唐韋巨源撰);《花九錫》一卷(唐羅虬撰);《二十四詩品》一卷(唐司空圖撰);《書法》一卷(唐歐陽詢撰、明王道焜注);《學畫秘訣》一卷(唐王維撰);《續畫品錄》一卷(唐李嗣真撰);《申宗傳》一卷(唐孫頠撰);《小名錄》一卷(唐陸龜蒙撰);《記錦裾》一卷(唐陸龜蒙撰);《耒耜經》一卷(唐陸龜蒙撰);《五木經》一卷(唐李翱撰、唐元革注);《樂府雜錄》一卷(唐段安節撰);《羯鼓錄》一卷(唐南卓撰);《摭言》一卷(唐何晦(一題南漢王定保)撰);《衛公故物記》一卷(唐韋端符撰);《藥譜》一卷(唐侯寧極撰);《諧噱錄》一卷(唐劉訥言撰);《肉攫部》一卷(唐段成式撰);《金剛經鳩異》一卷(唐段成式撰);《會真記》一卷(唐元稹撰);《記事珠》一卷(唐馮贄撰);《志怪錄》一卷(唐陸勳撰);《聞奇錄》一卷(唐于逖撰);《靈應錄》一卷(唐傅亮(一題五代于逖)撰)。傳奇家:《妙女傳》一卷(唐顧非熊撰);《稽神錄》一卷(宋徐鉉撰);《揚州夢記》一卷(唐于鄴撰);《杜秋傳》一卷(唐杜牧撰);《龍女傳》一卷(唐薛瑩撰);《柳毅傳》一卷(唐李朝威撰);《蔣子文傳》一卷(唐羅鄴撰);《杜子春傳》一卷(唐鄭還古撰);《奇男子傳》一卷(唐許棠撰);《虬髯客傳》一卷(唐張說(一題前蜀杜光庭)撰);《劉無雙傳》一卷(唐薛調撰);《霍小玉傳》一卷(唐蔣防撰);《墨崑崙傳》一卷(南唐馮延巳撰);《牛應貞傳》一卷(唐宋若昭撰);《紅線傳》一卷(唐楊巨源撰);《章臺柳傳》一卷(唐許堯

宋人百家小説　偏録家：《錢氏私志》一卷(宋錢愐撰)；《家王故事》一卷(宋錢惟演撰)；《家世舊聞》一卷(宋陸游撰)；《玉堂逢辰錄》一卷(宋錢惟演撰)；《澠水燕談錄》一卷(宋王闢之撰)；《括異志》一卷(宋魯應龍撰)；《紹熙行禮記》一卷(宋周密撰)；《御寨行程》一卷(宋趙彥衞撰)；《茅亭客話》一卷(宋黃休復撰)；《幙府燕閒錄》一卷(宋畢仲詢撰)；《洛中紀異錄》一卷(宋秦再思撰)；《熙豐日曆》一卷(宋王明清撰)；《上壽拜舞記》一卷(宋陳世崇撰)；《太清樓侍宴記》一卷(宋蔡京撰)；《高宗幸張府節次略》一卷(宋周密撰)；《從駕記》一卷(宋陳世崇撰)；《東巡記》一卷(宋趙彥衞撰)；《睽車志》一卷(元歐陽玄撰)；《異聞記》一卷(宋何先撰)；《白獺髓》一卷(宋張仲文撰)；《清夜錄》一卷(宋俞文豹撰)；《梁溪漫志》一卷(宋費袞撰)；《暘谷漫錄》一卷(宋洪巽撰)；《春渚紀聞》一卷(宋何薳撰)；《曲洧舊聞》一卷(宋朱弁撰)；《摭青雜説》一卷(宋王明清撰)；《玉壺清話》一卷(宋釋文瑩撰)；《儒林公議》一卷(宋田況撰)；《友會談叢》一卷(宋上官融撰)；《閒燕常談》一卷(宋董芬撰)；《桯史》一卷(宋岳珂撰)；《默記》一卷(宋王銍撰)；《談藪》一卷(宋龐元英撰)；《鐵圍山叢談》一卷(宋蔡絛撰)；《談淵》一卷(宋王陶撰)；《話腴》一卷(宋陳郁撰)；《貴耳錄》一卷(宋張端義撰)；《東軒筆錄》一卷(宋魏泰撰)；《陶朱新錄》一卷(宋馬純撰)；《倦游雜錄》一卷(宋張師正撰)；《東皋雜錄》一卷(宋孫宗鑑撰)；《行都紀事》一卷(宋陳晦撰)；《彭蠡小龍記》一卷(元王惲撰)；《虛谷閒抄》一卷(元方回撰)；《蓼花洲閒錄》一卷(宋高文虎撰)；《傳載略》一卷(宋釋贊寧撰)；《該聞錄》一卷(宋李畋撰)；《洞微志》一卷(宋錢易撰)；《芝田錄》一卷(唐丁用晦撰)；《唵囈集》一卷(元宋无撰)；《吹劍錄》一卷(宋俞文豹撰)；《碧雲騢》一卷(宋梅堯臣撰)；《投轄錄》一卷(宋王明清撰)；《忘懷錄》一卷(宋沈括撰)；《對雨編》一卷(宋洪邁撰)；《軒渠錄》一卷(宋呂本中撰)；《中山狼傳》一卷(宋謝良撰)；《清尊錄》一卷(宋廉布撰)；《昨夢錄》一卷(宋康與之撰)；《拊掌錄》一卷(元元懷撰)；《調謔編》一卷(宋蘇軾撰)；《艾子雜説》一卷(宋蘇軾撰)；《仇池筆記》一卷(宋蘇軾撰)；《睽車志》一卷(宋郭彖撰)；《玉澗襍書》一卷(宋葉夢得撰)；《石林燕語》一卷(宋葉夢得撰)；《巖下放言》一卷(宋葉夢得撰)；《避暑錄話》一卷(宋葉夢得撰)；《避暑漫抄》一卷(宋陸游撰)；《席上腐談》一卷(宋俞琰撰)；《游宦紀聞》一卷(宋張世南撰)；《悦生隨抄》一卷(宋賈似道撰)；《深雪偶談》一卷(宋方岳撰)；《船窗夜話》一卷(宋顧文薦撰)；《葦航紀談》一卷(宋蔣津撰)；《雲谷雜記》一卷(宋張淏撰)；《東齋記事》一卷(宋許觀撰)；《澹山雜識》一卷(宋錢功撰)；《楊文公談苑》一卷(宋楊億撰、宋黃鑑錄、宋宋庠重訂)；《老學庵筆記》一卷(宋陸游撰)；《三柳軒雜識》一卷(宋程棨撰)；《雞肋編》一卷(宋莊綽撰)；《泊宅編》一卷(宋方勺撰)；《暇日記》一卷(宋劉跂撰)；《隱窟雜記》一卷(宋溫革撰)；《韋居聽輿》一卷(宋陳直撰)；《雞林類事》一卷(宋孫穆撰)；《坦齋通編》一卷(宋邢凱撰)；《臆乘》一卷(宋楊伯嵒撰)；《雞肋》一卷(宋趙崇絢撰)；《鑑戒錄》一卷(後蜀何光遠撰)；《釋常談》三卷(宋□□撰)；《續釋常談》一卷(宋龔熙正撰)。琑記家：《乾道庚寅奏事錄》一卷(宋周必大撰)；《艮嶽記》一卷(宋張淏撰)；《登西臺慟哭記》一卷(宋謝翱撰)；《于役志》一卷(宋歐陽修撰)；《六朝事蹟》一卷(宋張敦頤撰)；《錢塘琑記》一卷(宋于肇撰)；《古杭夢游錄》一卷(宋耐得翁撰)；《汴都平康記》一卷(宋張邦基撰)；《侍兒小名錄》一卷(宋洪遂撰)；《侍兒小名錄》一卷(宋王銍撰)；《侍兒小名錄》一卷(宋溫豫撰)；《侍兒小名錄》一卷(宋張邦幾撰)；《思陵書畫記》一卷(宋周密撰)；《琴曲譜錄》一卷(宋釋居月撰)；《本朝茶法》一卷(宋沈括撰)；《宣和北苑貢茶錄》一卷(宋熊蕃撰)；《北苑別錄》一卷(宋趙汝礪撰)；《品茶要錄》一卷(宋黃儒撰)；《茶錄》一卷(宋蔡襄撰)；《酒名記》一卷(宋張能臣撰)；《蔬食譜》一卷(宋陳達叟撰)；《花經》一卷(宋張翊撰)；《禪本草》一卷(宋釋慧

叢　部

日撰);《耕祿藁》一卷(宋胡錡撰);《水族加恩簿》一卷(宋毛勝撰);《感應經》一卷(元陳櫟撰);《土牛經》一卷(宋向孟撰);《物類相感志》一卷(宋蘇軾撰);《雜纂續》一卷(宋王君玉撰);《雜纂二續》一卷(宋蘇軾撰)。傳奇家:《游仙夢記》一卷(宋蘇轍撰);《龍壽丹記》一卷(宋蔡襄撰);《惠民藥局記》一卷(宋沈括撰);《鬼國記》一卷(宋洪邁撰);《鬼國續記》一卷(宋洪邁撰);《海外怪洋記》一卷(宋洪芻撰);《閩海蟲毒記》一卷(宋楊胐撰);《福州猴王神記》一卷(宋洪邁撰);《鳴鶴山記》一卷(宋洪邁撰);《韓奉議鸚歌傳》一卷(宋何蓮撰)。

皇明百家小說　《皇朝盛事》一卷(明王世貞撰);《菽園雜記》一卷(明陸容撰);《客座新聞》一卷(明沈周撰);《枝山前聞》一卷(明祝允明撰);《莘野纂聞》一卷(明伍餘福撰);《駒陰冗記》一卷(明闌莊撰);《中洲野錄》一卷(明程文憲撰);《長安客話》一卷(明蔣一葵撰);《古穰雜錄》一卷(明李賢撰);《後渠漫記》一卷(明崔銑撰);《懸笥瑣探》一卷(明劉昌撰);《南翁夢錄》一卷(安南黎澄撰);《碧里雜存》一卷(明董穀撰);《田居乙記》一卷(明方大鎮撰);《西樵野記》一卷(明侯甸撰);《二酉委譚》一卷(明王世懋撰);《三餘贅筆》一卷(明都邛撰);《聽雨紀談》一卷(明都穆撰);《劉氏雜志》一卷(明劉定之撰);《推篷寤語》一卷(明李豫亨撰);《寒檠膚見》一卷(明毛元仁撰);《書肆說鈴》一卷(明葉秉敬撰);《語窺今古》一卷(明洪文科撰);《新知錄》一卷(明劉仕義撰);《識小錄》一卷(明周賓所撰);《庚巳編》一卷(明陸粲撰);《續巳編》一卷(明郎瑛撰);《涉異志》一卷(明閔文振撰);《蘇談》一卷(明楊循吉撰);《意見》一卷(明陳于陛撰);《遇恩錄》一卷(明劉仲璟撰);《天順日錄》一卷(明李賢撰);《今言》一卷(明鄭曉撰);《彭公筆記》一卷(明彭時撰);《琅琊漫抄》一卷(明文林撰);《震澤紀聞》一卷(明王鏊撰);《震澤長語》一卷(明王鏊撰);《病逸漫記》一卷(明陸釴撰);《高坡異纂》一卷(明楊儀撰);《豫章漫抄》一卷(明陸深撰);《篷軒別記》一卷(明楊循吉撰);《蓬窗續錄》一卷(明馮時可撰);《青巖叢錄》一卷(明王褘撰);《東谷贅言》一卷(明敖英撰);《聞中今古錄》一卷(明黃溥撰);《春風堂隨筆》一卷(明陸深撰);《簷曝偶談》一卷(明顧元慶撰);《雨航雜錄》一卷(明馮時可撰);《農田餘話》一卷(明長谷真逸撰);《水南翰記》一卷(明李如一(一題張袞)撰);《量采清課》一卷(明費元祿撰);《吳風錄》一卷(明黃省曾撰);《篷櫳夜話》一卷(明李日華撰);《寶槍記》一卷(明滑惟善撰);《腳氣集》一卷(宋車若水撰);《續志林》一卷(明王褘撰);《寓圃雜記》一卷(明王錡撰);《清溪暇筆》一卷(明姚福撰);《近峰聞略》一卷(明皇甫庸撰);《剗勝野聞》一卷(明徐禎卿撰);《觚不觚錄》一卷(明王世貞撰);《谿山餘話》一卷(明陸深撰);《吳中故語》一卷(明楊循吉撰);《清暑筆談》一卷(明陸樹聲撰);《甲乙剩言》一卷(明胡應麟撰);《百可漫志》一卷(明陳鼎撰);《見聞紀訓》一卷(明陳良謨撰);《先進遺風》一卷(明耿定向撰);《擁絮迂談》一卷(明朱鷺撰);《遼邸記聞》一卷(明錢希言撰);《女俠傳》一卷(明鄒之麟撰);《西征記》一卷(晉戴祚撰);《醫閭漫記》一卷(明賀欽撰);《義虎傳》一卷(明祝允明撰);《琉球使略》一卷(明陳侃撰);《雲中事記》一卷(明蘇祐撰);《南巡日錄》一卷(明陸深撰);《朝鮮紀事》一卷(明倪謙撰);《平定交南錄》一卷(明丘濬撰);《雲林遺事》一卷(明顧元慶撰);《國寶新編》一卷(明顧璘撰);《仰山脞錄》一卷(明閔文振撰);《新倩籍》一卷(明徐禎卿撰);《吳中往哲記》一卷(明楊循吉撰);《綠雪亭雜言》一卷(明敖英撰);《雲夢藥溪談》一卷(明文翔鳳撰);《兼葭堂雜抄》一卷(明陸楫撰);《快雪堂漫錄》一卷(明馮夢禎撰);《天爵堂筆餘》一卷(明薛崗撰);《逌旬編》一卷(明葉秉敬撰);《雪濤談叢》一卷(明江盈科撰);《委巷叢談》一卷(明田汝成撰);《前定錄補》一卷(明朱佐撰);《譚輅》一卷(明張鳳翼撰);《戲瑕》一卷(明錢希言撰);《語怪》一卷(明祝允明撰);《異林》一卷(明徐禎卿撰);《西州合譜》一卷(明張鴻磐撰);《海味索隱》一卷(明屠本畯撰);《笑禪錄》一卷(明潘游龍撰);《雜纂三

2341

續》一卷(明黄允交撰);《洞簫記》一卷(明陸粲撰);《廣寒殿記》一卷(明宣宗撰);《周顛仙人傳》一卷(明太祖撰);《李公子傳》一卷(明陳繼儒撰);《阿寄傳》一卷(明田汝成撰)。

所謂"五朝"者,指魏、晉、唐、宋、明,但子目中却不限於五個朝代,尚有漢、南北朝、五代、元。所謂"小説"者,包括神仙、道術、占卜、園藝、藝術、風土、地志、傳聞、傳記等。可以説是書爲歷代雜記總彙。

據《中國叢書綜録》,是書子目達四百七十九種,計魏晉一百十種、唐一百十三種、宋一百四十八種、明一百零八種。每種多作一卷,且多爲節本,間有作二卷或三卷者。哈佛此本缺去若干,今存四百六十六卷。臺北"國家圖書館"存四百七十四卷,題明馮夢龍編,當爲後人托馮之名。李鋭清有《五朝小説刊本問題初探》一文,於此書名稱、編輯者、編纂年限、版本問題、板片來源等皆有詳述,李文載《"國立中央圖書館"館刊》新二十五卷第二期。日本内閣文庫所藏最多,達五百七十一卷。

鈐印有"存古堂圖書記"。

館藏有複本,存宋人百家小説一百四十三種,二十三册。另又存宋人百家小説二十七種,四册。鈐印有"清俸買書手自校,子孫讀之知聖教,鬻及借人爲不孝"。

3063　明崇禎刻本津逮秘書　　　　　　　　T9100/3533

《津逮秘書》十五集一百四十一種七百四十八卷,明毛晉編,明崇禎毛氏汲古閣刻本。存七十一册。行款等均不計。前有崇禎三年(1630)毛晉序,胡震亨序。

先是胡震亨輯有《秘册彙函》,刊未竟而毁於火,殘板爲常熟毛晉汲古閣所得,乃增輯爲《津逮秘書》。《水經注》云,懸岩之中多石室,室中若有積卷,而世士罕有津逮者,因謂之積書岩,故名。是書收春秋至元代著作,尤多宋人書,偏重掌故瑣記。

毛晉序云:"段柯古云,經爲大羹,史爲鼎俎,子爲醯醢,種種有至味存焉。然味不貴多而貴奇,書不貴廣而貴秘。今里巷之士,第求粗糲,尚一飽之無時,試嘗之以龍醬蚳醯,觿腴鱻翠,有不驚喜以爲異美者耶? 予故謂口之於味,有同嗜焉。得一秘本,輒嚴訂而梓之,以當授粲,而四方同志,亦各各不吝見投,數年來有若干卷矣。邇鹽官胡孝轅氏復以秘册二十餘函相屬,惜半燼於玉林辛酉之火,予爲之補亡,併合予舊刻,不啻百有餘種,皆玉瑰紫絃,非尋常菽粟也……顧篇多吳落,本亦熒繆,棗梨易就,手眼難窮,先行數種,以供同嗜。客過而卒業曰,積書岩罕有津逮者,子其逮之耶? 予曰,聊以此當問津云爾。遂以名編,惟海内先生長者,有以教我。"

本館所藏爲殘本,今存第一集:《詩序辨説》一卷(宋朱熹撰)、《詩傳孔氏傳》一卷、《詩説》一卷(漢申培撰)、《詩外傳》十卷(漢韓嬰撰)、《毛詩草木鳥獸蟲魚疏廣要》二卷(明毛晉撰)、《詩考》一卷(宋王應麟撰)、《詩地理考》六卷(宋王應麟撰)、《爾雅》三卷(宋鄭樵注)。第三集:《漢制考》四卷(宋王應麟撰)。第四集:《佛説四十二章經》一卷(漢釋迦葉摩騰、竺法蘭譯,宋釋遂注)、《道德指歸論》六卷(題漢嚴遵撰)、《青烏先生葬經》一卷(金兀欽仄注)、《葬經翼》一卷(明繆希雍撰)、《周髀算經》二卷(題漢趙爽注、北周甄鸞重述、唐李淳風注釋、《音義》一卷宋李籍撰)、《數術記遺》一卷(題漢徐岳撰、北周甄鸞注)、《古文參同契集解》一卷、《箋注集解》一卷(題漢魏伯陽撰、明蔣一彪輯)、《黄帝授三子玄女經》一卷、《胎息經》一卷(題幻真先生注)、《風后握奇經》一卷(漢公孫弘注)、《耒耜經》一卷(唐陸龜蒙撰)、《五木經》一卷(唐李翱撰)。第五集:《全唐詩話》六卷(宋尤袤撰)、《六一詩話》一卷(宋歐陽修撰)、《滄浪詩話》一卷(宋嚴羽撰)、《後山詩話》一卷(題宋陳師道撰)、《彥周詩話》一卷(宋許顗撰)、《二老堂詩話》一卷(宋周必大撰)、《紫薇詩話》一卷(宋呂本中撰)、《石林詩話》一卷(宋葉夢得撰)、《中山詩話》一卷(宋劉攽撰)、《竹坡詩話》一卷(宋周紫芝撰)、《續詩話》一卷(宋司馬光撰)。第六集:《東觀餘論》二卷《附錄》一卷(宋黃伯思撰)。第七集:《歷代名畫記》十卷(唐張彥遠撰)、《古畫品錄》一卷(南齊謝赫撰)、《續畫品錄》一卷(唐李嗣真撰)、《圖繪寶鑑》六卷《補遺》一卷(元夏文彥撰、明韓昂續)、《畫繼》十卷(宋鄧椿撰)、《畫史》一卷(宋米芾撰)。第九集:《誠齋襟記》二卷(元林坤撰)、《甘澤謠》一卷《附錄》一卷(唐袁郊撰)、《本事詩》一卷(唐孟棨撰)、《五色線》二卷、《卻掃編》三卷(宋徐度撰)、《劇談錄》二卷(唐康駢撰)、《瑯環記》三卷(元伊士珍撰)。第十集:《洛陽伽藍記》五卷(北魏楊衒之撰)、《洛陽名園記》一卷(宋李格非撰)、《西京雜記》六卷(題晉葛洪撰)、《佛國記》一卷(晉釋法顯撰)、《大唐創業起居注》三卷(唐溫大雅撰)、《漢雜事秘辛》一卷、《淳熙玉堂雜記》三卷(宋周必大撰)、《唐國史補》三卷(唐李肇撰)。第十一集:《搜神記》二十卷(題晉干寶撰)、《搜神後記》十卷(題晉陶潛撰)、《錄異記》八卷(前蜀杜光庭撰)、《稽神錄》六卷《拾遺》一卷(宋徐鉉撰)、《周氏冥通記》四卷(梁陶弘景撰)、《異苑》五卷(劉宋劉敬叔撰)。第十二集:《石門題跋》二卷(宋釋德洪撰)、《西山題跋》三卷(宋真德秀撰)。第十四集:《樂府古題要解》二卷(唐吳競撰)、《癸辛雜識前集》一卷《後集》一卷《續集》二卷《別集》二卷(宋周密撰)、《紹興內府古器評》二卷(宋張掄撰)。第十五集:《春渚紀聞》十卷(宋何薳撰)、《錦帶書》一卷(梁蕭統撰)、《避暑錄話》二卷(宋葉夢得撰)。

本館又有零本《錄異記》八卷、《稽神錄》六卷《拾遺》一卷、《周氏冥通記》四卷、《詩品》三卷(梁鍾嶸撰)、《詩品》一卷(唐司空圖撰)。

此本扉頁爲後人所補,"毛氏正本"、"汲古閣"印也爲描繪,極工。

《四庫全書總目》入子部雜家類存目。《中國古籍善本書目》著錄,中國國家圖書館、上海圖書館等五十七館,臺北"國家圖書館"及美國國會圖書館、普林斯頓大學葛思德東方圖書館有全帙入藏。

鈐印有"秋樹齋藏書記"、"如射書堂藏書記"、"冒辟疆深翠山房圖書記"、"性善家塾圖書"。

3064　明崇禎刻本津逮秘書

T9100/3533B

《津逮秘書》十五集一百四十一種七百四十八卷,明毛晉編。明崇禎毛氏汲古閣刻本。存三十二冊。前有胡震亨序。

此本存《道德指歸論》六卷(漢嚴遵撰)、《周髀算經》二卷《音義》一卷(漢趙君卿注)、《數術記遺》一卷(漢徐岳撰)、《雜事秘辛》一卷(漢伶玄撰)、《搜神記》二十卷(晉干寶撰)、《搜神後記》十卷(晉陶潛撰)、《齊民要術》十卷(後魏賈思勰撰)、《大唐創業起居注》三卷(唐溫大雅撰)、《歲華紀麗》四卷(唐韓鄂撰)、《錄異記》八卷(蜀杜光庭撰)、《靈寶真靈位業圖》一卷(梁陶景弘撰)、《冥通記》四卷(梁陶景弘撰)、《佛國記》一卷(宋釋法顯撰)、《異苑》十卷(宋劉敬叔撰)、《益都方物略記》一卷(宋宋祁撰)、《泉志》十五卷(宋洪遵撰)、《東京夢華錄》十卷(宋孟元老撰)。

此本目錄頁係後人所抄,題"秘册彙函總目"。胡震亨序,計三頁,凡書口上方之字均剜去,另寫有"秘册彙函小引"六字。編目者曾以此書爲《秘册彙函》而著錄。按,《津逮秘書》,凡版心書名在魚尾下者,皆《秘册彙函》之舊;書名在魚尾之上,而下刻"汲古閣"或"綠君亭"字樣者,皆毛晉所增。然也有出其外者,如《搜神記》等書卷後有毛晉跋。此當爲書賈以《津逮秘書》之零本，選其無"汲古閣"字樣者，以充《秘册彙函》，蓋因《秘册彙函》傳本罕見也（山東省圖書館有全帙，爲二十四種一百四十三卷。上海圖書館、天津圖書館所藏爲不全之本）。

鈐印有"季振宜藏書"、"滄葦"、"御史之章"；"查映山藏書"、"查暎山讀書記"、"聽雨樓"；"荃孫"、"藝風堂"、"雲輪閣"、"藝風堂藏書"。

3065　明末刻本廣百川學海　　　　　　　　　　T9100/0127

《廣百川學海》一百三十種一百五十六卷，明馮可賓編。明末刻本。三十二册。半頁九行二十字，左右雙邊，白口，單魚尾。框高 19.3 釐米，寬 13.7 釐米。前有馮可賓序。

馮可賓，字正卿，益都人。明天啓二年進士。官至太常寺少卿，爲湖州司理。入清隱居不仕。有《岕茶牋》。

是書分爲十集，以十干標目。《四庫全書總目》云："核其所載，皆正續《説郛》所有，版亦相同，蓋姦巧書賈於《説郛》印版中抽取此一百三十種，别刊序文目録，改題此名，託言出於可賓也。"

馮可賓序云："近喜友人重校《學海》正續，精美典贍，因擇篇目相近者爲之廣，併附燕都所挾抄本數種，俾玉魚金盌並出人間，後之藏書家知競流布爲藏，而不以秘惜爲藏，泂海内讀書一快事已。"

《中國古籍善本書目》著録之乙集，較此本多出《願豐堂漫書》一卷（明陸深撰），癸集則多出《蘭譜》一卷（明高濂撰）。又此本乙集《北虜紀略》第六頁、丙集《春雨雜述》第六頁、辛集《閩部疏》第二十一頁、壬集《丹青志》第五頁均爲抄配。

是書有扉頁，題"陳太史訂廣百川學海"。並鈐有"安雅堂"、"武林讀書坊老鋪藏板記"、"墨藪書倉"印。

《四庫全書總目》入子部雜家類存目。《中國古籍善本書目》著録，南京圖書館、遼寧省圖書館等七館有全帙。臺北"國家圖書館"所藏，存一百三十四卷。日本內閣文庫、尊經閣文庫、京都大學人文科學研究所、東京大學東洋文化研究所亦有入藏。

鈐印有"李霨之印"、"坦園書畫記"。按，李霨，别字坦園，高陽人。順治三年進士，累官太子太師、户部尚書、保和殿大學士。居相位久，嫻掌故，朝廷大典，必以屬之。卒謚文勤。有《心遠堂集》。

本館又有《春社猥談》，子目爲《猥談》一卷、《俗考》一卷、《語怪》一卷、《異林》一卷、《記事珠》一卷、《袖中錦》一卷、《義山雜纂》一卷、《雜纂續》一卷、《雜纂二續》一卷、《雜纂三續》一卷。經核對，《猥談》、《語怪》、《異林》三種，和此《廣百川學海》本相同，唯《廣》本每種作者之下，皆挖去閱者之名。

3066　明刻本唐宋叢書　　　　　　　　　　T9110/0335

《唐宋叢書》九十一種一百五十一卷，明鍾人傑、張遂辰輯。明刻後印本。十六册。半頁九行二十字，左右雙邊，白口，單魚尾。版心上鐫書名。框高 19 釐米，寬 13.5 釐米。總目前有戴澳序。

鍾人傑，字瑞先，錢塘人。撰有《性理會通》。

張遂辰，字卿子。

是書仿《漢魏叢書》而編，體例盡同，彙輯唐宋人著述，分經翼、别史、子餘、載籍四類。載籍

下題"右補漢魏失刻二十種",蓋補《漢魏叢書》之缺也。計八十九種:

經翼
《關氏易傳》一卷,北魏關朗撰
《毛詩草木鳥獸蟲魚疏》二卷,吳陸璣撰
《潛虛》一卷,宋司馬光撰
《詩說》一卷,漢申培撰
《詩小序》一卷,周卜商撰
《鼠璞》二卷,宋戴埴撰
《論語筆解》一卷,唐韓愈撰

別史
《大唐創業起居注》三卷,唐溫大雅撰
《春明退朝錄》一卷,宋宋敏求撰
《唐國史補》一卷,唐李肇撰
《燕翼貽謀錄》五卷,宋王栐撰
《歲華紀麗》四卷,唐韓鄂撰
《佛國記》一卷,晉釋法顯撰
《東京夢華錄》一卷,宋孟元老撰
《吳地記》一卷,唐陸廣微撰
《大業雜記》一卷,劉宋劉義慶撰
《物類相感志》一卷,宋蘇軾撰
《東林蓮社十八高賢傳》一卷,晉人撰
《南唐近事》一卷,宋鄭文寶撰
《聞見近錄》一卷,宋王鞏撰
《畫墁錄》一卷,宋張舜民撰

子餘
《譚子化書》六卷,南唐譚峭撰
《後山談叢》一卷,宋陳師道撰
《新書》一卷,蜀漢諸葛亮撰
《友會談叢》一卷,宋上官融撰
《枕中書》一卷,晉葛洪撰
《釋常談》三卷,宋闕名撰
《宋景文公筆記》一卷,宋宋祁撰
《演繁露》一卷,宋程大昌撰
《孔氏雜說》一卷,宋孔平仲撰
《續釋常談》一卷,宋龔熙正撰
《青箱雜記》一卷,宋吳處厚撰
《資暇錄》一卷,唐李濟翁撰
《緗素雜記》一卷,宋黃朝英撰
《楓窗小牘》二卷,宋袁褧撰
《捫虱新話》一卷,宋陳善撰
《研北雜志》一卷,宋陸友仁撰
《仇池筆記》一卷,宋蘇軾撰
《石林燕語》一卷,宋葉夢得撰
《羅湖野錄》一卷,宋釋曉瑩撰
《愛日齋叢抄》一卷,宋葉氏撰
《林下偶譚》一卷,宋吳氏撰
《王氏談錄》一卷,宋王洙撰

載籍
《獨斷》一卷,漢蔡邕撰
《茶經》三卷,唐陸羽撰
《算經》一卷,宋謝察微注
《香譜》一卷,宋洪芻撰
《文則》一卷,宋陳騤撰
《筍譜》二卷,宋釋贊寧撰
《詩式》一卷,唐釋皎然撰
《桐譜》一卷,宋陳翥撰
《墨經》一卷,宋晁氏撰
《畫竹譜》一卷,元李衎撰
《佩觿》三卷,唐郭忠恕撰
《雲林石譜》三卷,宋杜綰撰
《籟紀》一卷,陳王叔齋撰
《畫論》一卷,宋郭思撰
《尤射》一卷,魏繆襲撰
《畫鑑》一卷,宋湯垕撰
《風后握奇經》一卷附《握奇經續圖》一卷
《畫史》一卷,宋米芾撰
《八陣圖總述》一卷,漢公孫弘解,晉馬隆述
《益州名畫錄》三卷,宋黃休復撰
《禽經》一卷,晉張華撰
《桂海虞衡志》十四卷,宋范成大撰
《酒譜》一卷,宋竇苹撰
《桂海巖洞志》一卷/《桂海金石志》

2345

一卷/《桂海香志》一卷/《桂海酒志》一卷/《桂海器志》一卷/《桂海禽志》一卷/《桂海獸志》一卷/《桂海蟲魚志》一卷/《桂海花志》一卷/《桂海果志》一卷/《桂海草木志》一卷/《桂海雜志》一卷/《桂海蠻志》一卷/《桂海花木志》一卷

《學古編》一卷，元吾丘衍撰
《洞天清録》一卷，宋趙希鵠撰
《世範》一卷，宋袁采撰
《異苑》一卷，劉宋劉敬叔撰
《異聞實録》一卷，唐李玖撰
《異林》一卷，明徐禎卿撰
《還冤記》一卷，北齊顏之推撰
《前定録》一卷，唐鍾輅撰
《集異記》一卷，唐薛用弱撰
《博異志》一卷，唐鄭還古撰

《甘澤謠》一卷，唐袁郊撰
《冥通記》一卷，梁陶弘景撰
《古杭夢游録》一卷，宋耐得翁撰
《本事詩》一卷《續本事詩》一卷，唐孟啓撰
《揮塵録》一卷，宋王明清（誤題王清臣）撰
《因話録》一卷，唐趙璘撰
《清異録》四卷，宋陶穀撰
《搜神後記》一卷，晉陶潛撰
《芥隱筆記》一卷，宋龔頤正撰
《明道雜志》一卷，宋張耒撰
《雲仙雜記》九卷，唐馮贄撰
《碧雞漫志》一卷，宋王灼撰
《玉照新志》四卷，宋王明清撰
《東觀奏記》三卷，唐裴庭裕撰
《井觀瑣言》一卷，明鄭瑗撰
《新唐書糾繆》一卷，宋吳縝撰

戴澳序云：“夫以經史觀叢書，而唐宋之龍馬龜圖將在是矣。夫叢書胡可少也？五代，故唐之殘局；而遼金元皆宋之遺疢，故統之唐宋，亦猶漢魏之統先秦六朝也。同社瑞先、卿子緝是書而梓之，余偉其意而爲之序。”戴澳，字有斐，萬曆中進士，曾任順天府丞。

《續修四庫全書總目提要（稿本）》收入，其云：“其中如唐溫大雅《創業注》、釋法顯《佛國記》等，足種異聞。然大半均取材於《說郛》，且均剪裁不完之書，未足爲叢書之上乘也。”

不避"玄"、"弘"諸諱。有抄配。板有漫漶，爲後印之本。

有扉頁，鐫"唐宋叢書。經德堂藏板"，當是經德堂得板重印本。

《中國古籍善本書目》著録兩種明刻本，一爲八十八種一百四十六卷，首都圖書館、湖南省圖書館等三家收藏；一爲九十種三百二十一卷，天津圖書館、南京圖書館等六家收藏。《中國叢書總錄》著録，北京大學圖書館、北京師範大學圖書館等十五家圖書館收藏。據查臺北"國家圖書館"、香港大學馮平山圖書館等有藏。日本內閣文庫、東京大學圖書館、靜嘉堂文庫、天理大學圖書館、尊經閣文庫等亦有收藏，日本東洋文庫著録爲清經德堂刻本。另有1967年臺灣藝文出版社影印本。

鈐印有"真州吳氏有福讀書堂藏書"、"有水可漁"、"息抱齋藏本"，知此書曾藏揚州吳引孫家。

3067　明末刻本居家必備　　T9100/7332

《居家必備》十卷。明末刻本。二十四册。半頁九行二十字，左右雙邊，白口，單魚尾。框高19.2釐米，寬13.6釐米。前有瞿祐宗序。

是書分家儀、懿訓、治生、奉養、趨避、飲饌、藝學、清課八類。

瞿祐宗序云：“首之以家儀、以懿訓，俾知惇倫修德之有方；次之以趨避、以攝養，俾知從違

消息之可則；又次之以治生、以飲饌，則雞黍有具，而乾餱無愆，賓客諸父之適我也；又次之以才藝、以清課，則林園樂志，而壺矢爲懽。優哉游哉，以卒歲也。仲長統所謂何羨乎入帝王之門，手此一編，柳陰下于養生齊家，不亦有餘裕哉？"

此本有扉頁，刊"居家必備。讀書坊藏板"。

金鑲玉裝。

《四庫全書總目》未收。《中國古籍善本書目》著録，遼寧省圖書館、北京大學圖書館有全帙。臺北"國家圖書館"及日本内閣文庫（兩部）、尊經閣文庫亦有入藏。

3068　清康熙刻本秘書廿一種　　T9100/2356

《秘書廿一種》九十四卷，清汪士漢輯。清康熙八年（1669）新安汪氏據明刻《古今逸史》板重編印本。十二册。半頁十行二十字，左右雙邊，白口，單魚尾。框高 20.5 釐米，寬 13.3 釐米。

汪士漢，字隱侯，安徽婺源人。歲貢生，寄居金陵。刻有《雙溪遺集》、《古今彝語》、《古今記林》等。刻書堂號居仁堂，其他生平不詳。

是書以明萬曆間吳琯刻《古今逸史》雕版抽編重印而成。《古今逸史》四十二種一百六十三卷，收漢魏至宋元小學、地理、雜史、筆記、小説等，後增至五十五種二百二十三卷，名《增定古今逸史》。書板刻工精良，康熙七年汪士漢據殘存舊板重新編輯，刷印爲《秘書廿一種》。各書前有汪士漢序，多有"綴拾殘缺"、"參合讎校"之語，蓋於原版疏漏缺失之處，加以校訂修補。

二十一種爲：

《汲冢周書》十卷，題"晉孔晁注，明吳琯校"

《吳越春秋》六卷，題"漢趙曄撰，新安汪士漢考校"

《拾遺記》十卷，題"晉王嘉撰，梁蕭綺録"

《白虎通德論》二卷，題"漢班固撰，後學新安汪士漢校"

《山海經》十八卷，題"晉郭璞傳，明吳中珩校"

《博物志》十卷，題"晉張華撰，後學新安汪士漢校"

《桂海虞衡志》一卷，題"宋吳郡范成大紀"

《續博物志》十卷，題"晉李石撰，後學新安汪士漢校"

《博異記》一卷，題"唐谷神子纂"

《高士傳》三卷，題"晉皇甫謐撰"

《劍俠傳》四卷，題"闕名，新安汪士漢校"

《楚史檮杌》一卷，題"新安汪士漢考校"

《晉史乘》一卷，題"新安汪士漢考校"

《竹書紀年》二卷，題"梁沈約附注，明吳琯校"

《中華古今注》三卷，題"太學博士馬縞集"

《古今注》三卷，題"晉崔豹著，明吳中珩校"

《三墳》一卷，題"明吳琯校"

《風俗通義》四卷，題"漢應劭著，後學新安汪士漢校"

《列仙傳》二卷，題"漢劉向撰，新安汪士漢校"

《集異記》一卷,題"唐河東薛用弱撰"
《續齊諧記》一卷,題"梁吳均撰"
《四庫全書總目》入子部雜家類存目,云:"二十一種者,其中《三墳》爲宋人僞書,《楚史檮杌》、《晉史乘》爲元人僞書,《劍俠傳》、《竹書紀年》爲明人僞書,《續博物志》雖不僞而以南宋人爲晉人,亦爲疏舛。今已皆辨證於本書之下。此因士漢裒輯刊刻,別立總名,姑存其目備考焉。"
《續修四庫全書總目提要(稿本)》著録,云:"是書承《漢魏叢書》之流習,纂輯秦漢以來子史諸籍,即據當時流傳舊版,纂輯成書,更題新名。"
有扉頁,刊"秘書廿一種。新安汪士漢校。汲冢周書、吳越春秋、拾遺記、白虎通、山海經、博物志、桂海虞衡志、續博物志、博異記、高士傳、劍俠傳、楚史檮杌、晉史乘、竹書紀年、中華古今注、古今注、三墳、風俗通、列仙傳、集異記、續齊諧記。本衙藏板"。
《秘書廿一種》尚有清乾隆七年、嘉慶九年重刊本。另有周夢齡增輯《秘書廿八種》,增至二十八種一百二十三卷,闕《桂海虞衡志》一種,增《子貢詩傳》、《穆天子傳》、《小爾雅》、《夏小正》、《詩品》、《大戴禮記》、《古魯詩》等八種,詳見《中國叢書綜錄補正》,有清道光二十六年紫文閣刻本、同治四年重刊本等。
《中國叢書綜錄》著録中國國家圖書館、復旦大學圖書館、四川大學圖書館等十六家圖書館收藏。《中國古籍善本書目》著録有清翁同龢批本,南京圖書館藏。北京大學圖書館"秘籍琳琅——古文獻資源庫"著録有清康熙八年文盛堂刻本。據查,臺北"國家圖書館"、日本東洋文庫、東京大學東洋文化研究所、京都大學人文研究所等亦有收藏。

3069　清康熙刻本檀几叢書　　T9100/4171

《檀几叢書》一百五十七種一百三卷,清王晫撰,清張潮輯。清康熙三十六年(1697)新安張氏霞舉堂刻本。十一册。半頁九行二十字,四周單邊,白口,無魚尾。書口上刊"檀几叢書",前集下刊"霞舉堂",他則下刊"二集"、"餘集"。框高17.9釐米,寬13釐米。題"武林王晫丹麓輯;天都張潮山來校"。前有康熙三十四年(1695)張潮序,王晫序,吳肅公序。《二集》王晫序,張潮序。

王晫,號木庵,亦號丹麓,又號松溪子,浙江錢塘人。順治諸生,旋棄舉業,市隱讀書,廣交賓客,詩詞皆工。有《霞舉堂集》、《遂生集》、《牆東草堂詞》、《今世說》等。

張潮,字山來,號心齋,安徽新安人。歲貢生,善詞。撰有《心齋雜俎》、《幽夢影》、《花影詞》等,輯有《虞初新志》、《昭代叢書》等。

是書初由王晫編輯,僅成前集。康熙三十三年夏,王晫與張潮相識,張潮素有聚書以傳之志,奈何藏書不廣,搜輯維艱,見王氏書稿,張潮虞其散佚,復爲增廣,計五十種五十卷,次年梓行。後二人搜羅校訂,互相商榷,郵簡往復,共同編輯《二集》、《餘集》。《二集》刻於康熙三十六年,亦五十種五十卷;《餘集》及附政,計五十七種三卷;《前集》、《二集》各爲五帙,以"東壁圖書府,西園翰墨林"爲編。所收皆明末至清初諸家短篇小品,書名"檀几",《凡例》釋云,以其內容"種種畢具,有意披覽,展卷即得",如"七寶靈檀几,几上文字,隨意所及,文字輒現",故以名之。

王序云:"予簡棄人事,屏居北郭,獨四方賢士大夫,不相遐遺,率以文橐持贈,累書若城。

予日翛然坐牆東草堂中,肆而觀之,曩既彙其文之雋永者,刊文津一書問世,並取經世鴻篇輯成目録矣已。又擇其一卷之中可以則爲一書者隨手鈔寫,閲有年,所凡得若干種,以其叢積,無所附麗,命曰《檀几叢書》。"

張序云:"甲戌初夏,於湖上晤王君丹麓。廿載神交,不期而會,固已大樂,而丹麓復出此編相示。披覽一過,則所爲翼經者有之,論史者有之,莊語者有之,諧語者有之,談飲讌者有之,識物産者有之,以維風化以廣見聞,以供吟嘯,以資考訂者,莫不各各有之。予復增入數種,以公同好。"

子目爲:

前集

第一帙　東

《三百篇鳥獸草木記》一卷,清徐士俊撰
《黜朱梁紀年論》一卷,清宋實穎撰
《月令演》一卷,清徐士俊撰
《韻史》一卷,清金諾撰
《歷代甲子考》一卷,清黄宗羲撰
《釋奠考》一卷,清洪若皋撰
《二十一史徵》一卷,清徐汾撰
《鑪傳紀事》一卷,清繆彤撰

第二帙　壁

《喪禮雜説》附《常禮雜説》一卷,清毛先舒撰
《十七帖述》一卷,清王弘撰撰
《喪服或問》一卷,清汪琬撰
《颶臺琬琰》一卷,清張正茂撰
《錦帶連珠》一卷,清王嗣槐撰
《稚黄子》一卷,清毛先舒撰
《操觚十六觀》一卷,清陳鑑撰
《東江子》一卷,清沈謙撰

第三帙　圖

《續證人社約誡》一卷,清惲日初撰
《七勸口號》一卷,清張習孔撰
《家訓》一卷,清張習孔撰
《元寶公案》一卷,清謝開寵撰
《高氏塾鐸》一卷,清高拱京撰
《聯莊》一卷附《聯騷》一卷,清張潮撰
《餘慶堂十二戒》一卷,清劉德新撰
《琴聲十六法》一卷,清莊臻鳳撰
《猶見篇》一卷,清傅麟昭撰

第四帙　書

《鶴齡録》一卷,清李清撰
《七療》一卷,清張潮撰
《新婦譜》一卷,清陸圻撰
《欝單越頌》一卷,清黄周星撰
《新婦譜補》一卷,清陳確撰
《地理驪珠》一卷,清張澐撰
《新婦譜補》一卷,清查琪撰
《雁山雜記》一卷,清韓則愈撰
《美人譜》一卷,清徐震撰
《越問》一卷,清王修玉撰
《婦人鞋襪考》一卷,清余懷撰

第五帙　府

《真率會約》一卷,清尤侗撰
《惕庵石譜》一卷,清諸九鼎撰
《酒律》一卷,清張潮撰
《端溪硯石考》一卷,清高兆撰
《酒箴》一卷,清金昭鑑撰
《羽族通譜》一卷,清來集之撰
《觴政五十則》一卷,清沈中楹撰
《獸經》一卷,清張綱孫撰
《廣抑戒録》一卷,清朱曉撰
《江南魚鮮品》一卷,清陳鑑撰
《農具記》一卷,清陳玉璂撰
《虎丘茶經注補》一卷,清陳鑑撰
《怪石贊》一卷,清宋犖撰
《荔枝話》一卷,清林嗣環撰

二集
第一帙　西
《逸亭易論》一卷，清徐繼恩撰
《仕的》一卷，清吳儀一撰
《孟子考》一卷，清閻若璩撰
《古觀人法》一卷，清宋瑾撰
《人譜補圖》一卷，清宋瑾撰
《古人居家居鄉法》一卷，清丁雄飛撰
《教孝編》一卷，清姚廷傑撰
第二帙　園
《幼訓》一卷，清崔學古撰
《訓蒙條例》一卷，清陳芳生撰
《少學》一卷，清崔學古撰
《拙翁庸語》一卷，清劉芳喆撰
《俗砭》一卷，清方象瑛撰
《醉筆堂三十六善》一卷，清李日景撰
《燕翼篇》一卷，清李淦撰
《七怪》一卷，清黃宗羲撰
《艾言》一卷，清徐元美撰
第三帙　翰
《華山經》一卷，清東蔭商撰
《黔中雜記》一卷，清黃元治撰
《長白山錄》一卷，清王士禛撰
《苗俗紀聞》一卷，清方亨咸撰
《水月令》一卷，清王士禛撰
《念佛三昧》一卷，清金人瑞撰
《三江考》一卷，清毛奇齡撰
《佛解》一卷，清畢熙暘撰
第四帙　墨
《漁洋詩話》一卷，清王士禛撰
《鴛鴦牒》一卷，明程羽文撰
《文房約》一卷，清江之蘭撰
《祴庵黛史》一卷，清張芳撰
《蕈溪自課》一卷，明馮京第撰
《小星志》一卷，清丁雄飛撰
《讀書燈》一卷，明馮京第撰
《豔體聯珠》一卷，明葉小鸞撰
《學畫淺說》一卷，清王槩撰
《戒殺文》一卷，明黎遂球撰
《廣惜字說》一卷，清張允祥撰
《九喜榻記》一卷，清丁雄飛撰
《古歡社約》一卷，清丁雄飛撰
《行醫八事圖》一卷，清丁雄飛撰
《彷園清語》一卷，清張蓋撰
第五帙　林
《雪堂墨品》一卷，清張仁熙撰
《陽羨茗壺系》一卷，明周高起撰
《漫堂墨品》一卷，清宋犖撰
《洞山岕茶系》一卷，明周高起撰
《水坑石記》一卷，清錢朝鼎撰
《桐堦副墨》一卷，明黎遂球撰
《琴學八則》一卷，清程雄撰
《南村觴政》一卷，清張惣撰
《觀石錄》一卷，清高兆撰
《鴿經》一卷，清張萬鍾撰
《紅術軒紫泥法定本》一卷，清汪鎬京撰
餘集
卷上
《山林經濟策》，清陸次雲撰
《洗塵法》，清馬文燦撰
《讀書法》，清魏際瑞撰
《香雪齋樂事》，清江之蘭撰
《根心堂學規》，清宋瑾撰
《客齋使令反》，明程羽文撰
《家塾座右銘》，清宋起鳳撰
《一歲芳華》，明程羽文撰

《芸窗雅事》，清施清撰
《菊社約》，清狄億撰
《豆腐戒》，清尤侗撰
《清戒》，清石崇階撰
《友約》，清顧有孝撰
《灌園十二師》，清徐沁撰
《約言》，清張適撰
《詩本事》，明程羽文撰
《劍氣》，明程羽文撰
《石交》，明程羽文撰
《燈謎》，清毛際可撰
卷下
《五嶽約》，清韓則愈撰
《攬勝圖》，清吳陳琰撰
《南極諸星考》，清梅文鼎撰
《引勝小約》，明張陛撰
《酒警》，清程弘毅撰
《酒政六則》，清吳彬撰
《酒約》，清吳肅公撰
《彷園酒評》，清張蓋撰
《簋貳約》，清尤侗撰
附政
《紀草堂十六宜》，清王晫撰
《課婢約》，清王晫撰
《報謁例言》，清王晫撰
《諂卦》，清王晫撰
《書本草》，清張潮撰

《宦海慈航》，清蔣埴撰
《病約三章》，清尤侗撰
《艮堂十戒》，清方象瑛撰
《婦德四箴》，清徐士俊撰
《半庵笑政》，清陳皋謨撰
《書齋快事》，清沈元琨撰
《負卦》，清尤侗撰
《古今外國名考》，清孫蘭撰
《廣東月令》，清鈕琇撰
《黔西古跡考》，清錢霶撰
《明制女官考》，清黃百家撰

《小半斤謠》，清黃周星撰
《四十張紙牌説》，清李式玉撰
《選石記》，清成性撰
《美人揉碎梅花迴文圖》，清沈士瑛撰
《西湖六橋桃評》，清曹之璜撰
《竹連珠》，清鉅陸琇撰
《征南射法》，清黃百家撰
《黃熟香考》，清萬泰撰

《貧卦》，清張潮撰
《花鳥春秋》，清張潮撰
《補花底拾遺》，清張潮撰
《玩月約》，清張潮撰
《飲中八仙令》，清張潮撰

　　《四庫全書總目》入子部雜家類存目，云："是書所録皆國朝諸家雜著，凡五十種。大半採自文集中，其餘則多沿明季山人才子之習，務爲纖佻之詞，如張芳之《黛史》，丁雄飛之《小星譜》，已爲猥鄙。至程羽文之《鴛鴦牒》，取古來男女不得其偶者，以意判斷，更爲匹配……其書可燒，奈何以穢簡牘也。"

　　有扉頁，刊"檀几叢書"。

　　《中國叢書綜録》著録中國國家圖書館、中國科學院圖書館等三十六家圖書館有藏。《中國古籍善本書目》未收。據查，臺北"國家圖書館"、日本東洋文庫、內閣文庫、宮內廳書陵部、静嘉堂文庫等皆有此版。1992年上海古籍出版社據康熙本影印出版。

3070　清康熙刻本賴古堂藏書　　　　　　　　T9100/5495

　　《賴古堂藏書甲集》十種十卷，清周亮工、周在都輯。清康熙間周氏賴古堂刻本。有闕名批注。四册。半頁九行二十字，四周單邊，白口，單魚尾。書口上刊"賴古堂藏書"。框高20.8釐米，寬13.7釐米。題"男亮工敬錄"、"大梁周亮工櫟園訂"或"大梁周在都燕客輯"。前有康熙五十年(1711)顧彩序。

周亮工，見清康熙刻本《賴古堂集》。

周在都，字燕客，號渻農，亮工第五子。曾官揚州知府、兩淮都轉鹽運使。秉承家學，從事鉛槧，刻《名家詩選》等。著有《桑乾草》、《餐雲書屋稿》、《雪舫吟》等。

亮工富藏書，嘗欲刻《賴古堂藏書》百種，搜輯海内鉅公碩儒各成一家言者，或有補於性情，或有關於忠孝，或有裨於身家，或有益於經史，或有資於詩筆書畫，或以志怪，或以傳疑，略仿《檀几叢書》、《昭代叢書》之例，刊以傳世。據《凡例》稱，刊刻始於康熙十一年(1672)，僅成七函，即第一至七種，未竟離世。康熙四十九年(1710)周在都續鐫三册，即第八至十種，編爲《甲集》十種，嗣後還將由甲至癸，刊全百種以備大觀。《凡例》署爲"康熙庚寅嘉平大梁周在都謹識於朱絲玉壺堂"。然世所流傳者，僅此《甲集》十種，蓋刻畢即行中輟。

子目爲：

《觀宅四十吉祥相》一卷，清周坦然撰　　《客座贅語》一卷，明顧起元撰
《釋冰書》一卷，清孫泜如撰　　　　　　《強聒錄》一卷，清彭堯諭撰
《皺水軒詞荃》一卷，清賀裳撰　　　　　《人譜》一卷，明劉宗周撰
《六研齋二筆》一卷，明李日華撰　　　　《三十五忠詩》一卷，明孫承宗撰
《陳子旅書》一卷，清陳璜撰　　　　　　《漁談》一卷，清郭欽華撰

顧序云："(櫟園)先生富於藏書，海内以賴古堂擬之石渠、天祿，是時先君子亦以好積書，故交相莫逆，互出所藏相辨證，今成往事矣。余不肖，飢驅異縣，遺書失亡殆盡，而先生之嗣渻農司馬獨能繼志述事，補刻《賴古堂遺書》，余汗愧不暇，忍讀先生書哉？……然是種也，自古有之，尤貴選其腴而删其腐，標其異而去其複，若是者，舍賴古堂而誰屬哉！"

《續修四庫全書總目提要(稿本)》收入，其云："流傳當時師友著述，皆小品文字，可資談助。但所搜輯諸書，爲量不宏，尚不如《檀几》、《昭代》之淵雅。"

有扉頁，刊"賴古堂藏書。甲集十種。四十吉祥相、釋冰書、詞荃、六研齋二集、陳子旅書、客座贅語、強聒錄、人譜、三十五忠詩、漁譚"，並鈐"賴古堂藏書"印。此書乃其家刻之本，"玄"字避諱，並有佚名朱墨批注。

此書尚有清道光九年刻本，扉頁刊"道光己丑重鐫。廣安州署藏版"。

《中國叢書綜錄》、《中國古籍善本書目》未收。據查，中國國家圖書館、北京大學圖書館、中國科學院圖書館有藏。日本《内閣文庫漢籍分類目錄》著錄有清刊本。

鈐印有"增祐"、"節溪"。

3071　清乾隆活字印本武英殿聚珍版書　　T9100/1471

《武英殿聚珍版書》一百三十八種二千四百十六卷，清高宗弘曆敕輯。清乾隆武英殿活字印本。六百零二册。半頁九行二十一字，白口，四周雙邊，單魚尾，書頁版心下或有校刊名氏，框高19.3釐米，寬12釐米；刻本四種半頁十行二十一字，白口，四周雙邊，單魚尾，框高21.3釐米，寬14.4釐米。

清乾隆三十八年二月，乾隆帝採納安徽學政朱筠建議，命儒臣輯校《永樂大典》，詔其將流

傳已少、足資啓牖後學之宋元珍本摘出，敍列目録，以備彙付剞劂。《四庫全書》開館後，館臣將《永樂大典》中抄輯出"應刊"各本一百三十八種，呈請次第刊刻。四月，《易緯八種》、《漢官舊儀》、《魏鄭公諫續録》、《帝範》四書雕版刷印已竣。十月二十八日，總管内務府兼總理武英殿刻書事務大臣金簡上奏，因刻書種多量巨，所用版片浩繁，逐部刊刻，亦需時日，建議雕棗木活字、套版一份，令事不繁而工料省。乾隆帝准照此辦理。乾隆三十九年五月，二十五萬個棗木活字刻畢，並陸續擺印一百三十四種，加之初刻《易緯》等四種，總一百三十八種。乾隆帝以"活字"不雅，賜名"聚珍版"。

子目爲(以下爲乾隆三十八年刊本)：
《易緯》十二卷，漢鄭玄注
　　《易緯乾坤鑿度》二卷/《易緯稽覽圖》二卷/《易緯通卦驗》二卷
　　《易緯是類謀》一卷/《易緯乾鑿度》二卷/《易緯辨終備》一卷
　　《易緯乾元序制記》一卷/《易緯坤靈圖》一卷
《漢官舊儀》二卷《補遺》一卷，漢衛宏撰
《魏鄭公諫續録》二卷，元翟思忠輯
《帝範》四卷，唐太宗李世民撰，唐闕名注
(以下爲清乾隆武英殿活字印本)

經部
《周易口訣義》六卷，唐史徵撰
《易説》六卷，宋司馬光撰
《易原》八卷，宋程大昌撰
《吴園周易解》九卷《附録》一卷，宋張根撰
《郭氏傳家易説》十一卷《總論》一卷，宋郭雍撰
《誠齋易傳》二十卷，宋楊萬里撰
《易象意言》一卷，宋蔡淵撰
《易學濫觴》一卷，元黃澤撰
《尚書詳解》二十六卷首一卷，宋夏僎撰
《尚書詳解》五十卷，宋陳經撰
《融堂書解》二十卷，宋錢時撰
《禹貢指南》四卷，宋毛晃撰
《禹貢説斷》四卷，宋傅寅撰
《詩總聞》二十卷，宋王質撰
《續吕氏家塾讀詩記》三卷，宋戴溪撰
《絜齋毛詩經筵講義》四卷，宋袁燮撰
《欽定詩經樂譜全書》三十卷《樂律正俗》一卷，清乾隆五十三年敕撰
《儀禮集釋》三十卷，宋李如圭撰
《儀禮釋宫》一卷，宋李如圭撰
《儀禮識誤》三卷，宋張淳撰
《大戴禮記》十三卷，漢戴德撰
《春秋釋例》十五卷，晉杜預撰

《春秋傳說例》一卷，宋劉敞撰
《春秋經解》十五卷，宋孫覺撰
《春秋集注》四十卷，宋高閌撰
《春秋考》十六卷，宋葉夢得撰
《春秋辨疑》四卷，宋蕭楚撰
《春秋繁露》十七卷《附錄》一卷，漢董仲舒撰
《鄭志》三卷《拾遺》一卷，漢鄭玄撰，魏鄭小同編；《拾遺》，清王復輯
《論語意原》四卷，宋鄭汝諧撰
《輶軒使者絕代語釋別國方言注》十三卷，漢揚雄撰，晉郭璞注

史部
《西漢會要》七十卷，宋徐天麟撰
《東漢會要》四十卷，宋徐天麟撰
《唐會要》一百卷，宋王溥撰
《五代會要》三十卷，宋王溥撰
《宋朝事實》二十卷，宋李攸撰
《建炎以來朝野雜記甲集》二十卷《乙集》二十卷，宋李心傳撰
《兩漢刊誤補遺》十卷，宋吳仁傑撰
《三國志辨誤》三卷
《五代史纂誤》三卷，宋吳縝撰
《東觀漢記》二十四卷，漢劉珍等撰
《御選明臣奏議》四十卷，清乾隆四十六年敕輯
《元朝名臣事略》十五卷，元蘇天爵撰
《鄴中記》一卷，晉陸翽撰
《蠻書》十卷，唐樊綽撰
《水經注》四十卷，後魏酈道元撰
《元和郡縣志》四十卷，唐李吉甫撰
《元豐九域志》十卷，宋王存等奉敕撰
《輿地廣記》三十八卷，宋歐陽忞撰
《琉球國志略》十六卷，清周煌撰
《嶺表錄異》三卷，唐劉恂撰
《麟臺故事》五卷，宋程俱撰
《欽定武英殿聚珍版程式》一卷，清金簡撰
《直齋書錄解題》二十二卷，宋陳振孫撰
《絳帖平》六卷，宋姜夔撰
《欽定重刻淳化閣帖》十卷，清乾隆三十四年敕輯
《欽定四庫全書考證》一百卷，清乾隆四十八年敕撰
《唐書直筆》四卷，宋呂夏卿撰

子部
《傅子》一卷，晉傅玄撰

《公是弟子記》四卷,宋劉敞撰
《明本釋》三卷,宋劉荀撰
《項氏家説》十卷,宋項安世撰
《農書》二十二卷,元王禎撰
《農桑輯要》七卷,元司農司撰
《蘇沈良方》八卷,宋蘇軾撰;宋沈括撰
《小兒藥證真訣》三卷,宋錢乙撰
《周髀算經》二卷附《音義》一卷,漢趙爽注,北周甄鸞重述,唐李淳風釋;唐李籍撰《音義》
《九章算術》九卷附《音義》一卷,晉劉徽注,唐李淳風等奉敕注釋;唐李籍撰《音義》
《海島算經》一卷,魏劉徽撰,唐李淳風等奉敕注釋
《孫子算經》三卷,唐李淳風等奉敕注
《五曹算經》五卷,唐李淳風等奉敕注
《五經算術》二卷,北周甄鸞撰,唐李淳風等奉敕注釋
《夏侯陽算經》三卷,夏侯陽撰
《寶真齋法書贊》二十八卷,宋岳珂撰
《墨法集要》一卷,明沈繼孫撰
《鶡冠子》三卷,宋陸佃解
《意林》五卷《逸文》一卷《補》二卷,唐馬總輯
《學林》十卷,宋王觀國撰
《雲谷雜記》四卷首一卷末一卷,宋張淏撰
《能改齋漫録》十八卷,宋吴曾撰
《甕牖閒評》八卷,宋袁文撰
《考古質疑》六卷,宋葉大慶撰
《朝野類要》五卷,宋趙昇撰
《澗泉日記》三卷,宋韓淲撰
《敬齋古今黈》八卷,元李冶撰
《猗覺寮雜記》二卷,宋朱翌撰
《涑水記聞》十六卷,宋司馬光撰
《唐語林》八卷,宋王讜撰
《歸潛志》十四卷,金劉祁撰
《老子道德經》二卷,魏王弼注
《文子纘義》十二卷,元杜道堅撰

集部

《張燕公集》二十五卷,唐張説撰
《文忠集》十六卷,唐顔真卿撰
《南陽集》六卷,宋趙湘撰
《元憲集》三十六卷,宋宋庠撰
《景文集》六十二卷,宋宋祁撰
《文恭集》四十卷,宋胡宿撰

《祠部集》三十五卷，宋強至撰
《華陽集》四十卷，宋王珪撰
《公是集》五十四卷，宋劉敞撰
《彭城集》四十卷，宋劉攽撰
《淨德集》三十八卷，宋呂陶撰
《忠肅集》二十卷，宋劉摯撰
《山谷內集詩注》二十卷《外集詩注》十七卷附《別集詩注》二卷，宋黃庭堅撰；宋任淵撰《內集詩注》，宋史容撰《外集詩注》，宋史季溫撰《別集詩注》
《後山詩》十二卷，宋陳師道撰，宋任淵注
《陶山集》十六卷，宋陸佃撰
《學易集》八卷，宋劉跂撰
《西臺集》二十卷，宋畢仲游撰
《柯山集》五十卷，宋張耒撰
《浮沚集》九卷，宋周行己撰
《毗陵集》十六卷，宋張守撰
《浮溪集》三十二卷，宋汪藻撰
《簡齋集》十六卷，宋陳與義撰
《茶山集》八卷，宋曾幾撰
《文定集》二十四卷，宋汪應辰撰
《雪山集》十六卷，宋王質撰
《攻媿集》一百十二卷，宋樓鑰撰
《乾道稿》二卷，宋趙蕃撰
《淳熙稿》二十卷，宋趙蕃撰
《章泉稿》五卷，宋趙蕃撰
《止堂集》十八卷，宋彭龜年撰
《絜齋集》二十四卷，宋袁燮撰
《南澗甲乙稿》二十二卷，宋韓元吉撰
《蒙齋集》二十卷，宋袁甫撰
《恥堂存稿》八卷，宋高斯得撰
《拙軒集》六卷，金王寂撰
《金淵集》六卷，元仇遠撰
《牧庵集》三十六卷，元姚燧撰
《御製詩文十全集》五十四卷，清高宗愛新覺羅弘曆撰
《文苑英華辨證》十卷，宋彭叔夏撰
《悅心集》五卷，清世宗愛新覺羅胤禛輯
《萬壽衢歌樂章》六卷，清彭元瑞撰
《碧溪詩話》十卷，宋黃徹撰
《歲寒堂詩話》二卷，宋張戒撰
《浩然齋雅談》三卷，宋周密撰

《詩倫》二卷，清汪薇輯。

除刻本四種外，每書首冠以乾隆帝《御製題武英殿聚珍版十韻》，詩序云："校輯《永樂大典》內之散簡零編，並蒐訪天下遺籍，不下萬餘種，彙爲《四庫全書》。擇人所罕覯，有裨世道人心，及足資考鏡者，剞劂流傳，嘉惠來學。第種類多則付雕非易，董武英殿事金簡以活字法爲請，既不濫費棗梨，又不久淹歲月，用力省而成功速，至簡且捷。考昔沈括《筆談》記宋慶曆中，有畢昇爲活版，以膠泥燒成。而陸深《金臺紀聞》則云，毗陵人初用鉛字，視版印尤巧便，斯皆活版之權輿。顧埏泥體鬆，鎔鉛質軟，俱不及鋟木之工緻。茲刻單字計二十五萬餘，雖數百十種之書，悉可取給，而校讎之精，今更有勝於古所云者。第活字之名不雅馴，因以聚珍名之，而繫以詩。"目錄下或卷端有"武英殿聚珍版"六字，卷末署有校勘者姓氏。

全書校勘精審，版式裝幀整齊劃一。《欽定詩經樂譜全書》、《萬壽衢歌樂章》等書之宫、商、角、徵、羽以朱色活字套印而成。金簡將刊印武英殿聚珍版書籍工藝流程、作業方法等分別條款，著爲圖説，名爲《武英殿聚珍版程式》，亦收入《武英殿聚珍版叢書》流行於世，爲中國古代印刷史重要文獻。

是書本無總書名和總目錄，後人習稱爲《武英殿聚珍版叢書》或《武英殿聚珍版全書》，民國十四年陶湘編印《武英殿聚珍版書目》一册，收入《武進陶氏書目叢刊》。武英殿聚珍版擺印書除以連史紙刷印二十部備宫內各處陳設外，還以竹紙另行刷印三百部，或頒發各省，或定價售賣通行。乾隆四十一年九月頒旨江南、江西、浙江、廣東、福建五省，准所在翻版通行，於是東南各省相繼照殿本開雕，計江南八種，江西五十四種，福建一百二十三種，浙江三十九種，卷帙不一，以福建爲最繁，浙江爲最精。民間習稱武英殿以外之官刻本爲"外聚珍"，相對內府所印活字本"內聚珍"而言。同光間，江西書局、廣雅書局等也曾翻刻是書。

《續修四庫全書總目提要(稿本)》、《清代內府刻書目錄解題》收入。

《中國叢書綜錄》著錄，中國國家圖書館、天津圖書館藏有全帙。《中國古籍善本書目》著錄，中國國家圖書館、故宫博物院圖書館、上海圖書館等八家圖書館收藏。此外，日本静嘉堂文庫、東洋文庫、內閣文庫也有收藏。

鈐印有"檢亭藏書"、"秦緗鈞字鵬書號伊西"、"秦觀濤字用于號海槎"、"培蔭軒秘籍印"、"文選樓"、"揚州阮氏琅嬛僊館藏書印"、"長白豐紳濟倫字恕堂"、"御前行走大司馬之印"。其中豐紳濟倫爲福隆安與乾隆女和嘉公主之子，授鑲藍旗漢軍副都統，襲爵，累遷兵部尚書。

3072 清乾隆刻本奇晉齋叢書　　T9100/4216

《奇晉齋叢書》十六種十九卷，清陸烜輯。清乾隆三十四年(1769)陸烜奇晉齋刻本。十二册。半頁八行十九字，左右雙邊，白口，無魚尾。書口下刊"奇晉齋"。框高19釐米，寬12.8釐米。各書下題"平湖陸烜訂"或"平湖陸烜子章訂"。前有乾隆三十四年自序。

陸烜，字子章，號梅谷，又號巢雪、巢雲子，浙江平湖人。貢生，隱居胥山不仕。工於詩畫，筆法超潔。沈荃任敷文書院講席，引其採錄遺書，校勘皆精。於書籍保護亦有心得，見地不俗。纂著甚豐，藏書亦富，有《梅谷詩文集》、《耕餘小草》、《尚書義》等。《清畫家詩史》丙集有傳。

是書十六種，所收爲唐至明末各家短篇雜著，有筆記、詩話、題跋、游記等，每書末皆刻有梅谷手書跋語，鉤玄提要，考訂源流，雖寥寥數語，皆精妙非常。繆荃孫《雲自在龕隨筆》卷四有"梅谷得右軍《二謝帖》並《感懷帖》，遂書小額，顏春雨樓之左室曰奇晉齋。齋中聯句云：'門栽彭澤五株柳,案有山陰二謝書。乾隆丙申六月廿五日。'"此即"奇晉齋"名之由來。

子目爲：

《松牕雜録》一卷,唐李濬撰　　　　　《遺山題跋》一卷,金元好問撰
《灌畦暇語》一卷,唐闕名撰　　　　　《大理行記》一卷,元郭松年撰
《平巢事蹟考》一卷,宋闕名撰　　　　《雲煙過眼續録》一卷,元湯允謨撰
《采石瓜州斃亮記》一卷,宋蹇駒撰　　《寓意編》一卷,明都穆撰
《鶴山筆録》一卷,宋魏了翁撰　　　　《快雪堂漫録》一卷,明馮夢禎撰
《臨溪隱居詩話》一卷,宋魏泰撰　　　《筆塵》一卷,明莫是龍撰
《北牕炙輠録》二卷,宋施彦執撰　　　《雲間雜志》三卷,明闕名撰
《文山題跋》一卷,宋文天祥撰　　　　《雲南山川志》一卷,明楊慎撰

自序云："近古以來,吳越藏書家爲最多。惟書入陳仲醇、胡孝轅、毛子晉手,則鐫之唯恐不急,誠大公無我之心也。其有得奇書異本,私爲縹緗中秘物,若唯恐人之借閱而傳抄者,噫,亦隘矣! 余家鮮藏書,又力不能多藏,然唯好之深,故十餘年來,得於書攤賈人者頗亦有出前人所見之外。計海内藏書家,其插架當必百倍,苟盡如陳、胡、毛諸君子用心,古書豈患湮没? 鄙人此刻,爲之抛磚云爾。"

《續修四庫全書總目提要(稿本)》著録,云："校刻甚精,其中如《松牕雜録》、《灌畦暇語》等書,文字雋永,可資掌故。如《文山題跋》、《遺山題跋》等書,則裒輯孤忠遺著,深有感於時而爲之也。"

《中國叢書綜録》著録中國國家圖書館、北京大學圖書館等十二家收藏。《中國古籍善本書目》著録中國國家圖書館、上海圖書館、首都圖書館、清華大學圖書館等十二家圖書館收藏,其中上海圖書館藏本有清人鮑廷博、周星詒校並跋,中國國家圖書館藏本有傅增湘校並跋。查日本静嘉堂文庫、東京大學東洋文化研究所、京都大學人文科學研究所、美國柏克萊加州大學東亞圖書館亦有收藏。另有民國元年冰雪山房據清陸氏刊本石印本。

3073　清乾隆刻本紫藤書屋叢刻

T9100/2457

《紫藤書屋叢刻》六種十四卷,清陳氏輯。清乾隆間秀水陳氏刻本。四册。半頁十一行二十二字,左右雙邊,白口,單魚尾。框高19.8釐米,寬14.4釐米。無序跋。

是書六種：《五代史補》五卷,題"宋陶岳撰"；《五代史闕文》一卷,題"宋翰林學士王禹偁撰"；《五代春秋》二卷,題"宋尹洙撰"；《五國故事》二卷,題"宋無名氏撰"；《詩品》三卷,題"梁鍾嶸撰"；《詩品》一卷,題"唐司空圖撰"。皆有關五代史事及詩歌評論,未題總名。輯者稱"秀水陳氏",不詳何人。

各有扉頁,中刊書名。《詩品》兩種上刊"秀水陳氏校刊",其餘皆刊"依宋本重雕"；下刊"紫藤書屋藏板"。《五代春秋》、《詩品》後有牌記"乾隆元默歲秀水陳氏依宋本重雕",歲陽在壬曰玄默,清康熙以後避帝諱改稱"元默",書牌只記歲陽,不詳書刻於乾隆壬某年。《中國叢書綜録》、《中國古籍善本書目》皆著録爲"清乾隆五十七年秀水陳氏刻本",乾隆五十七年爲壬子年。翻檢全書,首册《五代史補》前有陶岳序,序末稱"歲在壬子年",據陶岳生卒,此"壬子"當爲北宋大中祥符五年(1012),頗疑各書目據此而誤著版刻時間。

《中國叢書綜録》著録清華大學、吉林大學、福建師範大學圖書館三家有藏。《中國古籍善本

叢　部

書目》著録遼寧省圖書館、福建師範大學圖書館兩家有藏。《清華大學圖書館藏善本書目》著録有《紫藤書屋叢刻》七種十五卷,多《四庫全書辨正通俗文字》一種,一卷,清王朝梧撰,蓋增輯所致。

3074　清乾隆刻本經史鈔　　　　　　　　　　　　　　　T9100/258

《經史鈔》十種三十三卷,清徐與喬輯,清譚尚忠增輯。清乾隆五十五年(1790)紉芳齋刻本。二十四册。半頁八行十八字,上欄十六行五字,左右雙邊,白口,單魚尾。書口下刊"紉芳齋"。框高17.1釐米,寬10.3釐米。題"崑山徐與喬退山原本,南豐譚尚忠古愚增輯;男光祥蘭楣、光祐子受同校"。前有乾隆五十五年譚尚忠序,康熙十七年(1678)徐與喬序。

徐與喬,字揚貢,號退山,江蘇崑山人。學問淹貫,著有《五經讀法》、《經史辨體》、《易安齋詩文集》等。

譚尚忠,字會文,號古愚,江西南豐人。乾隆十六年進士,歷任河南、廣東、甘肅按察使,山西布政使、山西巡撫、安徽巡撫、雲南巡撫、雲貴總督,官至吏部右侍郎。室中澹如寒士,爲官清儉,曾以忤和珅致降。有《紉芳齋詩集》。《滿漢大臣列傳》卷六二有傳。

康熙中,崑山徐與喬取經部《周易》、《尚書》、《毛詩》、《春秋》、《禮記》五書,史部《國語》、《戰國策》、《史記》、《漢書》、《後漢書》五書,雲集各家之説,評點文章,附以注釋,謂之《經史辨體》,有敦化堂刻本。乾隆末年,譚尚忠以爲徐書"其致精也有年,其用思也深,其言切而要,其事省而易行",世之人欲聞聖人先哲之所以爲文,舍其書而不由。惜之書已傳百餘年矣,賈人多翻亂字畫,滅没舛乖,故張本徐書,研覆諟正,授之工,以《經史鈔》名之。

《凡例》八則,詳記與徐本體例之異同。凡譚氏附益評注,加"增"字以别之,"增"字並加戳朱色框記。限於卷帙,評點僅片言只字者,則附於行間;行間不能容者,則載於眉欄;眉欄亦不能悉者,乃附篇尾。自序、例言與十書内容,統以"經史鈔第一"至"第三十三"標次。

《續修四庫全書總目提要(稿本)》未收。

"經史鈔第四"《易目》"河圖"、"洛書"及各八卦圖以朱墨刷印,計八頁。紙墨精良,書品完好。

有扉頁,刊"經史鈔。乾隆五十五年。崑山徐退山原本,南豐譚古愚增輯。易、書、詩、春秋、禮記、國語、國策、史記、漢書、後漢書"。上鈐"雲南右副都御史"圓印,右下鈐"紉芳齋藏板"長方印。此書乃譚尚忠家刻本,時在雲南巡撫任上。校書者,子光祥,乾隆五十八年進士,曾官湖北施南府知府;子光祐,曾官四川通判。

是書罕傳,《中國叢書綜録》、《中國古籍善本書目》均未著録,遍查海内外各館目録,亦未見收録。

鈐印有"光熙所藏"、"嘉樹堂"。

3075　清康熙刻本春浮園集附二種　　　　　　　　　　　T9115/4241

《春浮園集》六種九卷附二種六卷,明蕭士瑋等撰。清康熙間蕭伯升刻本。九册。半頁八行十八字,左右雙邊,白口,單魚尾。框高16.6釐米,寬12.8釐米。題"明西昌蕭士瑋"。《附》二種半頁九行十八字,左右雙邊,白口,單魚尾。框高17.8釐米,寬13.1釐米。題"西昌一行居士蕭士瑀"、"西昌蕭伯升"。

蕭士瑋,字伯玉,别號三峩,吉安泰和人。天啓元年進士,歷光禄典簿、禮部主事、吏部郎中。弘光時,擢光祿寺卿。工於煉句,體氣清拔,時人評其儼然宋人佳境,頗與陸放翁合。著有《春浮園集》。曹溶《明人小傳》卷四、徐鼒《小腆紀傳》卷五七、朱彝尊《明詩綜》卷六六、陳田《明詩紀事》辛籤卷一八皆有其傳。

蕭士瑀,字次公,士瑋之弟。精研竺國之書,別號一行居士。

蕭伯升,字孟昉,士瑋、士瑀之侄。

是書彙輯蕭士瑋、蕭士瑀、蕭伯升三人詩文著述,計八種十五卷:

《春浮園集》六種九卷,明蕭士瑋撰

《春浮園文集》二卷《附録》一卷

《深牧庵日涉録》一卷

《蕭齋日紀》一卷

《春浮園偶録》二卷

《庚午偶録》一卷/《辛未偶録》一卷

《南歸日録》一卷

《汴游録》一卷

《陶葊雜記》四卷附《陶葊行述》一卷,清蕭士瑀撰

《研鄰偶存》一卷,清蕭伯升撰

《明史·藝文志》著録《春浮園集》爲十卷,是書闕《春浮園詩集》一卷。按,《春浮園文集》後附録有錢謙益《祭蕭奉常伯玉文》,言歲在丁酉,蕭氏已順世而去者七年,則蕭士瑋卒於清順治八年(1651)。

《四庫全書總目》集部總集類存目有《蕭氏世集》,清蕭伯升編,輯其先世詩文,有《正固先生詩文集》、《坦行先生自志》、《雪崖詩集》三種。提要並云:"前有伯升自序,稱與吏部郎中蕭士瑋《春浮園集》並士瑋弟士琦《陶庵雜記》、《牘雋》諸書同時合刻,爲《蕭氏世集》。今士瑋、士琦之書各有別本,而此帙之内均不載,未知何故也。"四庫館臣誤方中履序爲蕭伯升自序,一也;誤士瑋弟士瑀爲士琦,二也;誤《牘雋》亦士瑀作,實則爲伯升父季公所撰,三也。查《蕭氏世集》前之方序,略稱蕭伯升"出其屢世著作示我,始於正固先生,附長史公,次宗伯公,合《春浮園集》及次公先生《陶庵雜記》、季公先生《牘雋》,總名之曰《蕭氏世集》,鋟版以行。"

是書《研鄰偶存》中有康熙十三年蕭伯升《刻〈世集〉成告家廟文》,云蒐輯先世遺集,編次勘訂,請舊京友人胡其毅代爲鳩良工繕寫登木,佳紙拓印,裝潢雅飭,分《正固齋集》、《寅清堂詩》爲一册,《蕭齋起信論解》、《春浮園集》、《別集》爲一册,《陶葊雜記》、《旃檀林牘雋》各一册,合爲《蕭氏世集》,始刻於康熙四年(壬子,1672),終於康熙十三年(甲寅,1674)。據此可知,康熙中蕭伯升彙刻《蕭氏世集》,輯其先祖蕭岐諸人與蕭士瑋昆仲三人詩文,《春浮園集》、《陶庵雜記》俱在其中,是書即《蕭氏世集》零種,合伯升所撰《研鄰偶存》,皆蕭氏家刻本也。

《春浮園集》爲清代禁書,蕭士瑋與錢謙益有素車白馬之誼,集中多有與其交往記載,因有推重錢牧齋語,遂被列入《抽燬書目》。

避"玄"字諱。

《春浮園集》有清光緒間蕭作梅重刊本。

《中國叢書綜録》著録《春浮園集》兩種刊本:清康熙中刊本,上海圖書館、南京圖書館兩家有藏;清蕭作梅刊本,中國國家圖書館、上海圖書館、南京大學圖書館、復旦大學圖書館、江西省圖書館五家有藏。《中國古籍善本書目》著録上海圖書館藏此康熙刻本。《四庫禁燬書叢刊》以

光緒刻本《春浮園集》爲底本影印出版,集部第108册。

鈐印有"長白毓本務旃甫圖書記"、"選夢樓"。毓本,字務旃,清宗室,奕綿之後。

3076　清康乾刻本德州田氏叢書　　　　　　　　　　　　　　T9111/2367

《德州田氏叢書》十三種一百十卷,清田雯等撰。清康熙、乾隆間刻本。二十八册。有圖。半頁字數、行數不一,左右雙邊,《西圃文説》、《詩説》、《詞説》爲白口,餘皆粗黑口;《古歡堂集》爲雙魚尾,餘皆單魚尾。

田雯,字子綸,一字綸霞,號山薑子,晚年在黔自署蒙齋,山東德州人。康熙三年進士,授中書舍人。累遷工部郎中,督學江南,力崇古學。康熙二十六年,調貴州巡撫,息兵勵農,頗受黔民愛戴。歷官至户部侍郎,致仕。天姿高邁,記誦亦博,康熙中,王士禎負海内重名,論詩主風調,雯負其縱横之氣,欲以奇麗抗之,故詩文組織繁富,鍛煉刻苦,自成一家。但好奇太甚,即藥方亦必取異名,頗爲人訾議。著有《古歡堂集》、《黔書》、《長河志籍考》等,皆入《四庫全書》,並行於世。《清史稿·文苑傳》有傳。

田需,字雨來,號鹿關,雯弟。康熙十八年進士,官翰林院編修。一生蓄書甚多,退職後在衛水之東築鹿關精舍貯書,居家著述二十餘年。

田霢,字子益,號樂園,一號香城居士,雯弟。康熙二十五年拔貢生,官山東堂邑縣教諭。

田肇麗,字念始,號蒼厓,雯子。屢試不第,以蔭生官户部郎中。擅詩文。

田同之,字在田,一字彦威,號硯思,一號西圃,亦稱小山薑,雯孫。康熙五十九年舉人,官國子監學録。《國朝耆獻類徵初編》有傳。

是書纂輯德州田氏一門著述,收田雯與弟田需、田霢、子田肇麗、孫田同之五人著述十三種一百十一卷。子目爲:

《蒙齋年譜》一卷《續》一卷,清田雯撰;《補》一卷,清田肇麗撰

《古歡堂集》三十六卷,清田雯撰

《長河志籍考》十卷,清田雯撰

《黔書》二卷,清田雯撰

《水東草堂詩》一卷,清田需撰

《鬲津草堂詩》六卷,清田霢撰

《有懷堂文集》一卷《詩集》一卷,清田肇麗撰

《西圃文説》三卷《詩説》一卷《詞説》一卷,清同之撰

《硯思集》六卷,清田同之撰

《安德明詩選遺》一卷,清田同之撰

《二學亭文涘》四卷,清田同之撰

《晚香詞》三卷,清田同之撰

《西圃叢辨》三十二卷,清田同之撰

據各書序跋,知諸書或爲德州田氏家刻,或爲門生代刊,陸續刊於康熙至乾隆年間,版刻風格不一,或爲寫刻,或爲宋體,彙印而成《德州田氏叢書》。《水東草堂詩》卷末有康熙六十年田霢跋,云田需"殫心經史,不以聲詩自命,即間有作亦不輕示人,霢從旁私記,僅得百有餘首,今付剞劂";《鬲津草堂詩》前有乾隆三年吴培源序,後有田霢甥張崿年跋,言及刻書、再刻、續刻詩

集事;《有懷堂文集》前有乾隆七年田肇麗門生羅克昌序,言肇麗搜葺所遺,將付剞劂云云;《硯思集》前有乾隆七年田同之自序,云存詩稿以志家學,"未敢意剞劂也,乃有益都宰羅子鍾岐情深風雅,誼篤通門,一見即慨爲付梓,不得已聽之。"

《續修四庫全書總目提要(稿本)》未收叢書本,分別著錄《蒙齋年譜》《西圃文説》《西圃詩説》《西圃詞説》等。

《中國叢書綜録》著録中國國家圖書館、上海圖書館、天津圖書館、南京圖書館、吉林大學圖書館五家收藏。《中國古籍善本書目》未收《德州田氏叢書》,僅著録《蒙齋年譜》一卷《續》一卷《補》一卷,清康熙刻本,清華大學圖書館收藏,實即此叢書本零種。另查四川大學圖書館亦藏此本。日本東洋文庫、京都大學人文科學研究所亦有收藏。

本館又有複本一部,二十六册。少《晚香詞》一種。

3077　明萬曆刻本邵子全書　　　　　　　　　　T9112/1201

《邵子全書》二十四卷,宋邵雍撰。明萬曆徐必達刻本。四十册。半頁十行二十字,四周雙邊,白口,單魚尾。框高 20.8 釐米,寬 14 釐米,書口下間有刻工。題"明後學嘉興徐必達校正"。前有朱國楨序,萬曆三十四年(1606)徐必達序。

邵雍,字堯夫。其先范陽人,後從父徙共城。嘗隱居蘇門山百源上,人稱百源先生。與司馬光、吕公著等從游甚密。北海李之才攝共城令,授以圖書先天象數之學,妙悟神契,多所自得。雍歲時耕稼,僅給衣食,名其居曰安樂窩,自號安樂先生。卒年六十七,元祐中賜謚康節。有《觀物篇》《漁樵問答》等。

是書收《皇極經世書》七卷、《皇極經世》十卷、《擊壤集》六卷、附録一卷(徐必達輯)。

是書刻工有羅伍、立萬、立雲、文、萬、明、尚、鄧、李、玉、高、郁、王、井、貞、盛、毛、欒、才、左、信、仕、洪、孫、許、郭、裕、吴、正、思、鄒、曹、仁。

《四庫全書總目》收《皇極經世書》入子部術數類,《擊壤集》入集部别集類,未收《皇極經世》。《中國古籍善本書目》著録。甘肅省圖書館、浙江省圖書館、湖北省圖書館等十館,臺北"國家圖書館"亦有收藏,題"宋邵雍撰,明萬曆三十四年檇李徐必達刊本"。日本内閣文庫作明萬曆三十四年序刊本。

鈐印有"觀書有深意"、"孫繼登"。

3078　明崇禎刻清增刻本陸放翁全集　　　　　　T9112/7134

《陸放翁全集》六種一百五十七卷,宋陸游撰。明崇禎毛氏汲古閣刻清毛扆增刻本。四十八册。半頁八行十八字,左右雙邊,白口,無魚尾,書口下刊"汲古閣"。框高 19.1 釐米,寬 14 釐米。前有《陸游傳》。

陸游,字務觀,山陰人。早有文名,以蔭補登仕郎。舉試薦送屢前列,爲秦檜所嫉。檜死,始爲寧德主簿。孝宗稱其力學有聞,言論剴切,除樞密院編修,後知夔、嚴二州,皆有建白。范成大嘗奏其爲參議官,以文字交,不拘禮法。人譏其頹放,故自號放翁。游才氣超逸,尤長於詩。嘗愛蜀道風土,題其生平所爲詩曰《劍南詩稿》。其詩自闢一宗,故宋以後詩有劍南派。卒年八十五。又有《南唐書》、《老學庵筆記》。

叢　部

是書六種，爲《渭南文集》五十卷、《劍南詩藁》八十五卷、《放翁逸藁》二卷、《南唐書》十八卷、《家世舊聞》一卷、《齋居紀事》一卷。《南唐書》後有毛晉識語。《齋居紀事》、《逸稿》後有毛扆識語，談增刻事。

此本有扉頁，題"陸放翁全集。渭南文集、劍南詩槀、逸槀、南唐書、家世舊聞。虞山詩禮堂張氏藏板"。扉頁所題缺《齋居紀事》。又《齋居紀事》第五、第六頁爲抄配。

《四庫全書總目》收有《渭南文集》、《逸稿》、《劍南詩稿》，入集部別集類，《南唐書》入史部載記類，而未收《家世舊聞》、《齋居紀事》。《中國古籍善本書目》著錄，華東師範大學圖書館藏有兩部，一有清張增熙跋；一有嚴復批校。臺北"國家圖書館"及日本內閣文庫、尊經閣文庫(作明崇禎版)、京都大學人文科學研究所、東京大學東洋文化研究所亦有入藏。

3079　明天啓至崇禎刻本李竹嬾先生說部　　T9115/4464B

《李竹嬾先生說部》八種二十五卷，明李日華撰；附錄《墨君題語》一卷，明李會嘉撰，明項聖謨輯。明天啓至崇禎刻本。十册。半頁八行十九字，四周單邊，白口，無魚尾。框高20.7釐米，寬12.8釐米。前有譚貞默序，李日華序。

李日華，字君實，浙江嘉興人。萬曆二十年進士，官至太僕寺少卿。能書畫，善鑒別，所作筆記，内容亦多論書畫，筆調清雋，富有小品意致。又有《味水軒日記》等。

是書八種，計《六研齋筆記》四卷《二筆》四卷《三筆》四卷、《紫桃軒雜綴》三卷《又綴》三卷、《竹嬾畫賸》一卷、《續畫賸》一卷、《禮白嶽記》一卷、《墨君題語》一卷(明江元祚輯)、《薊旋錄》一卷、《璽召錄》一卷、《篷櫳夜話》一卷。八種中，推前三種爲最著。《六研齋筆記》所記，論書畫者十之八，詞旨清雋，其體皆類跋。其他所記雜事，亦楚楚有致，而每一真蹟，必備錄其題詠、跋語、年月、姓名，尤足以資考證。《紫桃軒雜綴》亦論書畫之作，然多取古人說部，而隱所自出。《竹嬾畫賸》爲裒錄其題畫之作。謂之賸者，作畫而附以詩文也。附錄《墨君題語》，李會嘉撰。會嘉，名肇亨，號珂雪，别號醉鷗，嘉興人。

李日華序云："門人徐節之、陳衛伯暨兒亨，每遇予畫頭着語，輒錄藏之。暇日出以相印，又謀梓行之，是又欲糜數千番穀皮耳。"

此本有扉頁，刊"李竹嬾先生說部。六研齋筆記、游白岳記、薊旋錄、六硯齋二三筆、篷櫳夜話、畫賸正續、紫桃軒雜綴又綴、璽召錄、墨君題語"。

《四庫全書總目》著錄《六研齋筆記》并《二筆》、《三筆》，入子部雜家類。《紫桃軒雜綴》入子部雜家類存目。《竹嬾畫賸》入子部藝術類存目。《璽召錄》入史部傳記類存目。《中國古籍善本書目》著錄。上海圖書館、天津圖書館等八館，及日本静嘉堂文庫、東京大學東洋文化研究所(有明刻乾隆中補刻本)亦有入藏。

3080　明天啓至崇禎間刻清康熙乾隆修補印本李竹嬾先生說部　T9115/4464

《李竹嬾先生說部》八種二十五卷，明李日華撰；附錄《墨君題語》一卷，明李會嘉撰，明項聖謨輯。明天啓至崇禎間刻清康熙、乾隆修補印本。二十册。半頁八行十九字，四周單邊，白口，無魚尾。框高20.7釐米，寬12.8釐米。前有譚貞默序，李日華序，天啓六年(1626)劉日曦序；《謹述》。末有乾隆三十三年(1768)曹秉鈞後序。

此本有康熙、乾隆時補板。《謹述》云："先大父此集,傳播海内久矣。因鼎革之際,板遭兵燹,散軼良多。今於康熙乙丑夏,孫男琪枝、昂枝,曾孫含淑、含澤、含渼、含涏、含瀾、含溶、含溍、含津全爲校訂,補綴遺編,用登梨棗,遂成全帙。其目計有六研齋筆記、六研齋二三筆、紫桃軒襍綴、紫桃軒又綴、遊白嶽記、附篷櫳夜話、璽召錄、薊旋錄、畫媵、墨君題語,共若干種,敬輯無遺,公諸鑒賞。"

曹秉鈞後序云:"第版本歲久漫漶過半,鈞因與先生之雲孫芬周、萬舒諸世好校讎刊補,以公同志。"

此本亦有扉頁,刊"李君實先生雜著(下子目不錄)"。

3081　明崇禎刻本四六全書　　T9290/4461

《四六全書》五種三十九卷,明李日華撰。明崇禎十三年(1640)錢蔚起、魯重民刻本。二十四冊。半頁九行二十字,四周單邊,白口,無魚尾。框高21釐米,寬13.7釐米。題"嘉禾李日華君實纂輯;錢江魯重民孔式補訂;古臨錢蔚起黼明較定"。有崇禎十三年李景廉序,崇禎十三年錢喜起序;六有堂主人撰《凡例》八則;崇禎十三年李肇亨撰《刻四六全書述》。(序、《凡例》、述,皆在本書第十九冊)。

是書計《官制備考》二卷、《輿圖摘要》十五卷、《姓氏譜纂》七卷、《時物典彙》一卷、《四六類編》十三卷。

《官制備考》,前有馮士驊序。推本歷代興廢所由,爰及明代,條其職守,原委別白。

《輿圖摘要》,前有劉士鏻序。分北京、南京、中都、山西、山東、河南、陝西、江西、湖廣、四川、福建、廣東、廣西、雲南、貴州。每省之府、州皆有概況、形勝、山川、藩封、古蹟、名宦等。劉序云:"兹刻蒐訪群籍及列□郡乘,芟複就簡,舉大略細。"

《姓氏譜纂》,前有沈兆昌序。目錄後有周星撰《百家姓新箋》。《新箋》後頁刻"明潭陽余應灝元素氏訂梓"一行。又有扉頁,刊"古今氏族譜。李君實先生纂。書林錦堂梓"。

《時物典彙》,前有來集之序。分天類、四時、律曆、地類、禮樂類、都邑類、宮室類、六藝類、金玉類、飲食類、蔬菜類、冠服類、器用類、首飾錦繡類、木類、果類、花類、草類、畜類、鱗類、介類、蟲類、鳥類、獸類。來序云:"兹編仰觀於天,俯察於地,近取諸身,遠取諸物。鄰於俚者,不必存也;傷於誕者,不敢存也。事既星羅,文尤霞燦,以供文人之驅使,更可以覽文知候,披卷悉形。"

《四六類編》,卷一宗藩、宰輔、宮僚、詞林,卷二吏部、戶部、禮部,卷三兵部、刑部、工部,卷四都憲、侍御,卷五通政、大理、太常、光禄、太僕、鴻臚、尚寶、給諫、中書、行人、國雍、京府、五城,卷六藩司、臬司,卷七運使、府屬、州屬,卷八縣屬、學博,卷九座師、主考、科第、封翁、勳戚、武職、內相,卷一〇祝壽、婚姻、子嗣,卷一一節序、詩文,卷一二候答、唁慰、宴集、餞別、餽贈,卷一三雜著。

李景廉序云:"兹者嘉禾李君實先生,士林歸高,朝端屬望,私心仰止,殆匪朝夕。所集《四六類編》,佐以官制、輿圖、姓氏、時物諸考,而武林孔式、黼明二子,復爲增補訂定焉。余因得縱觀之,擷一時之英雋,備千載之典要,亦猶鼓吹風雅,囊括紀聞,休文指科,宜稱妙達,孝標徵實,且免謬迷,裒然一家有足術者,俾人學得所資,筆有從潤,於以導彼已之懷,展古今之蘊。"

錢喜起序又云:"長水李君實先生,譽擅辭壇,家蓄油素,綜括今曩,自歷朝名啓,以至時賢之華牘,靡所不攝。而余友魯孔式及家伯氏黼明,更博搜而增定之,繼晷焚膏,積有歲月。列官制,則準於大明;披輿圖,則括於一統;溯姓氏,則詳於肉譜;稽時物,則廣於月令。使人矚覽之下,不勞挈書簏,而無煩繙閱,真可謂四六之大觀矣"。

李肇亨述云:"歲庚辰,不肖亨梓行全集、雜著等帙,既已卒業,乃出觀之,雖手澤如新,條貫井井,而魯魚帝虎,缺略仍多。正思謀之博雅,相爲讎訂,適武林錢君鏡石、魯君孔式過見之,忻然如獲枕閟,願致力焉。遂持歸,復加銓次,稍益摭羅,梓而傳之,使先志不湮,後學有神。"

此本有扉頁,刊"四六全書。李君實先生類編。豹變齋藏板"。扉頁上鈐紅色木記,云"一官制備考、一輿圖摘要、一姓氏譜纂、一時物典彙、一四六類編、附分門注釋"。又有鼎印,"金日生印"。

《四庫全書總目》未收。《中國古籍善本書目》著録明崇禎魯重民刻本(《四六類編》作十六卷,此本實十三卷)。南京圖書館、山東省圖書館等四館,及日本內閣文庫亦有入藏。

鈐印有"十魚齋"。

3082　明末刻本王季重先生集　　T9115/1162

《王季重先生集》九種九卷,明王思任撰,明末清暉閣刻本。十六冊。半頁八行十八字或六行十六字,四周單邊,白口,無魚尾。八行十八字者框高21.2釐米,寬13.6釐米;六行十六字者框高21.5釐米,寬14.1釐米。題"山陰王思任季重著"、"山陰王思任季重氏著"、"明山陰謔庵居士定"等。

王思任,字季重,號遂東。山陰人。萬曆二十三年進士。官至江西按察司僉事。魯王監國時,歷禮部右侍郎,郡城失守,遂隱居不仕。工畫。倣米友仁,倪雲林,饒有雅趣。

此集九種,計《游喚》一卷、《歷游記》一卷、《游廬山記》一卷、《廬游雜詠》一卷、《避園擬存詩集》一卷、《雜序》一卷、《時文敘》一卷、《律陶》一卷、《奕律》一卷。《游喚》書口下刻"甲寅"。

《四庫全書總目》收《奕律》,入子部藝術類存目。《中國古籍善本書目》著録是書有二:一爲九種九卷本,題"明末清暉閣刻本";一爲十三種十三卷本,題"明末刻本"。前者中國國家圖書館、中國科學院圖書館等五館有全帙;後者首都圖書館、中國科學院圖書館等五館有全帙。臺北"國家圖書館"有十四卷本,題"明萬曆天啓間遞刊本"。日本內閣文庫及尊經閣文庫藏本爲十三卷。

3083　清康熙刻本邵文莊公經史全書　　T9115/1238

《邵文莊公經史全書》五種二十八卷,明邵寶撰。清康熙十二年(1673)刻本。五冊。半頁十行二十字,四周單邊,白口,單魚尾。書口上刊"經史全書"。框高20.8釐米,寬13.9釐米。前有明崇禎九年(1636)錢士升序,康熙十二年高世泰序,王永積序。書名據諸序所題。

邵寶,字國賢,號二泉,無錫人。九歲能詩文,成化二十年進士,授許州知州。弘治七年升戶部員外郎,旋升戶部郎中。弘治十三年出任江西提學副使,修白鹿書院,建一峰書院。弘治十八年起,歷任浙江按察使、右布政使、湖廣布政使。正德四年擢都察院右副都御史,總督漕運。因忤劉瑾致仕。正德五年復出,任貴州巡撫,赴任途中接旨改任戶部右侍郎,旋升戶部左侍郎兼都察院左僉都御史。爲官勤於職守,清正廉潔,人稱"千金不受先生"。正德七年辭病歸鄉。正德十四年,擢爲禮部尚書。嘉靖六年卒,謚文莊,學者稱"二泉先生"。著有《定性書說》、

《漕政舉要》、《容春堂集》、《慧山記》等。《明史》有傳。

是書輯邵氏自著五種,皆其立朝居鄉之暇讀經史所得,門人天台王宗元、華雲與邵寶玄孫邵澄等人鈔合成帙,計有:

《簡端録》十二卷

《學史》十三卷

《左觿》一卷

《定性書説》一卷

《容春堂雜鈔》一卷

各書卷端均題"同邑後學曹荃、王永積仝閲",明崇禎間曹荃、王永積輯刻《經史全書》,清康熙間王永積幼子以思購得舊板,重新修補刷印,即爲此版。

錢序云:"余從涇陽顧先生游,先生數稱鄉先哲邵文莊公,已讀景逸高先生所爲譜,具知先生立朝居鄉與其所著書,心向往之。比得比部曹君、州守王君所刻公《經史全書》,作而嘆曰:甚矣,先生之深於學也……譜中載嘉靖初吳清惠公撫吳,以先生所著書聞於朝,久而板刻漫漶,流傳鮮少,遂使學者有尚論無從之嘆。今比部、州守兩君補其散佚重鋟之。"

高氏《重刊經史全書序》云:"《簡端録》、《日格子》二書或單行,或並出,爲珍於世垂二百年,惟崇禎中同邑曹公履垣、王公崇嚴相與訂訛,收佚而重鑴之,歲久板漶且闕,余講次每咨嗟於此書之不行。""余孫倩王子以思即崇嚴公之幼子購前板而重新之葺漶補缺,蔚爲完璧。"

王序云:"余友履垣相約較刻先生《經史全書》,屬予爲之序。"

邵氏著書,大半著録於《四庫全書》,《簡端録》十二卷入經部五經總義類,《學史》十三卷入史部史評類,《容春堂集前集》二十卷《後集》十四卷《續集》十八卷《別集》九卷入集部別集類。

《續修四庫全書總目提要(稿本)》收入,云:"其學從大學格物入手,朱子釋格物爲窮理,此孔門博約之説所由出也……是邵氏之言理,即物之所以爲物,不曰窮理,而曰格物者,要之於其實也。故其所著《學史》,自題曰《日格子》,蓋取伊川'日格一物'之義,辨析意致,頗能入微……其後顧憲成、高攀龍講學東林,以程朱之學爲宗,實承邵氏之緒也。"

避"玄"字諱。

有扉頁,刊"經史全書。錫山邵二泉先生著。簡端録、學史,附左觿、定性書説、容春堂雜鈔。心遠堂藏板",並鈐"林養堂"印。

《中國叢書綜録》未收。《中國古籍善本書目》著録明崇禎四年曹荃刻本,北京大學圖書館、故宫博物院圖書館、福建省圖書館等九家圖書館收藏,《中國古籍善本書目(徵求意見稿)》著録爲九行二十字本,疑誤。臺北"國家圖書館"、日本名古屋蓬左文庫亦藏有明崇禎刻本,中國科學院圖書館、日本内閣文庫等藏有清康熙十二年刻本。

3084　清康熙刻本孫文定公全集　T9117/1918

《孫文定公全集》六種十二卷,清孫廷銓撰。清康熙刻本。十册。半頁八行二十字,白口,四周單邊,無魚尾。框高18.6釐米,寬12釐米。題"益都孫廷銓伯度氏纂"。

孫廷銓,字枚先,又字伯度、次道,山東益都人。明崇禎十三年進士,任永平府推官。清順治二年,應召爲河間府推官。三年,出任陝西鄉試主考官,升考功司郎中。十年,擢户部左侍郎。十二年,擢兵部尚書。十三年,晉户部尚書。十五年,加太子太保,晉吏部尚書。康熙元年,官拜秘書院大學士,入參機務。三年告病還鄉。少嗜讀書,爲文從政,一本經術。還鄉後閉户卻掃,不與外事,專意著述。與其弟廷鐸並有詩名。康熙十三年卒,謚文定。《清史稿》有傳。

是書爲廷銓二子收集遺書彙刊而成。《沚亭删定文集》前有康熙十七年(戊午)門人慕天顏序,《沚亭自删詩》前有康熙十七年高珩序,後有康熙十六年侄孫寶仁跋,皆稱廷銓殁後三年,其公子孟滋等彙輯先生文章經濟著之簡編者,付之梓人。廷銓晚年尤好琴,取所習舊譜考訂而論斷之,著爲《指法省文》一卷,附《詩集》後,是《文集》、《詩集》、《琴譜指法省文》三種當刊於康熙十七年(1678),孫氏師儉堂刻本。《南征紀略》、《顏山雜記》、《漢史億》三書行款、版式略異於前者,《南征紀略》爲單魚尾,《顏山雜記》爲半頁八行十八字,《漢史億》爲四周雙邊,從避諱、版刻風貌觀之,亦康熙間刻本。

子目爲:

《沚亭删定文集》二卷

《沚亭自删詩》一卷

《琴譜指法省文》一卷

《南征紀略》二卷

《顏山雜記》四卷

《漢史億》二卷

諸書多入《四庫全書》行世,《南征紀略》入史部傳記類存目,《顏山雜記》入史部地理類,《漢史億》入史部史評類存目,《沚亭文集》入集部别集類存目。《續修四庫全書總目提要(稿本)》收入,著録爲五種九卷本,無《顏山雜記》一種。

各書前間有扉頁,鐫"沚亭文集删。孫文定公著。師儉堂藏板";"沚亭自删詩。孫文定公著。師儉堂藏板";"漢史億。孫沚亭先生著。本衙藏板"。

《中國叢書綜録》著録爲清康熙十七年師儉堂刻本,中國國家圖書館、中國科學院圖書館、天津圖書館等十家圖書館有藏。《中國古籍善本書目》亦著録爲清康熙十七年師儉堂刻本,上海圖書館、南開大學圖書館、福建省圖書館三家有藏。臺灣大學圖書館以及日本京都大學人文科學研究所、東京大學東洋文化研究所、内閣文庫皆有收藏。

鈐印有"紅藥山房主者"、"讀易樓藏書記",知曾經海寧馬思贊、長白姚玉棟收藏。馬思贊,字仲安,又字寒中,號衎齋,又號南樓。性敏慧,善繪蟲魚、鳥獸、山水、草木。精篆刻,有《衎齋印譜》,朱彝尊爲之跋。性喜藏書,所藏多爲宋元珍本,藏書處曰"道古樓"。著《道古樓藏書目》、《道古樓歷代書畫録》、《寒中詩集》。姚玉棟,字筠圃,又字子隆,旗人,乾隆三十五年舉人,官山東臨邑縣知縣。楊鍾羲《雪橋詩話》卷七載:"法梧門贈姚筠圃句云:'一官贏得十車書。'聰明嗜學,自少小以至宦游,舟車風雨,無一日暫廢。""讀易樓,筠圃貯書處也,王惕甫爲作《讀易樓記》,稱其於書無所不讀。"恩華《八旗藝文編目·别集五》載其著有《讀易樓詩鈔》。

3085　清初刻本唱經堂才子書十種　T9117/8181

《唱經堂才子書十種》十五卷,清金人瑞撰。清初刻本。八册。半頁十行二十二字,左右雙邊,白口,無魚尾。框高19.4釐米,寬14.2釐米。前有順治十六年(1659)釋聖瑗序。

金人瑞,見清初刻本《貫華堂選批唐才子詩甲集七言律》。

"十種"爲《唱經堂杜詩解》四卷附《沈吟樓借杜詩》一卷、《唱經堂古詩解》一卷、《唱經堂左傳釋》一卷、《唱經堂釋小雅》一卷、《唱經堂釋孟子四章》一卷、《唱經堂批歐陽永叔詞十二首》一卷(以上俱爲《聖嘆外書》)；《唱經堂通宗易論》一卷、《唱經堂聖人千案》一卷、《唱經堂語錄纂》二卷(以上俱爲《聖嘆内書》)。此本應有《唱經堂隨手通》一卷，今佚去。

此本有扉頁，刻"貫華堂才子書彙稿。吴門同學諸子編次。新鎸。一刻杜詩解、一刻古詩解、一刻左傳釋、一刻釋小雅、一刻釋孟子、一刻歐陽永叔詞、一刻通宗易論、一刻聖人千案、一刻語錄纂。一刻隨手通嗣刻、一刻唱經堂詩稿外文集嗣刻。讀易堂藏板"，並鈐"本衙藏板"及爐鼎圖案印。

《四庫全書總目》未收。《續修四庫全書總目提要(稿本)》著錄十六種二十卷，較此本多出《序離騷經》一卷、《先後天勝義幢》一卷、《大勢至緣起》一卷、《念佛三昧》一卷、《江南采蓮曲釋》一卷、《序童壽六書》一卷。《中國叢書綜錄》著錄。《中國古籍善本書目》著錄，上海圖書館、首都圖書館等五館也有入藏。

3086　清康熙刻本王漁洋遺書

T9117/1143C

《王漁洋遺書》三十六種二百七十三卷，清王士禛撰並輯。清康熙間刻彙印本。一百二十二册。

王士禛，見清康熙刻本《國朝諡法考》。

是書爲彙集各板重印而成，《(民國)重修新城縣志》卷二五《節錄張漢渡答李雨樵論漁洋山人著述書》稱："吾鄉所謂《漁洋全集》者，凡三十六種，俗目俗呼云然。其實集非全書，亦非有人纂定詮序之以成倫次也。漁洋山人平生著作不一時，有雕板者，有未及雕板者。其所雕之板不一地，有歸新城者，未及歸新城者。山人殁後，其家取書與板分而儲之，未數載散失已多，及北平黄崑圃(叔琳)爲山東學政(康熙四十七至五十一年)，懼其久而益佚，乃即其各家現存之板搜而輯之，儲諸學宫。其時適有此數，印書胥役隨意部彙爲十六函，初無詮次。則此三十六種都爲一集，不惟非山人意，亦並非崑圃先生意也。"如《雍益集》，後有康熙三十六年蔣仁錫《書後》，略云康熙三十五年春二月其師漁洋先生奉命祭告西嶽江瀆，秋九月竣事，復命於朝，仁錫亟請先生近詩授梓，先生出《雍益集》以示。梓成，書前後答問之語以申始終，則此種爲清康熙三十六年刻本；而王象晉《剪桐載筆》、《清寤齋心賞編》猶是明代舊板所印。

此彙印本並非王士禛一人之著述，種數有別，取名亦不一，或曰《新城王氏家集》、《漁洋全書》、《漁洋山人著述》，或如《中國叢書綜錄》作《王漁洋遺書》。

此本子目如下：

《漁洋山人詩集》二十二卷《續集》十六卷

《鬻尾集》十卷《後集》二卷《續集》二卷

《南海集》二卷

《雍益集》一卷

《漁洋山人精華錄》十卷

《漁洋山人文略》十四卷

《唐賢三昧集》三卷

《十種唐詩選》

《唐人萬首絶句選》七卷

《池北偶談》二十六卷

《居易録》三十四卷

《香祖筆記》十二卷

《分甘餘話》四卷

《皇華紀聞》四卷

《南來志》一卷

《北歸志》一卷

《廣州游覽小志》一卷

《蜀道驛程記》二卷

《蜀驛程後記》二卷

《隴蜀餘聞》一卷

《長白山録》一卷《補遺》一卷

《浯溪考》二卷

《載書圖詩》一卷

《謚法考》一卷

《考功集選》四卷，清王士禄撰，清王士禛輯

《抱山集選》一卷

《古鉢集選》一卷，清王士祜撰，清王士禛輯

《二家詩選》二卷，清王士禛編

《華泉先生集選》四卷附《邊仲子詩》一卷，明邊貢撰，清王士禛輯

《蕭亭詩選》六卷，清張實居撰，清王士禛輯

《歷仕録》一卷，清王之垣撰

《徐東癡詩集》二卷，清徐夜撰，清王士禛輯

《隴首集》一卷，清王與胤撰

《二如亭群芳譜》，明王象晉撰

《剪桐載筆》一卷，明王象晉撰

《清寤齋心賞編》一卷，明王象晉撰

書中"禛"、"胤"字時見挖改，以避帝諱，當是雍正以後刷印。

《中國叢書綜録》著録爲清刻本，中國國家圖書館、中國科學院圖書館、上海圖書館等二十一館入藏。《中國古籍善本書目》著録《王漁洋山人遺書三十八種》，清康熙刻本，北京大學圖書館、復旦大學圖書館等四館有全帙，較哈佛本多出《古懽録》八卷、《古夫于亭雜録》五卷、《睡足軒詩選》一卷，而哈佛本《二如亭群芳譜》則爲他館未收。

鈐印有"爲春室收藏圖書"。

館藏有複本兩部，均爲殘帙，其一存十册，爲《雍益集》一卷、《南來志》一卷、《北歸志》一卷、《廣州游覽小志》一卷、《隴蜀餘聞》一卷、《長白山録》一卷《補遺》一卷、《浯溪考》二卷、《抱山集選》一卷、《古鉢集選》一卷、《歷仕録》一卷、《隴首集》一卷、《剪桐載筆》一卷、《清寤齋心賞編》一卷。按，《歷仕録》前有扉頁，刊"歷仕録。惺心樓。王氏家塾□"。封面有墨筆題識，云："惺心樓集十本，奉詒天如先生。天如者談道，集中《心賞編》，皆儒者養生應世語，而間涉道家言，或亦天如所欲參證者與。駁鹿山樵志。時丙寅春三十日。""丙寅"爲1926年。此部鈐有"武昌柯

氏收藏金石書畫之章",爲柯逢時舊藏。其二存八册,爲《雝益集》一卷、《謚法考》一卷、《蜀道驛程記》二卷、《蜀驛程後記》二卷、《浯溪考》二卷、《蕭亭詩選》六卷、《二家詩選》二卷、《清㾕齋心賞編》一卷。

3087　清康熙刻本西河合集　T9117/2143

《西河合集》一百十九種四百九十六卷,清毛奇齡撰。清康熙書留草堂刻後印本。一百册。半頁十行二十字,白口,四周單邊,無魚尾。框高 19.6 釐米,寬 13.8 釐米。題"蕭山毛奇齡字大可又名甡稿"。卷首一卷有李天馥《西河合集領詞》;李塨序;盛唐《西河先生傳》;編輯、參較、重輯人氏九十七名;子毛遠宗《述始篇》;像贊及總目錄。

毛奇齡,曾名甡,字大可,號秋晴,又號初晴,浙江蕭山人。以郡望西河,稱"西河先生"。明末廩生,明亡時築室山中,與友人聚讀其中。康熙十八年,舉博學鴻儒,列二等,授翰林院檢討,充《明史》纂修官。二十四年,任會試同考官,旋引疾歸里,專事著述。《清史稿》有傳,另見《清史列傳》卷六八《儒林傳》、《清儒學案》卷二五《西河學案》。

毛氏所治博雜,而自負者在經學,阮元嘗推其對乾嘉學術有開山之功。詩詞並擅,文亦自成家數。一生著述宏富,僅《四庫全書》著錄者便達數十種。卒後諸子及門人李塨、蔣樞等爲其刊印《毛西河合集》,分經集、文集二部,經自《仲氏易》以下,文合詩賦序記及雜著,計一百十九種四百九十六卷。

子目爲:

經集

卷首一卷

《仲氏易》三十卷　　　　　　《北郊配位尊西向議》一卷
《推易始末》四卷　　　　　　《辨定嘉靖大禮議》二卷
《河圖洛書原舛編》一卷　　　《辨定祭禮通俗譜》五卷
《太極圖説遺議》一卷　　　　《喪禮吾説篇》十卷
《易小帖》五卷　　　　　　　《曾子問講錄》四卷
《易韻》四卷　　　　　　　　《儀禮疑義》二卷
《古文尚書冤詞》八卷　　　　《春秋毛氏傳》三十六卷
《尚書廣聽錄》五卷　　　　　《春秋屬詞比事記》四卷
《舜典補亡》一卷　　　　　　《春秋條貫篇》十一卷
《國風省篇》一卷　　　　　　《春秋占筮書》三卷
《毛詩寫官記》四卷　　　　　《春秋簡書刊誤》二卷
《詩札》二卷　　　　　　　　《四書索解》四卷,清王錫輯
《詩傳詩説駁義》五卷　　　　《論語稽求篇》七卷
《白鷺洲主客説詩》一卷　　　《大學證文》四卷
《續詩傳鳥名》三卷　　　　　《大學知本圖説》一卷
《昏禮辨正》一卷　　　　　　《中庸説》五卷
《廟制折衷》二卷　　　　　　《四書賸言》四卷
《大小宗通繹》一卷　　　　　《四書賸言補》二卷

《聖門釋非録》五卷
《逸講箋》三卷
《聖諭樂本解説》二卷
《竟山樂録》四卷
《皇言定聲録》八卷
《李氏學樂録》二卷,清李塨撰
《孝經問》一卷

《周禮問》二卷
《大學問》一卷
《明堂問》一卷
《學校問》一卷
《郊社禘祫問》一卷
《經問》十八卷
《經問補》三卷

文集

卷首文例一卷
《誥詞》一卷
《頌》一卷
《策問》一卷
《表》一卷
《主客詞》二卷
《奏疏》一卷
《議》四卷
《揭子》一卷
《史館札子》二卷
《史館擬判》一卷
《書》八卷
《牘札》一卷
《箋》一卷
《序》三十四卷
《引弁首》一卷
《題題詞題端》一卷
《跋》一卷
《書後緣起》一卷
《碑記》十一卷
《傳》十一卷
《王文成傳本》二卷
《墓碑銘》二卷
《墓表》五卷
《墓志銘》十六卷
《神道碑銘》二卷
《塔志銘》二卷
《事狀》四卷
《易齋馮公(溥)年譜》一卷
《記事》一卷
《集課記》一卷

《説》一卷
《録》一卷
《制科雜録》一卷
《後觀石録》一卷
《越語肯綮録》一卷
《何御史孝子祠主復位録》一卷
《湘湖水利志》三卷
《蕭山縣志刊誤》三卷
《杭志三詰三誤辨》一卷
《天問補注》一卷
《雜體詩》一卷
《五言三韻律》/《七言三韻律》/《六言詩》
《徐都講詩》一卷,清徐昭華撰
《館課擬文》一卷
《折客辨學文》一卷
《答三辨文》一卷
《釋二辨文》一卷
《辨聖學非道學文》一卷
《辨忠臣不徒死文》一卷
《古禮今律無繼嗣文》一卷
《古今無慶生日文》一卷
《禁室女守志殉死文》一卷
《勝朝彤史拾遺記》六卷
《武宗外紀》一卷
《後鑑録》七卷
《蠻司合志》十五卷
《韻學要指》十一卷
《賦》四卷
《續哀江南賦》一卷
《九懷詞》一卷
《擬廣博詞連珠詞》一卷

《誄文》一卷　　　　　　《排律》六卷
《詩話》八卷　　　　　　《七言古詩》十三卷
《詞話》二卷　　　　　　《五言律詩》六卷
《填詞》六卷　　　　　　《七言律詩》十卷
《擬連廂詞》一卷　　　　《七言排律》一卷
《二韻詩》三卷　　　　　《五言格詩》五卷
《七言絶句》八卷

李塨序云："予從諸門下，後集先生所爲文，得經集如干卷，史集如干卷，詩文集如干卷，雜著如干卷，合四百幾十卷。"總目錄下有"受業門人文輝、克有、遠宗、姬漢仝較編"，並稱舊刻《夏歌集》、《瀬中集》、《西河文選》等十一種已刻，不在目内。

總目後有康熙五十九年門人蔣樞識，云："先生自康熙三十八年以後，越五年而東歸草堂，又九年而卒。中間研經講學，殆無虚日，所積卷帙甚夥，經集如干卷，文集如干卷。既經鏤刻，而原目未載者今悉補入，彙爲成書。部署一遵舊式，但全集原板殘缺頗多，先生從孫聖臨氏充有先生之長嗣也，重檢遺稿，較輯付梓，間有無從補輯者，闕而有待，不敢以贋本竄入云。"

《續修四庫全書總目提要（稿本）》收入。

有扉頁，鐫"毛西河先生全集。凡經集五函合五十一種共二百三十六卷，文集五函合六十六種共二百五十七卷。蕭山城東書留草堂藏板"。自用紙觀之，當是後印之本。

《中國叢書綜錄》著錄兩種版本：清康熙中李塨刻本，中國國家圖書館、北京大學圖書館、清華大學圖書館等三十家圖書館有藏；清乾隆三十五年陸體元據康熙中李塨等刊本修補重印本，上海圖書館、復旦大學圖書館、南京大學圖書館等四家圖書館有藏。《中國古籍善本書目》收入，著錄爲清康熙書留草堂刻本，北京大學圖書館、山東省圖書館等十家圖書館有藏；另有一部康熙刻本，一百十七種四百九十二卷，上有清徐時棟跋，藏於北京市委圖書館。《中國人民大學圖書館古籍善本書目》著錄有清康熙間書留草堂刻本，乾隆十年毛健印本，封面鐫"毛西河先生全集。乾隆乙丑端陽後五日孫健、偉謹識。書留草堂藏板"。日本《内閣文庫漢籍分類目錄》著錄有清嘉慶元年蕭山陸凝瑞堂補刊本，由是而知，此康熙刻本曾經乾隆、嘉慶年間數次修補重印，致有不同印本。臺北"國家圖書館"、日本京都大學人文科學研究所、東洋文庫、日本國會圖書館等藏有康熙刻本；除内閣文庫外，宮内廳書陵部、東京大學東洋文化研究所等藏有嘉慶補刊本。

3088　清康熙刻本陸次雲雜著

T9117/7131

《陸次雲雜著》九種二十一卷，清陸次雲撰。清康熙刻本。十二册。半頁九行十九字，白口，左右雙邊，單魚尾。框高 18.6 釐米，寬 13.1 釐米。題"錢塘陸次雲雲士著；蓉江貢煒鹿園校；受業曹沅鄰湘訂"。

陸次雲，字雲士，錢塘人。康熙十八年舉博學鴻詞，不遇。知郟縣，以憂歸。復起，知江陰縣，有善政。曾據明末史事作《圓圓傳》，績學，工詩文。《清史列傳》有傳。

是書爲陸氏自輯，刻有九種二十一卷，子目爲：

《八紘譯史》

　　《譯史》四卷／《八紘荒史》一卷／《峒谿纖志》三卷／《纖志志餘》一卷／《譯史紀餘》四卷

《澄江集》一卷

《北墅緒言》五卷

《玉山詞》一卷

《湖壖雜記》一卷

《八紘譯史》前有曹沺跋，稱："吾師錢塘陸夫子於政事之暇，網羅蒐討，有《八紘譯史》之輯，而又爲《荒史》、《繼志》，附《紀餘》。雖不足以盡天子著作之萬一，然今天子德威遐播，萬方攸同，梯山航海而來者相望於道，則是書也，實足以翼柔遠之經，而補王會之缺失，豈奇諧志怪、博望鑿空之説所可與之較長而絜矩哉！世之君子足跡不能徧天下而欲盡六之藏，則是書之爲指南也大矣。爰授梓而跋其後。"

《北墅緒言》前有康熙二十三年王士禛序，末云："陸子之才兼也，古稱'登高而能賦，可以爲大夫'，其在斯人歟？其在斯人歟？於是陸子刻《緒言》成，而其友濟南王士禛爲其序。"

《八紘譯史》、《八紘荒史》等七八種均見於《四庫全書總目》存目。《續修四庫全書總目提要（稿本）》收入《譯史紀餘》。《昭代叢書》、《龍威秘書》等亦收入陸氏諸書，皆以此《陸次雲雜著》本爲祖。

有扉頁，鐫"八紘譯史。錢塘陸次雲雲士著。濟南王阮亭、錢塘高士奇兩先生評定。本衙藏板。譯史、荒史、峒谿繼志、繼志志餘、附譯史紀餘、澄江集、北墅緒言、玉山詞、附湖壖雜記"。

《中國叢書綜録》著録爲清康熙二十二年宛羽齋刻本，中國國家圖書館、四川省圖書館、南京大學圖書館等十三家圖書館有藏。《中國古籍善本書目》未收。臺北"中央研究院"史語所傅斯年圖書館、日本内閣文庫亦藏此本。另外日本東洋文庫有"清康熙三十二年大西書林刊本"《陸雲士雜著》，不詳是否與此同板。

3089　清康熙刻本綿津山人集　　T9117/3995

《綿津山人集》六種附二種三十九卷，清宋犖撰。清康熙間商丘宋氏刻本。十二册。半頁十行十九字，白口，四周單邊，雙魚尾。框高18.2釐米，寬12.8釐米。題"商丘宋犖牧仲"、"商丘宋至山言"。

宋犖，見清康熙刻本《滄浪小志》、清康熙刻本《西陂類稿》等。

宋至，字山言，號方庵，犖之子也。康熙四十二年進士，改庶吉士，授編修，官至湖南布政使。得淵源於家學，擅詩文，亦工行楷書。有《緯蕭草堂詩》、《甌鉢羅室書畫過目考》行世。《國朝先正事略》卷九、《國朝耆獻類徵初編》卷一二三有傳。

是書合刻宋犖詩詞文六種，並附犖子宋至詩集及張仁熙《雪堂墨品》二種。《詩集》前有劉榛序，云："康熙戊辰夏，宋中丞牧仲先生奉特簡來撫西江，操冰飲蘖，飭紀詰戎，未匝月而百政就理，國以無事。先生乃乘餘暇，檢其生平所爲詩，删而合鐫之，爲《綿津山人集》若干卷，屬於榛。"知《詩集》刻於康熙二十七年。餘者"禛"字皆不避，當俱刻於康熙年間，爲家刻之本。

子目爲：

《綿津山人詩集》二十九卷　　　　　　　《筠廊偶筆》二卷

《楓香詞》一卷　　　　　　　　　　　　《怪石贊》一卷

《漫堂説詩》一卷　　　　　　　　　　　《雪堂墨品》一卷，清張仁熙撰

《漫堂墨品》一卷　　　　　　　　　　　　《緯蕭草堂詩》三卷,清宋至撰

《雪堂墨品》、《漫堂墨品》入《四庫全書總目》子部譜録類存目;《筠廊偶筆》入子部雜家類存目;《綿津山人詩集》、《楓香詞》、《緯蕭草堂詩》入集部別集類存目;《漫堂説詩》入集部詩文評類存目。《緯蕭草堂詩》六卷,《總目》云:"初刻有《緯蕭堂詩》一卷,附犖集後,此其全集也。至承其家學,兼得新城王士禛之傳,故其詩派亦介出於父、師之間,但才與學均未及耳。集中《孔雀聯句》,父子同爲之,蓋用蘇軾與子過聯句例也。"

有扉頁三,各鎸"綿津山人詩集"、"筠廊偶筆"、"緯蕭草堂詩"。

《中國叢書綜録》未收。《中國古籍善本書目》僅集部別集類收入《綿津山人詩集》二十二卷,南京圖書館收藏,其上有佚名録王士禛批點。據查北京大學圖書館、中國科學院圖書館、臺灣大學圖書館、日本内閣文庫、東洋文庫等俱有收藏。

鈐印有"曾經御覽"。

3090　清乾隆刻本楚蒙山房集　　　　　　　　T9117/6447

《楚蒙山房集》四種四十九卷,清晏斯盛撰。清乾隆間新喻晏氏刻本。四十二册。半頁九行十九字,下黑口,四周雙邊,單魚尾。框高16.7釐米,寬12釐米。題"新喻晏斯盛"。

晏斯盛,字虞際,號一齋,江西新喻人。康熙六十年進士,改庶吉士。雍正元年,分校順天鄉試,授翰林院檢討。五年,揀授山西道監察御史。七年,奉差提督貴州學政。乾隆七年,擢山東巡撫。八年,調湖北巡撫。《清史稿》列傳九六有傳。

是書爲其子元長彙刻,蓋自乾隆七年(1742)至十年(1745)間,諸書目録後皆刊元長題記。《易經解》後云:"是編首《學易初津》,發揮聖人卦畫圖象之意,庶開卷便識津涯,不致望洋興嘆。次《翼宗》,明文王、周公卦爻所繫之詞。次《翼説》,闡孔子十翼之微,其間句櫛字比,融會貫通,要皆博採成説,細按本文,歸於一是。使四聖之旨,昔人由合見其分,今由分得其合。蓋數十年篤好之功,於此可見云。"《禹貢解》後云:"是編詳爲剖晰,自生平游歷,所到無不留心訪察,即搜考群書,互爲質証,使數千年水道、九州形勢了如目前。古云'《禹貢》可以觀事',其嘉惠後學之心,正無窮云。"《文集》後云:"古人文集多首詩賦,集中詩既另爲一編,賦以雕蟲篆刻,不存其體,唯奏疏實平日篤棐之忠,所見且係經濟之實,故特首奏疏,而條教、水利亦治績所關,因類次其後,至策問、書、序、記、説、傳、贊、事狀、墓表、志銘、壽文、祭文,復以次終焉。"《詩集》後云:"是編少作十汰八九,所存俱壯年筮仕以後,其次序不分爲各體,統依年月順刻,凡家居以及中外所歷、性情、事蹟,一一見之於詩云。"

子目爲:

《楚蒙山房易經解》十六卷

　　《學易初津》二卷/《易翼宗》六卷/《易翼説》八卷

《禹貢解》八卷

《楚蒙山房文集》二十卷

　　《奏疏》五卷/《條教》一卷/《江北水利書》二卷/《策問》一卷/《書》四卷/《序》二卷/《記》一卷/《傳贊事狀》一卷/《墓表志銘》一卷/《壽文》一卷/《祭文》一卷

《楚蒙山房詩集》五卷

《楚蒙山房易經解》入《四庫全書總目》經部易類,《禹貢解》入經部書類附存目録。《續修四

叢　部

庫全書總目提要（稿本）》收入此《楚蒙山房集》。

有扉頁，鐫"楚蒙山房集。西吳晏一齋。惺齋偶彙"。

《中國叢書綜錄》著錄，中國國家圖書館、江西省圖書館、武漢大學圖書館等十二家圖書館收藏。《中國古籍善本書目》未收。據查，日本東京大學東洋文化研究所、大阪府立圖書館亦有收藏。

鈐印有"統鈞之印"、"□衡氏"、"萬卷樓藏"、"韓氏藏書"。

3091　清康熙刻本程氏叢書　　　　　　　　　　T9118/2122

《程氏叢書》二十三種三十六卷，清程作舟撰。清康熙夙園刻本。二十册。半頁九行二十字，左右雙邊，白口，單魚尾。書口下刻"夙園"。框高19.4釐米，寬13.1釐米。

程作舟，字星槎，號希庵。仕履不詳。

《心經》三卷。題"希庵程作舟著。男逵參注"。前有康熙三十九年（1700）王澤弘序，康熙三十九年汪晉徵序，康熙四十年（1701）楊緑綬序，程作舟自序。卷一《圖贊》，卷二《經文》，卷三《真言》。

《皇極書》一卷。題"希庵程作舟著"。前有康熙三十九年楊緑綬序，程作舟自序。

《皇極外書》一卷。題"希庵程作舟著。男逵參注"。

《尚書外傳》二卷。題"希庵程作舟著"。前有康熙四十年（1701）楊緑綬序，康熙三十九年汪晉徵序，程作舟自序；《例言》十三則。書口上刻"焚後書"。

《疑團》二卷。題"希庵程作舟著"。前有康熙三十九年楊緑綬序，程作舟自序。

《皇明詩話》二卷。題"詩史程作舟輯"。前有康熙三十九年楊緑綬序，程作舟自序。卷二佚去。

《讀書譜》一卷。題"星槎程作舟編"。前有徐人元序，舒寬跋，程作舟自序。

《山林清福》一卷。題"星槎程作舟編"。前有程作舟自序。

《新編琴操》一卷。題"星槎程作舟編"。

《無情癡》一卷。題"星槎程作舟編"。前有程作舟自序。

《反幾希》一卷。題"星槎程作舟編"。前有程作舟自序。

《忙人閒事》一卷。題"星槎居士編"。前有程作舟自序。

《蘭本紀》一卷。題"星槎居士編"。前有程作舟自序。

《菊縉紳》一卷。題"星槎居士編"。前有程作舟自序。

《姑妄言》一卷。題"星槎居士編"。前有程作舟自序。

《草史》一卷。題"星槎居士編"。前有程作舟自序。

《誰園客談》一卷。題"星槎程作舟編"。前有程作舟自序。

《茶社便覽》一卷。題"星槎程作舟編"。前有程作舟自序。

《君須記》一卷。題"星槎程作舟編"。前有程作舟自序。

《程子説苑》一卷。題"希庵程作舟著"。前有程作舟自序。

《記事珠》一卷。題"希庵程作舟著；男逵參注"。前有程作舟自序。

《删後詩》六卷。題"星槎程作舟著"。前有康熙四十年江蘩序；康熙四十年王鏧題辭；程作舟自序；《談詩偶記》二十則。按，此本存四卷，爲卷一至三、卷□（第一頁第一行及書口卷□均被撕去或挖去)。

《焚後書》四卷。題"希庵程作舟著"。前有康熙四十年王維坤序,程作舟自序。缺卷四。此本有扉頁,刻"藏書五種"。"玄"字不避帝諱。

《續修四庫全書》、《續修四庫全書總目提要(稿本)》未收。《中國叢書綜錄》著錄,作"藏書五種",北京大學圖書館入藏,當爲殘本。《中國古籍善本書目》著錄,作"程氏叢書",中國國家圖書館入藏。

鈐印有"鐵齋外史"、"畫禪盦"、"有水可漁"。

3092 清乾隆刻本周松靄先生遺書　　T9118/7256

《周松靄先生遺書》八種二十九卷,清周春撰。清乾隆、嘉慶間刻本。六册。半頁十行二十二字,左右雙邊,白口,單魚尾。框高19.8釐米,寬13.2釐米。

周春,字芚兮,號松靄,晚號黍谷居士,浙江海寧人。乾隆十九年進士。官岑溪知縣。博學嗜古,四部七略,靡不瀏覽,默而好深湛之思,著作等身,名重東南。又有《海昌勝覽》等。

《十三經音略》十二卷。前有嘉慶三年秦瀛序,嘉慶七年阮元序,嘉慶十三年《秦瀛音學三書序》;嘉慶元年周春撰《凡例》六則。卷一《易經》,卷二《書經》,卷三《詩經上》,卷四《詩經下》,卷五《春秋》、《左傳》、《公羊傳》、《穀梁傳》,卷六《周禮》、《儀禮》、《禮記》,卷七《大學》、《論語》、《中庸》、《孟子》,卷八《孝經》,卷九《爾雅上》,卷一〇《爾雅中》,卷一一《爾雅下》、《直音正誤》附,卷一二《大戴禮》。附書五首:《上座主武進錢公論韻學書》、《答錢竹汀宫詹書》、《與盧抱經論音韻書》、《與邵二雲論爾雅雙聲書》、《答錢宫詹論毛詩叶韻書》。秦瀛序云:此書"雖知識譾陋,不能窺見奥突,而其考據精博,則昭然共曉者。蓋先生是書,以陸氏釋文爲權輿,參以《説文》、《玉篇》、《廣韻》、《五經文字》諸書,而審定古今異同,一以字母爲主,殫精覃思,積數十年而後成。"阮元序云:"元詳觀其書,字必審音,音必歸母,謹嚴細密,絲毫不假反切之學,可謂精矣。但字母之法,興於叔世,來自沙門,習周君此書者,苟能沿其流而溯其源,爲力省而成功易。若溺於其流,而不知得法所自,則非作者之意矣。"

《小學餘論》二卷。題"海寧周春"。前有嘉慶九年阮元序。卷上《字學》,卷下《韻學》。阮元序云:"大旨宗字母,而探原於六書之諧聲,櫛髮繢絲,無微不貫,亦精且博矣。"

《中文孝經》一卷《外傳》一卷。前有查岐昌序,乾隆二十五年齊召南序。查岐昌序云:"予友周子松靄,初刻《中文孝經》及《外傳》見示,句删字節,分别經傳,大半宗刊誤,而十八章數,仍遵劉氏向校定,以眂黃氏、沈氏所輯。辭義簡該而折中至當,又有合於宋氏濂《孝經集善序》、歸氏有光《孝經敍錄》,誠紫陽之功臣、後學之先導也。"

《代北姓譜》二卷。題"海寧周春芚兮"。前有乾隆二十一年周蓮序。"代北"本鮮卑,大抵因部爲姓。《通志·氏族略》但載姓而不備詳,周氏以北魏志爲本,取諸史增注補入,間以己意參之。周蓮序云:"吾弟芚兮,舊有《遼金元姓譜》之刻,兹復輯《代北姓譜》,斟酌群史,融會諸家,頗有訂正莆田所未及者,其自謂元魏一朝之姓炳焉與三代同觀,非虛語耳。"

《遼金元姓譜》一卷。前有乾隆十三年周春識語。識語云:"姓氏一家,由來紕繆,遼、金、元復闕焉不詳,文獻無徵,不得上媲拓跋,後世好古者之任也。不揣檮昧,讀史之暇,彙采群書,爲之詮次,或者類族辨物之一助云。"

《杜詩雙聲疊韻譜括略》八卷。題"海寧周春松靄撰"。前有乾隆五十七年盧文弨序,乾隆五十六年王鳴盛序,乾隆五十五年錢大昕序,嘉慶二年劉權之序,嘉慶元年秦瀛序,乾隆五十四年周春自序;趙翼、祝德麟題辭。目録頁末有乾隆四十九年周春跋。卷八末又有周春跋。雙聲者,同母之字也,疊韻則同韻字也。周春自序云:"《杜詩雙聲疊韻譜括略》之成於今六年矣,始謀付剞劂,復序於簡端曰:杜集之編,自樊潤州始也;杜之有注,自趙次公始也;杜之有評,自劉須溪始也;杜詩之編年,自魯冷齋始也;杜詩之分類,自陳浩然始也;杜之有年譜,自吕汲公始也。而以杜詩之雙聲疊韻創爲一書,則自此始。"卷八末周春跋云:"乾隆辛丑仲秋,摘刪定本之精粹爲括略八卷。'括略'之名,本毛西河先生《古今通韻》體例也。較元書僅存什之二三,又恐失之太簡,然要旨已盡於此,則不出十二格中,而杜詩雙聲疊韻之能事畢矣。""辛丑",爲乾隆四十六年。目録頁周春跋云:"此書凡五易稿,因太繁蕪,改創括略,復兩易稿,閲二十有五年而成書,體例秩然,釐爲八卷。竊謂古來讀杜,無慮千百家,然從未有論及此者,余非敢自附少陵功臣,而探賾索隱,能窺見詩律之細,亦其一斑焉。"

《選材録》一卷。題"海寧周春季谷纂"。前有乾隆二十五年楊焕綸序,周春序。周春序云:"按唐志書三卷,其體例未詳,惟御覽中採數條。長夏煩暑,莫消永日,因鈔撮以補亡,凡得一百有三十人。人系以字,字系以里,間有愚管,輒綴數言,亦考鏡得失之林也。"

《遼詩話》一卷。題"海寧周春苣兮"。前有周春序,乾隆二十四年沈德潛序。唐宋元明俱有詩話,或專集,或散見,爲風雅故實。王士禎作《五代詩話》,授黄叔琳綴遺補漏纂輯刊行,而遼猶闕如。沈德潛序云:"海寧周生苣兮,博采群編,凡涉遼詩,無不攟入。以正史爲宗,以志乘説類爲佐,上自宫廷,下及謡諺,事典而核,語贍而雅。"

此本有扉頁,刻"周松靄先生遺書。十三經音略。小學餘論。中文孝經外傳附。代北姓譜。遼金元姓譜。杜詩雙聲疊韻譜括略。選材録。遼詩話"。"玄"字避帝諱。

《續修四庫全書》、《續修四庫全書總目提要(稿本)》未收。《中國叢書綜録》著録,《中國古籍善本書目》著録,首都圖書館、復旦大學圖書館等三館亦有入藏。

鈐印有"秀水莊氏蘭味軒收藏印"。

3093　清乾隆刻本果堂全集

T9117/3172

《果堂全集》五種二十三卷,清沈彤撰。清乾隆吴江沈氏果堂刻本。六册。半頁十一行二十一字,白口,左右雙邊,單魚尾。框高18.6釐米,寬13.4釐米。《儀禮小疏》及所附《尚書小疏》、《春秋左氏小疏》,半頁九行二十一字,白口,四周雙邊,單魚尾。題"吴江沈彤著"。

沈彤,字冠雲,號果堂,吴江人。諸生,師事何焯。乾隆元年薦舉博學鴻詞,緣奏賦至夜半,不及成詩,未入選。修《三禮》暨《大清一統志》,書成議敘授九品官,恥而不仕,以親老乞歸。能守樸學,不事浮藻,篤古窮經,尤精三禮。修《吴江》、《震澤》二縣志,經緯分合各有法,時人譽之可爲天下分邑修志者式。著述甚豐,《吴江縣志》、《周官禄田考》、《儀禮小疏》、《春秋左傳小疏》、《果堂集》入《四庫全書》;《尚書小疏》、《釋骨》入《四庫全書總目》附存目録。《(光緒)吴江縣續志·儒林傳》、《清代七百名人傳》皆有傳。

歐陽修有《周禮》官多田少、禄且不給之疑,後人多沿其説,即有辯於此者,亦不過以攝官爲詞,沈氏遂詳究周制,以與之辨。分官爵數、公田數、禄田數三篇,成《周官禄田考》三卷,統計推算至爲精密。古人患《儀禮》之難讀,自唐賈公彦後,惟朱熹等五人撰書研之,沈氏乃撰《儀禮小疏》一書,取《士冠禮》、《士婚禮》、《公羊大夫禮》、《喪服》、《士喪禮》爲之疏箋。所論皆援據典核,訂正僞誤,折中至當。另有《春秋左傳小疏》、《尚書小疏》、《果堂集》等,皆沈氏自刊。

子目爲:

《果堂集》十二卷

《周官禄田考》三卷,清乾隆十五年刊

《儀禮小疏》十一卷,清沈廷芳訂

　　《士冠禮》一卷/《士冠禮箋》一卷/《儀禮鄭注監本刊誤》一卷/《士昏禮》一卷/

　　《儀禮鄭注監本刊誤》一卷/《公食大夫禮》一卷/《喪服》一卷/《士喪禮》一卷/

　　《士喪禮箋》一卷/《儀禮鄭注監本刊誤》一卷/《左右異尚考》一卷

《尚書小疏》一卷,清沈廷芳訂

《春秋左氏小疏》一卷

附《文孝先生墓志銘》

《果堂集》卷五有《〈周官禄田考〉後序》,云:"余著此書,起乾隆七年之春,至十三年季秋而書成。友人顧君肇聲與徐君靈胎,欲推廣窮經致用之義,請版行之。""二君乃互勘而付諸梓人,時十五年冬也。"

各書前皆有扉頁,鎸"果堂集。吴江沈冠雲著。本堂藏板";"周官禄田考。果堂藏板";"果堂儀禮小疏。仁和沈廷芳椒園校訂。附尚書小疏、春秋左傳小疏"。

《中國叢書綜録》著録,中國國家圖書館、中國科學院圖書館、上海圖書館等十二家圖書館有藏。《中國古籍善本書目》叢部自著叢書類著録,首都圖書館、北京師範大學圖書館、福建省圖書館等七家圖書館有藏;集部別集類又著録《果堂集》十二卷,清乾隆刻本,北京大學圖書館、清華大學圖書館等十六家圖書館有藏,此別集本書板即彙印叢書時所用之板。據查,日本京都大學圖書館、京都大學人文科學研究所、大阪府立圖書館皆有入藏,題作《沈果堂全集》。

鈐印有"江都半晦園李氏印"。

3094　清乾隆刻本西澗草堂全集　　T9117/7224

《西澗草堂全集》五種十八卷,清閻循觀撰。清乾隆三十八年(1773)樹滋堂刻本。四册。半頁十行二十二字,白口,左右雙邊,單魚尾。框高20.5釐米,寬14.4釐米。題"昌樂閻循觀懷庭"。

閻循觀,字懷庭,號伊蒿,山東昌樂人。乾隆三十一年進士,官吏部考功司主事。專志洛、閩之學,省身克己,刻苦自立。治經不立一家言,而要歸於自得。曾講學於麓臺學院,有《西澗草堂集》。《清史稿・儒林傳》有傳。

乾隆三十六年,循觀病歿,同學濰縣韓夢周搜輯、編次其遺文詩作,彙而刊之。子目爲:

《尚書讀記》一卷

《春秋一得》一卷

《困勉齋私記》四卷

《西澗草堂集》四卷《詩集》四卷

附《鈍齋詩集》二卷,清閻循厚撰

各書前皆有韓夢周序,《尚書讀記》序云:"余既訂懷庭《西澗草堂集》、《困勉齋私記》,復爲訂《尚書讀記》、《春秋一得》二書,蓋當時讀書程符山中,相與論議而懷庭撮記其要義者。"《西澗草堂集》序云:"吾友閻懷庭先生少日喜爲詩,自《三百》、《楚騷》下逮漢魏以及本朝作者,皆有評著,講學後遂不復注意,然觸事興詠,遂成此編已,既工且至矣。余因稍爲别擇,釐爲四卷而付之梓。"此序署爲乾隆三十八年秋,亦知書刻於此時。

以上四種皆爲《四庫全書》收入。《尚書讀記》入經部書類存目;《春秋一得》入經部春秋類存目;《困勉齋私記》入子部儒家類存目;《西澗草堂集》入集部别集類存目。

各書前皆有扉頁,鐫"乾隆癸巳年鐫。樹滋堂藏板"。

存四種,原闕《鈍齋詩集》二卷。

《中國叢書綜録》著録,中國科學院圖書館、安徽省圖書館、雲南省圖書館等十二家圖書館有藏。《中國古籍善本書目》集部别集類著録,山東省煙臺市圖書館、山東省昌樂縣圖書館、福建省圖書館三家收藏。據查,臺灣大學圖書館、日本東洋文庫、静嘉堂文庫、京都大學人文科學研究所亦有藏。

3095　清乾隆刻本燕禧堂五種　　　　　　　　　　　　　T9117/214

《燕禧堂五種》十五卷,清任大椿撰並輯。清乾隆刻本。八册。行款、版式各不一。《字林考逸》爲半頁八行十九字,四周單邊,白口,單魚尾,框高17.4釐米,寬13.2釐米;《深衣釋例》爲半頁九行二十字,左右雙邊,白口,單魚尾,框高17.3釐米,寬13釐米;《列子釋文》半頁八行十九字,左右雙邊,白口,單魚尾,框高19.5釐米,寬13.4釐米;《列子釋文考異》、《釋繒》半頁九行二十字,左右雙邊,白口,單魚尾,框高18釐米,寬13.4釐米。

任大椿,字幼植,一字子田,江蘇興化人。揚州學派早期代表人物。乾隆三十四年二甲第一名進士,授禮部儀制司主事,充《四庫全書》纂修官,爲非翰林而充纂修者八人中之一人也。《四庫全書總目》經部禮類提要雖不出其一手,皆所詳定,人取其清簡。後任禮部員外郎、郎中,升陝西道監察御史,未及赴任而病逝。姚鼐《惜抱軒文集》卷一三有其墓誌銘,章學誠《章實齋遺書》卷一八有别傳,事蹟還可參看《清史列傳》卷六八、《碑傳集》卷五六、《漢學師承記》卷六等。

大椿一生立闢於考證名物制度及輯録小學并史書,所學淹通。在京居官十餘年,不阿附權貴,政務之餘,潛心研究,閉門著述,尤於禮學成就最大。撰有《弁服釋例》、《深衣釋例》、《釋繒》等書。另有《字林考逸》、《小學鈎沉》等書,皆爲後世所推崇。

是書計五種十五卷:

《字林考逸》八卷,題"興化任大椿學"。前有乾隆四十七年自序和例。自序云:"《唐六典》載書學博士以石經、《説文》、《字林》教士。《字林》之學,閲魏、晉、陳、隋至唐極盛……余於《字林》,亦同斯志。爰是參覈典墳,兼及二《藏》音義,鈎沉起滯,積累歲年,遂成八卷。綴集既竣,復綜論之……余爲是編,蒐羅散佚忱書,體例略見於兹,諸家異説,多所考鏡,然而載籍極博,耳目易窮,未克求諸六合之外,而先失諸跬步之間,補遺正誤,是又俟諸博識君子矣。"按此書搜獵繁富,頗具鈎沉之功。惟有傳爲丁小山作,而遭任大椿剽竊者,姚鼐有云:"當系各輯此書,文人相輕,籍成隙末,此與戴、趙兩家《水經》同一疑案,要非事實耳。"

《列子釋文》二卷,題"唐殷敬順撰;宋陳景元補遺"。前有乾隆五十二年任大椿序,云:"余於乾隆戊戌教學淮陰,嘗過淮瀆廟,見有《道藏》殘帙數架,遂檢得此本……余故仿照《道藏》原本,别爲專刻,使之流布藝林,又取古今本之異同,標其崖略,附一卷於書後。"殷氏乃唐朝當塗縣丞,陳氏爲北宋道士。此一册有佚名墨筆過録《湖海樓叢書》本陳景元序。

《列子釋文考異》一卷,題"興化任大椿"。

《深衣釋例》三卷,題"興化任大椿撰"。前有乾隆四十八年自序,云:"余曩著《經典弁服釋例》,凡十卷……即《禮經》所謂善衣也。又以深衣爲善衣之次,因續著《深衣釋例》三卷。首推原其所用,次詳其制度,次載異名同實者,若長衣、中衣之類是也。《方言》謂:'襌衣,古之深衣。'秦漢以後,襌衣名義日廣,要皆深衣之流別,故亦附考焉。"

《釋繒》一卷,題"興化任大椿撰"。是書對歷代文獻記載中的絲織物加以分類並考證。

《四庫全書總目》未收。《清史稿‧藝文志》著録任氏《小學鈎沈》、《字林考逸》及續輯《倉頡篇》三書。《深衣釋例》及《釋繒》爲《皇清經解》收入。五種書皆有單刻本行世,《書目答問》、《增訂四庫簡明目録標注》等有所記載。此叢書本《中國叢書綜録》著録,中國國家圖書館、重慶市圖書館、遼寧省圖書館等十一家藏有全帙。臺北"中央研究院"史語所傅斯年圖書館、臺灣大學圖書館、日本東洋文庫、日本京都大學人文科學研究所亦有入藏。另日本京都大學文學部中哲文研究室藏有乾隆四十七年刻本《燕禧堂五種》,不知是否同於此本。

有扉頁,前刊"燕禧堂五種。昭陽任大椿著。歙程瑶田題",後刊"字林考逸、列子考異、深衣釋例、釋繒、列子釋文"。除《列子釋文考異》外,每種前亦有扉頁,各刊書名。

鈐印有"吴興湯氏珍藏"。

3096　清乾隆刻本梅谷十種

T9118/7191

《梅谷十種》十七卷,清陸烜撰。清乾隆刻本。四册。半頁九行十九字,左右雙邊,白口,無魚尾。框高16.8釐米,寬11.7釐米。目録頁後有陸烜跋。

陸烜,字子章,一字梅谷,號胥山農、巢雲子,浙江平湖人。諸生。隱居胥山,藏書甚富。工詩畫。

《梅谷文稿》一卷。題"平湖陸烜子章著"。書口下刻"易簡堂"。前有竺簡序。文二十一篇。序云:"吾友子章陸子,居恒課農桑,力耕牧,曰是亦爲政也;吟風弄琴書,曰樂在其中也。若是則抱道自樂,庶幾古人,而豈必以文著哉?乃其文又恬淡幽潔,適如其爲人。然則人將以文重乎?文將以人重乎?吾俱不得而知之矣。第世之讀子章文者,當必有於高山流水間寄其仰止宛在之思。"

《梅谷行卷》一卷。題"平湖陸烜子章著"。書口下刻"天心閣"。前有顧介序,陸烜自序。末有王象儀跋。詩四十四首。陸烜自序云:"乾隆玄黓敦牂之歲,余將賦壯游,擬刻十餘年來之詩,質之海内名公巨卿。偶憶漁洋山人《池北偶談》述者舊續聞,語云:唐時凡士人謁前輩,必投所業一卷或二卷而止,但於詩賦古調中,擇其最精者行兩卷,號曰雙行,已謂多矣。桑魏公維翰只行五賦,裴說只行五言十九首,至明年復行舊卷。李相愚只行五首詩,便取大名。今人投贄詩文,動以多多爲善,乃疥駱駝也。余有鑒於山人此言,故所録止此,如謂以少許勝人多許,則予滋愧矣。"

《耕餘小稿》一卷。題"平湖陸烜晦之著"。書口下刻"奇晉齋"。前有張庚序。末有乾隆二十年陸烜跋。詩九十七首。張庚序云:"當湖陸子梅谷,結廬胥山之東偏,茅檐土室,有古田舍風。間成吟詠,取自怡悦,不求人知,殆真有得於風雲月露之趣者歟?""余讀其詩,恬澹沖和,時露奇矯,範圍有宋諸家,而於放翁、石湖面目尤肖,蓋田園間適有同趣焉。"陸烜跋云:"余胥山東鄙之農夫也,課晴問雨,力田望歲,是其職耳。親筆札,耽吟詠,豈非越畔乎?然性情所發,不能無言,言不求工,取其怡悦,復傳諸同志,俾相與爲撫掌之資。""因念天下事,皆職思其居、出其位者之適足以自取,病豈獨農夫乎哉?"

《吴興游草》一卷。題"平湖陸烜梅谷"。書口下刻"白賁齋"。詩三十一首。卷末有"旌德湯良士鐫"。

《梅谷續稿》三卷。題"平湖陸烜子章著"。書口下刻"弋書樓"。卷上詩七十二首,卷中經義十六首,卷下雜文十一首。卷下末有"嘉興楊士尊鐫"。

《夢影詞》三卷。題"平湖陸烜蝶厂填"。書口下刻"春浮室"。前有陳朗序,釋拙宜序。末有趙清碧跋。卷上三十六首,卷中四十首,卷下四十一首。卷下末有"乾隆丁亥浴佛前後日,慶雲侍史手寫於春雨樓,重付剞劂,計增七闋,校正十一字"。陳朗序云:"余讀其詞,大抵取材於花間草堂而出之以新,纖麗綿密不在小晏秦郎之下,低吟往復如所欲言,爲嘆服久之,又爲竊怪者久之。"

《隴頭芻語》一卷。書口下刻"清晏堂"。前有陸烜識語,云:"耕與樵,皆勢力,惟牧乃有餘暇。青莎一片地,時與友人坐而閒談,敢云芻蕘一得,聊以當隴頭懽笑之資云爾。"

《梅谷偶筆》一卷。書口下刻"息耕亭"。前有陸烜識語,云:"暇日,置宣和緑端硯,漢銅水滴,研寥天一墨盈池,一爐一茗,欣然静對。偶有觸發,輒筆之於册,語無倫次,適情而已。乃友人見之,有相賞而傳抄者,是可笑也。"

《人葠譜》四卷。題"平湖陸烜子章輯"。書口下刻"春草堂"。卷一《釋名》、《原産》,卷二《性味》,卷三《方療》,卷四《故實》、《詩文》。前有陸烜序,云:"昔王漁洋欲撰《人參譜》,雜鈔羣籍,散見於《池北偶談》、《居易録》、《香祖筆記》、《古夫于亭雜志》、《分甘餘話》中,略稱完美,然其書卒不成。頃余偶得怔忡疾,醫者曰非人參不可。顧近日遼參貴逾珠琲,貧家安所得此,因感是,遂遍憶舊覽,檢書幾百種,披閲手抄,稍加論列,不十日,譜成而病若失,豈人參有靈能陰相耶?於是漁洋之志,遂獲成就。"卷四末有"嘉興楊士尊鐫"。又有人參圖並贊,圖爲"陸鈐元真寫",贊後刻"海寧程應壽繡梓"。

《春草遺句》一卷附詩餘。題"平湖陸烜删定本"。書口下刻"二謝堂"。前有乾隆三十三年陸烜自序。詩九十三首、詩餘三首。陸烜自序云:"維余有弟三人,仲曰炌,叔曰炘,季曰熿。炌、炘二弟皆能詩而早夭,其遺箱剩篋蓋不忍啓者七八年矣。今歲長夏曝書,恐其蒸欝霉爛,乃拭涙啓之,見其詩筆皆斐然有足傳者,爰命季弟熿手鈔,得全篇一百八十餘首,余復删存如左,特以書蹟相似,不復能辨爲何弟之作,統名之曰《春草遺句》,取謝康樂夢惠連得'池塘生春草'之句,以志慨也。"

陸烜跋云:"烜少好學,以愛博而情不專,故見道未明,多能藝事,又意主就正,有所撰述,都付剞劂,自乾隆己丑以前,約得十餘種。續後窮經有獲,事往多愆言出而悔。特以意主忠信,不欲改頭換面,塗飾天下,故仍應坊人之請,俾其印行問世,願以參烜之少壯功力,是非得失,且好古博雅君子以烜爲鑒,毋先涉於文章小技,玩物喪志也。"

此本寫刻甚精。有扉頁,刻"梅谷十種書。梅谷文稿。梅谷行卷。耕餘小稿。吴興游草。梅谷續稿。夢影詞。隴頭芻語。梅谷偶筆。人參譜。春草遺句"。又鈐"梅谷"葫蘆形印。"玄"字避帝諱。

《續修四庫全書》、《續修四庫全書總目提要(稿本)》未收。《中國叢書綜録》著録,《中國古籍善本書目》著録,中國國家圖書館、上海圖書館等四館亦有入藏。

鈐印有"真州吳氏有福讀書堂藏書"、"家住黃灣嶺北紫雲村"、"周印培厚"、"積庵"。

3097　清乾隆刻本心齋十種　　　　　　　　T9100/2110

《心齋十種》二十二卷，清任兆麟撰。清乾隆間震澤任氏刻本。四册。半頁九行十七字，左右雙邊，白口，單魚尾。框高17.3釐米，寬13釐米。

任兆麟，字文田，號心齋，江蘇震澤人。任大椿族弟。諸生，嘉慶元年薦舉孝廉方正。幼承家學，博聞敦行，與長洲褚寅亮、彭紹升交游。工詩古文，爲王鳴盛、錢大昕所重。嘗辟蓮涇精舍，講經義及經世之務。著有《竹居集》十三卷，《述記》四卷，《毛詩通説》二十卷，《春秋本義》十二卷等十餘種，《清史列傳》有傳。

總名曰《心齋十種》，分述如下。

《夏小正注》四卷，清乾隆五十一年(1786)刊。書口下刊"忠敏家塾"。有扉頁，刊"夏小正注。乾隆丙午秋鎸。震澤任文田著。忠敏家塾藏板"。題"震澤任兆麟文田注"。前有乾隆五十二年王鳴盛序，乾隆五十一年張肇芊序。《夏小正》較《大小戴禮》尤古奧難讀，兆麟依朱子與吕東萊論定《三禮》篇次，注二《戴氏記》，教授門徒，先成《夏小正注》以公於世。王鳴盛序稱其"篤志好古，孜孜不怠"，善讀書，"實爲後生中僅見者"，所注確當絶倫，他注之疏漏未及者，多賴其正之。

《石鼓文集釋》一卷，清乾隆五十三年(1788)刊。書口下刊"同川書院"。有扉頁，刊"石鼓文。宫詹錢辛楣先生鑒閲。震澤任兆麟文田集釋。心齋藏書"。題"吴郡趙宦光凡夫章句；任兆麟文田集釋"。前有乾隆五十三年自序，後有乾隆五十三年任璋秉題詞。任氏取明趙宦光本用加考釋，此篇爲清代釋石鼓文之嚆矢。

《尸子》三卷附録一卷，清乾隆五十三年刊。目録下題"來青書塾任氏藏本"。有扉頁，刊"尸子。乾隆戊申夏鎸。任兆麟校本"。題"楚尸佼撰"，附録題"東吴惠棟集；任兆麟補遺"。前有乾隆五十二年自序，乾隆五十三年任璋秉序。附録末題"乾隆戊申夏日奉心齋師命鈔《尸子》一通畢，以文鮑先生嗜讀古書，適來吴門，因即貽之。抱穌學人馬天民謹記"。

《四民月令》一卷，清乾隆五十三年刊。書口下刊"忠敏書塾"。有扉頁，刊"四民月令。震澤任兆麟文田校。戊申秋鎸"。題"漢崔寔撰"。前有乾隆五十三年自序。《四民月令》原本久佚，此書乃兆麟據《齊民要術》及《太平御覽》等類書攟拾輯次所成。

《襄陽耆舊記》三卷，清乾隆五十三年刊。有扉頁，刊"襄陽耆舊記。晉習彦威撰。任兆麟校"。題"晉習鑿齒彦威撰；後學任兆麟文田訂"。前有乾隆五十三年自序及明萬曆二十一年陸長庚序。此書爲兆麟以萬曆郡齋刊本補正而成。

《文章始》一卷，書口下刊"經笥堂"。有扉頁，刊"文章始。梁任敬子撰。武原家祠藏本"。題"梁樂安任昉撰"。《郡齋讀書志》著録此書名《文章緣起》，《隋書經籍志》則名《文章始》，兆麟爲任昉第四十三世孫，校讀此書並復其舊名。

《壽者傳》三卷，清乾隆五十年(1785)刊。有扉頁，刊"壽者傳。乾隆乙巳秋鎸。任兆麟校本"。題"嘉興陳懋仁無功撰；後學任兆麟文田訂"。前有乾隆五十年任兆麟及任璋序，吴中女史江珠叙。兆麟序云："神宗時，潁川陳無功氏淹洽殫聞，撰《壽者傳》，分帝王、國老、庶老三卷，仿劉更生書體，各繫以贊，世未有行本。乾隆乙巳余見之友人張肇芊家，從子璋請付剞劂以壽世。"

《孟子時事略》一卷，清乾隆五十三年刊。有扉頁，刊"孟子時事略。光禄王西莊先生鑒閱。震澤任文田述。戊申夏鐫"。題"震澤任兆麟文田述"。前有乾隆四十一年自序；彭啓豐、潘奕雋題辭；乾隆四十八年江藩序。江序略云："以孟子生於周烈王四年，卒於赧王二十四年，徵之經史，其一生事蹟，莫可得詳，乃考其時事，不稱年譜，而稱'時事略'者，重時事不重生卒也。"有此一書，足爲知人論世之徵。

　　《心齋詩稿》一卷附《題辭》一卷。有扉頁，刊"心齋居士詩槀"。題"二林彭先生評點；震澤任兆麟文田撰"，"題辭"者，鮑廷博、王芑孫諸人也。

　　《弦歌古樂譜》一卷。版式略異，爲上下粗黑口。有扉頁，刊"弦歌詩樂譜"。題"震澤任兆麟文田學"，前有乾隆四十八年自序、潘奕雋序，後有沈纕跋。

　　附《綱目通論》一卷，版式、字體俱與以上十種迥異，半頁十行十九字，左右雙邊，上黑口，單魚尾。框高17釐米，寬12.7釐米。題"吳郡任兆麟文田撰"。末有"吳郡張若遷刻"一行。後附王錕、朱昂、沈纕等人題辭。王錕題辭稱其"以經術通史學，明理晰務，故立論正大，不漏不支，允爲史學津梁，文能一氣摶捖，具見大家風格"。

　　《續修四庫全書總目提要（稿本）》收入，云："兆麟師事王鳴盛、錢大昕諸人，而與江子屏藩爲友，長於考訂纂輯之學。所撰《心齋十種》，以注釋輯補之書爲多……至《四民月令》、《襄陽耆舊記》、《文章始》，或其書久佚，或篇第失次，兆麟考證群書，重加校輯。兆麟之學，尤在綜核衆籍，取便學者，如《綱目通論》，可爲初學者誦讀……大抵任氏之學，考證博辯，容有未工，然摘要鉤玄，便於發蒙之，其功不可没也。"

　　有扉頁，刊"心齋十種。王西莊、盧抱經、錢竹汀三先生鑒。夏小正注、石鼓文集釋、尸子、四民月令、襄陽耆舊記、文章始、壽者傳、孟子時事略、心齋詩、樂譜、綱目通論"。每書前又各有扉頁如上。各卷末頁多有校訂姓氏，皆任氏門人、姪輩。"忠敏家塾"、"來青書塾"、"同川書院"、"經笥堂"云云，或係任氏四方講學所在，此書當爲彙印家刻各版而成。

　　《中國叢書綜録》著録，中國國家圖書館、中國科學院圖書館等十七家圖書館有藏。《中國古籍善本書目》未收。據查，日本東洋文庫、國會圖書館、東京大學東洋文化研究所等亦有收藏。

參考書目

本書在編寫過程中，曾參閱各種善本書目、工具書、參考書以及地方志達數百種，茲列主要圖書如下：

《一氓題跋》，李一氓著，吳泰昌輯。生活・讀書・新知三聯書店，1981年
《八十九種明代傳記綜合引得》，田繼綜編。哈佛燕京學社，1935年
《三十三種清代傳記綜合引得》，杜聯喆、房兆楹編。哈佛燕京學社，1932年
《上海圖書館館藏家譜提要》，上海圖書館編。上海古籍出版社，2000年
《千頃堂書目》，清黃虞稷撰，瞿鳳起、潘景鄭整理。上海古籍出版社，1990年
《文禄堂訪書記》，王文進撰。文禄堂刻本，1942年
《文獻家通考》，鄭偉章著。中華書局，1999年
《木樨軒藏書及題記》，李盛鐸撰，張玉範整理。北京大學出版社，1985年
《五十萬卷樓群書跋文》，莫伯驥撰。1948年排印本
《中央研究院歷史語言研究所善本書目》，該院編印。1968年
《中南西南地區省市圖書館館藏古籍稿本提要》，陽海清主編。華中理工大學出版社，1998年
《中國人民大學圖書館古籍善本書目》，中國人民大學古籍整理研究所編。中國人民大學出版社，1991年
《中國人名大辭典》，臧勵龢等編。上海商務印書館，1921年
《中國文言小說總目提要》，寧稼雨著。齊魯書社，1996年
《中國古今地名大辭典》，臧勵龢等編。香港商務印書館，1982年
《中國古籍版刻辭典》，瞿冕良編著。齊魯書社，1999年
《中國古籍善本書目》，《中國古籍善本書目》編輯委員會編。上海古籍出版社，1985年至1994年
《中國兵書總目》，劉申寧編。北京國防大學出版社，1990年
《中國珍稀古籍善本書錄》，沈津著。廣西師範大學出版社，2006年
《中國美術家人名辭典》，俞劍華編。上海人民美術出版社，1987年
《中國科學院圖書館館藏中文古籍善本書目》，中國科學院圖書館編。科學出版社，1994年
《中國家譜綜合目錄》，國家檔案局、南開大學歷史系、中國社會科學院歷史所圖書館編。中華書局，1997年
《中國族譜研究》，羅香林著。香港中國學社，1971年
《中國通俗小說總目提要》，江蘇省社會科學院明清小說研究中心文學研究所編。中國文聯出版公司，1990年

《中國善本書提要》,王重民著。上海古籍出版社,1983年

《中國叢書綜錄》,上海圖書館編。中華書局,1959年

《中國道教大辭典》,胡孚琛主編。中國社會科學出版社,1995年

《中國醫籍考》,日本丹波元胤編。北京人民衛生出版社,1956年

《日本現存清人文集目錄》,日本西村元照編。東洋史研究會,1972年

《古本稀見小説彙考》,譚正璧、譚尋著。浙江文藝出版社,1984年

《古典戲曲存目彙考》,莊一拂編著。上海古籍出版社,1982年

《北京大學圖書館藏古籍善本書目》,北京大學圖書館編。北京大學出版社,1999年

《北京圖書館古籍善本書目》,北京圖書館編。書目文獻出版社,1987年

《四庫全書總目》,清永瑢等編纂。上海商務印書館,1933年

《四庫全書總目提要補正》,胡玉縉撰,王欣夫輯。中華書局編輯所,1964年

《四庫提要辨證》,余嘉錫著。科學出版社,1958年

《四庫採進書目》,吳慰祖校訂。北京商務印書館,1960年

《四部總錄醫藥編》,丁福保、周雲青編。上海商務印書館,1955年

《四部總錄藝術編》,丁福保、周雲青編。上海商務印書館,1957年

《西諦書跋》,鄭振鐸著編。文物出版社,1998年

《曲海總目提要》,清佚名撰,王國維、董康等重訂。人民文學出版社,1959年

《曲海總目提要補編》,北嬰編。人民文學出版社,1959年

《佛光大辭典》,佛光大藏經編修委員會。臺灣佛光出版社,1989年

《法蘭西學院漢學研究所藏漢籍善本書目提要》,田濤主編。中華書局,2002年

《東北地區古籍綫裝書聯合目錄》,遼寧省圖書館、吉林省圖書館、黑龍江省圖書館編。遼海出版社,2003年

《湖南省古籍善本書目》,常書智、李龍如主編。岳麓書社,1998年

《明人傳記資料索引》,臺北"國立中央圖書館"編。1966年

《明本傳奇雜錄》,周明泰著。自印本,1951年

《明代版本圖錄》,潘承弼、顧廷龍編。上海開明書店,1941年

《明代傳奇全目》,傅惜華著。人民文學出版社,1959年

《明代傳記叢刊》,周駿富編。臺灣明文書局,1991年

《明代雜劇全目》,傅惜華著。作家出版社,1958年

《明清進士題名碑錄》,朱保炯、謝沛霖編。上海古籍出版社,1980年

《郎園讀書志》(《葉德輝集》第三册),葉德輝撰。學苑出版社,2007年

《孤本元明雜劇提要》,王季烈撰。商務印書館,1971年

《美國俄亥俄州立大學圖書館中文古籍書錄》,李國慶編著。廣西師範大學出版社,2003年

《美國國會圖書館善本書錄》,王重民著。美國國會圖書館,1957年

《柏克萊加州大學東亞圖書館中文古籍善本書志》,柏克萊加州大學東亞圖書館編,上海古籍出版社,2005年

《香港大學馮平山圖書館藏善本書錄》,饒宗頤著。香港龍門書店,1970年

《香港大學馮平山圖書館藏善本書錄》,饒宗頤等著。香港大學出版社,2003年

《香港中文大學圖書館古籍善本書録》,香港中文大學圖書館編。中文大學出版社,1999 年

《香港所藏古籍書目》,賈晉華主編。上海古籍出版社,2003 年

《唐集敘録》,萬曼著。中華書局,1980 年

《書城挹翠録》,沈津著。上海社會科學院出版社,1996 年

《剛伐邑齋藏書志》,袁榮法著,臺北"國立中央圖書館"特藏組輯。臺北"國立中央圖書館"出版,1988 年

《倫敦所見中國小説書目提要》,柳存仁著。書目文獻出版社,1983 年

《清人詩集敘録》,袁行雲著。文化藝術出版社,1994 年

《清代內府刻書目録解題》,故宫博物院圖書館、遼寧省圖書館編著。紫禁城出版社,1995 年

《清代禁燬書目(補遺)/清代禁書知見録》,清姚覲元編/孫殿起輯。上海商務印書館,1957 年

《清代傳記叢刊》,周駿富編。臺灣明文書局,1985 年

《清代碑傳全集》。上海古籍出版社,1987 年

《清代雜劇全目》,傅惜華著。人民文學出版社,1981 年

《清初人選清初詩彙考》,謝正光、佘汝豐編著。南京大學出版社,1998 年

《清華大學圖書館藏善本書目》,清華大學圖書館編。清華大學出版社,2003 年

《涵芬樓燼餘書録》,張元濟撰。商務印書館,1951 年

《康熙字典》,清張玉書等編。上海書店,1985 年

《著硯樓讀書記》,潘景鄭著。遼寧教育出版社,2002 年

《梵蒂岡圖書館所藏漢籍目録》,法國伯希和編,日本高田時雄校訂補編,郭可譯。中華書局,2006 年

《"國立中央圖書館"善本書目》,臺北"國立中央圖書館"編印,1967 年

《"國立故宫博物院"善本舊籍總目》,臺北"國立故宫博物院"編印,1983 年

《"國家圖書館"善本書志初稿》(經史子集),臺北"國家圖書館"編印,1996 至 1999 年

《販書偶記》,孫殿起編。中華書局,1959 年

《販書偶記續編》,孫殿起編。上海古籍出版社,1980 年

《販書經眼録》,嚴寶善著。浙江古籍出版社,1994 年

《善本書所見録》,羅振常著,周子美編訂。上海商務印書館,1958 年

《善本劇曲經眼録》,張棣華著。文史哲出版社,1976 年

《普林斯頓大學葛思德東方圖書館中文善本書志》,屈萬里撰。臺北藝文印書館,1974 年

《普林斯頓大學葛思德東方圖書館中文舊籍書目》,昌彼得撰。臺北商務印書館,1980 年

《越縵堂讀書記》,李慈銘撰,由雲龍輯。中華書局,1963 年

《蛾術軒篋存善本書録》,王欣夫撰。上海古籍出版社,2002 年

《廣清碑傳集》,錢仲聯主編。蘇州大學出版社,1999 年

《漢語大詞典》,《漢語大詞典》編輯委員會、《漢語大詞典》編纂處編纂。上海辭書出版社,1986 年

《滿族大辭典》,孫文良主編。遼寧大學出版社,1990 年

《嘉業堂藏書志》，繆荃孫、吳昌綬、董康撰，吳格整理點校。復旦大學出版社，1997年
《蕘圃藏書題識》十卷(清人書目題跋叢刊六)，清黃丕烈撰。中華書局，1993年
《蕘圃藏書題識續錄》四卷《雜著》一卷(清人書目題跋叢刊六)，清黃丕烈撰。中華書局，1993年
《標點善本題跋集錄》(上下)，臺北"國立中央圖書館"編印，1992年
《增訂四庫簡明目錄標注》，邵懿辰撰，邵章續錄。中華書局，1959年
《增訂晚明史籍考》，謝國楨著。上海古籍出版社，1981年
《歷代人物年里碑傳綜表》，姜亮夫編。中華書局，1959年
《藏書紀事詩》，葉昌熾撰。上海古典文學出版社，1958年
《藏園群書經眼錄》，傅增湘撰。中華書局，1983年
《藏園群書題記》，傅增湘撰。上海古籍出版社，1989年
《藝風藏書記》八卷(清人書目題跋叢刊七)，繆荃孫撰。中華書局，1993年
《藝風藏書續記》八卷(清人書目題跋叢刊七)，繆荃孫撰。中華書局，1993年
《藝風藏書再續記》一卷(清人書目題跋叢刊七)，繆荃孫撰。中華書局，1993年
《戲曲小說書錄解題》，孫楷第撰。人民文學出版社，1990年
《戲曲小說叢考》，葉德均著。中華書局，1979年
《續修四庫全書總目提要(稿本)》，中國科學院圖書館。齊魯書社，1996年
《內閣文庫漢籍分類目錄》，日本內閣文庫編並出版，1956年
《京都大學人文科學研究所漢籍分類目錄》，人文科學研究所編並出版，1968年
《京都大學文學部所藏漢籍目錄》，中國哲學史研究會、中國文學會編並出版，1959年
《東京大學東洋文化研究所漢籍分類目錄》，東洋文化研究所編並出版，1981年
《東京大學總合圖書館漢籍目錄》，東京大學總合圖書館編並出版，1995年
《尊經閣文庫漢籍分類目錄》，日本尊經閣編並出版，1934年
《蓬左文庫漢籍目錄》，名古屋市教育委員會編並出版，1955年
《靜嘉堂秘籍志》，靜嘉堂文庫編並出版，1917年
《牛津大學圖書館書目》，牛津大學圖書館編印。1983年

附　錄

書名拼音索引

A

書名	頁碼
愛日堂詩集	2358
愛日堂詩文集	2287
愛吾廬詩稿	2432
(安徽涇縣)張香都朱氏續修支譜	0658
(安徽涇縣)張香都朱氏支譜	0657
(安徽桐城)楊鍾氏宗譜	0686
(安徽黟縣)濟陽江氏宗譜	0661
安居金鏡	1243
安南世系略	2308
安危注	0601
安序堂文鈔	2310
	2311
安雅堂詩文集	2279
安陽集	1910
	1911
闇澹三言	1089
喑噁集	2009
澳門記略	0756

B

書名	頁碼
八編類纂	1655
八分書說	0345
八旗滿洲氏族通譜	0695
八旗通志初集	0884
八千卷樓藏書志	0966
八旬萬壽盛典	0896
白莼詩集	2548
白虎通德論	1385
白華樓藏稿續稿吟稿	2133
白苕集	2536
白鹿書院志	0856
白沙先生文編	2049
白沙子古詩教解	2048
白沙子全集	2047
	2048
白社詩草	2059
白田草堂存稿	2417
白雪樓詩集	2138
	2139
白榆集	2185
白雲村文集	2352
白雲樓詩鈔	2904
百城煙水	0838
百尺梧桐閣集	2337
百尺梧桐閣遺稿	2338
百川學海	3033
百家類纂	1464
百家姓類音正聲	1296
百舉齋印譜	1353
百六吟	2435
百歲紀年	1344
百一草堂集唐附刻	2568
稗海	3045
稗史彙編	1463
班馬異同	0401
半湖草續半湖草	2541
半野居士詩集	2423
謗書	0931
保嬰全書	1191
葆璞堂文集	2413
葆素齋集	2917
寶華山志	0779
寶倫集	1766
寶綸堂集	2253
寶顏堂續秘笈	3049
寶芸齋詩草	2600
抱犢山房集	2332
抱經樓日課編	1343
鮑明遠集	2622
北齊書	0381
	0382
北史	0381
	0382
	0391
北溪先生四書字義	1060
北洋海軍來遠兵船管駕日記	0648
本草綱目	1158
本草原始	1159
本朝館閣賦	2888
本朝館閣詩	2881
本朝名臣言行錄	1919
本朝名媛詩鈔	2873
本朝五言近體瓣香集	2882
本經逢原	1148
筆疇	0600
敝篋集	2201
敝帚軒吟草	2613
碧鳳顧氏支譜	0694
避暑錄話	1391
邊城禦虜圖說	0766
便蒙刪補書經翼	0080
辨志堂新輯易經集解	0049
標營武職官册	0944
表記集解	0276
表異錄	1476
別紀	1507
別紀補遺	1913
賓鴻吟稿	2612
賓退錄	1394
豳堂集	2228
蟫衣生粵草	2174
冰嶺紀程	0755
兵部督捕則例	0917
兵鏡	1113
兵鏡輯要	1123
兵垣四編	1107
炳燭軒詩集	2195
泊鷗山房集	2584
泊如齋重修宣和博古圖錄	0974
博物典彙	1657
	1658
	1659
博雅備考	1696
駁案成編	0924
駁呂留良四書講義	0238
卜法詳考	0051
卜筮全書	1245
卜筮正宗	1250
補梅書屋詩草	2552
補瓢存稿	2522
補史記	0385
	0386
補天石傳奇	2970

補注李滄溟先生文選	2143	長命縷	2982	冲虛至德真經	1038
補注洗冤錄集證	1138	常談	2323	崇祀錄	2247
不繫舟漁集	2015	唱酬題詠附錄	1868	崇祀名宦錄	0641
		唱經堂才子書十種	3085	抽燬書目	0969
C		超然樓印賞	1336	籌海圖編	0765
采香樓詩集	2906	巢林筆談	1458	出關詩	2917
菜根譚	1408	朝野申捄疏	0563	初白庵詩評	2947
蔡中郎集	2622	宸垣識略	0748	初學辨體增刪定本	0277
參同契箋注	1801	陳伯玉文集	1843		0278
殘明表忠錄	0627	陳定宇先生文集	2005	初學記	1562
蠶尾集	2302	陳檢討集	2345	楚辭	1815
倉米奏稟	0570		2346		1819
蒼谷全集	2085	陳檢討四六	2347	楚辭燈	1826
蒼峴山人集	2297	陳檢討填詞圖	2956	楚辭集注	1821
蒼雪軒全集	2205	陳明卿太史考古詳訂遵韻海		楚辭句解評林	1820
滄浪詩話	1986	篇朝宗	0365	楚辭疏	1824
滄浪小志	0840	陳清端公文集	2385	楚辭新注	1828
滄浪吟	1986	陳氏小兒病源方論	1188	楚辭雜論	1824
滄溟先生集	2140	陳書	0381	楚辭章句	1816
	2141		0382		1817
	2142	陳司業集四種	2515		1818
藏事奏摺	0581	陳太史較正易經大全	0011	楚懷襄二王在位事蹟考	1826
藏書	0394	陳先生適適齋鑑鬚集	2213		1828
操演陣法閱兵數目文牘	0937	陳學士文集	2416	楚蒙山房集	3090
曹氏墨林	1372	陳學士先生初集	2199	楚騷綺語	1822
曹子建集	2622	陳子昂集	2626		3041
漕糧漕運奏稟	0568	成案備考	0925	楚尾集	2565
草閒堂新編小史警寤鐘	1544	成山草堂稿	2605	褚氏遺書	1149
草廬吳文正公集	2002	成山廬稿	2604	儲遯庵文集	2335
草木子	1397	成唯識論	1719	川匪奏稟	0573
草聖彙辯	1301	城北集	2370	傳經堂詩鈔	2535
草堂詩餘	2955	城南集	2601	春浮園集	3075
草韻辨體	1299	程孟陽集	2907	春秋	0002
	1300	程洺水先生集	1982		0016
冊府元龜	1566	程氏叢書	3091	春秋本義	0181
岑嘉州集	1860	程子詳本	1053	春秋表記問業	0276
	2626	誠意伯劉先生文集	2022	春秋傳	0165
茶集	1370	誠齋集	1978		0166
茶經	1370	誠齋錄	2044	春秋大成	0179
茶具圖贊	1370	尺牘清裁	2757	春秋大成講意	0179
茶譜	1370		2758	春秋大全	0176
查浦詩鈔	2388	尺木樓詩集	2542	春秋單合析義	0183
柴村賦集附	2252	尺五堂倡和偶刻	2330	春秋地名辨異	0187
柴村文集	2252	尺五堂聯珠偶刻	2330	春秋二十國年表	0009
柴墟文集	2061	尺五堂詩刪	2330		0169
禪林寶訓	1735	郯庵訂定譚子詩歸	2237		0170
禪林寶訓筆說	1736	赤水玄珠	1176		0172
昌谷集	1902	敕封天后志	0846	春秋繁露	0191
昌黎先生集	1887	敕建弘慈廣濟寺新志	0843	春秋坊記問業	0276
昌黎先生集考異	1886	敕修百丈清規	1734	春秋公羊傳	0163
昌黎先生全集	1888	敕修兩浙海塘通志	0820	春秋公羊穀梁諸傳彙義	0147
長恩閣書目	0967	冲虛真經	1773	春秋公羊注疏	0003

書名拼音索引

書名	頁碼
春秋穀梁傳	0163
春秋穀梁注疏	0003
	0004
春秋貫玉	0173
春秋胡傳	0015
	0167
	0168
春秋集傳大全	0009
	0172
春秋集義	0186
春秋揭要	0290
春秋經傳集解	0273
春秋經傳類求	0188
春秋經傳闕疑	0171
春秋困學錄	0185
春秋列國東坡圖說	0015
春秋列國論	0146
春秋名號歸一圖	0273
春秋年表	0273
春秋年譜	0180
春秋旁訓	0008
	0014
春秋三傳揭要	0190
春秋三書	0146
春秋識小錄	0187
春秋書法解	0146
春秋說約	0189
春秋四傳	0169
	0170
春秋訓解	0007
春秋札記	0279
春秋正經音訓	0015
春秋直解	0174
春秋職官考略	0187
春秋指掌	0184
春秋諸傳斷	0146
春秋諸國興廢說	0009
	0015
春秋左傳	0148
	0155
春秋左傳杜林合注	0149
春秋左傳杜注	0161
春秋左傳綱目注	0156
春秋左傳類對賦注	0152
春秋左傳注解辯誤	0154
春秋左傳注評測義	0157
春秋左傳注疏	0003
	0004
春社猥談	3060
純師集	2742
淳化閣帖釋文	1304

書名	頁碼
	0004
淳化秘閣法帖考正	1305
輟耕錄	1396
詞林典故	0866
詞林海錯	1626
詞林萬選	2955
詞律	2962
詞譜	2963
詞人姓氏爵里表	2960
詞苑英華	2955
詞韻簡	2961
詞致錄	2724
詞綜	2957
詞綜偶評	2947
慈溪東街錢氏世系譜	0691
慈溪黄氏日抄分類	1061
辭學指南	1581
賜書樓嶢山集	2384
賜書堂文稿詩稿	2583
聰山集	2274
淞溪李氏族譜	0664
叢碧山房詩	2354
徂徠石先生全集	1912
崔東洲集	2102
翠滴樓詩集	2457
翠娛閣評選曹能始先生小品	2639
翠娛閣評選陳眉公先生小品	2639
翠娛閣評選陳明卿先生小品	2639
翠娛閣評選董思白先生小品	2639
翠娛閣評選黄貞父先生小品	2639
翠娛閣評選李本寧先生小品	2639
翠娛閣評選湯若士先生小品	2639
翠娛閣評選屠赤水先生小品	2639
翠娛閣評選王季重先生小品	2639
翠娛閣評選文太青先生小品	2639
翠娛閣評選徐文長先生小品	2639
翠娛閣評選虞德園先生小品	2639
翠娛閣評選袁小脩先生小品	2639
翠娛閣評選袁中郎先生小品	2639
翠娛閣評選張侗初先生小品	2639
翠娛閣評選鍾伯敬先生小品	2639
存素堂文集	2585

D

書名	頁碼
達觀樓集	2216
大藏一覽	1767
	1768
大藏直音	0366
大成通志	0587
大方等大集月藏經	1726
大方廣佛華嚴經	1715
大佛頂如來密因修證了義諸	

書名	頁碼
菩薩萬行首楞嚴經	1720
	1721
大佛頂如來密因修證了義諸菩薩萬行首楞嚴經如說	1722
大廣益會玉篇	0310
大節錄	2214
大六壬管輅神書	1266
大明會典	0877
大明集禮	0889
大明仁孝皇后内訓	1062
大明仁孝皇后勸善書	1461
大明萬曆乙亥重刊改併五音類聚四聲篇	0351
大明一統名勝志	0771
大明一統志	0726
	0727
	0728
大明一統志輯錄	0730
大明英宗睿皇帝實錄	0480
大瓢偶筆	1292
大清道光八年歲次戊子時憲書	1214
大清道光二十八年歲次戊申時憲書	1223
大清道光二十年歲次庚子時憲書	1219
大清道光二十七年歲次丁未時憲書	1222
大清道光二十四年歲次甲辰時憲書	1220
大清道光二十五年歲次乙巳時憲書	1221
大清道光十九年歲次己亥時憲書	1218
大清道光十三年歲次癸巳時憲書	1215
大清道光十四年歲次甲午時憲書	1216
大清道光十五年歲次乙未時憲書	1217
大清光緒九年歲次癸未時憲書	1227
大清會典	0885
	0886
大清會典則例	0887
大清嘉慶二十五年歲次庚辰時憲書	1213
大清律附	0917
大清律集解附例	0917
	0919
大清律集解附例輯注	0918
大清律例精義	0920

大清律新例	0917	戴東垣詩集	1989	殿閣詞林記	0610
大清乾隆四十九年歲次甲辰時憲書	1209	戴東原集	2546	釣船笛譜	2593
		丹鉛總錄	1425	蝶庵自藥	2252
大清乾隆四十七年歲次壬寅時憲書	1208	丹溪心法附餘	1170	丁辛老屋集	2520
			1171	鼎湖山慶雲寺志	0810
大清乾隆四十三年歲次戊戌時憲書	1207	丹陽詞	2951	鼎鐫漱石山房彙編注釋士民便觀雲箋柬	2765
		擔峰詩	2357		
大清乾隆五十八年歲次癸丑時憲書	1212	膽餘軒集	2300	鼎鐫睡庵湯太史四書脉	0211
		淡淡軒詩抄	2609	鼎鐫諸方家彙編皇明名公文雋	2841
大清乾隆五十二年歲次丁未時憲書	1210	澹寧居文集	2241		
		澹然先生雕略	2040	鼎刻江湖歷覽杜騙新書	1516
大清乾隆五十五年歲次庚戌時憲書	1211	澹如齋偶草	2620	鼎刻京板太醫院校正增補青囊醫方捷徑	1175
		甑甄洞藁	2155		
大清世祖章皇帝聖訓	0533	道德經解	1778	鼎鋟葉太史彙纂玉堂鑑綱	0450
大清太宗文皇帝聖訓	0532	道德真經	1773	鼎鋟趙田了凡袁先生編纂古本歷史大方綱鑑補	0451
大清太祖高皇帝聖訓	0531	道光崑山縣深字魚鱗冊	0912		
大清同治九年歲次庚午時憲書	1226	道貫堂類稿	2342	鼎鋟百名公評林訓釋古今奇文品勝	2842
		道家金石略目	0990		
大清咸豐九年歲次己未時憲書	1224	道榮堂文集	2389	定例成案合鐫	0922
		道山紀略	0805	訂補明醫指掌	1179
大清咸豐十年歲次庚申七政經緯躔度書	1225	道書全集	1797	訂譌雜錄	1438
		道學基統	2002	冬青樹引重注	1996
大清宣統二年歲次庚戌七政經緯宿度時憲書	1228	道言內外秘訣全書	1800	冬青樹引注	1996
		道腴堂詩編	2572	東村集	2263
大清宣統三年歲次辛亥七政經緯宿度時憲書	1229	道餘錄	1742	東方先生集	2622
		道園類集	2741	東海半人詩鈔	2579
大清一統志	0740	道園學古錄	2006		2580
大清職官遷除全書	0701		2007	東漢書疏	0543
大清重刻龍藏彙記	1769	道宗六書	1796	東湖弄珠樓志	0837
大唐創業起居注	0462	德善齋菊譜詩	1378	東江詩鈔	2382
大唐西域記	0857	德州田氏叢書	3076	東里文集	2041
大學竊補	0272	德滋堂歌詩附鈔	2252	東林列傳	0622
大學竊補提要	0272	登壇必究	1112	東閭剩稿	2917
大學衍義	1070	登西臺慟哭記注	1996	東坡和陶詩	1832
大學衍義補	1070	鄧太史評選三國策	1024		1833
	1071	苗蠻圖說	0758	東坡集	1934
	1072		0759	東坡全集	1926
大學札記	0279		0761	東坡詩鈔	1946
大學章句	0198		0762	東坡詩選	1927
	0199		0763	東坡書傳	0075
	0201	迪吉錄	1479	東坡圖說	0157
大易辨志	0042	荻溪章氏支譜	0672		0172
大易疏解	0020	地類圖	1655	東坡文選	1935
大易通變	1241	地理參贊玄機僊婆集	1262	東坡先生編年詩	1930
大易札記	0279	地名配古籍	0157	東坡先生年譜	1929
大義覺迷錄	0537	地圖綜要	0739	東坡先生全集	1927
大嶽太和山紀略	0800	帝京景物略	0747	東坡先生詩集注	1928
大真一得	0073	第五才子書施耐庵水滸傳	1520	東坡先生志林	1390
岱史	0787	滇苗圖說	0764	東坡養生集	1944
岱雲編	2591	典籍便覽	1610	東舍集	2368
待珠亭文鈔初集	2597	典業須知	0957	東田集	2058
帶經堂集	2303	典制類林	1707	東西洋考	0858

書名拼音索引

東巡金石録	2479	杜工部集	1863	二鄉亭詞	2279
東嵒草堂評訂唐詩鼓吹	2781		1868	**F**	
東野志	0849	杜工部詩集	1869	發微曆眼通書大全	1260
東垣十書	1144	杜工部詩説	1870	伐檀集	1948
東垣先生此事難知集	1144	杜審言集	2626	樊南文集箋注	1905
董仲舒集	2622	杜詩闡	1874	氾南詩鈔	2914
董子春秋繁露	0192	杜詩分類全集	1867	范氏後漢書批評	0404
洞庭集	2470	杜詩會稡	1873	范文正公集	1922
洞庭秦氏宗譜	0670	杜詩論文	1872	范文正公文集	2741
洞霄游草	2227	杜詩偶評	1876	范忠宣公集	1923
痘疹傳心録	1149	杜詩胥鈔	1866	范忠貞公集	2292
痘疹大全八種	1194	杜子美七言律	1865	方百川先生經義	0240
獨旦集	2370	度藍關	3005	方氏墨譜	1371
獨學廬初稿詩	2588	度嶺吟	0755	坊記集解	0276
	2589	度曲須知	3021	防夷奏議	0572
讀楚辭語	1824	蠹窗詩集	2439	房屋買賣契約	0953
讀大學法	0201	蠹書	1421	非水舟遺集	2446
讀杜心解	1875	端居室集	2595	飛白録	1295
讀禮記	0127	斷腸詞	2624	飛鴻堂印譜	1342
讀禮説	0137	斷際心要	1746	飛武全傳	1559
讀律八法	0916	斷易秘訣	1265	飛霞館選百家纂雋	1042
讀律佩觿	0916	對類	1597	霏屑集	1486
讀論語	0262	對山印稿	1347	翡翠林閨秀雅集	2906
讀論語孟子法	0201	敦好齋律陶纂	1832	翡翠樓集	2906
讀南華真經雜説	1786	鈍翁前後類稿	2298	分甘餘話	1417
讀史辨道	0721	遯世編	1467	分類補注李太白詩	1855
讀史管見	1011	多識編	0104		1856
	1012	多歲堂詩集	2553		1857
讀史漫録	1020	**E**		分類近思録集解	1055
讀史偶吟	1037	恩福堂書目	0963	分類經進近思録集解	1054
讀史四集	1033	而庵説唐詩	2807	分隸偶存	1293
讀書紀數略	1691	爾雅	0294	分析基塘及田產買賣契約	
讀書簡要	0600	爾雅蒙求	0297	彙編	0955
讀書録	1068	爾雅正義	0296	分野	1201
讀書論世	1029	爾雅注疏	0003	分韻四言對偶啓蒙	1640
讀書敏求記	0962		0004	棻堂節録	1439
讀書日記	1093		0295	風后握奇經	3040
讀書堂杜工部詩集注解	1871	二程全書	1051	風流棒	2993
讀書小記	0279	二程文略	1052	風俗通義	1386
讀書雜述	1419	二家宮詞	2624	風月爭奇	1496
讀通鑑法	0428	二家詩鈔	2644	楓江漁父圖題詞	2445
讀雅筆記	0299	二樓紀略	0829	豐草庵詩集	2273
讀易	0034	二樓小志	0829	豐對樓詩選	2171
讀中庸法	0201	二馬集	2563	豐干拾得詩	1852
	0269	二十一史	0382	馮少墟集	2198
讀周禮	0126	二十一史論贊輯要	0714	馮用韞先生北海集	2182
讀莊㮦辨	1788	二十一史彈詞	0715	鳳池吟稿	2026
讀左日鈔	0158	二臺稿	2127	佛頂心陀羅尼經	1724
讀左卮言	2589	二王法帖釋文	1302	佛頂尊勝總持經呪	1723
堵胤錫始末	0754	二希堂文集	2410	佛法金湯編	1741
杜樊川文集	2741	二俠傳	0592	佛法正輪	1743
杜工部編年詩史譜目	1871				

2393

佛説除一切疾病陀羅尼經	1724	垢硯吟	2917	古文淵鑑	2749
佛説大方廣善巧方便經	1732	姑射山房存稿	2564	古文約選	2753
佛説能净一切眼疾病陀羅尼經		古城文集	2060	古文正集二編	2741
經	1724	古劍書屋詩鈔文鈔	2394	古文斷	2755
佛説四十二章經	3040	古今長者録	0600	古先君臣圖鑑	0590
佛祖歷代通載	1762	古今法書苑	1290	古香岑草堂詩餘	2954
弗告堂集	2191	古今翰苑瓊琚	2704	古香樓吟稿	2400
缶鳴集	2031	古今合璧事類備要	1575	古學彙纂	1674
伏虎韜傳奇	3010	古今紀要	1061	古逸詩載	2668
芙航詩襭	2424	古今考	1424	古逸書	2735
服制	0919	古今類書纂要增删	1673	古愚心言	2319
符臺稿	2127	古今秘苑	1459	古玉圖譜	0991
鳧藻集	2033	古今名喻	1617	古周易訂詁	0039
福盦藏印六集	1357	古今名媛彙詩	2681	古字奇字音釋	0154
福山公遺集	2918	古今人物論	1026	古奏議	0541
甫田集	2109	古今濡削選章	2760	谷口山房詩文集	2306
撫畿奏疏	0557	古今釋疑	1435	谷水集	2362
撫津疏草	0559	古今體詩鈔	2252	谷音	2624
撫苗録	0868	古今萬姓統譜	1609	鼓山志	0804
撫雲集	2371	古今醫統大全	1173	穀梁傳	0162
復初齋時文	2519	古今醫統正脈全書	1145	穀梁大義述補	0164
復初齋文集	2518	古今議論參	0914	穀山筆麈	1403
賦海類編	2697	古今印萃	1339	穀玉類編	1705
賦集	2553	古今印則	0999	固哉草亭詩文集	2484
賦珍	2692	古今游名山記	0767	顧涇陽先生學庸意	0270
覆瓿集	0921	古今原始	1430	顧氏詩史	1025
覆瓿餘集	0921	古今韻會舉要小補	0352	顧文康公草詩草續稿三集	2088
覆校札記	2546	古今韻略	0371	卦歌	0022
		古今振雅雲箋	2759	關帝靈籤	1279
G		古今治平彙要	0882	關聖帝君聖蹟圖志全集	0634
改亭集	2313	古今治平略	0880	關氏易傳	0017
改元考	0460	古今治統	1022	關尹子	1795
漑堂集	2353	古金待問録	0994	關中金石記	0983
感舊集	2870	古經解鉤沉	0286	關中勝蹟圖志	0836
綱鑑會編	0458	古樂府	2666	觀妙居日記	0647
高常侍集	2626	古樂苑	2667	觀妙齋藏金石文考略	0981
高峰大師語録	1751	古錢譜	0996	觀象玩占	1234
高弧日景表細草	1230	古詩箋	2669		1235
高皇帝御製文集	2019	古史	0388		1236
高季迪先生大全集	2032	古事比	1688	管見	2131
高適集	1861	古文褒異集記	2743	管窺輯要	1238
呆堂文鈔詩鈔	2272	古文備體奇鈔	2728	管子	1129
格致鏡原	1692	古文參同契	1801		1130
葛仞上先生選評古文雷橛	2740	古文參同契三相類	1801		1131
葛仙翁肘後備急方	1149	古文定本	2744		1133
耕餘居士詩集	2480	古文雋	2719	管子権	1132
耿嵩陽先生傳	2294	古文眉詮	2754	貫華堂選批唐才子詩甲集七	
公羊傳	0162	古文品外録	2732	言律	2797
宮詞曲譜	3032		2733	廣百川學海	3065
宮閨小名録	0625	古文尚書考	0292	廣博物志	1642
恭愨公蘭堂遺稿	2336	古文世編	2726	廣博物志增删	1643
緱山先生集	2210	古文析義	2748	廣成集	1907

廣東新語	0750	海東札記	0751	蒿庵集	2322
(廣東中山)北山楊氏族譜	0682	海防奏疏	0557	郝文忠公陵川文集	1998
廣寒梯傳奇	3001	海録碎事	1569	合本議單	0954
廣皇輿考	0732	海瓊玉蟾先生文集	1985	合刻鑑紀通考萬花谷	1675
廣金石韻府	0318		2622	合刻三先生東坡文匯	1940
	0319	海山存稿	2500	合諸名家點評古文鴻藻	2745
廣快書	3058	海珊詩鈔	2462	何長人集	2206
廣理學備考	1098	海石先生文集	2124	何大復先生集	2083
廣文選	2662	海叟詩集	2035		2084
廣文字會寶	2729	海塘新志	0821	何氏語林	1444
廣雅	0294	海野詞	2951	何文定公文集	2081
廣雁蕩山志	0796	海虞詩苑	2901	和靖尹先生文集	1962
廣輿古今鈔	0743	海虞翁氏族譜	0671	和陶詩集	2354
廣輿記	0734	海忠介公集	2638	河東先生集	1892
	0735	邯鄲記	2979		1893
廣輿圖	0733	函史	0393	河防一覽	0818
廣韻	0347	寒村詩文選	2383	河防一覽榷	0815
	0348	寒山子詩集	1852	河防志	0819
廣韻藻	1668	寒支初集二集	2377	河汾諸老詩集	2624
廣治平略	0881	韓昌黎詩集編年箋注	1890	河南邵氏聞見録後録	1442
廣莊	2201	韓非子	1134	河南邵氏聞見録前録	1442
圭寶存知	1429		1137	河嶽英靈集	2777
圭美堂集	2409	韓柳二先生年譜	0642	荷塘詩集	2560
圭齋文集	2010	韓内翰別集	1906	鶡冠子	1380
龜山先生集	1957	韓氏醫通	1149	鶴麓山房詩稿	2594
歸田集	2370	韓文	1883	恒山續志	0782
歸元直指集	1755		1891	恒山志	0782
桂洲奏議	0553	韓文類譜	0642	恒齋文集	2450
郭文簡公文集	2131	韓子	1135	橫山初集	2415
國朝詞垣考鏡	0703	韓子迂評	1136	橫山詩文鈔	2415
國朝典故	3037	汗簡	0311	橫山文鈔	2415
國朝畫徵録	1316	漢雋	0718	弘道録	1078
國朝列卿記	0611	漢隸字源	0312	弘簡録	0381
國朝六家詩鈔	2643	漢詩評	2776	洪範彙成	1257
國朝律賦偶箋	2887	漢事會最人物志	0708	洪範九疇數	1256
國朝名公翰藻	2848	漢書	0381	洪範明義	0276
國朝山左詩鈔	2909		0396	洪武正韻	0353
國朝詩的	2874		0397		0354
國朝詩正聲集	2878	漢書刊譌	2589	洪武正韻高唐王篆書	0355
國朝謚法考	0903	漢書評林	0399	洪武正韻彙編	0356
國朝松陵詩徵	2902	漢書纂	0707	紅鵝館詩選	2562
國朝五言長律賡颺集	2883	漢魏別解	3061	紅蕉山館題畫詩	2575
國學禮樂録	0898	漢魏叢書	3046	紅蘭閣詞	0837
國雅	2824	漢魏諸名家集	2622	紅樓夢傳奇	3012
國雅品	2824	漢溪書法通解	1298	紅苗歸化恭紀詩	0868
國語	0494	漢詔疏	0529	紅牙小譜	3014
果堂全集	3093	翰海	2763	紅羊劫後賸草	2616
過度天盤神數	1240		2764	鴻苞集	1407
		翰林要訣	1288	鴻寶應本	2231
H		翰林重考字義韻律大板海篇心鏡	0327	鴻文堂詳校醫宗必讀	1178
海濱紀事	2612			後村居士詩	1987
海藏癍論萃英	1144	翰苑印林	1002	後村雜著	2451

後漢書	0381	皇朝東都事略卓行傳序	1919	皇清職貢圖	0746
	0382	皇朝禮器圖式	0892	皇氏論語義疏參訂	0263
	0403	皇朝武功紀盛	0492	皇王大紀	0437
後圃編年稿	2441	皇甫司勳集	2121	皇王史訂	0457
後山先生集	1950	皇華集	2220	皇輿表	0742
胡澹庵先生文集	1964	皇極篇	2219	皇輿考	0731
胡二齋先生評選橫山初集	2415	皇明百方家問答	0212	皇祖四大法	0512
斛山楊先生遺稿	2120	皇明百家文範	2838	黃帝授三子玄女經	3040
葫頭集	1248	皇明表忠紀	0617	黃帝宅經	3040
湖北金石詩	0986	皇明臣謚彙考	0902	黃河營記名外委冊	0940
湖海集	2372	皇明宸藻	2704	黃山導	0781
湖海樓全集	2344	皇明從信錄	0472	黃山谷文集	2741
湖南布政使司領用清冊	0936		0473	黃山詩留	2277
(湖南寧鄉)灰湯蔣氏族譜	0684	皇明大事記	0515	黃山志	0780
蝴蝶媒	1547	皇明大訓記	0514	黃石齋先生文集	2233
虎丘隆和尚語錄	1747	皇明大政記	0513		2234
虎丘山志	0776	皇明帝后紀略	0463	黃氏畫譜	1319
戶部執照監照翎照	0951	皇明典故紀聞	0511	黃葉邨莊詩集	2369
笏山詩集	2504	皇明典禮志	0891	黃琢山房集	2532
瓠息齋前集	2501	皇明法傳錄嘉隆紀	0471	篁墩程先生文粹	2056
扈從東巡日錄	2370	皇明輔世編	0615	篁墩程朱闕里祠志	0851
扈從西巡日錄	2370	皇明館課經世宏辭續集	2854	回春夢	3015
花庵絕妙詞選	2955	皇明鴻猷錄	0485	晦庵文抄	1967
花庵絕妙詞選續集	2955	皇明嘉隆兩朝聞見紀	0475	晦庵先生語錄類要	1057
花萼吟傳奇	3001	皇明捷錄	1018	惠山聽松庵竹罏圖詠	2905
花間集	2952	皇明經濟文輯	2843	匯古菁華	2722
	2955	皇明開國臣傳	0613	會稽三賦	0749
花間樂府	2588	皇明留臺奏議	0550	會通館校正宋諸臣奏議	0544
花間堂詩鈔	2527	皇明論衡	2857	會銜奏檔	0934
花蕊夫人宮詞	2624	皇明名臣經濟錄	0545	彙刻三代遺書	3044
花史左編	1376		0546	彙選子集奇賞	1043
花外散吟	2440	皇明名臣言行錄	0609	彙苑詳注	1606
華國編唐賦選	2810	皇明名臣言行錄新編	0612	慧命經	1810
華泉先生集選	2073	皇明詩選	2827	繪林伐山	1318
華陽散稿	2498	皇明十六名家小品	2639	繪事備考	1315
華夷花木鳥獸珍玩考	1375	皇明十六種小傳	0616	活法機要	1144
華英通語	0379	皇明世法錄	0879	活人心法	1196
畫禪室隨筆	1281	皇明疏鈔	0549		
畫史會要	1313	皇明疏議輯略	0547	**J**	
畫中人傳奇	2986	皇明通紀集要	0470	稽中散集	2622
淮關統志	0908	皇明文選	2837	稽古日鈔	0288
淮南鴻烈解	1382	皇明文徵	2840	稽古齋全集	2577
	1383	皇明續記	0467	稽神錄	1502
淮南子	1384	皇明遜國臣傳	0614	緝齋詩文集	2496
槐西雜志	1510	皇明詔制	0530	畿輔義倉圖	0907
懷麓堂全集	2054	皇明職方地圖	0738	積翠軒詩集	2361
懷南草	2917	皇明資治通紀	0467	雞足山志	0811
懷清堂集	2379		0468	吉金齋古銅印譜	1006
	2380	皇明奏疏類鈔	0548	汲古堂印譜	1346
懷園集杜詩	2331	皇清開國方略	0481	急就篇	0300
懷遠堂批點燕子箋	2978	皇清詩選	2871	急覽類編	1651
環游地球軍商行船備要	0861	皇清文穎	2884	集古印譜	0997

			0998	江南機器製造局公牘	0938	金罍子	1452
集李詩	2331	江南製造總局賑簿	0946	金陵軍需報銷總局清册	0945
集千家注批點杜工部詩集	1862	江寧將軍都興阿髮亂陣中奏稿		金陵新刊古今名儒論學選粹	2711
集唐詩	2434		0575	金山龍游禪寺志略	0777
集外詩	1869	江人鏡友朋書札	2603	金聲玉振集	3038
集外文	1915	(江蘇鎮江)韓氏宗譜	0689	金詩選	2819
集虛齋學古文	2405	江文通文集	1836	金石經眼錄	0988
幾亭全書	2242		2622	金石圖	0972
季漢書	0410	(江西南昌)東關甘氏支譜	0654	金石韻府	0320
計部奏疏	0557	(江西南昌)桃溪黃氏宗譜	0676	金史	0382
紀錄彙編	3042	江浙十二家詩選	2899	金湯借箸十二籌	1111
紀元本末	0484	江左三大家詩鈔	2897	金仙證論	1810
記紅集	2961	江左十五子詩選	2898	金薤琳琅	0977
祭皋陶	2279	蔣道林先生桃岡日錄	1079	津逮秘書	3063
寄傲軒讀書隨筆	2549	蔣氏遊藝秘錄	1294		3064
寄園寄所寄	1457	匠門書屋文集	2411	錦帆集	2201
寂音尊者智證傳	1756	絳跗閣詩稿	2460	錦繡萬花谷	1570
濟美錄	0637	交山平寇本末	0486	近聖居三刻參補四書燃犀解	0226
加減靈秘十八方	1149	郊居遺稿	2180	近聖居四書翼經圖解	0218
佳山堂詩集	2281	椒丘文集	2053	近溪羅先生一貫編	2157
家範	1050	焦氏類林	1468	近溪羅子全集	2157
家禮會通	0141	蕉林詩集	2269	近溪子附集	2157
家禮集議	0140	蕉雨軒詩草	2620	近溪子集	2157
家禮節要	0139	蟭螟寄別錄	2226	近溪子續集	2157
家中書札	1682	剿闖小説	1527	晋二俊文集	2625
嘉定顧氏宗譜	0693	教誡新學比丘行護律儀	1771	晋書	0381
嘉定四先生集	2903	嶠雅	2246		0382
甲申日紀	0528	接粟機緣	1746		0411
甲乙記政錄	0524	節孝集事實	1919		0412
甲子會紀	0454	節孝先生文集	1919		0413
兼濟堂文集選	2278	節孝先生語錄	1919	晋書地理志證今	0187
兼齋文集	2436	羯磨會釋事義	1725	晋王右軍集	1830
監照	0952	解脫集	2201	晋游消遺集	2620
箋注唐賢絶句三體詩法	2780	解文毅公集	2037	晋政輯要	0867
剪綃集	2624	解學士全集	2036	搢紳錄	0702
儉重堂詩	2528	介石堂集	2512	靳兩城先生集	2130
檢骨圖格	1138	芥舟學畫編	1317	京板新增注釋古文大全後集	2716
簡文編	0334	芥子園畫傳	1320	京本校正大字醫學正傳	1172
簡遠堂輯選名公四六金聲	2860		1321	京本校正音釋唐柳先生集	1897
簡齋朱公年譜	0551		1324	荆石王相國段注百家評林班馬英鋒選	0706
見聞錄	1506	芥子園畫傳二集	1322	荆園進語	2274
見聞雜紀	1405	芥子園畫傳三集	1323	荆園小語	2274
建文朝野彙編	0516	今古輿地圖	0737	涇野子内篇	1077
建文書法儗	0517	今文周易演義	0029	經讀考異	0287
閒情偶寄	1495	今獻彙言	3039	經國雄略	1117
閒情小品	3056	金剛般若波羅密經淺解	1716	經濟類編	1616
閒署日抄	1469	金剛般若波羅蜜經	1711	經濟類考約編	1693
劍虹齋集	2524		1713	經進文稿	2370
諫垣奏草	0552		1714		2533
鑒古百一詩	1282	金剛般若波羅蜜經注解	1712	經史鈔	3074
江城名蹟記	0839	金壺字考二集	0317		
江湖長翁文集	1980	金華徵獻略	0626	經史待問三略	1492

經史通用古今直音	0357	海全書	0363	坤德寶鑑	1493
經世石畫	1092	鐫鄭先生痘經會成保嬰慈錄		崑山續人物傳	0624
經玩	0281	諸方	1193		
經驗丹方彙編	1182	鐫重訂補注歷朝捷錄史鑑提		**L**	
經義未詳說	0293	衡	1016	來禽館集	2179
經制考略	1653	鐫紫溪蘇先生會纂歷朝紀要		賴古堂藏書甲集	3070
精刻古今女史	2664	旨南綱鑑	0449	賴古堂集	2259
精選東萊先生左氏博議句解	0150			賴古堂詩集	2260
精選古今名賢叢話詩林廣記	2934	**K**		蘭桂仙	3011
精選黃眉故事	1646	開國佐運功臣弘毅公家譜	0696	蘭泉詩稿	2607
景岳全書	1180	看鑑詞	2917	蘭室秘藏	1200
警心錄	1482	看鑑偶評	1028	蘭言集	2872
警語類抄	1466	康對山先生文集	2086	蘭嶼朱宗伯彙選當代名公鴻	
净土資糧全集	1740	康濟改修魚雷練船並添購器		筆百壽類函	2825
徑山游草	2227	具卷宗	0947	蘭韻堂詩文集	2533
敬恕堂詩鈔	2511	康熙甲子史館新刊古今通韻	0370	琅琊代醉編	1465
敬恕堂文集紀年	2294	康熙拾伍年分奉旨丈量銷圩		老學庵筆記	1395
敬業堂詩集	2403	魚鱗清冊	0911	老子道德經	1038
敬業堂詩續集	2404	康熙字典	0338	老子道德真經	1775
靖難紀略	1016	考工記	0117	老子解	1777
静廉齋詩集	2506		0118	樂典	0144
静愓堂詩集	2258	考工記通	0111	樂府	2820
静用堂偶編	1102	考古書傳	0319	樂記	0145
鏡古錄	0595	考古圖	0973	樂律考	0279
鏡山庵集	2207	考古玉圖	0976	樂律全書	0142
九大家詩選	2833	考信編	0455	樂善堂全集定本	2488
九經	0002	柯庭餘習	2401	樂陶吟草	2176
九經古義	0292	刻杜少陵先生詩分類集注	1864	雷峰塔傳奇	3008
九疑山志	0803	刻四書便蒙講述	0209	耒耜經	3040
居家必備	3067	刻仰止子參定正傳地理統一		類編箋釋國朝詩餘	2953
居易錄	1436	全書	1264	類編苑詩秀句	1621
居易堂集	2270	刻一握坤輿	0736	類箋唐王右丞詩集	1845
句讀敘述	0287	刻曾西墅先生集	2039	類經	1152
鉅文	2723	刻注釋藝林聚錦故事白眉	1644	類聚古今韻府續編群玉	1589
捐務題稿	0576	尅擇璇璣經集注	1269	類雋	1613
捐務鹽務告示章程	0576	課慎堂詩文集	2426	類林新咏	1695
鵑音	2059	空青石	2993	類書纂要	1686
鐫蒼霞草	2189	空同詞	2951	類選箋釋草堂詩餘	2953
	2190	空同集	2067	類選唐詩助道微機	2791
鐫古今兵家籌略	1116	空同詩鈔	2071	類音	0372
鐫古今名筆便學臨池真蹟	1291	空同先生集	2070	類證陳氏小兒痘疹方論	1187
鐫彙附百名公帷中纂論書經		空同子集	2068	類纂精華	1706
講義會編	0079	孔門易緒	0048	梨雲館廣清紀	1508
鐫彙附雲間三太史約文暢解		孔聖家語圖	1045	梨雲館類定袁中郎全集	2200
四書增補微言	0223	孔子家語	1044	黎陽王襄敏公集	2050
鐫李及泉參于鱗箋釋唐詩選	2788	叩舷吟	2917	離騷草木疏	1823
鐫李卓吾批點殘唐五代史演		扣舷集	2033	離騷經解略	2405
義傳	1523	苦功悟道經	3025	離騷圖	1825
鐫六朝文選評注	2720	庫儲實存簿	0910	李長吉歌詩	1901
鐫唐李瀚原本名蹟蒙求	1676	快閣藏書	3059	李鴻章劉含芳辦理旅順海防	
鐫性理精抄	1080	匡山集	2359	往來電稿	0578
鐫玉堂釐正龍頭字林備考韻		葵書	1704	李鷺洲詩文集	2414

李詩辯疑	1858	歷代帝王姓系統譜	1609	遼史	0382
李氏焚書	2156	歷代官制考略	0458	蓼齋集	2254
李氏家集四種	2919	歷代郡國考略	0458	列朝詩集	2831
李太白文集	1853	歷代名臣奏議	0539	列國東坡圖説	0167
	1854		0540		0168
李衛公望江南	1109	歷代名畫記	1307		0169
李文定公貽安堂集	2144	歷代名吏録	0599		0170
李文饒集	2741	歷代名賢齒譜	0603	列國史補	0456
李咸齋集	2264	歷代詩家初集	2683	列國圖説	0149
李儀日記	0649	歷代世譜	0452		0165
李義山文集	1904	歷代統系表略	0458		0166
李于鱗唐詩廣選	2787	歷代文粹	2710	列國指掌圖	0149
李于田詩集	2177	歷代文選	2708	列子冲虛真經	1794
李元輔集	2225	歷代相臣傳	0591	林蕙堂文集	2320
李竹嬾先生説部	3079	歷代象賢録	0594	林青山先生文集	2516
	3080	歷代小史	3043	林泉老人評唱丹霞淳禪師頌	
李卓吾先生讀升庵集	2097	歷科廷試狀元策	2855	古虛堂習聽録	1752
李卓吾先生較士民切要關約			2856	林屋集	2111
契式手鏡	1682	隸辨	0341	林子會編	1402
理學正宗	1097	隸釋	0971	鄰鶴齋詩稿	2610
禮記	0002	隸續	0971	臨春閣	2991
	0016	麗句集	1666	臨漪園詩文集	2476
	0273	儷府	1702	麟書捷旨	0178
	0279	連平顔氏宗譜	0692	靈星小舞譜	0143
禮記集注	0015	連陽八排風土記	0752	靈巖志	0786
	0124	蓮龕集	2293	留畔堂遺詩	2262
禮記揭要	0290	蓮洋集	2363	留餘堂史取	1015
禮記旁訓	0008		2364	劉静脩文集	2741
	0014		2365	劉氏鴻書	1641
禮記述注	0134	蓮洋吴徵君年譜	2365	劉氏類山	1637
禮記説義纂訂	0132	聯新事備詩學大成	1593	劉式訓奏議函電稿	0579
禮記通解	0127	聯豫文稿	0581	劉文烈公全集	2243
禮記訓解	0007	璉川詩集	2128	劉熊碑殘字附釋文	0985
禮記約注	0128	練江詩鈔	2482	劉須溪先生記鈔	1995
禮記注疏	0003	梁補闕集	1882	劉雪湖梅譜	1311
	0004	梁誠書啓簿及函電文牘	0582	劉稚川詩	2641
禮經貫	0129	梁江文通集	1837	劉子	1388
禮樂合編	0131	梁書	0381	劉子威集	2134
禮俗權衡	2356		0382	劉子文心雕龍	2925
立雪齋印譜	1334	梁文紀	2621	柳亭詩話	2943
吏部職掌	0863	梁園風雅	2912	柳文	1895
吏部准署到任官册	0942	梁昭明文選	2650		1898
笠亭詩集	2538	兩朝從信録	0477	柳先生年譜	0642
笠翁一家言全集	2257	兩漢策要	2775	六朝餘韻	1639
歷朝捷録	1018	兩漢紀字句異同考	0461	六臣注文選	2647
歷朝捷録全文	1019	兩漢記	0461	六觀樓北曲	2969
歷朝名媛詩詞	2694	兩漢雋言	0719	六湖先生遺集	2557
歷朝聖賢篆書百體千文	1297		3041	六家詩名物疏	0102
歷朝應制詩選	2682	兩面樓詩稿	2906	六家文選	2646
歷朝忠義彙編	0597	兩蘇經解	0006	六經圖	0275
歷朝諸家評王右丞詩畫鈔	1845	兩浙澹然先生年譜	2040		1655
歷代帝王法帖釋文考異	1303	廖氏族譜	0683	六經圖考	0274

六醴齋醫書	1149	呂氏春秋	1381	梅花草堂集	1406
六書本義	0316	呂祖全傳	1530	梅花什	2187
六書辨通	0345	呂祖全書	1809	梅里古印譜	1338
六書長箋	0305	律例總類	0919	梅坪詩鈔	2904
六書分類	0339	律陶	1832	梅軒遺草	2566
	0340	綠牕女史	1497	梅崖居士文集	2514
六書故	0346	綠筠軒詩	2477	媚幽閣文娛	2847
六書例解	0345	綠蘿山莊詩文集	2454	夢窗甲稿	2951
六書通	0330	綠牡丹傳奇	2987	夢林玄解	1276
	0331	論略	2239	夢樓詩集	2530
六書通釋	0346	論曲	2964		2531
六書雜說	0345	論語	0199	夢山存家詩稿	2149
六書正譌	0313	論語古韻	0264	夢堂詩稿	2478
	0314	論語集注	0198	夢溪筆談全編	1389
	0315		0201	夢月岩詩集	2390
六書準	0344	論語詳解	0262	夢澤張先生手授選評四六燦花	
六書總要	0326	論語詳說	0261		2849
六研齋筆記	1453	論語札記	0279	孟浩然集	2626
六藝流別	2706	論語注疏解經	0003	孟浩然詩集	1851
六子書	1038		0004	孟龍川文集	2114
隆平集	0506		0260	孟襄陽集	1850
	0507	羅浮山志會編	0809	孟子	0199
龍城錄	1892	羅圭峰先生文集	2063		0265
	1893	羅近溪先生語要	2157		0266
龍乘	1373	羅先生詩集	2157	孟子集注	0198
龍虎山志	0797	羅豫章先生集	1963		0201
龍湫集	2250	蘿石山房文鈔	2240		0267
龍門集	2118	洛陽伽藍記	0842	孟子札記	0279
龍門游草	2227	雒閩源流錄	0619	孟子注疏解經	0003
龍沙紀略	2917	駱賓王集	2626		0004
龍谿王先生全集	2125	欒函	2285	麋研齋印存	1358
婁山易輪	0279			麋研齋印稿	1359
樓村詩集	2402	**M**		秘書廿一種	3068
陋巷志	0833	買愁集	2746	秘書省續編到四庫闕書	0958
	0834	脈經	1162	綿津山人集	3089
盧照鄰集	2626	脈訣	1144	妙法蓮華經文句	1729
廬山志	0799	彎文書屋集略	2534	妙一齋醫學正印種子編	1186
魯公文集	1848	毛詩	0002	黽記	1086
	1849		0273	閩嶠集	2470
魯齋遺書	2003	毛詩名物圖說	0109	名公筆記	2059
陸次雲雜著	3088	毛詩日箋	0105	名公翰墨林	2766
陸放翁全集	3078	毛詩札記	0279	名號異稱便覽	0157
陸士衡集	2622	毛詩鄭箋纂疏補協	0096	名家詩法彙編	2936
	2625	毛詩注疏	0003	名人世次爵里	2656
陸士龍文集	2622		0004	名山藏	0423
	2625	鄭峰真隱漫錄	1965	名山勝槩記	0768
陸塘初稿	2917		1966	名物類考	1605
陸宣公集	1880	眉公先生晚香堂小品	2229	名媛詩歸	2680
陸子學譜	1103		2230	明朝小史	0525
鹿邨詩集	2510	梅莾詩鈔	2540	明初四家詩	2637
鹿門先生批點漢書	0400	梅道人遺墨續集外集	2014	明紀彈詞注	3022
呂東萊先生文集	1969	梅谷十種	3096	明紀全載	0478

明倫大典	0890	南海普陀山志	0792	歐陽文忠公全集	1921
明名臣言行錄	0618	南華發覆	1792	歐陽文忠公五代史鈔	0712
明人尺牘選	2853	南華經	1783	偶存草詩集	2431
明人詩鈔	2836	南華經內篇集注	1790	偶記	1410
明儒考	0279	南華山房詩鈔	2464	**P**	
明詩別裁集	2835	南華山人詩鈔	2464		
明詩彙選	2832	南華真經	1038	排悶錄	1510
明詩綜	2834		1773	潘黃門集	2622
明史	0422		1781	潘穎川聞和草賦集	2455
明史彈詞	2250		1782	盤山志	0773
明史藁	0421	南華真經副墨	1786		0774
明史雜詠	2462	南華真經旁注	1789	盤山志補遺	0773
明太祖功臣圖	0602	南華真經評注	1784	鮑澤子四時四聲山居草	2430
明文鈔	2858	南交好音	2308	鮑翁家藏集	2057
明文記類	2846	南齊書	0381	砲錄	1128
明文奇賞	2844		0382	陪集	2327
明文霱	2845	南史	0381	佩文詩韻提綱	0375
明夏赤城先生文集	2051		0382	佩文韻府	1690
明楊繼盛奏疏草稿	0556	南宋雜事詩	2885	佩文齋書畫譜	1327
明州阿育王山志	0790	南唐書	0416	佩文齋詠物詩選	2689
明狀元圖考	0700		0417	蓬窗日錄	1400
茗洲吳氏家典	0699	南田詩鈔	2904	蓬廬文鈔	2586
冥樞會要	1733	南通州五山全志	0778	蓬窗吟	2435
鳴求軒詩錄	2617	南洴集	2307	批點明詩七言律	2826
摩訶僧祇律	1718	南巡盛典	0895	批點牡丹亭記	2974
謨觿隨筆	1428	南陽樂傳奇	3001	毗陵六逸詩鈔	2904
秾陵春傳奇	2991	南游草	2448	毗陵集	1877
墨池編	1285	南嶽單傳記	1760	坤雅	0294
	1286	南嶽志	0801		0298
墨娥小錄	1448	南齋詞	2563	篇目名義	1233
墨憨齋新編繡像醒名花	1532	南齋集	2563	駢體文集	2552
墨經	3040	南州草堂集	2445	駢枝別集	2235
墨君題語	3079	內府分省分府圖	0745	平定兩金川方略	0490
	3080	內外傷辨	1144	平閩紀	0527
墨緣彙觀	1284	倪文貞公文集	2232	平南王元功垂範	0640
墨子	1379	擬古樂府	2055	平山堂圖志	0831
牧愛堂編	0869	擬明代人物志	0620	平遠宮保督蜀批札節略	0933
牧齋初學集	2248	年譜纂要	1074	平齋詞	2951
牧齋初學集詩注	2249	廿二史紀事提要	1032	瓶花齋集	2201
牧齋紅豆莊雜錄	1684	廿一史彈詞注	3022	萍草刪存	2443
牧齋書目	0961	念庵羅先生文集	2122	評林注釋要刪古文大全後集	2717
穆堂初稿	2408		2123	憑山閣新輯尺牘寫心集	2768
N		念八翻	2993	坡仙集	1933
		凝齋先生遺集	2513	婆羅岸	1545
南邦黎獻集	2866	農書	1139	破邪顯證鑰匙經	3027
南城召對	0523	農丈人詩文集	2188	浦江鄭氏旌義編	0638
南滁會景編	2893	農政全書	1140	浦雲堂詩集	2376
南豐先生元豐類稿	1915	女紅餘志	2624	普陀山志	0791
南阜山人詩集類稿	2483	女孝經	3040	普陽琴餘草	2471
南阜山人詩文類稿	2483	女訓	1063	曝陽亭集詩注	2349
南工廟祠祀典	0900	**O**		曝書亭詩錄	2348
南海九江朱氏家譜	0659	歐陽文忠公集	1920		

Q

七録齋集	2239	評林捷徑統宗	1151	清異錄	1476
七十二峰足徵集	2900	秦漢書疏	0542	清吟堂集	2370
七一軒稿	2288	秦漢瓦當文字	0993	清吟堂全集	2370
七子詩選	2640	秦漢瓦圖記	0992	清宗室敬徵日記	0646
	2642	秦漢文鈔	2734	丘海二公文集合編	2638
栖雲閣文集	2261	秦漢印範	1000	丘文莊公集	2638
	2262	秦蜀兼籌	0502	邱邦士文集	2266
奇晉齋叢書	3072	秦篆殘石題跋	0985	秋塍文鈔	2419
奇賞齋廣文苑英華	2737	琴好樓小製	2906	秋笳集	2314
奇姓通	1627	琴律考	0279	秋浦冷署閒吟	2614
奇字韻	0360	鍥王趙二先生校閱音義天梯		秋泉先生遺稿	2168
齊世子灌園記	2972	春秋正文	0175	秋樹蟬聲集	2615
齊雲山志	0785	欽定大清會典	0887	秋水庵花影集	3019
芑野詩鈔	2904	欽定古今圖書集成	1694	秋水閣墨副	2212
啓雋類函	1636	欽定國史大臣列傳	0628	秋水集	2457
千百年眼	1021	欽定軍衛道里表	0927	秋水軒印存	1352
千泉尺室錢譜	0995	欽定廓爾喀紀略	0487	秋閒戲鐵	1333
千叟宴詩	2880	欽定平定臺灣紀略	0489	屈賦晢微	1829
千文六書統要	0336	欽明大獄錄	0522	屈翁山詩集	2325
千一錄	1401	青海奏疏	0574	屈原傳	1824
千字文注	1297	青萊續史	1030	屈原列傳	1826
前漢書	0382	青藜閣集	2906	渠風集略	2911
	0398	青蘿館集	2238	渠亭山人半部稿	2334
前令鄭壺陽靖海紀略	0510	青門集	2445	去吳七牘	2201
前明小記	2435	青門簏稿	2321	全燬書目	0969
前明雜事詩	2435	青門旅稿	2321	全閩詩話	2948
前唐十二家詩	2626	青門賸稿	2321	全唐詩話	2932
乾坤正切	1204	青烏先生葬經	3040	全修海塘錄	0816
乾隆己酉科各省選拔同年齒錄	0929	青邱高季迪先生詩集	2033	全韻詩	2425
			2034	權衡一書	1489
乾隆壬申萬壽恩科雲南武鄉試題名錄	0928	青藤山人路史	1432	勸善金科	3002
黔苗圖説	0760	青原志略	0798	卻掃編	1392
黔類	1614	青在堂花卉草蟲譜	1323	闕里志	0832
錢穀視成	0909	青在堂花卉翎毛譜	1323	群經補義	0280
錢糧奏摺	0569	青在堂菊譜	1322	群書典彙	1660
錢錄	0984	青在堂蘭譜	1322	群書集事淵海	1598
潛庵先生遺稿	2295	青在堂梅譜	1322	群書考索	1574
潛確居類書	1656	青在堂竹譜	1322	群談採餘	1445
潛溪集	2021	清道光乙巳年通書	1271	群玉樓稿	2107
潛學稿	2162	清風草堂詩鈔	2608	群珠集	1364
潛研堂文集	2521	清光緒丙戌年通書	1274		
篋衍集	2869	清河書畫舫	1282	R	
鍥南華真經三注大全	1791	清紀	1507	人代紀要	0453
鍥旁注事類捷錄	1647	清紀附	1507	人壽集	2618
鍥太上天寶太素張神仙脈訣玄微綱領宗統	1164	清江貝先生詩集	2029	人壽堂詩鈔	2618
鍥王氏秘傳叔和注釋義脈訣評林捷徑統宗	1163	清凉山志	0783	人獸關	2992
		清凉山志輯要	0784	人元脈影歸指圖説	1162
		清綺軒詞選	2959	任釣臺讀易法	0073
		清素堂詩文集	2487	任彦升集	2622
		清溪詩稿	2906	日講春秋解義	0182
鍥王氏秘傳圖注八十一難經		清咸豐癸丑年通書	1272	日講禮記解義	0133
		清咸豐甲寅年通書	1273	日講易經解義	0047

書名拼音索引

日課詩稿	2561	三遷志	0835	尚白齋鐫陳眉公寶顏堂秘笈	3053
日涉編	0724	三渠先生集	2106	尚白齋鐫陳眉公訂正秘笈	3048
日用本草	1154	三世記	3005	尚史	0405
容安齋觚譚	1415	三蘇先生文粹	2922	尚書	0002
容春堂集	2062	三台館仰止子考古詳訂遵			0273
容居堂三種曲	2995	韻海篇正宗	0364	尚書古文疏證	0086
容臺稿	2127	三太史彙纂四書人物類函	0222	尚書軌範撮要圖	0085
容臺文集詩集別集	2197	三易洞璣	0276	尚書後案	0090
容齋隨筆	1393	三易集	2903	尚書後辨	0090
蓉槎蠡説	1420	三元甲子編年	0459	尚書舌存	0083
榕村講授	2750	三注鈔	3055	尚書釋天	0091
如是我聞	1510	三子合刊	1773	尚書疏衍	0081
如是齋集	2917	三子新詩合稿	2830	尚書通考	0077
茹古略集	1679	沙河逸老小稿	2563	尚書札記	0279
儒門事親	1168	山帶閣集	2137	尚書注疏	0003
儒行集傳	0276	山帶閣注楚辭	1827		0004
入塞詩	2917	山東全河備考	0822		0074
入蜀集	2279	山東運河備覽	0823	尚友錄	1680
阮嗣宗集	2622	山法全書	1268	少湖徐先生學則辯	1974
阮亭選志壑堂詩	2291	山海經	0812		1975
瑞筠圖傳奇	3001		1498		1976
瑞芝錄	2167	山海經廣注	1500	少林寺志	0847
若庵集	2456	山海經釋義	1499	少岷先生拾存藁	2092
弱水集	2453	山居百詠	1755	少微家塾點校附音通鑑節要	0428
		山水二經合刻	0812	邵康節先生詩鈔	2791
S		山水鄰新鐫出像四大癡傳奇	2971	邵文莊公經史全書	3083
薩天錫詩集	2012	山水忠肝集摘要	1268	邵子全書	3077
塞游草	2423	山堂肆考	1630	邵子湘全集	2321
三才發秘	1249	山曉閣選古文全集	2752	射禮儀節	0139
三才彙編	1685	(山陰)遺風龐氏宗譜	0690	攝山志	0775
三才通考	1603	山中一夕話	1509	申鑒	1049
三才圖會	1611	珊瑚玦傳奇	2995	申學士校正古本官板書經大	
三才藻異	1687	善卷堂四六	2398	全	0009
三朝聖訓	0538	商丘宋氏三世遺集	2918		0011
三朝要典	0519	商文毅公集	2046	呻吟語	1084
三訂曆法玉堂通書捷覽	1246	傷寒兼證析義	1148	深柳堂彙輯書經大全正解	0087
三多齋重訂注釋采眉故事	1663	傷寒類書活人總括	1169	深柳堂禹貢增刪集注正解讀	
三藩紀事本末	0491	傷寒論後條辨	1167	本	0087
三國文紀	2621	傷寒舌鑒	1148	神兵旗式	1267
三國志	0381	傷寒緒論	1148	神農本草經疏	1160
	0382	傷寒纘論	1148	神僧傳	1763
	0406	賞奇樓蠹餘稿	2906	神相全編	1251
	0407	賞音編	2891	沈歸愚詩文全集	2502
三國志纂	0408	上方山志	0772	沈蘭軒集	2045
三家宮詞	2624	(上海崇明)黃氏家乘	0675	沈佺期集	2626
三江水利紀略	0824	上清靈寶大法	1805	沈下賢文集	1900
三教平心論抄	1737	上清靈寶濟度大成金書	1806	沈休文集	1835
三劫三千佛名經	1728	上下篇義	0009	瀋國勉學書院集	2896
三晉詩選	2908		0021	瀋水三春集	2397
三禮編繹	0130		0026	慎柔五書	1149
三禮述注	0134	上諭八旗	0535	慎修堂集	2152
三命通會	1255	上諭内閣	0534	慎言	1075

2403

升庵先生文集	2095	詩林韶濩	2687	石柱記箋釋	0852
聲調譜	2355		2688	拾遺方	1189
繩其武齋自纂年譜	0645	詩譜	0096	食物本草	1154
繩齋內外集	2497	詩人爵里	2655		1155
省吾堂五種	0292	詩人爵里詳節	2782		1156
省心錄	1908	詩人考世	2673	史漢方駕	0402
省軒考古類編	1697	詩人玉屑	2933	史記	0381
盛明十二家詩選	2828	詩刪	2676		0382
盛明雜劇	2966	詩史	1034		0383
聖蹟全圖	0632		1035		0384
聖蹟圖	0630	詩說解頤總論	0094	史記補	0382
	0631	詩藪	2937	史記鈔	0704
聖駕親征噶爾旦方略	0488	詩宿	2673		0705
聖門禮樂統	0899	詩譚	2939	史記評林	0386
聖門人物志	0584	詩序辨說	0093	史記題評	0385
聖門通考	0583	詩學集成押韻淵海	1595	史記綜芬評林	0387
聖門志	0585	詩學權輿	2935	史聲	0460
	0586	詩餘圖譜	2955	史拾	1027
聖宋名賢五百家播芳大全文粹	2817	詩苑天聲	2684	史拾載補	0389
聖學格物通	1076	詩韻輯略	0361	史通通釋	1010
聖學宗傳	0596	詩韻瑶林	0376	史通訓故補	1009
聖諭廣訓	1483	十國春秋	0505	史緯	1036
聖諭像解	1485	十菊山人雪心草	2247	史觿	0711
聖祖仁皇帝上諭十六條	0538	十科策略箋釋	2043	史學提要箋釋	1013
施注蘇詩	1929	十七史	0381	史忠定王遺集	1965
師讓盦漢銅印存	1005	十三經解詁	0012	矢音集	2467
詩材類對纂要	1703	十三經類語	1681	使滇集	2381
詩持	2868	十三經序論選	1681	使交紀事	2308
詩傳大全	0093	十三經注疏	0003	使交吟	2308
詩詞合選	0561		0004	氏名爵里	2848
詩詞雜組	2624	十誦律	1727	氏族博考	1609
詩法火傳	2942	十藥神書	1149	世管佐領崔姓襲職家譜	0697
詩歸	2677	十種唐詩選	2799	世經堂集	2112
	2678	石倉十二代詩選	2674	世廟識餘錄	0518
詩話類編	2938	石帆詩鈔	2550	世穆兩朝編年信史	0476
詩集殘餘	2340	石鼓文鈔	0980	世史正綱	0445
詩紀	2675	石鼓文正誤	0979	世說新語補	1440
詩家全體	2679	石鼓齋印鼎	1001	世無匹	1540
詩經	0016	石湖居士詩集	1977	世系譜	0157
詩經備考	0098	石湖詩集	2624	世系遺芳集	1918
詩經廣大全	0106	石經閣文初集	2593	世宗憲皇帝聖諭廣訓	0538
詩經集注	0015	石經考	0292	世宗憲皇帝聖諭廣訓直解	0538
詩經揭要	0290	石經齋精選十四科詩正全集	2864	世祖章皇帝欽頒臥碑	0538
詩經類考	0101	石閭集	2271	市南子	2215
詩經旁訓	0008	石門文字禪	1954	事類賦	1564
	0014	石墨鐫華	0978		1565
詩經說約	0100	石渠閣刪注四書人物考	0206	事物紀原集類	1567
詩經訓解	0007	石渠閣新訂四書講義童子問	0246		1568
詩經增訂旁訓	0108	石堂先生遺集	1994	事物考	1602
詩經注疏大全合纂	0099	石田先生集	2065	是程堂集	2592
詩雋類函	1635	石頑老人診宗三昧	1148	筮吉肘後經	1275
		石齋先生經傳九種	0276	筮儀	0009

書名拼音索引

		雙溪集	0021	四書典林	1972
		雙溪文集	0022	四書典制類聯音注	1971
		雙仙記傳奇	0023	四書古人典林	3004
		雙雲堂文稿	0026	四書湖南講	2378
試律詩集	2553	雙忠廟傳奇		四書集注	2995
試篆存稿	1348	水經釋地	0814		0198
諡法通考	0901	水經注	0812		0199
釋迦如來應化事蹟	1765	水經注箋刊誤	0813		0200
釋氏要覽	1771	水經注釋	0813	四書集注闡微直解	0205
釋題	1721	水明樓集	2203	四書集注大全	0201
受宜堂集	2395	水南灌叟遺稿	2505	四書講義困勉錄續錄	0235
受宜堂駐淮集	2396	睡庵文稿	2204		0236
壽鼎齋印存	1355	睡足軒詩選	2073	四書經學考	0225
壽山堂易說	0045	順天府霸州賦役冊	0904	四書考異	0219
壽世青編	1198	說郛	3034	四書蒙引	0203
壽藤齋詩	2576	說詩樂趣類編	2945	四書名物考	0210
書傳大全	0078	說嵩	0789	四書明儒大全精義	0237
書記洞詮	2713	說文長箋	0305	四書人物考訂補	0207
書經	0016	說文廣義	0306	四書十一經通考	0229
書經集注	0015	說文廣義校訂	0309	四書說約	0228
	0076	說文解字	0301	四書體朱正宗約解	0242
書經揭要	0290	說文字原	0314	四書圖史合考	0204
書經旁訓	0008	說文字原表	0307	四書眼	0217
	0014	說文字原表說	0307	四書疑問	0252
書經文鈔	0092	說文字原集注	0307	四書繹注	0245
書經訓解	0007	說文字原考略	0308	四書雜考	0206
書經注疏大全合纂	0084	說玄	1231	四書徵	0224
書啟	2279	司馬長卿集	2622	四書朱子本義匯參	0247
書啟合璧二集	2770	司馬文正公傳家集	1914	四書朱子大全統義	0253
書史會要	1289		2741	四書朱子或問語類	0248
書舟詞	2951	思濟堂方書	1183	四書朱子異同條辨	0254
舒梓溪先生全集	2100	思居堂集	2529	四書朱子語類	0233
蔬果爭奇	1496	思益梵天所問經	1717	四書諸儒輯要	0255
蔬香詞	2370	巳山先生文集	2459		0256
塾課賸編	2772	四國游紀	0860	四書自得錄	0249
蜀草	2174	四家語錄	1745	四書總字音	0259
蜀中草	1960	四刻黃維章先生詩經娜嬛體注		四書左國彙纂	0257
曙堂詩稿	2544		0107	四素山房集	2220
述本堂詩集	2917	四庫全書分架圖	0959	四焉齋詩文集	2465
述記	1494	四六初徵	2886	四友記	3005
庶物異名疏	1661	四六法海	2695	四元記	2999
潄芳軒合纂四書體注	0241	四六全書	3081	松皋文集	2309
潄石詩鈔	2567	四六新函	2852	松桂堂全集	2307
潄玉詞	2624	四溟山人全集	2169	松壺集	2283
豎步吟	2917	四聲篇	0351	松筠桐蔭館印譜	1344
霜葉吟	2437	四史鴻裁	0717	松郡均役成書	0905
雙劍閣集地理人天眼目	1263	四史勦說	1031	松漠草	2917
雙佩齋詩文集	2552	四書備考	0219	松絃館琴譜	1361
雙奇夢傳	1533	四書參	0208	松鄉先生文集	2000
雙清閣詩稿	2392	四書大成	0232	松雪堂印萃	1337
雙兔記	3005	四書大全	0234	松園偈庵集	2903
雙溪倡和詩	2879	四書大全辯	0230	松圓浪淘集	2903
				嵩年奏檔	0567

2405

嵩嶽廟史	0850	蘇文	1938	磨會釋	1725
宋百家詩存	2635	蘇文忠公海外集	1945	檀弓	0110
宋大家蘇文忠公文抄	1937	蘇文忠公膠西集	1932	檀几叢書	3069
宋端明殿學士蔡忠惠公文集	1913	素履堂稿	2569	檀園集	2903
宋洪魏公進萬首唐人絶句	2779	溯流史學鈔	1094	譚襄敏公奏議	0555
宋徽宗宮詞	2624	隋書	0381	譚友夏鍾伯敬先生批評綰春	
宋金元詩永	2685		0382	園傳奇	2977
宋李梅亭先生四六標準	1988		0414	坦庵詞	2951
宋李忠定公奏議選	1958		0415	嘆世無爲經	3026
	1959	隋文紀	2621	湯液本草	1144
宋濂溪周元公先生集	1918	隨葦集	2370	湯義仍先生還魂記	2975
宋林和靖先生詩集	1908	隨葦續集	2370	湯子遺書	2296
	1909	隨園食單	1368	唐丞相曲江張先生文集	1844
宋蒙泉文集	2508	遂初堂詩集文集	2350	唐國史補	1441
宋名家詞	2951	孫氏養正樓印存	1351	唐韓昌黎集	1889
宋詩紀事	2949	孫文定公全集	3084	唐荊川先生編纂左氏始末	0153
宋十五家詩選	2632	孫文定公奏疏	0565	唐荊川先生纂輯武編	1110
宋十賢傳	0606	孫子參同	1108	唐類函	1634
宋史	0382	筍譜	1377	唐柳河東集	1894
宋史筆斷	1023	獺祭編	1708	唐六如先生畫譜	2074
宋史新編	0418			唐盧户部詩集	1878
宋氏綿津詩鈔	2644	**T**		唐陸宣公翰苑集	1881
宋書	0381	胎息經	3040	唐陸宣公集	1879
	0382	太白兵備統宗寶鑑	1122	唐駱先生集	1840
宋四六叢珠彙選	1573	太白山人槲葉集	2448	唐駱先生文集	1841
宋四名家詩	2634	太古傳宗琵琶調西廂記曲譜	3032		1842
宋蘇文忠公居儋錄	1931	太湖備考	0825	唐人五言長律清麗集	2812
宋孫仲益内簡尺牘	1961	太上感應篇圖説	1803	唐人小傳	2811
宋王忠文公文集	1970	太上老子道德經	1776	唐詩百名家全集	2630
宋文文山先生全集	1991	太上正一朝天百拜謝罪寶懺	1799	唐詩粹選	2795
宋元通鑑	0440	太上治生法會伊始真人解悟		唐詩觀瀾集	2811
宋元資治通鑑	0441	真經合注	1798	唐詩貫珠	2803
宋宰輔編年錄	0862	太師誠意伯劉文成公集	2023	唐詩紀	2790
宋之問集	2626		2024	唐詩紀事	2928
宋宗忠簡公集	1955		2025		2929
宋宗忠簡公全集	1956	太史華句	3041	唐詩箋注	2809
頌天臚筆	0520	太史升庵文集	2094	唐詩解	2792
蘇長公表啓	1939	太史升庵遺集	2096	唐詩金粉	1701
蘇長公合作内外篇	1941	太玄集事	0192	唐詩類苑	2786
蘇長公密語	1942	太學進士題名碑錄	0930	唐詩排律	2806
蘇長公外紀	0636	太醫院補遺本草歌訣雷公炮		唐詩品彙	2782
蘇長公文集	1936	製	1161	唐詩筌蹄集	2808
蘇長公小品	1943	太醫院校注婦人良方大全	1185	唐詩體經	2802
蘇藩政要	0870	太乙玉鑑風雨全書	1236	唐詩選勝直解	2801
蘇黃門龍川別志	1947	泰山蒐玉集	2894	唐詩艷逸品	2631
蘇雋	2923	談龍錄	2355	唐詩繹	2815
蘇老泉先生全集	1924	談藪	2255	唐詩英華	2798
蘇門六君子文粹	2636		2256	唐書	0381
蘇米志林	0607	談藝錄	2091		0382
蘇沈内翰良方	1149	曇無德部四分律刪補隨機羯		唐書釋音	0382
蘇詩續補遺	1929	磨	1725	唐四家詩	2633
蘇氏易傳	0017	曇無德部四分律刪補隨機羯		唐宋八大家	2627

唐宋八大家文鈔	2628	萈元遁甲句解煙波釣叟歌	1247	萬曆己丑重刊改併五音集韻	0351
唐宋白孔六帖	1563	田間易學	0041	萬年書	1205
唐宋叢書	3066	田叔禾小集	2115	萬壽盛典初集	0894
唐宋大家全集錄	2629	眺秋樓詩	2587	萬言肄雅	0374
唐宋名賢歷代確論	1014	帖經舉隅	2519	萬子迂談	2135
唐文初集	2796	帖體類箋	2771	汪南溟集	2150
唐文二集	2796	聽潮居存業	1418	汪氏珊瑚網法書題跋	1283
唐雅	2785	聽秋軒詩集	2590	汪子中詮	1083
唐音癸籤	2794	聽鐘樓詩稿	2545	王勃集	2626
唐音戊籤	2793	亭臯詩鈔	2320	王奉常集	2158
唐諸家同詠集	1845	停雲閣詩稿	2906	王珪宮詞	2624
倘湖樵書	1480	通紀直解	0474	王龜齡文集	2741
弢甫五嶽集	2469	通鑑本末紀要	0483	王會新編	0741
弢甫續集	2468	通鑑綱目釋地糾謬	0435	王季重先生集	3082
濤音集	2910	通鑑紀事本末	0482	王建宮詞	2624
桃花影傳奇	3013	通鑑全史彙編歷朝傳統錄	0444	王荊公唐百家詩選	2778
桃源洞天志	0841	通鑑釋文辯誤	0426	王荊文公詩	1925
陶庵詩文集	2244		0427	王摩詰集	2626
	2245	通鑑直解	0443	王摩詰詩集	1846
陶靖節集	1831	通俗編	1700	王石和文	2406
	2622	通天臺	2991	王氏存筍稿	2129
	2623	通占大象曆星經	3040	王氏漁洋詩鈔	2644
陶靖節詩集	1832	通志	0390	王文成公全書	2075
陶人心語	2486	通志堂經解	0005	王文成公文選	2079
陶詩集注	1833	同書	1481	王文恪公集	2059
陶葦合集	2623	同文千字文	0333	王文肅公文草	2160
陶學士先生文集	2027	銅鼓書堂藏印	1004	王陽明先生傳習錄論	1074
陶貞白集	2622	銅鼓書堂遺稿	2582	王陽明先生全集	2078
梯山汪氏家譜	0662	偷甲記	2998	王漁洋遺書	3086
梯仙閣餘課	2465	投桃記	2976	王徵士集	2028
殢花詞	2443	屠先生評釋謀野集	2175	王子安集	1839
天地間集	1996	圖繪寶鑑	1308	王遵巖家居集	2117
天都閣藏書	3054		1309	網師園唐詩箋	2813
天際烏雲帖考	1306		1310	微泉閣文集詩集	2289
天津電報局支款清冊	0948	圖繪宗彝	1312	微雲集詩餘	2297
天祿閣外史	1387	圖書編	1615	煨芋館藏書目	0968
天目山齋歲編	2132	圖像本草蒙筌	1157	巍巍不動太山深根結果經	3023
天目先生集	2154	推背圖	1277		3024
天全堂集	2194		1278	韋蘇州集	1859
天然昰禪師梅花詩	2251	沱川余氏世紀	0666		2623
天台山方外志要	0793			韋齋集	1960
天台山全志	0794	**w**		圍爐詩話	2941
天童寺志	0844	外科精義	1144	圍棋近譜	1363
天文祥異集	1237	外詩集	1901	爲可堂初集	2265
天下山河兩戒考	0744	丸經	3040	未籛集	2485
天下一統志	0729	宛陵先生文集	1916	味和堂詩集	2391
天下有山堂畫藝	1328	晚邨先生家訓真蹟	1099	渭南文集	1979
天玉經注	1239	晚翠堂批點玉樓春	1537	衛陽先生集	2161
天原發微	1233	晚村先生八家古文精選	2747	緯略	1423
天運紹統	0463	晚唐詩鈔	2805	緯蕭草堂詩	2393
天中記	1608	晚笑堂畫傳	0602	魏叔子詩集	2276
天中足民錄	0923	皖桐瓛氏族譜	0688	魏書	0381

2407

		問答節要	0382	五經異義纂	0284	
魏書文鈔	0709	問經堂印譜	1349	五禮通考	0136	
溫恭毅公文集	2164	問奇一覽	0377	五蓮山志	0788	
溫陵留墨三種	2895	問山詩文集	2326	五倫書	1069	
文編	2707	翁山詩外	2324	五木經	3040	
文昌化書	1807	翁氏家事略記	0643	五雅	0294	
文帝全書	1808	臥龍崗志	0635	五研齋詩文鈔	2549	
文房十二友	1365	臥象山房詩正集	2352	五要奇書	1269	
文府滑稽	2721	吾妻鏡補	0859	五音集韻	0351	
文閣詩選	2327	吾師錄	2244	五雜組	1409	
文公家禮儀節	0138		2245	五贊	0021	
文翰類選大成	2703	吾學編	0508		0023	
文集選	1958	吾友于齋詩鈔	2558		0026	
	1959	吾炙集	2867	午亭文編	2312	
文集注解	1871	吳非熊集	2907	（武進）湯氏家乘	0681	
文紀	2621	吳江金氏家譜	0667	武經講義全彙合參	1120	
文津閣並園內各殿宇陳設書		吳江沈氏詩集	2921	武經開宗	1106	
籍目錄	0960	吳郡樂圃朱先生餘稿	1951	武經七書集注	1119	
文康公年譜	2918	吳山雜著	2606	武經七書題炬	1118	
文康公遺集	2918	吳詩集覽	2255	武林黃氏宗譜	0677	
文儷	2727		2256	武林靈隱寺志	0845	
文林綺繡	3041	吳文肅公摘稿	2064	武夷山志	0807	
文浦玄珠	2712	吳歔小草	2903		0808	
文清公薛先生文集	2042	吳越游覽圖詠	0855	武夷志略	0806	
文水李忠肅先生集	2214	吳徵君蓮洋詩鈔	2366	武英殿聚珍版書	3071	
文壇列俎	2730	吳中女士詩鈔	2906	窳硯齋學詩	2447	
文體明辯	2709	無聲詩史	1314	唐堂集	2418	
文武狀元策	2890	無錫鄧氏宗譜	0685			
文溪詞	2951	無瑕璧傳奇	3001	**X**		
文獻通考	0872	無依道人錄	1744	西陂類稿	2328	
	0873	無欲齋詩鈔	2221	西北文集	2284	
文獻通考纂	0874	五朝宋名臣言行錄	0605	西藏奏稿	0580	
文心雕龍	2926	五朝小說	3062	西漢儒林傳經表	0291	
文選	2645	五車韻瑞	1667	西漢書疏	0543	
	2649	五代史	0381	西漢文	2774	
			0382	西漢文紀	2621	
文選錦字錄	1632		0392	西河合集	3087	
	3041	五燈會元	1757	西湖佳景	0830	
文選考異	2659	五燈會元	1758	西湖扇傳奇	2990	
文選音義	2657	五鳳吟	1543	西湖志	0827	
文選尤	2653	五公山人集	2267	西湖志摘粹補遺奚囊便覽	0826	
文選瀹注	2652	五虎記	3005	西湖志纂	0828	
文選纂注評苑	2651	五經大全	0009	西澗草堂集	2537	
文淵殿	2994		0010	西澗草堂全集	3094	
文遠集	2223		0011	西江風雅	2916	
文苑彙雋	1638		0015	西江詩話	2946	
文苑英華	2660	五經集注	0290	西江游覽圖詠	0855	
	2661	五經揭要	0008	西林詩鈔	2904	
文韻集	2751	五經旁訓	0014	西圃叢辨	1437	
文章練要	0283	五經全文訓解	0007	西樵語業	2951	
文貞公集	2315	五經同異	0292	西青散記	1511	
文職候補官冊	0943	五經疑問	0013	西清筆記	2533	
文致	2738					

書名	編號
西清古鑑	0984
西山集	2280
西山先生真文忠公文集	1983
西山先生真文忠公文章正宗	2699
西山先生真文忠公續文章正宗	2701
西翁教子言	1091
西巡盛典	0897
西隱文稿	2030
西園記	2985
西齋集	2438
西齋語錄	1105
息軒草	2351
奚囊寸錦	2373
晞髮集	1996
皙次齋稿	2301
皙次齋名家贈什	2301
皙次齋同人尺牘	2301
羲經十一翼	0035
習是編	1490
夏寶晉文稿	2598
夏東岩先生文集	2099
夏桂洲先生文集	2103
仙佛奇蹤	1504
	1505
先福奏摺底稿	0566
先儒齊治錄	1101
先儒正修錄	1101
先賢事略	2892
絃索辨訛	3021
絃索調時劇新譜	3032
閑家編	1487
憲章錄	0465
香草居集	2919
香草堂詩鈔	2904
香乘	1374
香山詩選	1899
香墅漫鈔	1454
香墅漫鈔續	1454
香墅漫鈔又續	1454
香樹齋詩文集	2422
香嚴略紀	0848
湘煙錄	1471
湘陰郭氏家譜	0673
響泉集	2517
響玉集	2224
象山先生全集	1974
	1975
	1976
霄崢集	2876
	2877
蕭山郎氏宗譜	0669
蕭山馬湖傅氏宗譜	0680
蕭山任氏家乘	0660
蕭山石板衖李氏宗譜	0663
蕭亭詩選	2329
簫譜	2906
瀟碧堂集	2201
小窗幽紀	1455
小窗自紀	1507
小兒附遺方論	1169
小爾雅	0294
小蘭陔詩集	2420
小山類藁選	2104
小十三經	3040
小四書	3035
小停雲詩集	2559
小學分節	1096
小學紺珠	1581
曉春閣詩集	2906
孝經大全	0196
孝經集傳	0197
孝經集義	0276
孝經刊誤	0195
孝經注疏	0195
	0003
	0004
	0193
	0194
校碑隨筆	0989
校注橘山四六	1981
嘯雪庵題詠詩集新集	2318
斅文存稿	2483
歇庵集	2196
斜川集	1952
斜川詩集	1953
諧鐸	1512
諧聲別部	2944
諧聲品字箋	0369
諧聲指南	0326
寫竹簡明法	1326
嶰谷詞	2563
謝疊山公外集	1993
謝疊山公文集	1992
	1993
謝惠連集	2622
謝康樂集	2622
謝宣城集	2622
心遠堂詩集	2286
心齋十種	3097
辛西同游倡和詩餘後集	2290
欣賞編	3036
新安二布衣詩	2907
新安文獻志	2892
新板全補天下便用文林紗錦萬寶全書	1671
新編併音連聲韻學集成	0358
新編春燈迷史	1553
新編古今事文類聚	1571
	1572
新編兩肉緣	1550
新編佩文詩韻提綱四聲譜廣注	0375
新編事文類聚翰墨大全	1591
	1592
新編事文類聚翰墨全書	1590
新編西川圖	3016
新編繡像簇新小説麟兒報	1535
新編元寶媒傳奇	2995
新編簪纓必用翰苑新書	1583
新編纂注資治通鑑外紀增義	0428
新採奇聞小説全編萬斛泉	1541
新抄濃情秘史	1556
新春吉慶大全	1270
新訂解人頤廣集	1513
新撫苗寨路程	0868
新箋決科古今源流至論	1576
	1577
新箋決科古今源流至論	1578
新疆省各州縣雨雪陰晴雨雪平均量每月統計表	0949
新鐫釋和魁斗千家詩選	2671
新鐫陳太史之史經濟言	1653
新鐫出像點板怡春錦曲	3020
新鐫古今大雅北宮詞紀	3017
新鐫古今大雅南宮詞紀	3018
新鐫古今事物原始全書	1628
新鐫海內奇觀	0770
新鐫翰林校正鰲頭合併古今名家詩學會海大成	1631
新鐫黃貞父訂補四書周莊合解	0215
新鐫鑑略四字書	1710
新鐫舉子六經纂要	1670
新鐫歷朝捷錄增定全編大成	1017
新鐫歷代名賢事類通考	1650
新鐫秘本續英烈傳	1525
新鐫繆當時先生四書九鼎	0214
新鐫旁批詳注總斷廣名將譜	1126
新鐫批評繡像巧聯珠小説	1538
新鐫批評繡像人間樂	1536
新鐫批評繡像玉嬌梨小傳	1534
新鐫全像通俗演義隋煬帝艷史	1518
	1519
新鐫全像武穆精忠傳	1524

新鐫全像一見賞心編	1515	詳節	0871	新刻蒐集群書紀載大千生鑑	1633
新鐫四書說約大全合參	0231	新刊正文對音捷要琴譜真傳	1360	新刻田家五行	1141
新鐫桃花影	1548	新刊重訂出像附釋標注音釋趙氏孤兒記	2973	新刻文房清事	1366
新鐫通鑑集要	0442	新刻拜命曆	1260	新刻卧子陳先生編纂歷代名賢古文宗	2739
新鐫武經入學第一明解	1119	新刻保生心鑑	1196	新刻相字心法	1254
新鐫笑林廣記	1514	新刻陳明卿先生對類會海	1664	新刻星平總會命海全編	1261
新鐫性理奥	1088	新刻出像增補搜神記	1501	新刻徐玄扈先生纂輯毛詩六帖講意	0097
新鐫繡像旁批詳注總斷廣百將傳	1127	新刻大明曆	1260		
新鐫繡像小説夢花想	1542	新刻法師選擇紀	1260	新刻許真君玉匣記	1260
新鐫選釋歷科程墨二三場藝府群玉	2862	新刻附曆合覽	1260	新刻學餘園類選名公四六鳳采	2850
		新刻古今碑帖考	1287		
新鐫雅俗通用珠璣藪	1672	新刻古今玄屑	1629	新刻艷芳配	1552
新鐫增補較正寅幾熊先生尺牘雙魚	2762	新刻郭璞先生神會曆	1260	新刻養生導引法	1197
		新刻何氏類鎔	1620	新刻一札三奇	1649
新鐫增補全像評林古今列女傳	0589	新刻洪武元韻勘正切字海篇群玉	0366	新刻乙丑科華會元四書主意金玉髓	0221
新鐫重訂增補名文珠璣	2725	新刻皇明經世要略	0878	新刻乙未科翰林館課東觀弘文	2861
新鐫注釋出像皇明千家詩	2829	新刻解注和韻千家詩選	2670		
新鐫注釋里居通用合璧文翰	2761	新刻金符經	1260	新刻易測	0032
新刊陳眉公先生精選古論大觀	2731	新刻京陵原板參補針醫牛經大全	1143	新刻藝圃球瑯集注	1404
				新刻音釋旁訓評林寅義三國志史傳	1517
新刊出像點板纏頭百練	3020	新刻九我李太史校正古本歷史大方通鑑	0448	新刻友花居上林鴻	2767
新刊大字周易本義	0022				
新刊方脈主意	1165	新刻李太史選釋國策三注旁訓評林	0498	新刻玉洞金書	1258
新刊翰林考正綱目點音少微通鑑節要會成	0430			新刻鴛鴦	1531
		新刻李袁二先生精選唐詩訓解	2789	新刻袁中郎先生批評紅梅記	2983
新刊翰林考正綱目點音資治通鑑正要會成	0438			新刻韻學大成	0362
		新刻連珠曆	1260	新刻增補音易四書五經字考萬花谷	1675
新刊皇明名臣言行録	0608	新刻麻衣相神異賦	1253		
新刊京本風鑑相法人相編	1252	新刻眉公陳先生編輯諸書備採萬卷搜奇全書	1662	新刻增校切用正音鄉談雜字大全	1677
新刊京本脈訣疏義	1166				
新刊京本校正增廣聯新事備詩學大全	1594	新刻旁注四六類函	2851	新刻章臺柳	1549
		新刻彭氏類編雜説	1624	新刻張太岳先生詩文集	2145
新刊六子全文注釋摘錦	1041	新刻錢希聲先生四書課兒捷解	0227	新刻針醫參補馬經大全	1142
新刊名臣碑傳琬琰之集	0604			新刻鍾伯敬先生批評封神演義	1557
新刊群書考正性理大全	1066	新刻瓊琯白先生集	1984		
新刊仁齋直指附遺方論	1169	新刻趨避檢	1260		1558
新刊宋學士全集	2020	新刻全補評注文豹金璧故事	1678	新刻重校增補圓機活法詩學全書	1607
新刊唐荊川先生秤編	1599	新刻全像點板張子房赤松記	2984		
新刊文選考注	2648	新刻全像漢劉秀雲臺記	2981	新列國志	1522
新刊憲臺考正綱目點音資治通鑑節要會成	0439	新刻全像三寶太監西洋記通俗演義	1526	新鍥翰林三狀元會選二十九子品彙釋評	1040
		新刻群佳樂	1551	新鍥華夷一統大明官制	0864
新刊憲臺考正宋元通鑑全編	0429	新刻三妙傳	1546		
新刊校正增補圓機詩韻活法全書	1607	新刻三狀元評選名公四美士林必讀第一寶	2839	新鍥會元湯先生批評空同文選	2069
新刊性理大全	1065			新鍥晉雲江先生闈蒙衍義集注	0103
新刊續文章軌範	2702	新刻山家清事	1367		
新刊訓解直音書言故事大全	1580	新刻石渠閣彙纂諸書法海	1665	新鍥李卓吾先生增補批點皇明正續合併通紀統宗	0469
新刊迂齋先生標注崇古文訣	2698	新刻四書通典備考	0243		
新刊增補古今名家詩學大成	1604	新刻宋文丞相信國公文山先生全集	1990	新鍥四書心鉢	0216
新刊增入諸儒議論杜氏通典				新鍥臺閣校正注釋補遺古文	

書名拼音索引

書名	頁碼
大全	2714
新鍥提頭音釋官板大字明心寶鑑正文	1414
新鍥簪纓必用增補秘笈新書	1584
新鍥正譌訓解標類書言故事大全	1579
新鍥纂集諸家全書大成斷易天機	1244
新鋟抱朴子内外篇	1802
新鋟增補注釋珊瑚古文大全	2715
新世鴻勳	1528
新説生花夢奇傳	1539
新西廂	3009
新校經史海篇直音	0323
新校尚書減注	0082
新修長蘆鹽法志	0913
新喻梁石門先生集	2018
新增格古要論	1447
新增説文韻府群玉	1586
	1587
	1588
新增願體集	1491
新製靈臺儀象志	1202
新纂門目五臣音注揚子法言	1038
	1048
新纂事詞類奇	1622
星硯齋存稿	2917
惺齋新曲六種	3001
行水金鑑	0817
行素堂集古印存	1354
鈃園集	2222
醒夢駢言	1529
杏東先生文集	2098
杏花村傳奇	3001
杏花天	1554
	1555
幸魯盛典	0893
性禾善米軒詩稿	2602
性理標題彙要	1082
性理標題綜要	1081
性理大全書	1064
性理字訓	1060
性命雙修萬神圭旨	1813
性命雙脩萬神圭旨	1812
姓名爵里	2686
姓氏字里詳節	2664
熊劉詩集	2641
熊襄愍公集	2209
熊鍾陵詩	2641
休寧厚田吳氏宗譜	0665
休寧蓀浯二溪程氏宗譜	0652
修辭指南	1600
修竹廬吟稿	2906
繡虎軒尺牘	2360
繡餘吟	2556
虛白齋存稿	2539
徐迪功集	2091
徐氏筆精	1433
徐文長文集	2170
徐孝穆全集	1838
許氏古均閣書目	0964
許文穆公集	2165
許鍾斗文集	2211
旭華堂文集	2343
潄園秦漢印譜	1008
續表忠記	0623
續丙記政錄	0524
續藏書	0395
續茶經	1369
續丁記政錄	0524
續古文奇賞	2736
續和題畫詩	2575
續弘簡錄	0381
續集汉印分韻	1003
續紀三朝法傳全錄	0471
續錦機補遺	2288
續陪	2327
續齊魯古印攈	1007
續説郛	3034
續文獻通考	0875
續文獻通考纂	0876
續文選	2663
續問奇類林	1411
續修海塘錄	0816
續選草堂詩餘	2953
續原教論	1739
續資治通鑑綱目	0434
宣和博古圖錄	0976
宣和遺事	1521
玄玄碁經	1362
選賦	2656
選集漢印分韻	1003
選詩	2655
選詩補注	2654
選擇叢書集要	1269
選擇天鏡	1206
薛文清公讀書全錄類編	1067
學道六書	1095
學福齋詩文集	2523
學耕五經	0016
學古緒言	2903
學海君道部	1623
學箕初稿	2367
學樗堂詩文集	2399
學山紀游	1331
學山記	1331
學山堂印譜	1331
學山題咏	1331
學庸竊補	0272
學庸竊補提要	0272
學庸説文	0271
雪庵清史	1412
雪窗雜詠	2473
雪鴻堂全集	2920
雪鴻堂文集	2920
雪廬讀史快編	0710
雪巖和尚住潭州龍興寺語錄	1749
薰風協奏集	2875
荀子	1038
	1046
循陔文集	2551
尋壑外言	2919
訓行錄	2019
遜國神會錄	0621
遜志齋集	2038

Y

書名	頁碼
雅倫	2940
雅趣藏書	2968
雅尚齋遵生八牋	1449
	1450
雅俗通用釋門疏式	1772
雅音會編	2783
	2784
延露詞	2307
言行彙纂	1488
沿邊營汛路程	0868
研堂詩	2440
顏延之集	1834
	2622
嚴陵講義	1060
嚴太僕先生集	2386
鹽梅志	0593
鹽鐵論	1047
鹽務奏稿	0577
鹽運各督撫部堂咨文	0577
衍慶錄	0639
弇山堂別集	0509
弇州山人四部稿	2146
弇州山人續稿選	2147
儼山文集	2089
晏子春秋	0629
雁門集	2011
雁山圖志	0795
燕閒四適	1451
燕禧堂五種	3095

2411

艷紀	1507	壹齋集	2554	易經旁訓	0008
豔異編	1503	漪園四種	3005		0014
陽明按索	1269	醫案	1176	易經述	0054
陽明先生道學鈔	1073	醫經溯洄集	1144	易經訓解	0007
陽明先生集要三編	2080	醫壘元戎	1144	易經注疏大全合纂	0038
陽明先生年譜	2080	醫林類證集要	1177	易例舉要	0073
陽明先生文錄	2076	醫脉真經	1169	易史易簡錄	0071
陽明先生文錄語錄	2077	醫門法律	1181	易說綱領	0009
揚州夢傳奇	2996	醫學發明	1144	易堂問目	0285
	2997	醫學綱目	1174	易圖	0023
揚子太玄經	0192	醫學六要	1147	易圖解	0058
	1231	醫旨緒餘	1176	易五贊	0009
揚子雲集	2622	夷人圖說	0757	易象集說附錄	0063
楊慈湖先生詩鈔	2791	怡雲閣金印記	2980	易象正	0276
楊龜山文集	2741	怡雲仙館藏書目錄	0965	易醒增刪定本	0072
楊椒山先生集	2151	宜田彙稿	2917	易學啓蒙補	0059
楊烱集	2626	飴山詩集	2355	易研	0061
楊全甫諫草	0558	飴山文集	2356	易翼述信讀法	0073
楊升庵先生批點文心雕龍	2924	疑耀	1431	秋林伐山	1426
楊氏易傳	0024	遺蹟集錄	0551	萩林尋到源頭	1654
楊太后宮詞	2624	遺教經	1714	異方便淨土傳燈歸元鏡三祖	
楊子太玄別訓	1232	遺山先生詩集	1997	實錄	2988
楊子巵言	1399	儀禮經傳內外編	0135		2989
仰節堂集	2202	儀禮經注疏正譌	0123	異名考	0149
養生集覽五種	1195	儀禮述注	0134	逸民史	0598
養正圖解	1085	儀禮易讀	0121	逸雅	0294
姚秦三藏西天取清解論	3029	儀禮章句	0122	逸周書	0493
姚少監詩集	1903	儀禮注疏	0003	意林	1460
堯峰文鈔詩鈔	2299		0004	義勇武安王集	0633
堯陵考	0853		0120	義貞記	3007
堯山堂外紀	1472	已畦詩集	2340	臆見彙考	1652
瑤華集	2960	倚修竹軒詩草	2611	藝林彙考	1434
藥性詩歌便覽	1161	亦陶書室新增幼學故事群芳	1709	藝文附錄	1808
耶溪漁隱詞	2592	亦玉堂稿	2166	藝文類聚	1560
野庵詩鈔	2481	亦政堂鐫陳眉公家藏廣秘笈	3050		1561
野航詩集	2449	亦政堂鐫陳眉公家藏彙秘笈	3052	藝香詞鈔	2320
葉鶴塗文集	2574	亦政堂鐫陳眉公普秘笈一集	3051	藝苑名言	2950
葉太史參補古今大方詩經大全		亦政堂重修考古圖	0976	藝贊	2705
	0009	易鈔五種	0073	音學五書	0368
	0011	易傳	0018	陰陽寶海三元玉鏡奇書	1269
	0095	易卦考	0279	飲食須知	1199
葉忠節公遺稿	2317	易箋	0052	隱居放言	2433
一幅集	0289	易見	0067	隱秀軒集	2217
一笠庵四種曲	2992	易見啓蒙	0067	印存初集	1332
一捧雪	2992	易皆軒二集	2415	印典	1286
一葦集	2437	易解	0018	印雋	1329
一一齋詩	2503	易經大全會解	0055	印史	1330
一詠軒詩草	2581		0056	印齋近體詩集	2571
伊川擊壤集	1917	易經貫一	0069	英語集全	0380
伊川先生文集	2741	易經揆一	0059	嬰童百問	1190
伊犁文檔匯鈔	0939	易經蒙引	0027	應試排律精選	2693
依園詩略	2917		0028	應試唐詩類釋	2814

書名拼音索引

瀛奎律髓	2672	玉延文筆	2596	元曲選	2964
郢事紀略	0521	玉芝堂詩文集	2507	元曲選圖	2965
庸行編	1484	喻林	1612	元詩選	2821
擁雙艷三種	2993	喻子十三種秘書兵衡	1114		2823
永樂大典	1596	御定仿宋相臺岳氏本五經	0273	元詩選癸集	2822
永團圓	2992	御定歷代賦彙	2696	元史	0382
甬上耆舊詩	2915	御定歷代紀事年表	0459		0419
咏物詩選	2691	御定歷代題畫詩類	2690	元史類編	0420
湧幢小品	1446	御定全唐詩錄	2800	元松鄉先生文集	1999
幽蘭山房藏稿	2323	御定全唐詩人年表	2800	袁端敏公奏稿	0571
由拳集	2184	御訂全金詩增補中州集	2818	袁魯望集	2163
柚堂筆談	1422	御覽集	2533	袁氏痘疹叢書	1192
游名山一覽記	0769	御覽經史講義	0282	袁中郎先生批評唐伯虎彙集	2074
有懷堂詩文稿	2341	御錄經海一滴	1754	原本茶經	1369
有象列仙全傳	1814	御錄宗鏡大綱	1731	苑洛集	2093
有學集詩注	2249	御批資治通鑑綱目全書	0434	苑西集	2370
幼幼新書	1189	御世仁風	1090	願學堂文集	2308
迂松閣詩鈔	2573	御璽譜	1356	月湖秋瑟	2593
迂齋學古編	2555	御選歷代詩餘	2958	月令廣義	0722
于清端公政書	0562	御選宋金元明四朝詩	2686	月令明義	0276
于山奏牘	0561	御選唐宋文醇	2756	月泉吟社	2624
余忠宣集	2013	御選語錄	1753	月日紀古	0725
瑜伽燄口施食起止規範	1738	御制律曆淵源	1203	粵滇紀略	0754
愚庵及禪師語錄	1750	御製避暑山莊詩	2375	粵東金石略	0982
愚庵小集	2275	御製避暑山莊詩圖	0854	粵中見聞	0753
愚齋反經錄	1104	御製大誥	0915	閱藏知津	1770
漁山詩草	2570	御製耕織圖	1325	閱古隨筆	1462
漁洋山人精華錄箋注	2304	御製揀魔辨異錄	1764	嶽歸堂合集	2236
	2305	御製盛京賦	2495	嶽麓志	0802
漁隱叢話	2930	御製詩初集	2489	嶽色編	2226
餘姚朱氏宗譜	0656		2490	芸書閣賸稿	2444
餘園詩鈔	2407	御製詩第三集	2374	耘硯卻睡錄	2435
雨樓印譜	1350	御製詩二集	2491	耘硯山房詩集	2435
禹貢譜	0088	御製詩三集	2492	耘硯山房時藝偶存	2435
禹貢錐指	0089	御製文初集	2493	耘硯山房文集	2435
庾開府集	2622	御製文二集	2494	耘硯詩話	2435
語錄	0279	御製巡幸盛京詩	2599	雲庵遺稿	3015
玉池生稿	2442	御製重輯明心寶鑑	1413	雲庵真淨禪師語錄	1748
玉牒宗室	0651	御纂性理精義	1100	雲川閣集	2412
玉海	1581	御纂醫宗金鑑	1184	雲峰書屋集印譜	1345
玉海纂	1582	御纂周易折中	0046	雲谷臥餘	1416
玉荷隱語	1364	寓林集	2208	雲笈七籤	1804
玉劍尊聞	1456	寓舟詩集	2475	雲巖寶鏡三昧	1756
玉瀾集	1960	豫變紀略	0526	雲陽集	2016
玉茗堂全集	2193	豫東公牘	0932	運河文職官冊	0941
玉篇廣韻指南	0310	諭行旗務奏議	0536	運氣占	1242
玉山璞稿	2017	淵鑒齋御纂朱子全書	1058	韻補	0350
玉樞經籥	1811	淵鑑類函	1689	韻法橫圖	0328
玉臺新詠	2665	元朝捷錄	1018		0367
玉堂校傳如岡陳先生二經精解全編	1774	(元豐)九域志	0723	韻法直圖	0328
		元和紀用經	1149		0367
玉谿生詩箋注	1905	元經	1269	韻府群玉	1585

韻歧	0378	注詳解	1056	直隸省情實人犯招冊	0926
韻選唐詩	2816	張天如先生校正文公小學音		直音略訓	1740
韻語陽秋	2931	注句解	1056	直音篇	0358
		張襄惠公輯略	2104		0359
Z		掌銓題藁	0554	直音切字	1755
雜劇新編	2967	昭代典則	0464	執照監照憲照護照奏摺及諭	
載賡集	2553	昭代簫韶	3003	札	0950
載詠樓重鐫硃批孟子	0268	昭代子快	1475	摭古遺文	0321
再增摭古遺文	0321	趙凡夫先生印譜	1340		0322
	0322	趙恭毅公剩稿	2339	職官考	1636
在亭叢稿	2427	趙裘萼公剩稿	2339	指月錄	1759
藻林	1618	趙文敏公松雪齋全集	2001	志壑堂詩文集	2290
增補四書精繡圖像人物備考	0220	趙文肅公集	2126	制勅	2215
增補萬寶全書	1699	趙忠毅公全集	2178	治平略增定全書	0883
增補注釋事類捷錄	1648	折肱漫錄	1149	致日本開拓判官照會暨名片	
增補左繡匯參	0160	折衷附論	0073	冊	0956
增定春秋衡庫	0177	柘坡居士集	2525	置書懷袖	2578
增定古今逸史	3047	浙江解進書目	0970	質園詩集	2466
增訂二三場群書備考	1625	(浙江紹興)山陰梅溪王氏宗		中寰集	2192
	2863	譜	0653	中立四子集	1039
增訂金壼字考	0317	(浙江紹興)重修登榮張氏族		中山文鈔詩鈔奏議史論	2282
增訂四書大全	0239	譜	0679	中說	1038
增訂則例瑣要便覽	0888	(浙江蕭山)錢清鍾氏宗譜	0687	中晚唐詩叩彈集	2804
增廣幼學須知鰲頭雜字大全	1683	蔗塘未定稿	2444	中興將帥別傳	0644
增廣注釋音辯唐柳先生集	1896	蔗尾詩集	2472	中庸或問	0269
增修詩話總龜	2927	枕函小史	3057	中庸竊補	0272
贈題集	1845	珍珠船印譜	1335	中庸竊補提要	0272
摘要書柬便裁	2769	貞觀政要	0503	中庸札記	0279
翟晴江四書考異內句讀	0287		0504	中庸章句	0198
占花魁	2992	貞一齋集	2461		0199
湛園未定稿	2387	貞一齋詩說	2461		0201
戰國策	0495	真文忠公續文章正宗	2700	中庸章句大全	0269
	0497	真西山文集	2741	中州集	2820
	0500	震川先生集	2159	中州名賢文表	2913
戰國策去毒	0499	震軒夏先生易詠	0073	中州仕學編	2474
戰國策譚棷	0496	震澤長語	1398	忠經	3040
戰國策選	0501	震澤紀聞	1443	忠武志	0635
戰略輯要	1121	整庵先生存藁	2066	忠獻韓魏王家傳	1910
戰守全書	1115	正紅旗滿洲哈達瓜爾佳氏家		忠宣公集	1922
章介庵文集	2113	譜	0655	忠義水滸全書	1521
張方洲奉使錄	2052	正經音訓	0167	鍾伯敬詩集	2218
張廣生等稟函稿	2619	正小篆之訛	0326	種松園集	2463
張翰林校正禮記大全	0009	正信除疑無修證自在經	3028	種芸仙館詞	2593
	0125	正續名世文宗	2718	仲蔚先生集	2172
張可庵先生書牘	2183	正學儀型四書語錄	0244	重編廣韻	0349
張龍湖先生文集	2108	正字通	0337	重訂古史全本	0389
張彭春日記	0650	鄭少谷先生全集	2087	重訂教乘法數	1761
張氏醫書七種	1148	證山堂集	2316	重訂馬氏等音	0373
張氏醫通	1148	證治準繩	1146	重訂批點春秋左傳詳節句解	0151
張天如先生校正標題孝經集		芝龕記	3006	重訂文選集評	2658
注詳解	1056	知畏堂詩	2543	重訂嘯餘譜	3031
張天如先生校正標題忠經集		織雲樓詩	2499	重訂易經疑問	0033

書名拼音索引

重廣補注黃帝內經素問	1150	周松靄先生遺書	3092	朱子文略	1968
重鎸朱青巖先生擬編明紀輯略	0479	周文歸	2773	朱子校昌黎先生集傳	1887
		周易	0002	諸稿自題輯錄	2237
重鎸心齋王先生全集	2110		0016	諸國興廢	0166
重刊八行圖說	1477		0273	諸國興廢說	0165
重刊併音連聲韻學集成	0359	周易本義	0015		0167
重刊詳校篇海	0324		0023		0168
	0325	周易本義辯證	0292		0169
重刊校正唐荊川先生文集	2119	周易便解	0068		0170
重刊許氏說文解字五音韻譜	0302	周易辨	0044		0172
	0303	周易傳義	0021	諸侯興廢	0149
	0304	周易傳義大全	0026	諸家詩話	1868
重刻澹然先生文集	2040	周易大全圖說	0036	諸君子帖	1919
重刻讀書鏡	1478	周易大全纂	0036	諸史會編大全	0447
重刻翰林校正少微通鑑大全	0431	周易讀翼揆方	0060	諸史將略	1124
重刻黃文節山谷先生文集	1948	周易古今文全書	0030	諸史品節	0713
	1949	周易函書別集	0050	諸史提要	0720
重刻來瞿唐先生日錄	1427	周易會通	0037	諸子綱目類編	1475
重刻渼陂王太史先生全集	2072	周易繫辭注疏大全合纂	0038	諸子類纂	1669
重刻仕學大乘	2865	周易兼義	0003	竹牕雅課	2509
重刻吳淵穎集	2008		0004	竹牕詞	2370
重刻詳訂世史類編	0446	周易揭要	0290	竹書紀年集證	0424
重刻校正增補皇明資治通紀	0466	周易經傳	0073	竹屋癡語	2951
重刻徐幼文北郭集	2637	周易井觀	0065	竹葉庵文集	2547
重刻楊孟載眉庵集	2637	周易考	0062	竹園類輯	2333
重刻增補故事白眉	1645	周易孔義集說	0053	助道微機或問記	2791
重刻張來儀靜居集	2637	周易口訣義	0019	注釋古周禮	0117
重刻昨非庵日纂	1478	周易略例	0273	注釋評點古今名將傳	1125
重鍥鳳洲王先生文抄注釋	2148	周易明解輯說	0025	篆法偏旁正譌歌	0336
重修宣和博古圖錄	0975	周易述解辨義	0057	篆林肆考	0332
重修政和經史證類備用本草	1153	周易通	0043		0366
重選徐迪功外集	2091	周易玩辭困學記	0040	篆書正	0335
衆妙集	2624	周易象解	0070	篆文六經四書	0001
俯浦詩鈔	2428	周易象意	0064	篆字彙	0343
周此山先生詩集	2004	周易象義	0031	轉天心	3000
周恭肅公集	2082	周易正解	0034	莊敏公遺集	2918
周官精義	0119	周易遵翼約編	0066	莊渠先生遺書	2090
周會魁校正四書大全	0202	周忠毅公奏議	0560	莊子	1779
周會魁校正易經大全	0009	籀鄶金石跋丙集	0987	莊子南華真經	1780
周禮	0113	籀鄶手校石刻正文甲乙集	0987	莊子通	1788
	0116	朱簡齋公奏議	0551	莊子通義	1785
	0279	朱簡齋行實	0551	莊子翼	1787
周禮補亡	0115	朱文公校昌黎先生文集	1884	莊子因	1793
周禮句解	0114		1885	壯悔堂文集	2268
周禮述注	0134	朱止泉先生文集	2458	狀元策	2889
周禮完解	0126	朱中丞全集	2173	綴白裘新集合編	3030
周禮注疏	0003	朱竹垞先生年譜	2349	贅言	2476
	0004	朱子古文書疑	0086	卓氏藻林	1619
	0112	朱子經濟文衡類編	1059	卓吾李先生校士民切要帖氏手鏡	1682
周氏家世述	0668	朱子三書	1060		
周書	0381	朱子圖說	0009	卓吾先生批評龍谿王先生語錄鈔	1087
	0382		0026		

卓吾增補素翁雜字全書	1682	自怡小草	2429	醉后居評次名山業皇明小論	2859
淄川畢氏世譜	0674	字觸	1280	檇李曹太史評鐫古今全史一覽	0716
資治通鑑綱目	0432	字彙	0328		
	0434	字考	0329	檇李梅溪雙桂張氏宗譜	0678
資治通鑑綱目發明	0433	字學津梁	1296	尊德堂詩鈔	2421
資治通鑑綱目集說	0436	字學正本	0342	尊前集	2955
資治通鑑綱目前編	0434	宗伯集	2181	尊聞錄	0588
資治通鑑綱目前編外紀	0434	宗鏡錄	1730	遵巖先生文集	2116
資治通鑑目錄	0425	宗譜纂要	1074	撙齋先生緣督集	1973
資治通鑑總要通論	0428	宗室王公章京世襲爵秩冊	0698	昨非庵日纂	1473
資治新書	0865	宗玄先生文集	1847		1474
緇衣集傳	0276	宗子相集	2153	左傳快評	0159
子史精華	1698	總制宣化錄	0564	左傳人名辨異	0187
子威先生澹思集	2136	鄒南皋集選	2186	左粹類纂	1601
梓溪文鈔	2101	奏御集	2554	左國腴詞	3041
紫峰陳先生文集	2105	奏准工賑事例	0906	左記	0409
紫瓊巖詩鈔	2526	纂集玉篇偏旁形似釋疑文字	0319	佐玄直指圖解	1259
紫藤書屋叢刻	3073	纂修歸綏志略檔冊	0935		1269
紫幢軒詩集	2452	最樂編	1470	作吏要言	1138
自監錄	2245	醉愛居印賞	1341		

書名筆畫索引

一 畫

一一齋詩	2503
一捧雪	2992
一笠庵四種曲	2992
一葦集	2437
一詠軒詩草	2581
一輻集	0289

二 畫

二十一史	0382
二十一史論贊輯要	0714
	0715
二王法帖釋文	1302
二希堂文集	2410
二俠傳	0592
二馬集	2563
二家宮詞	2624
二家詩鈔	2644
二鄉亭詞	2279
二程文略	1052
二程全書	1051
二臺稿	2127
二樓小志	0829
二樓紀略	0829
十七史	0381
十三經序論選	1681
十三經注疏	0003
	0004
十三經解詁	0012
十三經類語	1681
十科策略箋釋	2043
十菊山人雪心草	2247
十國春秋	0505
十種唐詩選	2799
十誦律	1727
十藥神書	1149
丁辛老屋集	2520
七一軒稿	2288
七十二峰足徵集	2900
七子詩選	2640
	2642
七錄齋集	2239

卜法詳考	0051
卜筮正宗	1250
卜筮全書	1245
八千卷樓藏書志	0966
八分書說	0345
八旬萬壽盛典	0896
八旗通志初集	0884
八旗滿洲氏族通譜	0695
八編類纂	1655
人元脈影歸指圖說	1162
人代紀要	0453
人壽堂詩鈔	2618
人壽集	2618
人獸關	2992
入蜀集	2279
入塞詩	2917
九大家詩選	2833
九經	0002
九經古義	0292
九疑山志	0803

三 畫

三才通考	1603
三才發秘	1249
三才彙編	1685
三才圖會	1611
三才藻異	1687
三子合刊	1773
三子新詩合稿	2830
三元甲子編年	0459
三太史彙纂四書人物類函	0222
三世記	3005
三台館仰止子考古詳訂遵韻海篇正宗	0364
三多齋重訂注釋采眉故事	1663
三江水利紀略	0824
三劫三千佛名經	1728
三易洞璣	0276
三易集	2903
三命通會	1255
三注鈔	3055
三訂曆法玉堂通書捷覽	1246
三晉詩選	2908

三家宮詞	2624
三教平心論抄	1737
三國文紀	2621
三國志	0381
	0382
	0406
	0407
三國志纂	0408
三渠先生集	2106
三朝要典	0519
三朝聖訓	0538
三遷志	0835
三禮述注	0134
三禮編繹	0130
三藩紀事本末	0491
三蘇先生文粹	2922
于山奏牘	0561
于清端公政書	0562
大六壬管輅神書	1266
大方等大集月藏經	1726
大方廣佛華嚴經	1715
大成通志	0587
大佛頂如來密因修證了義諸菩薩萬行首楞嚴經	1720
	1721
大佛頂如來密因修證了義諸菩薩萬行首楞嚴經如說	1722
大明一統名勝志	0771
大明一統志	0726
	0727
	0728
大明一統志輯錄	0730
大明仁孝皇后內訓	1062
大明仁孝皇后勸善書	1461
大明英宗睿皇帝實錄	0480
大明萬曆乙亥重刊改併五音類聚四聲篇	0351
大明集禮	0889
大明會典	0877
大易札記	0279
大易通變	1241
大易疏解	0020
大易辨志	0042

2417

書名	頁碼	書名	頁碼	書名	頁碼
大真一得	0073	大清道光十五年歲次乙未時憲書	1217	山水忠肝集摘要	1268
大唐西域記	0857			山水鄰新鐫出像四大癡傳奇	2971
大唐創業起居注	0462	大清道光十四年歲次甲午時憲書	1216	山東全河備考	0822
大清一統志	0740			山東運河備覽	0823
大清太宗文皇帝聖訓	0532	大清道光八年歲次戊子時憲書	1214	山法全書	1268
大清太祖高皇帝聖訓	0531			山居百詠	1755
大清世祖章皇帝聖訓	0533	大清會典	0885	山海經	0812
大清光緒九年歲次癸未時憲書	1227		0886		1498
		大清會典則例	0887	山海經廣注	1500
大清同治九年歲次庚午時憲書	1226	大清嘉慶二十五年歲次庚辰時憲書	1213	山海經釋義	1499
		大清職官遷除全書	0701	(山陰)遺風龐氏宗譜	0690
大清咸豐十年歲次庚申七政經緯躔度書	1225	大節錄	2214	山帶閣注楚辭	1827
		大義覺迷錄	0537	山帶閣集	2137
大清咸豐九年歲次己未時憲書	1224	大廣益會玉篇	0310	山堂肆考	1630
		大瓢偶筆	1292	山曉閣選古文全集	2752
大清重刻龍藏彙記	1769	大學札記	0279	千一錄	1401
大清律附	0917	大學衍義	1070	千文六書統要	0336
大清律例精義	0920	大學衍義補	1070	千百年眼	1021
大清律集解附例	0917		1071	千字文注	1297
	0919		1072	千叟宴詩	2880
大清律集解附例輯注	0918	大學章句	0198	千泉尺室錢譜	0995
大清律新例	0917		0199	川匪奏稟	0573
大清宣統二年歲次庚戌七政經緯宿度時憲書	1228		0201	丸經	3040
		大學竊補	0272	巳畦詩集	2340
大清宣統三年歲次辛亥七政經緯宿度時憲書	1229	大學竊補提要	0272	巳山先生文集	2459
		大藏一覽	1767	子史精華	1698
大清乾隆五十二年歲次丁未時憲書	1210		1768	子威先生澹思集	2136
		大藏直音	0366	女孝經	3040
大清乾隆五十八年歲次癸丑時憲書	1212	大嶽太和山紀略	0800	女紅餘志	2624
		上下篇義	0009	女訓	1063
大清乾隆五十五年歲次庚戌時憲書	1211		0021	**四　畫**	
大清乾隆四十七年歲次壬寅時憲書	1208	上方山志	0772	王子安集	1839
		(上海崇明)黃氏家乘	0675	王氏存笥稿	2129
大清乾隆四十九年歲次甲辰時憲書	1209	上清靈寶大法	1805	王氏漁洋詩鈔	2644
		上清靈寶濟度大成金書	1806	王文成公文選	2079
大清乾隆四十三年歲次戊戌時憲書	1207	上諭八旗	0535	王文成公全書	2075
		上諭內閣	0534	王文恪公集	2059
大清道光二十七年歲次丁未時憲書	1222	小十三經	3040	王文肅公文草	2160
		小山類藁選	2104	王石和文	2406
大清道光二十八年歲次戊申時憲書	1223	小四書	3035	王奉常集	2158
		小兒附遺方論	1169	王季重先生集	3082
大清道光二十五年歲次乙巳時憲書	1221	小停雲詩集	2559	王建宮詞	2624
		小窗自紀	1507	王荊公唐百家詩選	2778
大清道光二十四年歲次甲辰時憲書	1220	小窗幽紀	1455	王荊文公詩	1925
		小爾雅	0294	王勃集	2626
大清道光二十年歲次庚子時憲書	1219	小學分節	1096	王珪宮詞	2624
		小學紺珠	1581	王陽明先生全集	2078
大清道光十九年歲次己亥時憲書	1218	小蘭陔詩集	2420	王陽明先生傳習錄論	1074
		山中一夕話	1509	王會新編	0741
大清道光十三年歲次癸巳時憲書	1215	山水二經合刻	0812	王漁洋遺書	3086
				王徵士集	2028

王摩詰集	2626	五朝宋名臣言行錄	0605	日課詩稿	2561
王摩詰詩集	1846	五雅	0294	日講易經解義	0047
王遵巖家居集	2117	五蓮山志	0788	日講春秋解義	0182
王颿齡文集	2741	五經大全	0009	日講禮記解義	0133
天下一統志	0729		0010	中山文鈔詩鈔奏議史論	2282
天下山河兩戒考	0744		0011	中立四子集	1039
天下有山堂畫藝	1328	五經同異	0292	中州仕學編	2474
天中足民錄	0923	五經全文訓解	0007	中州名賢文表	2913
天中記	1608	五經旁訓	0008	中州集	2820
天文祥異集	1237		0014	中晚唐詩叩彈集	2804
天玉經注	1239	五經異義纂	0284	中庸札記	0279
天目山齋歲編	2132	五經揭要	0290	中庸或問	0269
天目先生集	2154	五經集注	0015	中庸章句	0198
天台山方外志要	0793	五經疑問	0013		0199
天台山全志	0794	五鳳吟	1543		0201
天地間集	1996	五燈會元	1757	中庸章句大全	0269
天全堂集	2194		1758	中庸竊補	0272
天津電報局支款清冊	0948	五禮通考	0136	中庸竊補提要	0272
天都閣藏書	3054	五雜組	1409	中說	1038
天原發微	1233	五贊	0021	中興將帥別傳	0644
天然昰禪師梅花詩	2251		0023	中寰集	2192
天童寺志	0844		0026	內外傷辨	1144
天運紹統	0463	不繫舟漁集	2015	內府分省分府圖	0745
天祿閣外史	1387	太乙玉鑑風雨全書	1236	水明樓集	2203
天際烏雲帖考	1306	太上正一朝天百拜謝罪寶懺	1799	水南灌叟遺稿	2505
元史	0382	太上老子道德經	1776	水經注	0812
	0419	太上治生法會伊始真人解悟真經合注	1798	水經注箋刊誤	0813
元史類編	0420			水經注釋	0813
元曲選	2964	太上感應篇圖說	1803	水經釋地	0814
元曲選圖	2965	太古傳宗琵琶調西廂記曲譜	3032	午亭文編	2312
元松鄉先生文集	1999	太史升庵文集	2094	毛詩	0002
元和紀用經	1149	太史升庵遺集	2096		0273
元朝捷錄	1018	太史華句	3041	毛詩日箋	0105
元詩選	2821	太白山人槲葉集	2448	毛詩札記	0279
	2823	太白兵備統宗寶鑑	1122	毛詩名物圖說	0109
元詩選癸集	2822	太玄集事	0192	毛詩注疏	0003
元經	1269	太師誠意伯劉文成公集	2023		0004
(元豐)九域志	0723		2024	毛詩鄭箋纂疏補協	0096
廿一史彈詞注	3022		2025	升庵先生文集	2095
廿二史紀事提要	1032	太湖備考	0825	介石堂集	2512
五木經	3040	太學進士題名碑錄	0930	今文周易演義	0029
五公山人集	2267	太醫院校注婦人良方大全	1185	今古輿地圖	0737
五代史	0381	太醫院補遺本草歌訣雷公炮製	1161	今獻彙言	3039
	0382			分甘餘話	1417
	0392	少林寺志	0847	分析基塘及田產買賣契約彙編	0955
五車韻瑞	1667	少岷先生拾存稾	2092		
五虎記	3005	少湖徐先生學則辯	1974	分野	1201
五要奇書	1269		1975	分隸偶存	1293
五研齋詩文鈔	2549		1976	分韻四言對偶啓蒙	1640
五音集韻	0351	少微家塾點校附音通鑑節要	0428	分類近思錄集解	1055
五倫書	1069	日用本草	1154	分類補注李太白詩	1855
五朝小說	3062	日涉編	0724		1856

書名筆畫索引

2419

			文府滑稽	2721	孔聖家語圖	1045
分類經進近思錄集解	1054	文房十二友	1365	**五　畫**	
公羊傳	0162	文貞公集	2315		
月日紀古	0725	文帝全書	1808	玉山璞稿	2017
月令明義	0276	文津閣並園內各殿宇陳設書		玉芝堂詩文集	2507
月令廣義	0722	籍目錄	0960	玉延文筆	2596
月泉吟社	2624	文紀	2621	玉池生稿	2442
月湖秋瑟	2593	文致	2738	玉茗堂全集	2193
氏名爵里	2848	文浦玄珠	2712	玉荷隱語	1364
氏族博考	1609	文康公年譜	2918	玉海	1581
丹陽詞	2951	文康公遺集	2918	玉海纂	1582
丹鉛總錄	1425	文章練要	0283	玉堂校傳如崗陳先生二經精	
丹溪心法附餘	1170	文清公薛先生文集	2042	解全編	1774
	1171	文集注解	1871	玉牒宗室	0651
六子書	1038	文集選	1958	玉臺新詠	2665
六臣注文選	2647		1959	玉樞經籥	1811
六研齋筆記	1453	文淵殿	2994	玉篇廣韻指南	0310
六家文選	2646	文遠集	2223	玉劍尊聞	1456
六家詩名物疏	0102	文溪詞	2951	玉谿生詩箋注	1905
六書分類	0339	文閣詩選	2327	玉瀾集	1960
	0340	文選	2645	未篩集	2485
六書正譌	0313		2649	正小篆之訛	0326
	0314	文選尤	2653	正字通	0337
	0315	文選考異	2659	正信除疑無修證自在經	3028
	0316	文選音義	2657	正紅旗滿洲哈達瓜爾佳氏家	
六書本義	0305	文選錦字錄	1632	譜	0655
六書長箋	0345		3041	正經音訓	0167
六書例解	0346	文選纂注評苑	2651	正學儀型四書語錄	0244
六書故	0330	文選瀹注	2652	正續名世文宗	2718
六書通	0331	文編	2707	去吳七牘	2201
六書通釋	0346	文壇列俎	2730	世史正綱	0445
六書準	0344	文翰類選大成	2703	世系遺芳集	1918
六書辨通	0345	文職候補官冊	0943	世系譜	0157
六書總要	0326	文韻集	2751	世宗憲皇帝聖諭廣訓	0538
六書雜說	0345	文獻通考	0872	世宗憲皇帝聖諭廣訓直解	0538
六朝餘韻	1639		0873	世祖章皇帝欽頒臥碑	0538
六湖先生遺集	2557	文獻通考纂	0874	世無匹	1540
六經圖	0275	文儷	2727	世經堂集	2112
	1655	文體明辯	2709	世管佐領崔姓襲職家譜	0697
六經圖考	0274	方氏墨譜	1371	世說新語補	1440
六藝流別	2706	方百川先生經義	0240	世廟識餘錄	0518
六醴齋醫書	1149	户部執照監照翎照	0951	世穆兩朝編年信史	0476
六觀樓北曲	2969	心遠堂詩集	2286	古今人物論	1026
文水李忠肅先生集	2214	心齋十種	3097	古今印則	0999
文公家禮儀節	0138	尺木樓詩集	2542	古今印萃	1339
文心雕龍	2926	尺五堂倡和偶刻	2330	古今考	1424
文武狀元策	2890	尺五堂詩刪	2330	古今合璧事類備要	1575
文苑英華	2660	尺五堂聯珠偶刻	2330	古今名喻	1617
	2661	尺牘清裁	2757	古今名媛彙詩	2681
文苑彙雋	1638		2758	古今長者錄	0600
文林綺繡	3041	孔子家語	1044	古今法書苑	1290
文昌化書	1807	孔門易緒	0048	古今治平略	0880

古今治平彙要	0882	古劍書屋詩鈔文鈔	2394	甲申日紀	0528
古今治統	1022	古學彙纂	1674	申學士校正古本官板書經大全	
古今紀要	1061	古錢譜	0996		0009
古今振雅雲箋	2759	本草原始	1159		0011
古今原始	1430	本草綱目	1158	申鑒	1049
古今秘苑	1459	本朝五言近體瓣香集	2882	田叔禾小集	2115
古今萬姓統譜	1609	本朝名臣言行錄	1919	田間易學	0041
古今游名山記	0767	本朝名媛詩鈔	2873	由拳集	2184
古今翰苑瓊琚	2704	本朝館閣詩	2881	史忠定王遺集	1965
古今濡削選章	2760	本朝館閣賦	2888	史拾	1027
古今醫統大全	1173	本經逢原	1148	史拾載補	0389
古今醫統正脈全書	1145	左記	0409	史記	0381
古今韻略	0371	左國腴詞	3041		0382
古今韻會舉要小補	0352	左傳人名辨異	0187		0383
古今類書纂要增刪	1673	左傳快評	0159		0384
古今釋疑	1435	左粹類纂	1601	史記鈔	0704
古今議論參	0914	石田先生集	2065		0705
古今體詩鈔	2252	石帆詩鈔	2550	史記評林	0386
古文正集二編	2741	石門文字禪	1954	史記補	0382
古文世編	2726	石柱記箋釋	0852	史記綜芬評林	0387
古文析義	2748	石倉十二代詩選	2674	史記題評	0385
古文尚書考	0292	石堂先生遺集	1994	史通訓故補	1009
古文定本	2744	石渠閣刪注四書人物考	0206	史通通釋	1010
古文品外錄	2732	石渠閣新訂四書講義困勉錄	0246	史漢方駕	0402
	2733	石湖居士詩集	1977	史緯	1036
古文眉詮	2754	石湖詩集	2624	史學提要箋釋	1013
古文約選	2753	石頑老人診宗三昧	1148	史鑒	0460
古文參同契	1801	石鼓文正誤	0979	史臠	0711
古文參同契三相類	1801	石鼓文鈔	0980	叩舷吟	2917
古文備體奇鈔	2728	石鼓齋印鼎	1001	四元記	2999
古文雋	2719	石經考	0292	四友記	3005
古文淵鑑	2749	石經閣文初集	2593	四六全書	3081
古文斯	2755	石經齋精選十四科詩正全集	2864	四六初徵	2886
古文褒異集記	2743	石閭集	2271	四六法海	2695
古玉圖譜	0991	石墨鐫華	0978	四六新函	2852
古史	0388	石齋先生經傳九種	0276	四史勦說	1031
古先君臣圖鑑	0590	平山堂圖志	0831	四史鴻裁	0717
古字奇字音釋	0154	平定兩金川方略	0490	四刻黃維章先生詩經嫏嬛體注	0107
古事比	1688	平南王元功垂範	0640		
古金待問錄	0994	平遠宮保督蜀批札節略	0933	四素山房集	2220
古周易訂詁	0039	平閩紀	0527	四庫全書分架圖	0959
古奏議	0541	平齋詞	2951	四家語錄	1745
古城文集	2060	北史	0381	四書十一經通考	0229
古香岑草堂詩餘	2954		0382	四書人物考訂補	0207
古香樓吟稿	2400		0391	四書大成	0232
古逸書	2735	北洋海軍來遠兵船管駕日記	0648	四書大全	0234
古逸詩載	2668	北溪先生四書字義	1060	四書大全辯	0230
古愚心言	2319	北齊書	0381	四書古人典林	0251
古詩箋	2669		0382	四書左國彙纂	0257
古經解鉤沉	0286	占花魁	2992	四書考異	0219
古樂苑	2667	甲乙記政錄	0524	四書朱子大全統義	0253
古樂府	2666	甲子會紀	0454	四書朱子本義匯參	0247

書名	頁碼	書名	頁碼	書名	頁碼
四書朱子或問語類	0248	白雲村文集	2352	老子解	1777
四書朱子異同條辨	0254	白雲樓詩鈔	2904	老學庵筆記	1395
四書朱子語類	0233	白莼詩集	2548	地名配古籍	0157
四書自得錄	0249	白榆集	2185	地理參贊玄機僊婆集	1262
四書名物考	0210	印史	1330	地圖綜要	0739
四書明儒大全精義	0237	印存初集	1332	地類圖	1655
四書典林	0250	印典	1286	芝龕記	3006
四書典制類聯音注	0258	印雋	1329	芭野詩鈔	2904
四書眼	0217	印齋近體詩集	2571	吏部准署到任官册	0942
四書參	0208	句讀敘述	0287	吏部職掌	0863
四書備考	0219	册府元龜	1566	再增摭古遺文	0321
四書集注	0198	外科精義	1144		0322
	0199	外詩集	1901	西山先生真文忠公文章正宗	2699
	0200	冬青樹引注	1996	西山先生真文忠公文集	1983
四書集注大全	0201	冬青樹引重注	1996	西山先生真文忠公續文章正宗	2701
四書集注闡微直解	0205	市南子	2215
四書湖南講	0213	立雪齋印譜	1334	西山集	2280
四書蒙引	0203	玄玄碁經	1362	西北文集	2284
四書經學考	0225	半野居士詩集	2423	西江風雅	2916
四書圖史合考	0204	半湖草續半湖草	2541	西江游覽圖詠	0855
四書疑問	0252	氾南詩鈔	2914	西江詩話	2946
四書說約	0228	永團圓	2992	西巡盛典	0897
四書徵	0224	永樂大典	1596	西陂類稿	2328
四書諸儒輯要	0255	司馬文正公傳家集	1914	西青散記	1511
	0256		2741	西林詩鈔	2904
四書講義困勉錄續錄	0235	司馬長卿集	2622	西河合集	3087
	0236	弗告堂集	2191	西圃叢辨	1437
四書總字音	0259	弘道錄	1078	西翁教子言	1091
四書雜考	0206	弘簡錄	0381	西清古鑑	0984
四書繹注	0245	出關詩	2917	西清筆記	2533
四書體朱正宗約解	0242	加減靈秘十八方	1149	西湖志	0827
四焉齋詩文集	2465	幼幼新書	1189	西湖志摘粹補遺奚囊便覽	0826
四國游紀	0860			西湖志纂	0828
四溟山人全集	2169	**六　畫**		西湖佳景	0830
四聲篇	0351	匡山集	2359	西湖扇傳奇	2990
矢音集	2467	耒耜經	3040	西園記	2985
丘文莊公集	2638	迂松閣詩鈔	2573	西漢文	2774
丘海二公文集合編	2638	迂齋學古編	2555	西漢文紀	2621
仙佛奇蹤	1504	圭美堂集	2409	西漢書疏	0543
	1505	圭齋文集	2010	西漢儒林傳經表	0291
白田草堂存稿	2417	圭寶存知	1429	西澗草堂全集	3094
白沙子古詩教解	2048	吉金齋古銅印譜	1006	西澗草堂集	2537
白沙子全集	2047	扣舷集	2033	西樵語業	2951
	2048	考工記	0117	西隱文稿	2030
白沙先生文編	2049		0118	西藏奏稿	0580
白社詩草	2059	考工記通	0111	西齋集	2438
白虎通德論	1385	考古玉圖	0976	西齋語錄	1105
白華樓藏稿續稿吟稿	2133	考古書傳	0319	在亭叢稿	2427
白雪樓詩集	2138	考古圖	0973	百一草堂集唐附刻	2568
	2139	考信編	0455	百川學海	3033
白鹿書院志	0856	老子道德真經	1775	百六吟	2435
白蓉集	2536	老子道德經	1038	百尺梧桐閣集	2337

百尺梧桐閣遺稿	2338	先賢事略	2892	亦政堂鐫陳眉公家藏廣秘笈	3050
百城煙水	0838	先儒正修錄	1101	亦政堂鐫陳眉公普秘笈一集	3051
百家姓類音正聲	1296	先儒齊治錄	1101	亦陶書室新增幼學故事群芳	1709
百家類纂	1464	竹屋癡語	2951	交山平寇本末	0486
百歲紀年	1344	竹書紀年集證	0424	汗簡	0311
百舉齋印譜	1353	竹葉庵文集	2547	江人鏡友朋書札	2603
有象列仙全傳	1814	竹園類輯	2333	江文通文集	1836
有學集詩注	2249	竹㮘雅課	2509		2622
有懷堂詩文稿	2341	竹窻詞	2370	江左十五子詩選	2898
存素堂文集	2585	休寧厚田吳氏宗譜	0665	江左三大家詩鈔	2897
而庵說唐詩	2807	休寧蓀浯二溪程氏宗譜	0652	(江西南昌)東關甘氏支譜	0654
匠門書屋文集	2411	伏虎韜傳奇	3010	(江西南昌)桃溪黃氏宗譜	0676
列子冲虛真經	1794	伐檀集	1948	江城名蹟記	0839
列國史補	0456	延露詞	2307	江南製造總局賬簿	0946
列國東坡圖說	0167	仲蔚先生集	2172	江南機器製造局公牘	0938
	0168	任彥升集	2622	江浙十二家詩選	2899
	0169	任釣臺讀易法	0073	江湖長翁文集	1980
	0170	仰節堂集	2202	江寧將軍都興阿髮亂陣中奏稿	0575
列國指掌圖	0149	自怡小草	2429	(江蘇鎮江)韓氏宗譜	0689
列國圖說	0149	自監錄	2245	汲古堂印譜	1346
	0165	伊川先生文集	2741	字考	0329
	0166	伊川擊壤集	1917	字彙	0328
列朝詩集	2831	伊犁文檔匯鈔	0939	字學正本	0342
成山草堂稿	2605	行水金鑑	0817	字學津梁	1296
成山廬稿	2604	行素堂集古印存	1354	字觸	1280
成案備考	0925	全修海塘錄	0816	安危注	0601
成唯識論	1719	全唐詩話	2932	安序堂文鈔	2310
夷人圖說	0757	全閩詩話	2948		2311
呂氏春秋	1381	全燬書目	0969	安居金鏡	1243
呂東萊先生文集	1969	全韻詩	2425	安南世系略	2308
呂祖全書	1809	合本議單	0954	安陽集	1910
呂祖全傳	1530	合刻三先生東坡文匯	1940		1911
同文千字文	0333	合刻鑑紀通考萬花谷	1675	安雅堂詩文集	2279
同書	1481	合諸名家點評古文鴻藻	2745	(安徽桐城)楊鍾氏宗譜	0686
回春夢	3015	旭華堂文集	2343	(安徽涇縣)張香都朱氏支譜	0657
缶鳴集	2031	名人世次爵里	2656	(安徽涇縣)張香都朱氏續修支譜	0658
年譜纂要	1074	名山勝槩記	0768		
朱子三書	1060	名山藏	0423	(安徽黟縣)濟陽江氏宗譜	0661
朱子文略	1968	名公筆記	2059	阮亭選志壑堂詩	2291
朱子古文書疑	0086	名公翰墨林	2766	阮嗣宗集	2622
朱子校昌黎先生集傳	1887	名物類考	1605	防夷奏議	0572
朱子經濟文衡類編	1059	名家詩法彙編	2936	如是我聞	1510
朱子圖說	0009	名媛詩歸	2680	如是齋集	2917
	0026	名號異稱便覽	0157		
朱止泉先生文集	2458	多歲堂詩集	2553	**七　畫**	
朱中丞全集	2173	多識編	0104		
朱文公校昌黎先生文集	1884	冲虛至德真經	1038	批點牡丹亭記	2974
	1885	冲虛真經	1773	批點明詩七言律	2826
朱竹垞先生年譜	2349	冰嶺紀程	0755	赤水玄珠	1176
朱簡齋公奏議	0551	亦玉堂稿	2166	折肱漫錄	1149
朱簡齋行實	0551	亦政堂重修考古圖	0976	折衷附論	0073
先福奏摺底稿	0566	亦政堂鐫陳眉公家藏彙秘笈	3052	孝經大全	0196

孝經刊誤	0195		1854	何氏語林	1444
孝經注疏	0003	李氏家集四種	2919	何文定公文集	2081
	0004	李氏焚書	2156	何長人集	2206
	0193	李文定公貽安堂集	2144	佐玄直指圖解	1259
	0194	李文饒集	2741		1269
孝經集傳	0197	李竹嬾先生説部	3079	作吏要言	1138
	0276		3080	佛法正輪	1743
孝經集義	0195	李長吉歌詩	1901	佛法金湯編	1741
投桃記	2976	李卓吾先生較士民切要關約		佛祖歷代通載	1762
坊記集解	0276	契式手鏡	1682	佛頂心陀羅尼經	1724
志壑堂詩文集	2290	李卓吾先生讀升庵集	2097	佛頂尊勝總持經呪	1723
芙航詩襖	2424	李咸齋集	2264	佛説大方廣善巧方便經	1732
邯鄲記	2979	李詩辯疑	1858	佛説四十二章經	3040
芸書閣賸稿	2444	李義山文集	1904	佛説除一切疾病陀羅尼經	1724
花史左編	1376	李儀日記	0649	佛説能凈一切眼疾病陀羅尼	
花外散吟	2440	李衛公望江南	1109	經	1724
花庵絕妙詞選	2955	李鴻章劉含芳辦理旅順海防		近聖居三刻參補四書燃犀解	0226
花庵絕妙詞選續集	2955	往來電稿	0578	近聖居四書翼經圖解	0218
花萼吟傳奇	3001	李鷺洲詩文集	2414	近溪子附集	2157
花間堂詩鈔	2527	甫田集	2109	近溪子集	2157
花間集	2952	吾友于齋詩鈔	2558	近溪子續集	2157
	2955	吾妻鏡補	0859	近溪羅子全集	2157
花間樂府	2588	吾炙集	2867	近溪羅先生一貫編	2157
花蕊夫人宮詞	2624	吾師録	2244	余忠宣集	2013
芥子園畫傳	1320		2245	谷口山房詩文集	2306
	1321	吾學編	0508	谷水集	2362
	1324	吳山雜著	2606	谷音	2624
芥子園畫傳二集	1322	吳中女士詩鈔	2906	言行彙纂	1488
芥子園畫傳三集	1323	吳文肅公摘稿	2064	辛酉同游倡和詩餘後集	2290
芥舟學畫編	1317	吳江沈氏詩集	2921	汪子中詮	1083
杜工部集	1863	吳江金氏家譜	0667	汪氏珊瑚網法書題跋	1283
	1868	吳非熊集	2907	汪南溟集	2150
杜工部詩集	1869	吳郡樂圃朱先生餘稿	1951	沙河逸老小稿	2563
杜工部詩説	1870	吳越游覽圖詠	0855	沈下賢文集	1900
杜工部編年詩史譜目	1871	吳歙小草	2903	沈休文集	1835
杜子美七言律	1865	吳詩集覽	2255	沈佺期集	2626
杜詩分類全集	1867		2256	沈歸愚詩文全集	2502
杜詩胥鈔	1866	吳徵君蓮洋詩鈔	2366	沈蘭軒集	2045
杜詩偶評	1876	見聞録	1506	快閣藏書	3059
杜詩會稡	1873	見聞雜紀	1405	宋十五家詩選	2632
杜詩論文	1872	助道微機或問記	2791	宋十賢傳	0606
杜詩闡	1874	別紀	1507	宋大家蘇文忠公文抄	1937
杜樊川文集	2741	別紀補遺	1913	宋之問集	2626
杜審言集	2626	岑嘉州集	1860	宋王忠文公文集	1970
杏花天	1554		2626	宋元通鑑	0440
	1555	兵垣四編	1107	宋元資治通鑑	0441
杏花村傳奇	3001	兵部督捕則例	0917	宋氏綿津詩鈔	2644
杏東先生文集	2098	兵鏡	1113	宋文文山先生全集	1991
李于田詩集	2177	兵鏡輯要	1123	宋史	0382
李于鱗唐詩廣選	2787	邱邦士文集	2266	宋史筆斷	1023
李元輔集	2225	何大復先生集	2083	宋史新編	0418
李太白文集	1853		2084	宋四六叢珠彙選	1573

書名筆畫索引

宋四名家詩	2634	青在堂菊譜	1322	古虛堂習聽錄	1752
宋百家詩存	2635	青在堂梅譜	1322	林屋集	2111
宋名家詞	2951	青在堂蘭譜	1322	林蕙堂文集	2320
宋李忠定公奏議選	1958	青邱高季迪先生詩集	2033	來禽館集	2179
	1959		2034	松郡均役成書	0905
宋李梅亭先生四六標準	1988	青門旅稿	2321	松桂堂全集	2307
宋林和靖先生詩集	1908	青門集	2445	松雪堂印萃	1337
	1909	青門簏稿	2321	松鄉先生文集	2000
宋金元詩永	2685	青門賸稾	2321	松絃館琴譜	1361
宋宗忠簡公全集	1956	青原志略	0798	松壺集	2283
宋宗忠簡公集	1955	青海奏疏	0574	松皐文集	2309
宋洪魏公進萬首唐人絶句	2779	青萊續史	1030	松園偈庵集	2903
宋宰輔編年錄	0862	青烏先生葬經	3040	松圓浪淘集	2903
宋書	0381	青藜閣集	2906	松筠桐蔭館印譜	1344
	0382	青藤山人路史	1432	松漠草	2917
宋孫仲益內簡尺牘	1961	青蘿館集	2238	述本堂詩集	2917
宋蒙泉文集	2508	表記集解	0276	述記	1494
宋詩紀事	2949	表異錄	1476	枕函小史	3057
宋端明殿學士蔡忠惠公文集	1913	長命縷	2982	東方先生集	2622
宋濂溪周元公先生集	1918	長恩閣書目	0967	東田集	2058
宋徽宗宮詞	2624	卦歌	0022	東西洋考	0858
宋蘇文忠公居儋錄	1931	坦庵詞	2951	東江詩鈔	2382
初白庵詩評	2947	坤德寶鑑	1493	東巡金石錄	2479
初學記	1562	抽燬書目	0969	東村集	2263
初學辨體增刪定本	0277	抱經樓日課編	1343	東里文集	2041
	0278	抱犢山房集	2332	東坡文選	1935
改元考	0460	幸魯盛典	0893	東坡先生年譜	1929
改亭集	2313	坡仙集	1933	東坡先生全集	1927
壯悔堂文集	2268	耶溪漁隱詞	2592	東坡先生志林	1390
妙一齋醫學正印種子編	1186	苦功悟道經	3025	東坡先生詩集注	1928
妙法蓮華經文句	1729	若庵集	2456	東坡先生編年詩	1930
邵子全書	3077	苗蠻圖說	0758	東坡全集	1926
邵子湘全集	2321		0759	東坡和陶詩	1832
邵文莊公經史全書	3083		0761		1833
邵康節先生詩鈔	2791		0762	東坡書傳	0075
甬上耆舊詩	2915		0763	東坡集	1934
八　畫		英語集全	0380	東坡詩鈔	1946
		苑西集	2370	東坡詩選	1927
武夷山志	0807	苑洛集	2093	東坡圖說	0157
	0808	范氏後漢書批評	0404		0172
武夷志略	0806	范文正公文集	2741	東坡養生集	1944
武英殿聚珍版書	3071	范文正公集	1922	東林列傳	0622
武林黃氏宗譜	0677	范忠貞公集	2292	東舍集	2368
武林靈隱寺志	0845	范忠宣公集	1923	東垣十書	1144
(武進)湯氏家乘	0681	直音切字	1755	東垣先生此事難知集	1144
武經七書集注	1119	直音略訓	1740	東海半人詩鈔	2579
武經七書題炬	1118	直音篇	0358		2580
武經開宗	1106		0359	東野志	0849
武經講義全彙合參	1120	直隸省情實人犯招册	0926	東嵒草堂評訂唐詩鼓吹	2781
青在堂竹譜	1322	林子會編	1402	東湖弄珠樓志	0837
青在堂花卉草蟲譜	1323	林青山先生文集	2516	東閤賸稿	2917
青在堂花卉翎毛譜	1323	林泉老人評唱丹霞淳禪師頌		東漢書疏	0543

卧象山房詩正集	2352	昌黎先生全集	1888		0028
卧龍崗志	0635	昌黎先生集	1887	易圖	0023
事物考	1602	昌黎先生集考異	1886	易圖解	0058
事物紀原集類	1567	明人尺牘選	2853	易箋	0052
	1568	明人詩鈔	2836	易説綱領	0009
事類賦	1564	明太祖功臣圖	0602	易醒增删定本	0072
	1565	明文奇賞	2844	易學啓蒙補	0059
兩面樓詩稿	2906	明文記類	2846	易翼述信讀法	0073
兩浙澹然先生年譜	2040	明文鈔	2858	迪吉錄	1479
兩朝從信錄	0477	明文雟	2845	典制類林	1707
兩漢紀字句異同考	0461	明史	0422	典業須知	0957
兩漢記	0461	明史彈詞	2250	典籍便覽	1610
兩漢策要	2775	明史藁	0421	固哉草亭詩文集	2484
兩漢雋言	0719	明史雜詠	2462	忠武志	0635
	3041	明名臣言行錄	0618	忠宣公集	1922
兩蘇經解	0006	明州阿育王山志	0790	忠義水滸全書	1521
雨樓印譜	1350	明初四家詩	2637	忠經	3040
奇字韻	0360	明狀元圖考	0700	忠獻韓魏王家傳	1910
奇姓通	1627	明紀全載	0478	呻吟語	1084
奇晉齋叢書	3072	明紀彈詞注	3022	咏物詩選	2691
奇賞齋廣文苑英華	2737	明夏赤城先生文集	2051	帖經舉隅	2519
非水舟遺集	2446	明倫大典	0890	帖體類箋	2771
卓氏藻林	1619	明朝小史	0525	制勅	2215
卓吾先生批評龍谿王先生語錄鈔	1087	明楊繼盛奏疏草稿	0556	知畏堂詩	2543
		明詩別裁集	2835	牧愛堂編	0869
卓吾李先生校士民切要帖氏手鏡	1682	明詩彙選	2832	牧齋初學集	2248
		明詩綜	2834	牧齋初學集詩注	2249
卓吾增補素翁雜字全書	1682	明儒考	0279	牧齋紅豆莊雜錄	1684
虎丘山志	0776	易五贊	0009	牧齋書目	0961
虎丘隆和尚語錄	1747	易史易簡錄	0071	和陶詩集	2354
尚友錄	1680	易見	0067	和靖尹先生文集	1962
尚史	0405	易見啓蒙	0067	秋林伐山	1426
尚白齋鐫陳眉公訂正秘笈	3048	易卦考	0279	季漢書	0410
尚白齋鐫陳眉公寶顏堂秘笈	3053	易例舉要	0073	佳山堂詩集	2281
尚書	0002	易研	0061	使交吟	2308
	0273	易皆軒二集	2415	使交紀事	2308
尚書古文疏證	0086	易堂問目	0285	使滇集	2381
尚書札記	0279	易象正	0276	岱史	0787
尚書舌存	0083	易象集説附錄	0063	岱雲編	2591
尚書注疏	0003	易鈔五種	0073	俯浦詩鈔	2428
	0004	易傳	0018	佩文詩韻提綱	0375
	0074	易解	0018	佩文齋書畫譜	1327
尚書軌範撮要圖	0085	易經大全會解	0055	佩文齋詠物詩選	2689
尚書後案	0090		0056	佩文韻府	1690
尚書後辨	0090	易經述	0054	依園詩略	2917
尚書通考	0077	易經注疏大全合纂	0038	欣賞編	3036
尚書疏衍	0081	易經訓解	0007	徂徠石先生全集	1912
尚書釋天	0091	易經旁訓	0008	金山龍游禪寺志略	0777
味和堂詩集	2391		0014	金石經眼錄	0988
呆堂文鈔詩鈔	2272	易經貫一	0069	金石圖	0972
果堂全集	3093	易經揆一	0059	金石韻府	0320
昌谷集	1902	易經蒙引	0027	金史	0382

金仙證論	1810	周易象義	0031	沱川余氏世紀	0666
金華徵獻略	0626	周易揭要	0290	治平略增定全書	0883
金剛般若波羅密經淺解	1716	周易傳義	0021	性禾善米軒詩稿	2602
金剛般若波羅蜜經	1711	周易傳義大全	0026	性命雙修萬神圭旨	1813
	1713	周易會通	0037	性命雙脩萬神圭旨	1812
	1714	周易經傳	0073	性理大全書	1064
金剛般若波羅蜜經注解	1712	周易遵翼約編	0066	性理字訓	1060
金陵軍需報銷總局清册	0945	周易辨	0044	性理標題彙要	1082
金陵新刊古今名儒論學選粹	2711	周易繫辭注疏大全合纂	0038	性理標題綜要	1081
金壺字考二集	0317	周易讀翼揆方	0060	怡雲仙館藏書目錄	0965
金湯借箸十二籌	1111	周忠毅公奏議	0560	怡雲閣金印記	2980
金詩選	2819	周官精義	0119	宗子相集	2153
金薤琳琅	0977	周恭肅公集	2082	宗玄先生文集	1847
金聲玉振集	3038	周書	0381	宗伯集	2181
金罍子	1452		0382	宗室王公章京世襲爵秩册	0698
采香樓詩集	2906	周會魁校正四書大全	0202	宗鏡錄	1730
受宜堂集	2395	周會魁校正易經大全	0009	宗譜纂要	1074
受宜堂駐淮集	2396	周禮	0113	定例成案合鐫	0922
念八翻	2993		0116	宜田彙稿	2917
念庵羅先生文集	2122		0279	空同子集	2068
	2123	周禮句解	0114	空同先生集	2070
鄒庵訂定譚子詩歸	2237	周禮完解	0126	空同集	2067
服制	0919	周禮述注	0134	空同詞	2951
周氏家世述	0668	周禮注疏	0003	空同詩鈔	2071
周文歸	2773		0004	空青石	2993
周此山先生詩集	2004		0112	宛陵先生文集	1916
周松靄先生遺書	3092	周禮補亡	0115	房屋買賣契約	0953
周易	0002	京本校正大字醫學正傳	1172	建文書法儗	0517
	0016	京本校正音釋唐柳先生集	1897	建文朝野彙編	0516
	0273	京板新增注釋古文大全後集	2716	居易堂集	2270
周易大全圖説	0036	郊居遺稿	2180	居易錄	1436
周易大全纂	0036	刻一握坤輿	0736	居家必備	3067
周易口訣義	0019	刻四書便蒙講述	0209	屈原列傳	1826
周易井觀	0065	刻仰止子參定正傳地理統一全書	1264	屈原傳	1824
周易孔義集説	0053			屈翁山詩集	2325
周易正解	0034	刻杜少陵先生詩分類集注	1864	屈賦哲微	1829
周易古今文全書	0030	刻注釋藝林聚錦故事白眉	1644	弢甫五嶽集	2469
周易本義	0015	刻曾西墅先生集	2039	弢甫續集	2468
	0023	河防一覽	0818	孟子	0199
周易本義辯證	0292	河防一覽榷	0815		0265
周易考	0062	河防志	0819		0266
周易玩辭困學記	0040	河汾諸老詩集	2624	孟子札記	0279
周易述解辨義	0057	河東先生集	1892	孟子注疏解經	0003
周易明解輯説	0025		1893		0004
周易函書別集	0050	河南邵氏聞見錄後錄	1442	孟子集注	0198
周易便解	0068	河南邵氏聞見錄前錄	1442		0201
周易兼義	0003	河嶽英靈集	2777		0267
	0004	泊如齋重修宣和博古圖錄	0974	孟浩然集	2626
周易通	0043	泊鷗山房集	2584	孟浩然詩集	1851
周易略例	0273	沿邊營汛路程	0868	孟龍川文集	2114
周易象解	0070	注釋古周禮	0117	孟襄陽集	1850
周易象意	0064	注釋評點古今名將傳	1125	陋巷志	0833

		春秋胡傳	0834		0015	荀子	1038
狀元策	2889				0167		1046
函史	0393				0168	茗洲吳氏家典	0699
姑射山房存稿	2564	春秋訓解			0007	胡二齋先生評選橫山初集	2415
姓氏字里詳節	2664	春秋旁訓			0008	胡澹庵先生文集	1964
姓名爵里	2686	春秋書法解			0014	茹古略集	1679
		春秋貫玉			0146	南工廟祠祀典	0900
九　畫		春秋揭要			0173	南田詩鈔	2904
奏准工賑事例	0906	春秋單合析義			0290	南史	0381
奏御集	2554	春秋集傳大全			0183		0382
春社猥談	3060				0009	南邦黎獻集	2866
春秋	0002	春秋集義			0172	南交好音	2308
	0016	春秋傳			0186	南州草堂集	2445
春秋二十國年表	0009				0165	南巡盛典	0895
	0169	春秋經傳集解			0166	南宋雜事詩	2885
	0170	春秋經傳闕疑			0273	南皐山人詩文類稿	2483
	0172	春秋經傳類求			0171	南皐山人詩集類稿	2483
春秋三書	0146	春秋説約			0188	南城召對	0523
春秋三傳揭要	0190	春秋穀梁注疏			0189	南華山人詩鈔	2464
春秋大成	0179				0003	南華山房詩鈔	2464
春秋大成講意	0179	春秋穀梁傳			0004	南華真經	1038
春秋大全	0176	春秋諸國興廢説			0163		1773
春秋公羊注疏	0003				0009		1781
	0004	春秋諸傳斷			0015		1782
春秋公羊傳	0163	春秋繁露			0146	南華真經旁注	1789
春秋公羊穀梁諸傳彙義	0147	春秋職官考略			0191	南華真經副墨	1786
春秋正經音訓	0015	春秋識小錄			0187	南華真經評注	1784
春秋本義	0181	春浮園集			0187	南華發覆	1792
春秋札記	0279	珍珠船印譜			3075	南華經	1783
春秋左傳	0148	珊瑚玦傳奇			1335	南華經內篇集注	1790
	0155	城北集			2995	南唐書	0416
春秋左傳杜林合注	0149	城南集			2370		0417
春秋左傳杜注	0161	郝文忠公陵川文集			2601	南海九江朱氏家譜	0659
春秋左傳注評測義	0157	垢硯吟			1998	南海普陀山志	0792
春秋左傳注疏	0003	拾遺方			2917	南通州五山全志	0778
	0004	指月錄			1189	南陽樂傳奇	3001
春秋左傳注解辯誤	0154	荊石王相國段注百家評林班馬英鋒選			1759	南泲集	2307
春秋左傳綱目定注	0156					南游草	2448
春秋左傳類對賦注	0152				0706	南滁會景編	2893
春秋四傳	0169	荊園小語			2274	南齊書	0381
	0170	荊園進語			2274		0382
春秋地名辨異	0187	草木子			1397	南嶽志	0801
春秋列國東坡圖説	0015	草堂詩餘			2955	南嶽單傳記	1760
春秋列國論	0146	草間堂新編小史警寤鐘			1544	南齋集	2563
春秋年表	0273	草聖彙辯			1301	南齋詞	2563
春秋年譜	0180	草廬吳文正公集			2002	南豐先生元豐類稿	1915
春秋名號歸一圖	0273	草韻辨體			1299	柯庭餘習	2401
春秋坊記問業	0276				1300	柘坡居士集	2525
春秋困學錄	0185	茶具圖贊			1370	查浦詩鈔	2388
春秋表記問業	0276	茶集			1370	柚堂筆談	1422
春秋直解	0174	茶經			1370	柳文	1895
春秋指掌	0184	茶譜			1370		1898

柳先生年譜	0642		0325	皇明名臣言行錄	0609
柳亭詩話	2943	重刻仕學大乘	2865	皇明名臣言行錄新編	0612
研堂詩	2440	重刻吳淵穎集	2008	皇明名臣經濟錄	0545
貞一齋集	2461	重刻來瞿唐先生日錄	1427		0546
貞一齋詩說	2461	重刻昨非庵日纂	1478	皇明表忠紀	0617
貞觀政要	0503	重刻校正增補皇明資治通紀	0466	皇明典故紀聞	0511
	0504	重刻徐幼文北郭集	2637	皇明典禮志	0891
省心錄	1908	重刻黃文節山谷先生文集	1948	皇明法傳錄嘉隆紀	0471
省吾堂五種	0292		1949	皇明奏疏類鈔	0548
省軒考古類編	1697	重刻張來儀靜居集	2637	皇明帝后紀略	0463
是程堂集	2592	重刻渼陂王太史先生全集	2072	皇明留臺奏議	0550
郢事紀略	0521	重刻楊孟載眉庵集	2637	皇明宸藻	2704
星硯齋存稿	2917	重刻詳訂世史類編	0446	皇明通紀集要	0470
昨非庵日纂	1473	重刻增補故事白眉	1645	皇明捷錄	1018
	1474	重刻翰林校正少微通鑑大全	0431	皇明從信錄	0472
	1475	重刻澹然先生文集	2040		0473
昭代子快		重刻讀書鏡	1478	皇明開國臣傳	0613
昭代典則	0464	重修政和經史證類備用本草	1153	皇明詔制	0530
昭代簫韶	3003	重修宣和博古圖錄	0975	皇明疏鈔	0549
毗陵六逸詩鈔	2904	重訂文選集評	2658	皇明疏議輯略	0547
毘陵集	1877	重訂古史全本	0389	皇明詩選	2827
思居堂集	2529	重訂批點春秋左傳詳節句解	0151	皇明資治通紀	0467
思益梵天所問經	1717	重訂易經疑問	0033		0468
思濟堂方書	1183	重訂馬氏等音	0373	皇明遜國臣傳	0614
幽蘭山房藏稿	2323	重訂教乘法數	1761	皇明經濟文輯	2843
看鑑偶評	1028	重訂嘯餘譜	3031	皇明嘉隆兩朝聞見紀	0475
看蠶詞	2917	重廣補注黃帝內經素問	1150	皇明輔世編	0615
香山詩選	1899	重選徐迪功外集	2091	皇明論衡	2857
香草居集	2919	重編廣韻	0349	皇明館課經世宏辭續集	2854
香草堂詩鈔	2904	重鋟鳳洲王先生文抄注釋	2148	皇明鴻猷錄	0485
香乘	1374	重鋟朱青嚴先生擬編明紀輯略	0479	皇明職方地圖	0738
香墅漫鈔	1454	重鐫心齋王先生全集	2110	皇明續記	0467
香墅漫鈔又續	1454	便蒙刪補書經翼	0080	皇祖四大法	0512
香墅漫鈔續	1454	修竹廬吟稿	2906	皇華集	2220
香樹齋詩文集	2422	修辭指南	1600	皇清文穎	2884
香嚴略紀	0848	保嬰全書	1191	皇清開國方略	0481
秋水軒印存	1352	皇王大紀	0437	皇清詩選	2871
秋水庵花影集	3019	皇王史訂	0457	皇清職貢圖	0746
秋水集	2457	皇氏論語義疏參訂	0263	皇朝武功紀盛	0492
秋水閣墨副	2212	皇甫司勳集	2121	皇朝東都事略卓行傳序	1919
秋泉先生遺稿	2168	皇明十六名家小品	2639	皇朝禮器圖式	0892
秋浦冷署閒吟	2614	皇明十六種小傳	0616	皇極篇	2219
秋笳集	2314	皇明大事記	0515	皇輿考	0731
秋閑戲鐵	1333	皇明大政記	0513	皇輿表	0742
秋塍文鈔	2419	皇明大訓記	0514	禹貢錐指	0089
秋樹蟬聲集	2615	皇明文徵	2840	禹貢譜	0088
重刊八行圖說	1477	皇明文選	2837	待珠亭文鈔初集	2597
重刊併音連聲韻學集成	0359	皇明世法錄	0879	衍慶錄	0639
重刊校正唐荊川先生文集	2119	皇明臣諡彙考	0902	律例總類	0919
重刊許氏說文解字五音韻譜	0302	皇明百方家問答	0212	律陶	1832
	0303			後山先生集	1950
	0304				
重刊詳校篇海	0324	皇明百家文範	2838	後村居士詩	1987

2429

後村雜著	2451	恒山志	0782	袁氏痘疹叢書	1192
後圃編年稿	2441	恒山續志	0782	袁端敏公奏稿	0571
後漢書	0381	恒齋文集	2450	袁魯望集	2163
	0382	宣和博古圖錄	0976	耿嵩陽先生傳	2294
	0403	宣和遺事	1521	華夷花木鳥獸珍玩考	1375
弇山堂別集	0509	宮詞曲譜	3032	華英通語	0379
弇州山人四部稿	2146	宮閨小名錄	0625	華泉先生集選	2073
弇州山人續稿選	2147	神兵旗式	1267	華國編唐賦選	2810
卻掃編	1392	神相全編	1251	華陽散稿	2498
食物本草	1154	神農本草經疏	1160	恭愨公蘭堂遺稿	2336
	1155	神僧傳	1763	蒐元遁甲句解煙波釣叟歌	1247
	1156	韋齋集	1960	荷塘詩集	2560
胎息經	3040	韋蘇州集	1859	荻溪章氏支譜	0672
風月爭奇	1496		2623	晉二俊文集	2625
風后握奇經	3040	眉公先生晚香堂小品	2229	真文忠公續文章正宗	2700
風俗通義	1386		2230	真西山文集	2741
風流棒	2993	姚少監詩集	1903	尅擇璇璣經集注	1269
急就篇	0300	姚秦三藏西天取清解論	3029	莊子	1779
急覽類編	1651	飛白錄	1295	莊子因	1793
計部奏疏	0557	飛武全傳	1559	莊子南華真經	1780
訂補明醫指掌	1179	飛霞館選百家纂雋	1042	莊子通	1788
訂譌雜錄	1438	飛鴻堂印譜	1342	莊子通義	1785
亭皋詩鈔	2320	紅牙小譜	3014	莊子翼	1787
度曲須知	3021	紅羊劫後賸草	2616	莊敏公遺集	2918
度藍關	3005	紅苗歸化恭紀詩	0868	莊渠先生遺書	2090
度嶺吟	0755	紅蕉山館題畫詩	2575	桂洲奏議	0553
音學五書	0368	紅樓夢傳奇	3012	栖雲閣文集	2261
帝京景物略	0747	紅鵝館詩選	2562		2262
施注蘇詩	1929	紅蘭閣詞	0837	桃花影傳奇	3013
前令鄭壼陽靖海紀略	0510	紀元本末	0484	桃源洞天志	0841
前明小記	2435	紀錄彙編	3042	格致鏡原	1692
前明雜事詩	2435	**十　畫**		校注橘山四六	1981
前唐十二家詩	2626			校碑隨筆	0989
前漢書	0382	耕餘居士詩集	2480	連平顏氏宗譜	0692
	0398	耘硯山房文集	2435	連陽八排風土記	0752
炳燭軒詩集	2195	耘硯山房時藝偶存	2435	夏東岩先生文集	2099
洪武正韻	0353	耘硯山房詩集	2435	夏桂洲先生文集	2103
	0354	耘硯卻睡錄	2435	夏寶晉文稿	2598
洪武正韻高唐王篆書	0355	耘硯詩話	2435	砲錄	1128
洪武正韻彙編	0356	泰山蒐玉集	2894	破邪顯證鑰匙經	3027
洪範九疇數	1256	秦蜀兼籌	0502	原本茶經	1369
洪範明義	0276	秦漢瓦當文字	0993	致日本開拓判官照會暨名片	
洪範彙成	1257	秦漢瓦圖記	0992	册	0956
洞庭秦氏宗譜	0670	秦漢文鈔	2734	晉王右軍集	1830
洞庭集	2470	秦漢印範	1000	晉政輯要	0867
洞霄游草	2227	秦漢書疏	0542	晉書	0381
活人心法	1196	秦篆殘石題跋	0985		0382
活法機要	1144	班馬異同	0401		0411
洛陽伽藍記	0842	素履堂稿	2569		0412
净土資糧全集	1740	捐務題稿	0576		0413
津逮秘書	3063	捐務鹽務告示章程	0576	晉書地理志證今	0187
	3064	袁中郎先生批評唐伯虎彙集	2074	晉游消遣集	2620

柴村文集	2252	唐荊川先生編纂左氏始末	0153	海防奏疏	0557
柴村賦集附	2252	唐荊川先生纂輯武編	1110	海東札記	0751
柴墟文集	2061	唐柳河東集	1894	海忠介公集	2638
晏子春秋	0629	唐音戊籤	2793	海珊詩鈔	2462
恩福堂書目	0963	唐音癸籤	2794	海叟詩集	2035
秣陵春傳奇	2991	唐書	0381	海野詞	2951
秘書廿一種	3068		0382	海塘新志	0821
秘書省續編到四庫闕書	0958	唐書釋音	0382	海虞翁氏族譜	0671
笏山詩集	2504	唐陸宣公集	1879	海虞詩苑	2901
倚修竹軒詩草	2611	唐陸宣公翰苑集	1881	海錄碎事	1569
倘湖樵書	1480	唐國史補	1441	海藏癍論萃英	1144
倪文貞公文集	2232	唐雅	2785	海濱紀事	2612
射禮儀節	0139	唐詩百名家全集	2630	海瓊玉蟾先生文集	1985
息軒草	2351	唐詩英華	2798		2622
師讓盦漢銅印存	1005	唐詩金粉	1701	宸垣識略	0748
徑山游草	2227	唐詩品彙	2782	家中書札	1682
徐氏筆精	1433	唐詩紀	2790	家範	1050
徐文長文集	2170	唐詩紀事	2928	家禮集議	0140
徐孝穆全集	1838		2929	家禮節要	0139
徐迪功集	2091	唐詩排律	2806	家禮會通	0141
奚囊寸錦	2373	唐詩貫珠	2803	容安齋酥譚	1415
倉米奏稟	0570	唐詩荃蹄集	2808	容居堂三種曲	2995
翁山詩外	2324	唐詩解	2792	容春堂集	2062
翁氏家事略記	0643	唐詩箋注	2809	容臺文集詩集別集	2197
脈訣	1144	唐詩粹選	2795	容臺稿	2127
脈經	1162	唐詩選勝直解	2801	容齋隨筆	1393
留畔堂遺詩	2262	唐詩類苑	2786	冥樞會要	1733
留餘堂史取	1015	唐詩繹	2815	書史會要	1289
訓行錄	2019	唐詩體經	2802	書舟詞	2951
記紅集	2961	唐詩觀瀾集	2811	書記洞詮	2713
高季迪先生大全集	2032	唐詩艷逸品	2631	書啟	2279
高弧日景表細草	1230	唐諸家同詠集	1845	書啟合璧二集	2770
高皇帝御製文集	2019	唐駱先生文集	1841	書傳大全	0078
高峰大師語錄	1751		1842	書經	0016
高常侍集	2626	唐駱先生集	1840	書經文鈔	0092
高適集	1861	唐盧戶部詩集	1878	書經注疏大全合纂	0084
郭文簡公文集	2131	唐韓昌黎集	1889	書經訓解	0007
庫儲實存簿	0910	唐類函	1634	書經旁訓	0008
唐堂集	2418	瓶花齋集	2201		0014
唐人小傳	2811	兼齋文集	2436	書經揭要	0290
唐人五言長律清麗集	2812	兼濟堂文集選	2278	書經集注	0015
唐六如先生畫譜	2074	(浙江紹興)山陰梅溪王氏宗譜	0653		0076
唐文二集	2796			弱水集	2453
唐文初集	2796	(浙江紹興)重修登榮張氏族譜	0679	陸士衡集	2622
唐四家詩	2633				2625
唐丞相曲江張先生文集	1844	浙江解進書目	0970	陸士龍文集	2622
唐宋八大家	2627	(浙江蕭山)錢清鍾氏宗譜	0687		2625
唐宋八大家文鈔	2628	浦江鄭氏旌義編	0638	陸子學譜	1103
唐宋大家全集錄	2629	浦雲堂詩集	2376	陸次雲雜著	3088
唐宋白孔六帖	1563	涇野子內篇	1077	陸放翁全集	3078
唐宋名賢歷代確論	1014	海山存稿	2500	陸宣公集	1880
唐宋叢書	3066	海石先生文集	2124	陸塘初稿	2917

陳子昂集	2626	琅琊代醉編	1465	匏翁家藏集	2057
陳太史較正易經大全	0011	堵胤錫始末	0754	匏潛子四時四聲山居草	2430
陳氏小兒病源方論	1188	排悶錄	1510	盛明十二家詩選	2828
陳司業集四種	2515	推背圖	1277	盛明雜劇	2966
陳先生適適齋鑑鬚集	2213		1278	雪庵清史	1412
陳伯玉文集	1843	埤雅	0294	雪窗雜詠	2473
陳明卿太史考古詳訂遵韻海篇朝宗	0365		0298	雪鴻堂文集	2920
		教誡新學比丘行護律儀	1771	雪鴻堂全集	2920
陳定宇先生文集	2005	接棗機緣	1746	雪廬讀史快編	0710
陳書	0381	執照監照憲照護照奏摺及諭札		雪巖和尚住潭州龍興寺語錄	1749
	0382		0950	虛白齋存稿	2539
陳清端公文集	2385	黃山志	0780	常談	2323
陳學士文集	2416	黃山谷文集	2741	眺秋樓詩	2587
陳學士先生初集	2199	黃山詩留	2277	野航詩集	2449
陳檢討四六	2347	黃山導	0781	野庵詩鈔	2481
陳檢討集	2345	黃氏畫譜	1319	問山詩文集	2326
	2346	黃石齋先生文集	2233	問奇一覽	0377
陳檢討填詞圖	2956		2234	問答節要	1233
孫子參同	1108	黃河營記名外委冊	0940	問經堂印譜	1349
孫氏養正樓印存	1351	黃帝宅經	3040	婁山易輪	0279
孫文定公全集	3084	黃帝授三子玄女經	3040	晦庵文鈔	1967
孫文定公奏疏	0565	黃琢山房集	2532	晦庵先生語錄類要	1057
陰陽寶海三元玉鏡奇書	1269	黃葉邨莊詩集	2369	晞髮集	1996
陶人心語	2486	萩林尋到源頭	1654	晚邨先生家訓真蹟	1099
陶貞白集	2622	菜根譚	1408	晚村先生八家古文精選	2747
陶韋合集	2623	菜堂節錄	1439	晚笑堂畫傳	0602
陶庵詩文集	2244	萍草刪存	2443	晚唐詩鈔	2805
	2245	乾坤正切	1204	晚翠堂批點玉樓春	1537
陶詩集注	1833	乾隆己酉科各省選拔同年齒錄	0929	異方便淨土傳燈歸元鏡三祖實錄	2988
陶靖節集	1831				2989
	2622	乾隆壬申萬壽恩科雲南武鄉試題名錄			
	2623		0928	異名考	0149
陶靖節詩集	1832	梅花什	2187	唱酬題詠附錄	1868
陶學士先生文集	2027	梅花草堂集	1406	唱經堂才子書十種	3085
陪集	2327	梅里古印譜	1338	國朝山左詩鈔	2909
通天臺	2991	梅谷十種	3096	國朝五言長律鳳颺集	2883
通占大象曆星經	3040	梅坪詩鈔	2904	國朝六家詩鈔	2643
通志	0390	梅軒遺草	2566	國朝列卿記	0611
通志堂經解	0005	梅崖居士文集	2514	國朝名公翰藻	2848
通俗編	1700	梅莘詩鈔	2540	國朝松陵詩徵	2902
通紀直解	0474	梅道人遺墨續集外集	2014	國朝典故	3037
通鑑本末紀要	0483	梓溪文鈔	2101	國朝律賦偶箋	2887
通鑑全史彙編歷朝傳統錄	0444	梭山汪氏家譜	0662	國朝詞垣考鏡	0703
通鑑直解	0443	梯仙閣餘課	2465	國朝畫徵錄	1316
通鑑紀事本末	0482	曹子建集	2622	國朝詩正聲集	2878
通鑑綱目釋地糾謬	0435	曹氏墨林	1372	國朝詩的	2874
通鑑釋文辯誤	0426	敕建弘慈廣濟寺新志	0843	國朝諡法考	0903
	0427	敕封天后志	0846	國雅	2824
純師集	2742	敕修百丈清規	1734	國雅品	2824
十一畫		敕修兩浙海塘通志	0820	國語	0494
		帶經堂集	2303	國學禮樂錄	0898
理學正宗	1097	瓠息齋前集	2501	崑山續人物傳	0624

崔東洲集	2102	清咸豐甲寅年通書	1273	張彭春日記	0650
崇祀名宦錄	0641	清咸豐癸丑年通書	1272	張廣生等稟函稿	2619
崇祀錄	2247	清風草堂詩鈔	2608	張翰林校正禮記大全	0009
過度天盤神數	1240	清紀	1507		0125
梨雲館廣清紀	1508	清紀附	1507	張龍湖先生文集	2108
梨雲館類定袁中郎全集	2200	清素堂詩文集	2487	張襄惠公輯略	2104
符臺稿	2127	清異錄	1476	隋文紀	2621
笠亭詩集	2538	清涼山志	0783	隋書	0381
笠翁一家言全集	2257	清涼山志輯要	0784		0382
第五才子書施耐庵水滸傳	1520	清道光乙巳年通書	1271		0414
偶存草詩集	2431	清溪詩稿	2906		0415
偶記	1410	清綺軒詞選	2959	陽明先生文錄	2076
偷甲記	2998	渠風集略	2911	陽明先生文錄語錄	2077
停雲閣詩稿	2906	渠亭山人半部稿	2334	陽明先生年譜	2080
斜川集	1952	淮南子	1384	陽明先生集要三編	2080
斜川詩集	1953	淮南鴻烈解	1382	陽明先生道學鈔	1073
釣船笛譜	2593		1383	陽明按索	1269
象山先生全集	1974	淮關統志	0908	隆平集	0506
	1975	淳化秘閣法帖考正	1305		0507
	1976	淳化閣帖釋文	1304	習是編	1490
逸民史	0598		1305	參同契箋注	1801
逸周書	0493	淡淡軒詩抄	2609	貫華堂選批唐才子詩甲集七言律	2797
逸雅	0294	深柳堂禹貢增刪集注正解讀本	0087	絃索調時劇新譜	3032
斛山楊先生遺稿	2120	深柳堂彙輯書經大全正解	0087	絃索辨訛	3021
祭皋陶	2279	婆羅岸	1545	巢林筆談	1458
許氏古均閣書目	0964	梁文紀	2621		
許文穆公集	2165	梁江文通集	1837	**十二畫**	
許鍾斗文集	2211	梁昭明文選	2650	琴好樓小製	2906
庶物異名疏	1661	梁書	0381	琴律考	0279
庾開府集	2622		0382	堯山堂外紀	1472
康熙甲子史館新刊古今通韻	0370	梁補闕集	1882	堯峰文鈔詩鈔	2299
康熙字典	0338	梁園風雅	2912	堯陵考	0853
康熙拾伍年分奉旨丈量銷圩魚鱗清冊	0911	梁誠書啟簿及函電文牘	0582	超然樓印賞	1336
康對山先生文集	2086	淄川畢氏世譜	0674	揚子太玄經	0192
康濟改修魚雷練船並添購器具卷宗	0947	寄傲軒讀書隨筆	2549		1231
庸行編	1484	寄園寄所寄	1457	揚子雲集	2622
鹿邨詩集	2510	寂音尊者智證傳	1756	揚州夢傳奇	2996
鹿門先生批點漢書	0400	扈從西巡日錄	2370		2997
章介庵文集	2113	扈從東巡日錄	2370	博物典彙	1657
商文毅公集	2046	啓雋類函	1636		1658
商丘宋氏三世遺集	2918	屠先生評釋謀野集	2175		1659
剪綃集	2624	張天如先生校正文公小學音注句解	1056	博雅備考	1696
敝帚軒吟草	2613	張天如先生校正標題孝經集注詳解	1056	達觀樓集	2216
敝篋集	2201	張天如先生校正標題忠經集注詳解	1056	壹齋集	2554
清光緒丙戌年通書	1274			葉太史參補古今大方詩經大全	0009
清江貝先生詩集	2029				0011
清吟堂全集	2370	張氏醫書七種	1148		0095
清吟堂集	2370	張氏醫通	1148	葉忠節公遺稿	2317
清河書畫舫	1282	張方洲奉使錄	2052	葉鶴塗文集	2574
清宗室敬徵日記	0646	張可庵先生書牘	2183	萄頭集	1248

萬子迂談	2135	鼎鍥葉太史彙纂玉堂鑑綱	0450	御定全唐詩錄	2800
萬年書	1205	鼎鍥趙田了凡袁先生編纂古		御定歷代紀事年表	0459
萬言肄雅	0374	本歷史大方綱鑑補	0451	御定歷代賦彙	2696
萬壽盛典初集	0894	鼎鐫睡庵湯太史四書脉	0211	御定歷代題畫詩類	2690
萬曆己丑重刊改併五音集韻	0351	鼎鐫漱石山房彙編注釋士民		御訂全金詩增補中州集	2818
葛仙翁肘後備急方	1149	便觀雲箋柬	2765	御製大誥	0915
葛忉上先生選評古文雷橄	2740	鼎鐫諸方家彙編皇明名公文		御製文二集	2494
董子春秋繁露	0192	雋	2841	御製文初集	2493
董仲舒集	2622	開國佐運功臣弘毅公家譜	0696	御製巡幸盛京詩	2599
葆素齋集	2917	閑家編	1487	御製重輯明心寶鑑	1413
葆璞堂文集	2413	閑情小品	3056	御製耕織圖	1325
敬恕堂文集紀年	2294	閑情偶寄	1495	御製盛京賦	2495
敬恕堂詩鈔	2511	閱署日抄	1469	御製揀魔辨異錄	1764
敬業堂詩集	2403	景岳全書	1180	御製詩二集	2491
敬業堂詩續集	2404	喻子十三種秘書兵衡	1114	御製詩三集	2492
朝野申捄疏	0563	喻林	1612	御製詩初集	2489
葵書	1704	啑嚶集	2009		2490
椒丘文集	2053	買愁集	2746	御製詩第三集	2374
晢次齋同人尺牘	2301	圍碁近譜	1363	御製避暑山莊詩	2375
晢次齋名家贈什	2301	圍爐詩話	2941	御製避暑山莊詩圖	0854
晢次齋稿	2301	無依道人錄	1744	御選宋金元明四朝詩	2686
惠山聽松庵竹鑪圖詠	2905	無欲齋詩鈔	2221	御選唐宋文醇	2756
雁山圖志	0795	無瑕璧傳奇	3001	御選語錄	1753
雁門集	2011	無錫鄧氏宗譜	0685	御選歷代詩餘	2958
殘明表忠錄	0627	無聲詩史	1314	御錄宗鏡大綱	1731
雲川閣集	2412	稊中散集	2622	御錄經海一滴	1754
雲谷臥餘	1416	程子詳本	1053	御璽譜	1356
雲笈七籤	1804	程氏叢書	3091	御纂周易折中	0046
雲峰書屋集印譜	1345	程孟陽集	2907	御纂性理精義	1100
雲庵真淨禪師語錄	1748	程洺水先生集	1982	御纂醫宗金鑑	1184
雲庵遺稿	3015	筍譜	1377	御覽集	2533
雲陽集	2016	筆疇	0600	御覽經史講義	0282
雲嚴寶鏡三昧	1756	順天府霸州賦役冊	0904	復初齋文集	2518
雅尚齋遵生八牋	1449	集千家注批點杜工部詩集	1862	復初齋時文	2519
	1450	集古印譜	0997	循陔文集	2551
雅俗通用釋門疏式	1772		0998	舒梓溪先生全集	2100
雅音會編	2783	集外文	1915	鈃園集	2222
	2784	集外詩	1869	鉅文	2723
雅倫	2940	集李詩	2331	鈍翁前後類稿	2298
雅趣藏書	2968	集唐詩	2434	欽明大獄錄	0522
紫峰陳先生文集	2105	集虛齋學古文	2405	欽定大清會典	0887
紫幢軒詩集	2452	焦氏類林	1468	欽定古今圖書集成	1694
紫瓊巖詩鈔	2526	皖桐璩氏族譜	0688	欽定平定臺灣紀略	0489
紫藤書屋叢刻	3073	棐妙集	2624	欽定軍衛道里表	0927
掌銓題藁	0554	粵中見聞	0753	欽定國史大臣列傳	0628
最樂編	1470	粵東金石略	0982	欽定廓爾喀紀略	0487
鼎刻江湖歷覽杜騙新書	1516	粵滇紀略	0754	爲可堂初集	2265
鼎刻京板太醫院校正增補青		御世仁風	1090	飲食須知	1199
囊醫方捷徑	1175	御批資治通鑑綱目全書	0434	鄒南皐集選	2186
鼎湖山慶雲寺志	0810	御制律曆淵源	1203	評林注釋要刪古文大全後集	2717
鼎鍥百名公評林訓釋古今奇		御定仿宋相臺岳氏本五經	0273	詞人姓氏爵里表	2960
文品勝	2842	御定全唐詩人年表	2800	詞苑英華	2955

詞林典故	0866	淵鑑類函	1689		0631
詞林海錯	1626	游名山一覽記	0769	蓮洋吳徵君年譜	2365
詞林萬選	2955	溉堂集	2353	蓮洋集	2363
詞律	2962	湧幢小品	1446		2364
詞致錄	2724	惺齋新曲六種	3001		2365
詞綜	2957	寒山子詩集	1852	蓮龕集	2293
詞綜偶評	2947	寒支初集二集	2377	靳兩城先生集	2130
詞譜	2963	寒村詩文選	2383	夢山存家詩稿	2149
詞韻簡	2961	寓舟詩集	2475	夢月岩詩集	2390
馮少墟集	2198	寓林集	2208	夢林玄解	1276
馮用韞先生北海集	2182	運河文職官冊	0941	夢堂詩稿	2478
敦好齋律陶纂	1832	運氣占	1242	夢窗甲稿	2951
痘疹大全八種	1194	補天石傳奇	2970	夢溪筆談全編	1389
痘疹傳心錄	1149	補史記	0385	夢樓詩集	2530
善卷堂四六	2398		0386		2531
普陀山志	0791	補注李滄溟先生文選	2143	夢澤張先生手授選評四六燦花	2849
普陽琴餘草	2471	補注洗冤錄集證	1138	蒼谷全集	2085
尊前集	2955	補梅書屋詩草	2552	蒼峴山人集	2297
尊聞錄	0588	補瓢存稿	2522	蒼雪軒全集	2205
尊德堂詩鈔	2421	尋墊外言	2919	蓬窗日錄	1400
道山紀略	0805	畫中人傳奇	2986	蓬廬文鈔	2586
道光崑山縣深字魚鱗冊	0912	畫史會要	1313	蒿庵集	2322
道言內外秘訣全書	1800	畫禪室隨筆	1281	蓉槎蠡說	1420
道宗六書	1796	媚幽閣文娛	2847	楚尾集	2565
道家金石略目	0990	登西臺慟哭記注	1996	楚蒙山房集	3090
道書全集	1797	登壇必究	1112	楚騷綺語	1822
道貴堂類稿	2342	發微曆眼通書大全	1260		3041
道腴堂詩編	2572	絳跗閣詩稿	2460	楚辭	1815
道園學古錄	2006	幾亭全書	2242		1819
	2007	**十三畫**		楚辭句解評林	1820
道園類集	2741			楚辭章句	1816
道榮堂文集	2389	瑞芝錄	2167		1817
道德真經	1773	瑞筠圖傳奇	3001		1818
道德經解	1778	瑜伽燄口施食起止規範	1738	楚辭集注	1821
道餘錄	1742	載詠樓重鐫硃批孟子	0268	楚辭疏	1824
道學基統	2002	載賡集	2553	楚辭新注	1828
遂初堂詩集文集	2350	鼓山志	0804	楚辭燈	1826
湛園未定稿	2387	聖宋名賢五百家播芳大全文粹	2817	楚辭雜論	1824
湖北金石詩	0986	聖門人物志	0584	楚懷襄二王在位事蹟考	1826
湖南布政使司領用清冊	0936	聖門志	0585		1828
(湖南寧鄉)灰湯蔣氏族譜	0684		0586	楊子太玄別訓	1232
湖海集	2372	聖門通考	0583	楊子巵言	1399
湖海樓全集	2344	聖門禮樂統	0899	楊太后宮詞	2624
湘陰郭氏家譜	0673	聖祖仁皇帝上諭十六條	0538	楊升庵先生批點文心雕龍	2924
湘煙錄	1471	聖駕親征噶爾旦方略	0488	楊氏易傳	0024
湯子遺書	2296	聖學宗傳	0596	楊全甫諫草	0558
湯液本草	1144	聖學格物通	1076	楊炯集	2626
湯義仍先生還魂記	2975	聖諭像解	1485	楊椒山先生集	2151
溫恭毅公文集	2164	聖諭廣訓	1483	楊慈湖先生詩鈔	2791
溫陵留墨三種	2895	聖蹟全圖	0632	楊龜山文集	2741
渭南文集	1979	聖蹟圖	0630	槐西雜志	1510
淵鑒齋御纂朱子全書	1058				

楓江漁父圖題詞	2445	解學士全集	2036	資治通鑑目錄	0425
感舊集	2870	試律詩集	2553	資治通鑑綱目	0432
匯古菁華	2722	試篆存稿	1348		0434
雷峰塔傳奇	3008	詩人玉屑	2933	資治通鑑綱目前編	0434
搢紳錄	0702	詩人考世	2673	資治通鑑綱目前編外紀	0434
睡足軒詩選	2073	詩人爵里	2655	資治通鑑綱目集說	0436
睡庵文稿	2204	詩人爵里詳節	2782	資治通鑑綱目發明	0433
甿記	1086	詩史	1034	資治通鑑總要通論	0428
愚庵小集	2275		1035	資治新書	0865
愚庵及禪師語錄	1750	詩材類對纂要	1703	靖難紀略	1016
愚齋反經錄	1104	詩刪	2676	新刊大字周易本義	0022
歌庵集	2196	詩序辨說	0093	新刊仁齋直指附遺方論	1169
農丈人詩文集	2188	詩苑天聲	2684	新刊六子全文注釋摘錦	1041
農政全書	1140	詩林韶濩	2687	新刊文選考注	2648
農書	1139		2688	新刊方脈主意	1165
置書懷袖	2578	詩法火傳	2942	新刊正文對音捷要琴譜真傳	1360
蜀中草	1960	詩持	2868	新刊出像點板纏頭百練	3020
蜀草	2174	詩紀	2675	新刊迂齋先生標注崇古文訣	2698
嵩年奏檔	0567	詩家全體	2679	新刊名臣碑傳琬琰之集	0604
嵩嶽廟史	0850	詩宿	2673	新刊宋學士全集	2020
稗史彙編	1463	詩集殘餘	2340	新刊京本風鑑相法人相編	1252
稗海	3045	詩雋類函	1635	新刊京本校正增廣聯新事備	
筮吉肘後經	1275	詩詞合選	0561	詩學大全	1594
筮儀	0009	詩詞雜俎	2624	新刊京本脈訣疏義	1166
	0021	詩傳大全	0093	新刊性理大全	1065
	0022	詩話類編	2938	新刊重訂出像附釋標注音釋	
	0023	詩經	0016	趙氏孤兒記	2973
	0026	詩經注疏大全合纂	0099	新刊皇明名臣言行錄	0608
節孝先生文集	1919	詩經訓解	0007	新刊校正增補圓機詩韻活法	
節孝先生語錄	1919	詩經旁訓	0008	全書	1607
節孝集事實	1919		0014	新刊訓解直音書言故事大全	1580
傳經堂詩鈔	2535	詩經揭要	0290	新刊唐荊川先生稗編	1599
傷寒舌鑒	1148	詩經備考	0098	新刊陳眉公先生精選古論大	
傷寒兼證析義	1148	詩經集注	0015	觀	2731
傷寒緒論	1148	詩經說約	0100	新刊群書考正性理大全	1066
傷寒論後條辨	1167	詩經廣大全	0106	新刊增入諸儒議論杜氏通典	
傷寒類書活人總括	1169	詩經增訂旁訓	0108	詳節	0871
傷寒纘論	1148	詩經類考	0101	新刊增補古今名家詩學大成	1604
鳧藻集	2033	詩說解頤總論	0094	新刊翰林考正綱目點音少微	
微泉閣文集詩集	2289	詩餘圖譜	2955	通鑑節要會成	0430
微雲集詩餘	2297	詩學集成押韻淵海	1595	新刊翰林考正綱目點音資治	
會通館校正宋諸臣奏議	0544	詩學權輿	2935	通鑑正要會成	0438
會衙奏檔	0934	詩藪	2937	新刊憲臺考正宋元通鑑全編	0429
會稽三賦	0749	詩歸	2677	新刊憲臺考正綱目點音資治	
愛日堂詩文集	2287		2678	通鑑節要會成	0439
愛日堂詩集	2358	詩譚	2939	新刊續文章軌範	2702
愛吾廬詩稿	2432	詩譜	0096	新世鴻勳	1528
飴山文集	2356	詩韻瑤林	0376	新西廂	3009
飴山詩集	2355	詩韻輯略	0361	新列國志	1522
頌天臚筆	0520	誠意伯劉先生文集	2022	新安二布衣詩	2907
解文毅公集	2037	誠齋集	1978	新安文獻志	2892
解脫集	2201	誠齋錄	2044	新抄濃情秘史	1556

書名	頁碼
新板全補天下使用文林紗錦萬寶全書	1671
新刻一札三奇	1649
新刻乙丑科華會元四書主意金玉髓	0221
新刻乙未科翰林館課東觀弘文	2861
新刻九我李太史校正古本歷史大方通鑑	0448
新刻三妙傳	1546
新刻三狀元評選名公四美士林必讀第一寶	2839
新刻大明曆	1260
新刻山家清事	1367
新刻友花居上林鴻	2767
新刻文房清事	1366
新刻玉洞金書	1258
新刻古今玄屑	1629
新刻古今碑帖考	1287
新刻石渠閣彙纂諸書法海	1665
新刻田家五行	1141
新刻四書通典備考	0243
新刻出像增補搜神記	1501
新刻全補評注文豹金璧故事	1678
新刻全像三寶太監西洋記通俗演義	1526
新刻全像漢劉秀雲臺記	2981
新刻全像點板張子房赤松記	2984
新刻李太史選釋國策三注旁訓評林	0498
新刻李袁二先生精選唐詩訓解	2789
新刻何氏類鎔	1620
新刻宋文丞相信國公文山先生全集	1990
新刻附曆合覽	1260
新刻臥子陳先生編纂歷代名賢古文宗	2739
新刻易測	0032
新刻金符經	1260
新刻京陵原板參補針醫牛經大全	1143
新刻法師選擇紀	1260
新刻相字心法	1254
新刻星平總會命海全編	1261
新刻拜命曆	1260
新刻重校增補圓機活法詩學全書	1607
新刻保生心鑑	1196
新刻皇明經世要略	0878
新刻音釋旁訓評林寅義三國志史傳	1517
新刻洪武元韻勘正切字海篇群玉	0366
新刻眉公陳先生編輯諸書備採萬卷搜奇全書	1662
新刻袁中郎先生批評紅梅記	2983
新刻連珠曆	1260
新刻徐玄扈先生纂輯毛詩六帖講意	0097
新刻針醫參補馬經大全	1142
新刻郭璞先生神會曆	1260
新刻旁注四六類函	2851
新刻陳明卿先生對類會海	1664
新刻許真君玉匣記	1260
新刻麻衣相神異賦	1253
新刻章臺柳	1549
新刻張太岳先生詩文集	2145
新刻彭氏類編雜說	1624
新刻蒐集群書紀載大千生鑑	1633
新刻解注和韻千家詩選	2670
新刻群佳樂	1551
新刻養生導引法	1197
新刻增校切用正音鄉談雜字大全	1677
新刻增補音易四書五經字考萬花谷	1675
新刻學餘園類選名公四六鳳采	2850
新刻錢希聲先生四書課兒捷解	0227
新刻鴛鴦	1531
新刻趨避檢	1260
新刻鍾伯敬先生批評封神演義	1557 1558
新刻瓊琯白先生集	1984
新刻藝圃球琅集注	1404
新刻韻學大成	0362
新刻艷芳配	1552
新春吉慶大全	1270
新修長蘆鹽法志	0913
新訂解人頤廣集	1513
新校尚書減注	0082
新校經史海篇直音	0323
新採奇聞小說全編萬斛泉	1541
新喻梁文門先生集	2018
新製靈臺儀象志	1202
新箋決科古今源流至論	1576 1577
新箋決科古今源流至論	1578
新說生花夢奇傳	1539
新撫苗寨路程	0868
新增格古要論	1447
新增說文韻府群玉	1586 1587 1588
新增願體集	1491
新鍥抱朴子內外篇	1802
新鍥增補注釋珊瑚古文大全	2715
新編元寶媒傳奇	2995
新編古今事文類聚	1571 1572
新編西川圖	3016
新編事文類聚翰墨大全	1591 1592
新編事文類聚翰墨全書	1590
新編兩肉緣	1550
新編佩文詩韻提綱四聲譜廣注	0375
新編併音連聲韻學集成	0358
新編春燈迷史	1553
新編簪纓必用翰苑新書	1583
新編繡像簇新小說麟兒報	1535
新編纂注資治通鑑外紀增義	0428
新鍥正譌訓解標類書言故事大全	1579
新鍥四書心鉢	0216
新鍥李卓吾先生增補批點皇明正續合併通紀統宗	0469
新鍥華夷一統大明官制	0864
新鍥晉雲江先生闡蒙衍義集注	0103
新鍥提頭音釋官板大字明心寶鑑正文	1414
新鍥會元湯先生批評空同文選	2069
新鍥臺閣校正注釋補遺古文大全	2714
新鍥翰林三狀元會選二十九子品彙釋評	1040
新鍥簪纓必用增補秘笈新書	1584
新鍥纂集諸家全書大成斷易天機	1244
新鐫釋和魁斗千家詩選	2671
新疆省各州縣雨雪陰晴雨雪平均量每月統計表	0949
新纂事詞類奇	1622
新纂門目五臣音注揚子法言	1038 1048
新鐫古今大雅北宮詞紀	3017
新鐫古今大雅南宮詞紀	3018
新鐫古今事物原始全書	1628
新鐫四書說約大全合參	0231
新鐫出像點板枕春錦曲	3020
新鐫全像一見賞心編	1515

新鐫全像武穆精忠傳	1524		
新鐫全像通俗演義隋煬帝艷史	1518	溯流史學鈔	1094
	1519	慎言	1075
新鐫批評繡像人間樂	1536	慎修堂集	2152
新鐫批評繡像玉嬌梨小傳	1534	慎柔五書	1149
新鐫批評繡像巧聯琲小說	1538	塞游草	2423
新鐫武經入學第一明解	1119	褚氏遺書	1149
新鐫注釋出像皇明千家詩	2829	福山公遺集	2918
新鐫注釋里居通用合璧文翰	2761	福盦藏印六集	1357
		群玉樓稿	2107
新鐫性理奧	1088	群珠集	1364
新鐫重訂增補名文珠璣	2725	群書考索	1574
新鐫桃花影	1548	群書典棠	1660
新鐫秘本續英烈傳	1525	群書集事淵海	1598
新鐫笑林廣記	1514	群經補義	0280
新鐫旁批詳注總斷廣名將譜	1126	群談採餘	1445
		殿閣詞林記	0610
新鐫海内奇觀	0770	遜志齋集	2038
新鐫陳太史子史經濟言	1653	遜國神會錄	0621
新鐫通鑑集要	0442	彙苑詳注	1606
新鐫黃貞父訂補四書周莊合解	0215	彙刻三代遺書	3044
		彙選子集奇賞	1043
新鐫雅俗通用珠璣藪	1672	經世石畫	1092
新鐫增補全像評林古今列女傳	0589	經史待問三略	1492
		經史通用古今直音	0357
新鐫增補較正寅幾熊先生尺牘雙魚	2762	經史鈔	3074
		經玩	0281
新鐫選釋歷科程墨二三場藝府群玉	2862	經制考略	1653
		經國雄略	1117
新鐫翰林校正鰲頭合併古今名家詩學會海大成	1631	經進文稿	2370
			2533
新鐫歷代名賢事類通考	1650	經義未詳說	0293
新鐫歷朝捷錄增定全編大成	1017	經濟類約編	1693
		經濟類編	1616
新鐫舉子六經纂要	1670	經讀考異	0287
新鐫繆當時先生四書九鼎	0214	經驗丹方彙編	1182
新鐫繡像小說夢花想	1542	剿闖小說	1527
新鐫繡像旁批詳注總斷廣百將傳	1127	**十四畫**	
新鐫鑑略四字書	1710	璉川詩集	2128
意林	1460	靜用堂偶編	1102
義貞記	3007	靜惕堂詩集	2258
義勇武安王集	0633	靜廉齋詩集	2506
慈溪東街錢氏世系譜	0691	碧鳳顧氏支譜	0694
慈溪黃氏日抄分類	1061	瑶華集	2960
煨芋館藏書目	0968	駁呂留良四書講義	0238
滇苗圖說	0764	駁案成編	0924
滄浪小志	0840	趙凡夫先生印譜	1340
滄浪吟	1986	趙文敏公松雪齋全集	2001
滄浪詩話	1986	趙文肅公集	2126
滄溟先生集	2140	趙忠毅公全集	2178

趙恭毅公剩稿	2339		
趙裘萼公剩稿	2339		
嘉定四先生集	2903		
嘉定顧氏宗譜	0693		
摭古遺文	0321		
	0322		
摘要書柬便裁	2769		
壽山堂易說	0045		
壽世青編	1198		
壽鼎齋印存	1355		
壽藤齋詩	2576		
蔡中郎集	2622		
蔗尾詩集	2472		
蔗塘未定稿	2444		
蔣氏遊藝秘錄	1294		
蔣道林先生桃岡日錄	1079		
蓼齋集	2254		
榕村講授	2750		
監照	0952		
爾雅	0294		
爾雅正義	0296		
爾雅注疏	0003		
	0004		
	0295		
爾雅蒙求	0297		
翡翠林閨秀雅集	2906		
翡翠樓集	2906		
對山印稿	1347		
對類	1597		
嘆世無爲經	3026		
閩崎集	2470		
鳴求軒詩錄	2617		
圖書編	1615		
圖像本草蒙筌	1157		
圖繪宗彝	1312		
圖繪寶鑑	1308		
	1309		
	1310		
種芸仙館詞	2593		
種松園集	2463		
箋注唐賢絕句三體詩法	2780		
管子	1129		
	1130		
	1131		
	1133		
管子權	1132		
管見	2131		
管窺輯要	1238		
銅鼓書堂遺稿	2582		
銅鼓書堂藏印	1004		
遯世編	1467		
鳳池吟稿	2026		

書名	頁碼	書名	頁碼	書名	頁碼
疑耀	1431	精選東萊先生左氏博議句解	0150	翠娛閣評選鍾伯敬先生小品	2639
雉閩源流錄	0619	精選黃眉故事	1646	翠滴樓詩集	2457
鄧峰真隱漫錄	1965	鄭鶴齋詩稿	2610	熊劉詩集	2641
	1966	鄭少谷先生全集	2087	熊鍾陵詩	2641
語錄	0279	漢事會最人物志	0708	熊襄愍公集	2209
說文字原	0314	漢書	0381	鄧太史評選三國策	1024
說文字原考略	0308		0396	綱鑑會編	0458
說文字原表	0307		0397	網師園唐詩箋	2813
說文字原表說	0307	漢書刊誤	2589	綿津山人集	3089
說文字原集注	0307	漢書評林	0399	綠牡丹傳奇	2987
說文長箋	0305	漢書纂	0707	綠筠軒詩	2477
說文解字	0301	漢雋	0718	綠牕女史	1497
說文廣義	0306	漢詔疏	0529	綠蘿山莊詩文集	2454
說文廣義校訂	0309	漢詩評	2776	綴白裘新集合編	3030
說玄	1231	漢溪書法通解	1298	緇衣集傳	0276
說郛	3034	漢隸字源	0312	**十五畫**	
說嵩	0789	漢魏別解	3061		
說詩樂趣類編	2945	漢魏諸名家集	2622	慧命經	1810
塾課賸編	2772	漢魏叢書	3046	撫苗錄	0868
廣文字會寶	2729	漕糧漕運奏稟	0568	撫津疏草	0559
廣文選	2662	漱玉詞	2624	撫雲集	2371
廣百川學海	3065	漱石詩鈔	2567	撫畿奏疏	0557
廣成集	1907	漱芳軒合纂四書體注	0241	摶齋先生緣督集	1973
廣快書	3058	漈溪李氏族譜	0664	增定古今逸史	3047
(廣東中山)北山楊氏族譜	0682	潄園秦漢印譜	1008	增定春秋衡庫	0177
廣東新語	0750	漁山詩草	2570	增修詩話總龜	2927
廣金石韻府	0318	漁洋山人精華錄箋注	2304	增訂二三場群書備考	1625
	0319		2305		2863
廣治平略	0881	漁隱叢話	2930	增訂四書大全	0239
廣皇輿考	0732	漪園四種	3005	增訂金壺字考	0317
廣莊	2201	賓退錄	1394	增訂則例圖要便覽	0888
廣理學備考	1098	賓鴻吟稿	2612	增補左繡匯參	0160
廣博物志	1642	窳硯齋學詩	2447	增補四書精繡圖像人物備考	0220
廣博物志增刪	1643	隨園食單	1368	增補注釋事類捷錄	1648
廣雁蕩山志	0796	隨輦集	2370	增補萬寶全書	1699
廣雅	0294	隨輦續集	2370	增廣幼學須知鰲頭雜字大全	1683
廣寒梯傳奇	3001	翟晴江四書考異內句讀	0287	增廣注釋音辯唐柳先生集	1896
廣興古今鈔	0743	翠娛閣評選王季重先生小品	2639	穀山筆麈	1403
廣興記	0734	翠娛閣評選文太青先生小品	2639	穀玉類編	1705
	0735	翠娛閣評選李本寧先生小品	2639	穀梁大義述補	0164
廣興圖	0733	翠娛閣評選袁小脩先生小品	2639	穀梁傳	0162
廣韻	0347	翠娛閣評選袁中郎先生小品	2639	蕉林詩集	2269
	0348	翠娛閣評選徐文長先生小品	2639	蕉雨軒詩草	2620
廣韻藻	1668	翠娛閣評選陳明卿先生小品	2639	蔬果爭奇	1496
廖氏族譜	0683	翠娛閣評選陳眉公先生小品	2639	蔬香詞	2370
端居室集	2595	翠娛閣評選黃貞父先生小品	2639	橫山文鈔	2415
齊世子灌園記	2972	翠娛閣評選曹能始先生小品	2639	橫山初集	2415
齊雲山志	0785	翠娛閣評選屠赤水先生小品	2639	橫山詩文鈔	2415
養正圖解	1085	翠娛閣評選張侗初先生小品	2639	標營武職官冊	0944
養生集覽五種	1195	翠娛閣評選董思白先生小品	2639	樓村詩集	2402
精刻古今女史	2664	翠娛閣評選湯若士先生小品	2639	樊南文集箋注	1905
精選古今名賢叢話詩林廣記	2934	翠娛閣評選虞德園先生小品	2639	輟耕錄	1396

歐陽文忠公五代史鈔	0712	儉重堂詩	2528	諸家詩話	1868
歐陽文忠公全集	1921	儀禮述注	0134	諸國興廢	0166
歐陽文忠公集	1920	儀禮易讀	0121	諸國興廢說	0165
豎步吟	2917	儀禮注疏	0003		0167
醉后居評次名山業皇明小論	2859		0004		0168
醉愛居印賞	1341		0120		0169
遼史	0382	儀禮章句	0122		0170
薌花詞	2443	儀禮經注疏正訛	0123		0172
震川先生集	2159	儀禮經傳內外編	0135	諸稿自題輯錄	2237
震軒夏先生易詠	0073	樂典	0144	課慎堂詩文集	2426
震澤長語	1398	樂府	2820	論曲	2964
震澤紀聞	1443	樂律考	0279	論略	2239
霄崢集	2876	樂律全書	0142	論語	0199
	2877	樂記	0145	論語古韻	0264
賞奇樓蠹餘稿	2906	樂陶吟草	2176	論語札記	0279
賞音編	2891	樂善堂全集定本	2488	論語注疏解經	0003
賦珍	2692	質園詩集	2466		0004
賦海類編	2697	德州田氏叢書	3076		0260
賦集	2553	德善齋菊譜詩	1378	論語集注	0198
賜書堂文稿詩稿	2583	德滋堂歌詩附鈔	2252		0201
賜書樓嶢山集	2384	衛陽先生集	2161	論語詳解	0262
閱古隨筆	1462	盤山志	0773	論語詳說	0261
閱藏知津	1770		0774	談龍錄	2355
遺山先生詩集	1997	盤山志補遺	0773	談藝錄	2091
遺教經	1714	錢王趙二先生校閱音義天梯		談藪	2255
遺蹟集錄	0551	春秋正文	0175		2256
蝶庵自藥	2252	劍虹齋集	2524	摩訶僧祇律	1718
蝴蝶媒	1547	餘姚朱氏宗譜	0656	羯磨會釋事義	1725
嶠雅	2246	餘園詩鈔	2407	遵巖先生文集	2116
墨子	1379	魯公文集	1848	潛研堂文集	2521
墨池編	1285		1849	潛庵先生遺稿	2295
	1286	魯齋遺書	2003	潛溪集	2021
墨君題語	3079	劉子	1388	潛確居類書	1656
	3080	劉子文心雕龍	2925	潛學稿	2162
墨娥小錄	1448	劉子威集	2134	澳門記略	0756
墨經	3040	劉氏鴻書	1641	潘黃門集	2622
墨憨齋新編繡像醒名花	1532	劉氏類山	1637	潘穎川聞和草賦集	2455
墨緣彙觀	1284	劉文烈公全集	2243	寫竹簡明法	1326
稽古日鈔	0288	劉式訓奏議函電稿	0579	選集漢印分韻	1003
稽古齋全集	2577	劉雪湖梅譜	1311	選詩	2655
稽神錄	1502	劉須溪先生記鈔	1995	選詩補注	2654
黎陽王襄敏公集	2050	劉稚川詩	2641	選賦	2656
篋衍集	2869	劉靜脩文集	2741	選擇天鏡	1206
篁墩程朱闕里祠志	0851	劉熊碑殘字附釋文	0985	選擇叢書集要	1269
篁墩程先生文粹	2056	諸子綱目類編	1475	豫東公牘	0932
篇目名義	1233	諸子類纂	1669	豫變紀略	0526
篆文六經四書	0001	諸史品節	0713	練江詩鈔	2482
篆字彙	0343	諸史將略	1124	緝齋詩文集	2496
篆林肆考	0332	諸史提要	0720	縱山先生集	2210
	0366	諸史會編大全	0447	緯略	1423
篆法偏旁正訛歌	0336	諸君子帖	1919	緯蕭草堂詩	2393
篆書正	0335	諸侯興廢	0149	畿輔義倉圖	0907

十六畫

駱賓王集	2626
駢枝別集	2235
駢體文集	2552
操演陣法閱兵數目文牘	0937
擔峰詩	2357
擁雙艷三種	2993
燕閒四適	1451
燕禧堂五種	3095
薛文清公讀書全錄類編	1067
翰苑印林	1002
翰林要訣	1288
翰林重考字義韻律大板海篇心鏡	0327
翰海	2763
	2764
蕭山石板衖李氏宗譜	0663
蕭山任氏家乘	0660
蕭山郎氏宗譜	0669
蕭山馬湖傅氏宗譜	0680
蕭亭詩選	2329
薩天錫詩集	2012
檇李梅溪雙柱張氏宗譜	0678
檇李曹太史評鐫古今全史一覽	0716
整庵先生存藁	2066
賴古堂集	2259
賴古堂詩集	2260
賴古堂藏書甲集	3070
醒夢駢言	1529
歷代小史	3043
歷代文粹	2710
歷代文選	2708
歷代世譜	0452
歷代名臣奏議	0539
	0540
歷代名吏錄	0599
歷代名畫記	1307
歷代名賢齒譜	0603
歷代官制考略	0458
歷代相臣傳	0591
歷代帝王法帖釋文考異	1303
歷代帝王姓系統譜	1609
歷代郡國考略	0458
歷代象賢錄	0594
歷代統系表略	0458
歷代詩家初集	2683
歷科廷試狀元策	2855
	2856
歷朝名媛詩詞	2694
歷朝忠義彙編	0597
歷朝捷錄	1018
歷朝捷錄全文	1019
歷朝聖賢篆書百體千文	1297
歷朝諸家評王右丞詩畫鈔	1845
歷朝應制詩選	2682
罪屑集	1486
盧照鄰集	2626
曉春閣詩集	2906
曇無德部四分律刪補隨機羯磨	1725
曇無德部四分律刪補隨機羯磨會釋	1725
戰守全書	1115
戰略輯要	1121
戰國策	0495
	0497
	0500
戰國策去毒	0499
戰國策選	0501
戰國策譚掫	0496
嘯雪庵題詠詩集新集	2318
嶰谷詞	2563
黔苗圖說	0760
黔類	1614
積翠軒詩集	2361
穆堂初稿	2408
篷窗吟	2435
學山紀游	1331
學山記	1331
學山堂印譜	1331
學山題咏	1331
學古緒言	2903
學耕五經	0016
學海君道部	1623
學庸說文	0271
學庸竊補	0272
學庸竊補提要	0272
學道六書	1095
學福齋詩文集	2523
學箕初稿	2367
學耨堂詩文集	2399
儒行集傳	0276
儒門事親	1168
錢穀視成	0909
錢錄	0984
錢糧奏摺	0569
錦帆集	2201
錦繡萬花谷	1570
鮑明遠集	2622
獨旦集	2370
獨學廬初稿詩	2588
	2589
諫垣奏草	0552
諸聲別部	2944
諸聲指南	0326
諸聲品字箋	0369
諸鐸	1512
諭行旗務奏議	0536
憑山閣新輯尺牘寫心集	2768
凝齋先生遺集	2513
辨志堂新輯易經集解	0049
龍沙紀略	2917
龍虎山志	0797
龍門集	2118
龍門游草	2227
龍城錄	1892
	1893
龍乘	1373
龍湫集	2250
龍谿王先生全集	2125
義經十一翼	0035
澹如齋偶草	2620
澹然先生廳略	2040
澹寧居文集	2241
憲章錄	0465
禪林寶訓	1735
禪林寶訓筆說	1736
避暑錄話	1391
隱秀軒集	2217
隱居放言	2433

十七畫

環游地球軍商行船備要	0861
贅言	2476
戴東原集	2546
戴東埜詩集	1989
擬古樂府	2055
擬明代人物志	0620
聲調譜	2355
聰山集	2274
聯新事備詩學大成	1593
聯豫文稿	0581
藏事奏摺	0581
藏書	0394
薰風協奏集	2875
韓子	1135
韓子迂評	1136
韓內翰別集	1906
韓氏醫通	1149
韓文	1883
	1891
韓文類譜	0642
韓非子	1134
	1137

韓昌黎詩集編年箋注	1890	鴻寶應本	2231	闕里志	0832
韓柳二先生年譜	0642	濤音集	2910	蠨蛸寄別録	2226
隸辨	0341	濟美録	0637	鵑音	2059
隸釋	0971	禮俗權衡	2356	簡文編	0334
隸續	0971	禮記	0002	簡遠堂輯選名公四六金聲	2860
檢骨圖格	1138		0016	簡齋朱公年譜	0551
檀几叢書	3069		0273	雙仙記傳奇	3004
檀弓	0110		0279	雙奇夢傳	1533
檀園集	2903	禮記述注	0134	雙忠廟傳奇	2995
臨春閣	2991	禮記注疏	0003	雙佩齋詩文集	2552
臨漪園詩文集	2476		0004	雙兔記	3005
霜葉吟	2437	禮記約注	0128	雙清閣詩稿	2392
豳堂集	2228	禮記訓解	0007	雙雲堂文稿	2378
嬰童百問	1190	禮記旁訓	0008	雙溪文集	1971
闇澹三言	1089		0014	雙溪倡和詩	2879
曙堂詩稿	2544	禮記通解	0127	雙溪集	1972
嶽色編	2226	禮記揭要	0290	雙劍閣集地理人天眼目	1263
嶽歸堂合集	2236	禮記集注	0015	邊城禦虜圖説	0766
嶽麓志	0802		0124	歸元直指集	1755
魏叔子詩集	2276	禮記説義纂訂	0132	歸田集	2370
魏書	0381	禮經貫	0129	雞足山志	0811
	0382		0131	雜劇新編	2967
魏書文鈔	0709	總制宣化録	0564	離騷草木疏	1823
儲遯庵文集	2335			離騷經解略	2405
龜山先生集	1957	**十八畫**		離騷圖	1825
鍥王氏秘傳叔和圖注釋義脈		職官考	1636	顔延之集	1834
訣評林捷徑統宗	1163	藝文附録	1808		2622
鍥王氏秘傳圖注八十一難經		藝文類聚	1560	瀔函	2285
評林捷徑統宗	1151		1561	瀔水三春集	2397
鍥太上天寶太素張神仙脈訣		藝苑名言	2950	瀋國勉學書院集	2896
玄微綱領宗統	1164	藝林彙考	1434	織雲樓詩	2499
鍥南華真經三注大全	1791	藝香詞鈔	2320	斷易秘訣	1265
鍥旁注事類捷録	1647	藝贊	2705	斷腸詞	2624
鍾伯敬詩集	2218	藥性詩歌便覽	1161	斷際心要	1746
膽餘軒集	2300	轉天心	3000		
臆見彙考	1652	覆校札記	2546	**十九畫**	
甖甀洞藁	2155	覆甕集	0921	勸善金科	3002
謨觸隨筆	1428	覆甕餘集	0921	蘇氏易傳	0017
謝宣城集	2622	醫旨緒餘	1176	蘇文	1938
謝康樂集	2622	醫林類證集要	1177	蘇文忠公海外集	1945
謝惠連集	2622	醫門法律	1181	蘇文忠公膠西集	1932
謝疊山公文集	1992	醫脉真經	1169	蘇老泉先生全集	1924
	1993	醫案	1176	蘇米志林	0607
謝疊山公外集	1993	醫經溯洄集	1144	蘇沈内翰良方	1149
謗書	0931	醫學六要	1147	蘇長公小品	1943
謚法通考	0901	醫學發明	1144	蘇長公文集	1936
應試唐詩類釋	2814	醫學綱目	1174	蘇長公外紀	0636
應試排律精選	2693	醫壘元戎	1144	蘇長公合作内外篇	1941
麋研齋印存	1358	豐干拾得詩	1852	蘇長公表啓	1939
麋研齋印稿	1359	豐草庵詩集	2273	蘇長公密語	1942
鴻文堂詳校醫宗必讀	1178	豐對樓詩選	2171	蘇門六君子文粹	2636
鴻苞集	1407	叢碧山房詩	2354	蘇黃門龍川別志	1947

書名	頁碼
蘇雋	2923
蘇詩續補遺	1929
蘇藩政要	0870
警心錄	1482
警語類抄	1466
藻林	1618
麗句集	1666
願學堂文集	2308
贈題集	1845
曝書亭集詩注	2349
曝書亭詩錄	2348
關中金石記	0983
關中勝蹟圖志	0836
關氏易傳	0017
關尹子	1795
關帝靈籤	1279
關聖帝君聖蹟圖志全集	0634
嚴太僕先生集	2386
嚴陵講義	1060
羅圭峰先生文集	2063
羅先生詩集	2157
羅近溪先生語要	2157
羅浮山志會編	0809
羅豫章先生集	1963
籛鄜手校石刻正文甲乙集	0987
籛鄜金石跋丙集	0987
簫譜	2906
鏡山庵集	2207
鏡古錄	0595
辭學指南	1581
獺祭編	1708
譚友夏鍾伯敬先生批評綰春園傳奇	2977
譚襄敏公奏議	0555
證山堂集	2316
證治準繩	1146
廬山志	0799
韻歧	0378
韻府群玉	1585
韻法直圖	0328
	0367
韻法橫圖	0328
	0367
韻補	0350
韻語陽秋	2931
韻選唐詩	2816
類林新咏	1695
類音	0372
類書纂要	1686
類雋	1613
類經	1152
類聚古今韻府續編群玉	1589
類箋唐王右丞詩集	1845
類選唐詩助道微機	2791
類選箋釋草堂詩餘	2953
類編苑詩秀句	1621
類編箋釋國朝詩餘	2953
類證陳氏小兒痘疹方論	1187
類纂精華	1706
瀟碧堂集	2201
瀛奎律髓	2672
懷南草	2917
懷清堂集	2379
	2380
懷遠堂批點燕子箋	2978
懷園集杜詩	2331
懷麓堂全集	2054
聽潮居存業	1418
繩其武齋自纂年譜	0645
繩齋內外集	2497
繪林伐山	1318
繪事備考	1315
繡虎軒尺牘	2360
繡餘吟	2556

廿　畫

書名	頁碼
蘭言集	2872
蘭泉詩稿	2607
蘭室秘藏	1200
蘭桂仙	3011
蘭嶼朱宗伯彙選當代名公鴻筆百壽類函	2825
蘭韻堂詩文集	2533
鶡冠子	1380
蠙衣生粵草	2174
巍巍不動太山深根結果經	3023
	3024
籌海圖編	0765
纂修歸綏志略檔冊	0935
纂集玉篇偏旁形似釋疑文字	0319
敦文存稿	2483
鐫六朝文選評注	2720
鐫玉堂釐正龍頭字林備考韻海全書	0363
鐫古今名筆便學臨池真蹟	1291
鐫古今兵家籌略	1116
鐫李及泉參于鱗箋釋唐詩選	2788
鐫李卓吾批點殘唐五代史演義傳	1523
鐫性理精抄	1080
鐫重訂補注歷朝捷錄史鑑提衡	1016
鐫唐李瀚原本名蹟蒙求	1676
鐫紫溪蘇先生會纂歷朝紀要	
旨南綱鑑	0449
鐫蒼霞草	2189
	2190
鐫彙附百名公帷中紫論書經講義會編	0079
鐫彙附雲間三太史約文暢解四書增補微言	0223
鐫鄭先生痘經會成保嬰慈錄諸方	1193
釋氏要覽	1771
釋迦如來應化事蹟	1765
釋題	1721
寶芸齋詩草	2600
寶華山志	0779
寶倫集	1766
寶綸堂集	2253
寶顏堂續秘笈	3049
響玉集	2224
響泉集	2517

廿一畫

書名	頁碼
攝山志	0775
權衡一書	1489
儺府	1702
儼山文集	2089
顧氏詩史	1025
顧文康公文草詩草續稿三集	2088
顧涇陽先生學庸意	0270
鶴麓山房詩稿	2594
續丁記政錄	0524
續文選	2663
續文獻通考	0875
續文獻通考纂	0876
續古文奇賞	2736
續丙記政錄	0524
續弘簡錄	0381
續表忠記	0623
續和題畫詩	2575
續茶經	1369
續修海塘錄	0816
續紀三朝法傳全錄	0471
續原教論	1739
續陪	2327
續問奇類林	1411
續集漢印分韻	1003
續資治通鑑綱目	0434
續說郛	3034
續齊魯古印攈	1007
續選草堂詩餘	2953
續錦機補遺	2288
續藏書	0395

廿二畫		讀律佩觿	0916	廿四畫	
		讀莊櫟辨	1788		
聽秋軒詩集	2590	讀書小記	0279	觀妙居日記	0647
聽鐘樓詩稿	2545	讀書日記	1093	觀妙齋藏金石文考略	0981
蘿石山房文鈔	2240	讀書紀數略	1691	觀象玩占	1234
鑒古百一詩	1282	讀書堂杜工部詩集注解	1871		1235
讀大學法	0201	讀書敏求記	0962		1236
讀中庸法	0201	讀書論世	1029	蠹書	1421
	0269	讀書錄	1068	蠹窗詩集	2439
讀左日鈔	0158	讀書簡要	0600	鹽務奏稿	0577
讀左卮言	2589	讀書雜述	1419	鹽梅志	0593
讀史四集	1033	讀通鑑法	0428	鹽運各督撫部堂咨文	0577
讀史偶吟	1037	讀雅筆記	0299	鹽鐵論	1047
讀史管見	1011	讀楚辭語	1824	靈星小舞譜	0143
	1012	讀論語	0262	靈巖志	0786
讀史漫錄	1020	讀論語孟子法	0201	蠡尾集	2302
讀史辨道	0721	讀禮記	0127	艷紀	1507
讀杜心解	1875	讀禮說	0137	彎文書屋集略	2534
讀易	0034	廿三畫		廿八畫	
讀周禮	0126				
讀南華真經雜說	1786	麟書捷旨	0178	豔異編	1503
讀律八法	0916				

作者拼音索引

A		邊汝元	2570	曹植	2622		0124	陳亮	2636	
		邊習	2073	岑參	1860	陳弘緒	0839	陳龍正	1053	
阿桂	0481	卜大有	0467		2626	陳洪綬	2253		2242	
	0490		0469	查繼佐	1669	陳淮	2956	陳履端	1189	
	0896			查景璠	2511	陳繼儒	0598	陳懋仁	1661	
愛必達	0639	**C**		查克弘	2805		1455	陳枚	2768	
安岐	1284	蔡沉	0016	查禮	1004		1478	陳夢雷	1694	
安希范	2194	蔡方炳	0562		2582		1662	陳念先	2040	
敖福合	0488		0735	查遜	2008		1663	陳彭年	0310	
			0881	查慎行	1930		2229		0349	
B		蔡清	0027		2403		2230	陳鵬年	2389	
白輝	0724		0028		2404		2639	陳鵬霄	0225	
白居易	1563		0203		2947		2718	陳普	1994	
	1899		0204	查嗣琛	2388		2731	陳其凝	0248	
白胤昌	1415	蔡沈	0015	查為仁	2444		2732	陳其愫	2843	
白雲道人	1537		0076	查志隆	0787		2733	陳其柱	2040	
班固	0381		1256	柴杰	2568		3048	陳全之	1400	
	0382		1257	柴紹炳	1697		3049	陳仁錫	0219	
	0396	蔡升元	1690	柴升	2634		3050		0220	
	0397	蔡世遠	2410	昌弘綱	2796		3051		0365	
	0398	蔡襄	1913	車鼎晉	0868		3052		0395	
	1385	蔡新	2496	車萬育	2331		3053		0398	
包大爟	0583	蔡邕	2622	陳邦彥	2690	陳嘉謨	1157		0438	
包桂生	1349	蔡羽	2111	陳邦瞻	2637	陳莢	2833		0440	
包瑜	1589	蔡毓榮	0483	陳璸	2385	陳建	0466		0454	
鮑彪	0495	蔡正孫	2934	陳長鎮	2453		0467		0879	
	0496	蔡忠立	2899	陳琛	2105		0468		1043	
鮑寧	1233	曹端	0261	陳淳	1060		0469		1071	
鮑倚雲	2576	曹亮武	2345	陳道	2513		0470		1072	
鮑應鰲	0902	曹銘	1675	陳第	0081		0472		1081	
鮑雲龍	1233	曹溶	2258	陳鼎	0622		0473		1082	
鮑照	2622	曹聖臣	1372	陳法	0052	陳澗	0242		1655	
鮑軫	2572	曹庭棟	2635	陳逢衡	0424	陳薦夫	2203		1656	
貝瓊	2029	曹文埴	1899		0493	陳絳	1452		1783	
畢岱烴	0674	曹希煌	0092	陳孚	0062	陳塔	0724		2639	
畢弘述	0330	曹學佺	0771		0272	陳晉	0231		2736	
	0331		2639	陳復心老人	1269	陳樫	0434		2737	
畢沉	0836		2674	陳高	2015	陳敬宗	2040		2758	
	0983		2925	陳鎬	0832	陳九德	0546		2844	
	1379	曹一士	2465	陳光綷	2362	陳衍	0529		2923	
畢振姬	2284	曹于汴	2202	陳漢卿	1269	陳櫟	2005		2953	
畢自嚴	0559	曹煜	2360	陳澔	0015	陳鍊	1336	陳榮選	1931	
邊貢	2073	曹昭	1447		0016		2904	陳善	0965	

陳深	0012	陳玉輝	2213	程廷祚	0187	道宣	1725	杜大珪	0604	
	0116	陳昱	1452	程庭	2456		1771	杜甫	1862	
	0713	陳裕	1119	程洵	2888	德沛	2888		1863	
陳詵	0054	陳元龍	1692	程琰			0930		1864	
陳省	2710		2358	程伊園	0376	鄧景南	0736		1865	
陳師道	1950		2696	程頤	0021	鄧元錫	0130		1866	
陳實	1767	陳元素	1125				1051		0393	1867
	1768		1127				1052		2162	1868
陳士元	1276	陳垣	0990	程應旄	1167	鄧源昌	0685		1869	
陳氏	3073	陳允錫	1036	程永培	1149	鄧志謨	1496		1871	
陳氏尺蠖齋	2973	陳造	1980	程元愈	0829		1644		1873	
陳世倌	0606	陳曾	0106	程遠	0999		1645	杜光庭	1907	
陳壽	0381	陳芝光	2885	程雲	2283		1646	杜審言	2626	
	0382	陳鍾麟	3012	程允升	1709		1647	杜思	0455	
	0406	陳子昂	1843	程允兆	3054		1648	杜庭珠	2804	
	0407		2626	程曾	2056		1649	杜預	0003	
陳叔子	1429	陳子龍	2739	程哲	1420	狄之武	2693		0004	
陳舜英	2327		2827	程之鷫	2482	丁寶楨	0933		0149	
陳所聞	3017		2830	程佐	2613	丁丙	0966		0273	
	3018	陳子壯	1653		2614		1005	杜詔	2412	
陳廷會	2832	陳自明	1185		2615	丁進	1088		2804	
陳廷敬	2312	陳字購	2253		2616	丁日昌	1128	段松苓	0853	
陳摶	1251	陳祖范	2515		2617	丁煒	2326	段玉裁	2546	
陳萬言	2222	陳祖綬	0226	程作舟	3091	丁耀亢	2990			
陳維崧	2344	陳組綬	0738	喦喦道人	1543	丁一中	2895	**E**		
	2345	成德	0005		1544	丁岳	0861	娥川主人	1539	
	2346	成書	2553	冲和居士	3020	東方朔	2622		1540	
	2347	程珌	1982	仇俊卿	0816	董大倫	2904	鄂爾泰	0695	
	2869	程達	1466	褚澄	1149	董誥	0746		0884	
陳文	0480	程大年	1334	褚峻		0972		0897		0927
陳文中	1188	程德洽	0306		0988	董光宏	2212		2866	
陳雯	1249	程典	0652	儲方慶	2335	董衡	0382	鄂海	0502	
陳顯微	1795	程端蒙	1060	儲欋	2061	董難	0360		0868	
陳獻章	2047	程敦	0993	儲欣	0184	董其昌	1281	恩齡	0655	
	2048	程埈	2951		0501		2197			
	2049	程顥	1051		2629		2639	**F**		
陳新德	0839		1052	淳于叔通	1801	董榕	3006	法坤宏	2555	
陳訐	2632	程洪	2961	崔桐	2102	董說	2273	法若真	2277	
陳璿	0792	程化駱	2853	崔應階	2479	董斯張	1642	法式善	2585	
陳耀文	1608	程嘉遂	2907		3004		1643	法顯	1718	
陳一彭	1643	程嘉燧	2903	**D**		董天工	0808	樊庶	1945	
陳儀	2416	程良孺	1679			董文驥	2289	范成大	1977	
陳翊九	2765	程敏政	2056	戴昺	1989	董仲舒	0191		2624	
陳義錫	0219		2892	戴侗	0346		0192	范承謨	2292	
陳毅	0775	程明善	3031	戴明説	0335		2622	范承勳	0811	
陳翼飛	2727	程晴川	0743			都穆	0977	范純仁	1922	
陳繹曾	1288	程榮	3046	戴任	0722	都興阿	0575		1923	
陳懿典	1774	程若庸	1060	戴晟	2447	竇克勤	1097	范端昂	0753	
	1791	程師恭	2346	戴羲	0709		2294	范爾梅	0279	
	2199		2347	戴銑	2056	獨孤及	1877	范光陽	2378	
陳幼慈	2610	程世繩	2542	戴翼子	2536	堵景濂	0129	范鶴年	3013	
陳禹謨	0210	程世錫	0851	戴震	2546	杜本	2624	范泓	1610	

作者拼音索引

姓名	頁碼	姓名	頁碼	姓名	頁碼	姓名	頁碼	姓名	頁碼
范建杲	3009		0412	傅致雲	0680		0504	顧夢麟	0100
范景文	1115		413	富大用	1571	葛長庚	1984		0228
范淶	1610		1129		1572		1985		0229
范立本	1414		1130	**G**			2622	顧起經	1845
范甯	0003		1131			葛洪	1149		3040
	0004	費經虞	2940	甘懷和	0654		1802	顧起綸	1621
	0162	費密	2940	剛林	0917	葛立方	2931		2824
范鄗鼎	1098	費源	1364	高斌	2484	葛鼐	2741	顧起元	0404
	2908	馮從吾	2198	高棅	2623	葛其英	2429		2147
范士楫	2683	馮登府	2593		2782	葛乾孫	1149	顧森	3015
范聞賢	3003	馮鼎調	0344	高岑	2587	葛勝仲	2951	顧嗣立	1929
范希哲	2998	馮復京	0102	高承	1567	葛世揚	0057		2687
	2999	馮浩	1905		1568	葛世振	2740		2688
范翔	0241	馮厚	2703	高出	2207	葛一龍	2228		2821
范曄	0381	馮集梧	0723	高大爵	1706	葛寅亮	0213		2822
	0382	馮繼先	0273	高岱	0485	葛震	1035		2898
	0403	馮嘉言	2247	高道淳	1470	葛鼒	2741	顧崧齡	1915
范雨樓	1350	馮景	1929	高鳳翰	2483	耿介	2294	顧禧	1929
范與良	2684	馮可賓	3065	高拱	0554	耿蕈	2914	顧憲成	0270
范仲淹	1922	馮夢龍	0176	高觀國	2951	耿隨朝	1605	顧炎武	0292
方成培	3008		0177	高珩	2261	宮國苞	2876		0368
方登嶧	2917		1522		2262		2877	顧野王	0310
方觀承	0240		1532	高晉	0895	宮鴻曆	2898	顧瑛	2017
	0820	馮溥	2281	高景光	2899	宮夢仁	1691	顧應祥	0453
	0907	馮琦	1616	高濂	1449	龔鼎孳	2897	顧有孝	2798
	2917		2181		1450	龔士炯	0459		2897
方廣	1170		2182	高鳴鳳	3039	龔煒	1458	顧元標	2802
	1171	馮如京	0179	高其名	0257	龔在升	1685	顧元慶	1370
方弘静	1401		2457	高其倬	1268	貢渭濱	0067	顧正誼	1025
方回	1424	馮紹祖	1820		2391	谷虛生	1798	顧朱	0181
	2672	馮思慧	2556	高啟	2031	穀于峯釋和	2671	顧祖訓	0700
方日升	0352	馮惟訥	2675		2032	顧藹吉	0341	官裴	0178
方如騏	2791	馮椅	0025		2033	顧秉謙	0519	關槐	1808
方若	0989	馮應京	0722		2034	顧理美	1685		2697
方士琯	2510	馮雲驤	2457	高汝栻	0471	顧充	1016	關朗	0017
方世舉	1890	馮雲驤	0179	高士奇	0152		1017	歸有光	1784
方式濟	2917	鳳凌	0860		2370		1018		2159
方婺如	2405	弗若多羅	1727	高適	1861		1019	桂敬順	0782
方夏	1668	扶安	0436		2626	顧春	1038	桂雪芸	2816
方孝孺	2038	符曾	2885	高述明	2361	顧從敬	2953	郭諶	1299
方一元	2790	福康安	1122	高似孫	1423	顧從義	1303		1300
方以智	0798	福慶	2607	高嵩	2858	顧鼎臣	0700	郭見龍	1344
方應龍	0216	傅恒	2495	高瑋	2262		2088	郭奎	2013
方于魯	1371	傅起儒	1296	高熊徵	1096	顧光旭	2517	郭良翰	0594
方中德	1688	傅世垚	0339	高應科	0826	顧鴻烈	0693		0597
方中履	1435		0340	高誘	1383	顧鴻志	2899		1411
方中通	2327	傅王露	0827		1384	顧九錫	1693	郭璞	0003
方舟	0240	傅文兆	0035	高兆麟	0443	顧奎光	2819		0004
房祺	2624	傅遜	0154	戈九疇	0145		2823		0294
房玄齡	0381	傅以禮	0967	戈鯤化	2618	顧璘	2623		0295
	0382	傅澤洪	0817	戈守智	1298	顧戀宏	2195		0812
	0411	傅振商	1867	戈直	0503	顧湄	0776		1269

			1498		1884	弘瞻	2473	胡文學	2915	黃廣	0131
郭朴	2131		1885		弘晝	0534	胡夏客	2362	黃漢榮	0675
郭起元	2512		1887		1887	2577	胡香昊	2904	黃鶴	1862
郭啓翼	1337		1888		洪璨	2951	胡孝思	2873	黃淮	0539
	1344		1889		洪邁	1393	胡煦	0050		0540
郭嵩燾	0673		1891			2779		0051	黃槐開	1832
郭維藩	2098	郝經	1998		洪適	0971		2413	黃繼善	1013
郭偉	0212	郝敬	0034		洪應明	1408	胡以梅	2803	黃金璽	1573
郭偉勳	1344		0126			1504	胡寅	1011	黃六鴻	2808
郭象	1038		0127			1505		1012	黃履翁	1576
	1780		0174		洪咨夔	2951	胡應麟	2937		1577
	1781		0262		侯方域	2268	胡元長	2529		1578
	1782	郝天挺	2781		侯鶴齡	1067	胡濙	1296	黃溥	2935
	1783	郝浴	2282		侯一麐	2118	胡震亨	0018	黃仁溥	0878
	1784	何超	0412		胡安國	0015		0874	黃任	0804
郭裕之	1007	何出光	2192			0016		2793	黃汝亨	0215
郭元鎬	1105	何道全	1776			0165		2794		0541
郭元釪	2818	何棟如	0512			0166	胡正言	0336		2208
	2898		1276			0167		1332		2639
郭正域	0118	何景明	2083			0168	胡之驥	1837	黃生	1870
	0891		2084		胡廣	0009	胡仔	2930	黃昇	2955
	1865	何楷	0039			0010	胡宗憲	0765	黃省曾	1049
	1891	何昆玉	1006			0011	胡纘宗	2785	黃晟	0976
	2655		1353			0026	湖上扶搖子	0830	黃士京	2745
	2656	何良俊	1440			0078	花蕊夫人	2624	黃士良	0621
郭忠恕	0311		1444			0093	華鵬	0825	黃叔璥	2809
郭子章	0584	何孟春	1044			0125	華琪芳	0221	黃叔琳	1009
	0790		2055			0172	華淑	3056	黃庶	1948
	1614	何喬新	2053			0201	桓寬	1047	黃澍	3061
	2174	何喬遠	0423			0202	皇甫汸	2121	黃庭堅	1948
國史館	0628		2720			0269	皇甫中	1179		1949
過臨汾	0188		2840			1064	黃百家	2367	黃文煥	0107
		何慶元	2206			1065	黃承昊	1149	黃文炤	0600
H		何如潚	0249			1066	黃淳耀	2244	黃習遠	2779
海寧	0867	何三畏	1620		胡國楨	2421		2245	黃憲	1387
海瑞	2638	何士泰	1246		胡宏	0437	黃道周	0197	黃獻臣	1106
韓昂	1309	何鏜	0767		胡繼宗	1579		0276	黃訓	0545
韓邦奇	2093	何瑭	2081			1580		0366	黃養蒙	0863
韓道昭	0351	何通	1330		胡浚	2454		1126	黃鷟	1348
韓康伯	0003	何偉然	3058		胡鳴玉	1438		1127	黃元立	0329
	0004	何休	0003		胡翹元	0061		1657	黃越	1239
	0273		0004		胡銓	1964		1658	黃鉞	2554
韓霖	1111		0162		胡任輿	2856		1659	黃贊湯	0576
韓悆	1149	何晏	0003		胡三省	0426		1660		0577
韓琦	1910		0004			0427		2233		0645
	1911		0260		胡士佺	0242		2234		0932
韓駒	2522	何兆聖	1681		胡世安	1373		2235	黃震	1061
韓是升	2545	何震彝	0931		胡嗣廉	1149		2728	黃鎮成	0077
韓菼	2341	何之銑	2872		胡松	0733	黃鼎	1238	黃之雋	2418
韓偓	1906	河上公	1038		胡泰文	1260	黃邐皺	2796	黃宗羲	2571
韓有和	0689	賀澍恩	0782		胡渭	0089	黃鳳池	1319	黃祖絡	0645
韓愈	1883	賀詳	1015		胡文煥	1260	黃光昇	0464	黃佐	0144

作者拼音索引

			2706		1294	金德瑛	2916	孔尚任	2372	李璧	1925
惠棟	0292		1326	金爌	0447	孔胤植	0832	李伯璵	2703
	0708	蔣衡	1294	金梁	1356	孔穎達	0003	李呈祥	2263
J		蔣鐄	0803	金履祥	0434		0004	李澄中	2352
		蔣驥	1294	金榛志	1363		0074	李春芳	2144
嵇康	2622		1827	金門詔	2425	孔毓圻	0893	李春熙	1958
嵇永仁	2332	蔣景祁	0184	金人瑞	1520		2336	李純卿	0446
季本	0094		2345		2797	孔貞運	0530	李淳風	1234
計東	2313		2368		3085		2842		1235
計六奇	0754		2960	金日升	0520	寇宗奭	1153		1236
計有功	2928	蔣瀾	2950	金榮	2304	庫勒納	0182	李燾	0301
	2929	蔣民奉	0684		2305	匡文昱	0066		0302
紀邁宜	2528	蔣鳴玉	0083	金姓	2506	鄺灝	2705		0303
紀昀	1510	蔣溥	0282	金惟駿	2481	鄺露	2246		0304
賈邦秀	1183		0774	金學詩	0667	曠敏本	0801	李登	0321
賈公彥	0003		0984	金一驄	1335	揆敘	0742		0322
	0004		2489	金雍	2797		2375		0324
	0112		2490	金友理	0825	**L**			0325
	0120		2491	金曰追	0123				0336
賈誼	1815	蔣台梅	0246	金至元	2444	喇嘛阿王老藏	0783	李迪	1263
江伯容	2238	蔣廷錫	0740	金忠	1090	喇沙里	0742	李鼎祚	0018
江光裕	0661		1694	靳榮藩	2255	來爾繩	0055	李東陽	2054
江浩然	2348		2898		2256		0056		2055
江鴻緒	0280	蔣先庚	0883	靳學顏	2130	來集之	1480	李蓘	2920
江環	0103		1607	景廉	0755	來知德	1427	李芳華	2450
江湄	1352	蔣信	1079	景霖	0934	藍水漁人	1996	李昉	2660
江楩	0037	蔣薰	1832	景日昣	0789	懶道人	1527		2661
江人鏡	2603	蔣一葵	1472		0850	郎金崖	0669	李奉翰	0900
江旭奇	0470	蔣以化	1404	敬徵	0646	郎奎金	0294	李符	2919
江學詩	2003	蔣以忠	1404	鏡塘	1345	郎師虁	0669	李紱	1103
江淹	1836	蔣易	2271	鳩摩羅什	1727	郎天錦	0669		2408
	1837	蔣因培	0985	菊畦主人	1529	郎兆玉	0117	李綱	1958
	2622	蔣應鎬	1498	瞿汝稷	1759	琅玕	0821		1959
江盈科	0616	蔣永	0600	瞿世壽	0180	樂純	1412	李杲	1144
江永	0250	蔣之翹	1889			樂韶鳳	0353		1154
	0251		1894	**K**			0354		1156
	0280	焦秉貞	1325	康海	2086		0355		1200
江昱	0378	焦竑	0006	康麟	2783	雷禮	0611	李根	0318
江之棟	1269		0387		2784	離垢軒	1318		0319
江贄	0428		1040	亢思謙	2152	蠡庵	1541		0320
	0430		1085	柯維騏	0418	李昂枝	2833	李公昂	2951
	0431		1468	空谷老人	1525	李拔式	0297	李觏	2624
江珠	2906		1787	孔安國	0003	李白	1853	李琯	0543
姜宸熙	2899		2725		0004		1854	李光地	0001
姜宸英	2387		2839		0074		1855		0046
姜紹書	1314		2855		0273		1856		1058
姜兆錫	0135		2856	孔晁	0493		1857		1100
	0147		2862	孔傳	1563	李百藥	0381		2750
蔣光弼	0292	焦欽寵	0847	孔鮒	0294		0382	李光坡	0134
蔣國祥	0461	焦如蘅	0847	孔繼汾	2336	李柏	2448	李光暎	0981
蔣國祚	0461	焦映漢	2638	孔繼涵	0814	李邦華	2214	李光元	2215
蔣和	0307	金誠	0069	孔繼涷	2336	李必恒	2898	李軌	1038

2449

			1048	李盤	1111	李雯	2254		2126	林洪	1367
李國祥	2760	李雱		0299		2827		2156	林駧	1576
李果	2427	李沛霖		0254		2830	李中立	1159		1577
李瀚	1676			0255	李賢		李中素	0561		1578
李灝	0252			0256			李中梓	1178	林清標	0846
李賀	1901	李祁		2016		0403	李鍾壁	2920	林尚葵	0318
	1902	李清		0528		0726	李鍾峨	2920		0319
李鴻章	0578	李清照		2624		0727	李仲麟	1491	林挺俊	0183
李化龍	2177	李日華		1453		0728	李重華	2461	林挺秀	0183
李會嘉	3079			3079		0729	李周翰	2646	林希逸	1783
	3080			3080	李興祖	2267		2647	林獮錦	2872
李京	0342			3081		2426		2648	林堯叟	0015
李菊房	2919	李如松		1714	李宣	1034	李周望	0898		0149
李凱	0271	李茹旻		2414	李學孔	0457		0930		0166
李鍇	0405	李銳		0647	李延壽	0381	李梓	1091		0167
李鎧	1419	李若膺		2414		0382	李祖堯	1961	林愈蕃	2516
李琨	1263	李善		2646		0391	李嶟瑞	2441	林鉞	0718
李來泰	2293			2645	李鄴嗣	2272	厲鶚	2885		0719
李來章	0752			2647		2915		2949	林雲銘	1793
李樂	1405			2648	李儀	0649	勵廷儀	2392		1826
李良翰	1018	李商隱		1904	李因篤	2776	酈道元	0812		1828
	2225			1905	李因培	2811	連斗山	0119		2748
李流芳	2903	李繩		2899	李雕來	2573	聯豫	0581	林兆恩	1402
李劉	1988	李繩遠		2919	李幼武	0605	梁誠	0582	林兆珂	0104
李隆基	0003	李時		0523	李瑜	1263	梁國治	2494	林楨	1593
	0004	李時珍		1156	李漁	0865	梁溶	2524		1594
	0193			1158		1495	梁清標	2269	林之蕡	2431
	0194	李士麟		2751		2257	梁詩正	0828	林子卿	0483
李茂春	0593	李世熊		2377		2886		0984	林尊賓	2796
李媇	2906	李世澤		0367	李玉	2992		2467	凌迪知	0719
李夢陽	1851	李栻		1796	李毓之	1482	梁肅	1882		1609
	2067			3043	李元陽	0385	梁維樞	1456		1632
	2068	李書雲		0377	李元英	0663	梁熙	2301		2848
	2069	李恕		0008	李元珍	1475	梁錫珩	2446		3041
	2070	李騰蛟		2264	李雲鵠	0550	梁錫璵	0059	凌濛初	2655
	2071	李天麟		2724	李章達	2450	梁延年	1485	凌南榮	2787
李默	0863	李天植		2250	李兆賢	0071	梁寅	0889	凌瑞森	2787
	2107	李廷機		0156	李肇	1441		2018	凌紹乾	2805
李念慈	2306			0363	李鉁	1230	梁知	0217	凌樹屏	2501
李攀龍	0362			0387	李禎	0254	梁袠	1329	凌義渠	1471
	1604			0448	李之用	2679	梁蠹鴻	2479	凌雲翼	2708
	2138			0498	李贄	0208	廖道南	0610	凌稚隆	0157
	2139			1016		0394	廖景文	2899		0386
	2140			1579		0395	廖偉和	0683		0399
	2141			1584		0469	廖文炳	2781		0707
	2142	李廷忠		1981		1087	廖文英	0337		1381
	2143	李惟一		1091		1509	廖用賢	1680		1667
	2676	李維楨		2148		1521	了真生	1798	令狐德棻	0381
	2787	李維禎		2639		1523	林逋	1908		0382
	2788	李霨		2286		1933		1909	劉安	1382
	2789	李文藻		0853		1939	林大桂	1404		1383
李榮	0446	李文炤		2450		2097	林德謀	0914		1384

劉伯祥	1164	劉恕	0428	盧世㴇	1866	陸西星	1557		0835
劉昌	2913	劉雙松	1671	盧一誠	0209		1558		0849
劉辰翁	0401	劉斯組	1232	盧宜	0623		1786	呂祖謙	0150
	1783	劉體恕	1808	盧元昌	1874	陸孝錫	1042		1969
	1846		1809	盧湛	0634	陸烜	3072	羅本	1517
	1851	劉維詔	1633	盧照鄰	2626		3096		1521
	1862	劉熙	0294	魯伯嗣	1190	陸燿	0823		1523
	1901	劉向	0589	魯點	0785	陸瑛	2906	羅從彥	1963
	1995	劉孝標	1440	魯曾煜	2419	陸應陽	0734	羅更翁	0973
	2623	劉敩	2678	魯之裕	0913		0735	羅公權	1333
劉楚先	2861	劉勰	2924	魯重民	1681	陸游	0417	羅洪先	0733
劉定之	2043		2925	陸㫤	2694		1381		2122
劉侗	0747		2926	陸承憲	2187		1395		2123
劉昉	1189	劉宣化	1024	陸翀之	2854		1979	羅景	0635
劉鳳	2134	劉葉	1650	陸次雲	3088		3078	羅懋登	1526
	2136	劉一相	2673	陸德明	0003	陸羽	1369	羅玘	2063
劉鳳誥	0896		2722		0004		1370	羅欽順	2066
劉含芳	0578	劉義慶	1440		0074	陸雲	2622	羅清	3023
劉鴻訓	1582	劉胤昌	1637		0112		2625		3024
	2220	劉應李	1590		0113	陸雲龍	2639		3025
劉基	1259		1591		0149	陸贄	1879		3026
	1269		1592		0273		1880		3027
	2022	劉元震	2861		1038		1881		3028
	2023	劉源渌	1093		1781	鹿傳鈞	2620	羅汝芳	2157
	2024	劉昭	0381		1782	鹿善繼	2221	羅尚年	1089
	2025	劉召材	1257	陸佃	0294	路進	0441	羅萬藻	1681
劉幾	1124	劉執玉	2643		0298	呂葆中	2747	羅遲春	2505
劉績	1130	劉仲達	1641		1380	呂愻	0525	洛源子	1515
	1131	劉晝	1388	陸繁弨	2398	呂熾	0695	駱賓王	1840
劉繼莊	0159	劉子莊	2641	陸鳳池	2465	呂大防	0642		1841
劉節	2662	柳華陽	1810	陸公鏐	0235	呂大臨	0973		1842
劉可書	2292	柳煌	2450		0236	呂逢時	0835		2626
劉克莊	1987	柳宗元	1038	陸機	2622	呂坤	1084	駱綺蘭	2590
劉孔當	0327		1048		2625	呂留良	0233		
劉孔敦	1157		1892	陸堵	0232		1099	**M**	
劉理順	2243		1893	陸九淵	1974		2747	麻三衡	2668
劉良	2646		1894		1975	呂履恒	2390	馬長淑	2911
	2647		1895		1976	呂柟	1077	馬端臨	0872
	2648		1896	陸鑨	1000	呂維祺	0196		0873
劉履	2654		1897	陸隴其	0234	呂向	2646		0874
劉綸	2497		1898		0235		2647	馬晉允	2744
劉謐	1737	龍大淵	0991		0236		2648	馬駰	0121
劉名芳	0778	龍輔	2624		0499	呂宣曾	0137	馬令	0416
	0779	婁機	0312		3035	呂延濟	2646	馬樸	2453
劉縶	0444	婁堅	2903	陸圻	2832		2647	馬其昶	1829
劉青蓮	2288	婁近垣	0797	陸慶臻	0486		2648	馬上巘	2942
劉青芝	0620	婁元禮	1141	陸紹曾	1295	呂一經	1936	馬師問	1142
	2288	樓昉	2698	陸深	2089	呂逸	2611	馬世奇	2241
劉士鏻	2738	樓英	1174	陸聲鐘	1298	呂元善	0585		2860
	2845	盧登焯	1343	陸時雍	1824		0586	馬世榮	2428
劉世儒	1311	盧見曾	2909	陸廷燦	1369		0835	馬曰琯	0642
劉式訓	0579	盧綸	1878		2028	呂兆祥	0834		2563

馬曰璐	2563	梅膺祚	0328	南明信	0070	裴松之	0381		2248
馬中錫	2058		0367	南岳道人	1547		0382		2249
馬總	1460	門慶安	0746	倪琯	1445		0406		2831
莽鵠立	0913	門無子	1136	倪晉卿	0036		0407		2867
毛邦翰	0274	孟浩然	1850	倪璐	0375	裴駰	0381		2897
毛大倫	1310		1851	倪思	0401		0382	錢尚濠	2746
毛德琦	0799		2626	倪元璐	2231		0383	錢士升	0617
	0856	孟介臣	1351		2232		0384	錢書	2968
毛調元	0595	孟思	2114	甯本立	1805	彭大翼	1630	錢肅楷	2333
毛亨	0003	孟永蔡	2891	牛紐	0047	彭好古	1624	錢肅樂	0227
	0004	彌伽釋迦	1720	牛運震	0972		1800	錢薇	2124
	0273		1721		0988		1801	錢祥保	0931
毛焕文	1699	秘書省	0958			彭鵬	2319	錢一本	1086
毛際可	2309	閔光德	0149	**O**		彭時	0480		1467
	2310	閔麟嗣	0780	歐陽銘	2010	彭士望	0600	錢允升	2683
	2311	閔邁德	2734	歐陽修	0381	彭孫遹	2307	錢允治	1154
毛晉	2624	閔夢得	0149		0382	彭烊	0589		2718
毛晉	0381	閔齊華	2652		0392	彭以明	0714		2953
	0607	閔齊伋	0163		1920		0715	錢曾	0962
	2951		0330		1921	蓬蒿子	1528		2249
	2955		0331	歐陽玄	2010	蒲俊卿	2981	喬拱璧	0816
	3063		0494	歐陽詢	1560	浦龍淵	0043	喬學衍	2529
	3064		0497		1561		0044	喬億	2569
毛奇齡	0370	閔聲	1107	歐陽鋪	2010	浦南金	1600	喬于洞	2529
	3087	閔師孔	2851			浦起龍	1010	喬中和	1241
毛先舒	2309	閔文振	1994	**P**			1875	樵雲山人	1542
毛憲	0552	閔無頗	2738	潘辰	2055		2754	秦汴	1603
毛應翔	2849	閔于忱	1108	潘大復	0815			秦淮寓客	1497
毛振翮	2423		3057	潘鐸	0568	**Q**		秦蕙田	0136
茅坤	0400	閔元京	1471		0569	戚元佐	0463	秦錦	0670
	0589	閔昭明	2738		0570	齊德之	1144	秦松齡	0105
	0704	繆昌期	0214	潘恩	0361	齊東野人	1518		2297
	0712	繆希雍	1160	潘基慶	1790		1519	秦文淵	0259
	1382	繆沅	2407		2735	齊學裘	1355	青陽野人	1553
	1383		2898	潘季馴	0815	齊召南	0793	清高宗弘曆	0487
	1898	墨磨主人	1459		0818	齊之千	2436		0489
	1937	牟欽元	2806	潘江	2864	錢陳群	2422		2479
	1938	牟融	2806	潘耒	0372	錢澄之	0041		2488
	1940	牟允中	1484		2350	錢大昕	2521		2489
	2133	幕講禪師	1269	潘眉	1872	錢德蒼	1513		2490
	2628	穆文熙	0717	潘士達	2726	錢端禮	0720		2491
茅維	2857		1462	潘叔應	0082	錢我	1338		2492
茅一相	1370		2712	潘書馨	2455	錢棻	2014		2493
梅鼎祚	1635		2826	潘松竹	2566	錢穀	1940		2494
	2621	**N**		潘緯	1896	錢楥	1939		2495
	2667				1897	錢峻	1182		2756
	2713	那連提耶舍	1726	潘相	2534	錢雷	0691		2880
	2982	納蘭常安	2395	潘岳	2622	錢良擇	2371		3071
梅建	0373		2396	潘雲杰	1000	錢名世	2898	清聖祖玄燁	0488
梅慶生	2924		2397	槃什馬氏	0373	錢沛思	3030		0854
	2925	南逢吉	0749	龐塏	2354	錢謙益	0961		1483
梅堯臣	1916	南懷仁	1202	龐啓鯨	0690		1868		2374

		任士林	2375		1999	申涵光	2274	沈廷潞	0829	史徵	0019
			2686		2000	申時行	0079	沈彤	3093	世綱	0960
清世宗胤禛	0534	任兆麟	1494			申贊皇	0877	沈萬鈵	0101	釋般剌密帝	1720
	0535		2906				1703	沈心友	2886		1721
	0536		3097	沈彬	2509		2693	沈亞之	1900	釋辯機	0857
	0537	如松					2045	沈一貫	0498	釋超格	1766
	1731	茹鉉		沈炳震	0741		1701		1778	釋超古	0848
	1753	阮大鋮		沈辰垣	2978		2958		1788	釋超源	2485
	1754	阮籍		沈持玉	2622		2906	沈應魁	0612	釋成鷲	0810
	1764	阮其新		沈赤然	1138		2549	沈約	0381	釋大然	0798
清宣宗旻寧	2599	阮學浩		沈寵綏	2881		3021		0382	釋道誠	1771
丘濬	0138	阮學濬		沈初	2881		2533		1835	釋道宣	1725
	0445	阮逸		沈大成	1038		2523	沈越	0475	釋德洪	1954
	1070	阮閱			2927		1876	沈靖	2541	釋德輝	1734
	1071						2502	沈之奇	0918	釋德基	1725
	1072			**S**			2503	沈周	2065	釋德介	0844
	2638	薩都剌			2011		2640	沈自南	1434	釋法新	2437
丘葵	0115				2012		2642	沈宗騫	1305	釋豐干	1852
丘象升	1944	桑調元			2071		2835		1317	釋佛陀跋陀羅	1718
丘兆麟	2841				2468	沈定之	0737	沈祖禹	2921	釋福深	1748
	2850				2469	沈豐岐	2887	慎懋官	1375	釋海霆	0788
邱維屏	2266				2470	沈廣近	1740	慎蒙	0769	釋函昰	2251
邱先德	2883	桑欽		沈國元	0812		0472	升泰	0580	釋寒山子	1852
邱性善	2252	商濬			3045		0473	盛百二	0091	釋弘儲	1760
邱志廣	2252	商輅			0434		0477		1422	釋惠洪	1756
裘君弘	2946			沈佳胤	2046		2763	盛符升	2701	釋慧泉	1752
裘璉	0792	商盤			2466		2764	盛宜梧	1336	釋今辯	2251
	2415	上官周		沈嘉轍	0602		2885	施邦曜	2080	釋净善	1735
裘行恕	1121	邵寶		沈節甫	1864		3042	施何牧	0460	釋鳩摩羅什	1711
屈成霖	1490			沈津	2062		1464	施峻	2128		1712
屈大均	0750				3083		3036	施耐庵	1520		1716
	2324	邵伯温		沈九疇	1442		2171		1521		1717
	2325	邵博		沈科	1442		0705	施仁	1601	釋覺慈	1756
屈復	1828	邵長蘅		沈括	0371		1149	施閏章	0798	釋克文	1748
	2453				1929		1389	施紹莘	3019	釋念常	1762
屈原	1815			沈磊	2321		0232	施奕簪	0847	釋普濟	1757
屈曾發	0374			沈鯉	2644		1477	施元之	1929		1758
璩光爍	0688	邵晉涵			0296		2166	施澤深	1651	釋然叢	0843
璩崑玉	1673	邵經邦		沈戀學	0381		2180	施重光	2692	釋如德	1772
璩憲	0688			沈明臣	1078		2171	石介	1912	釋如玘	1712
璩之璞	0636	邵履嘉		沈起鳳	2435		1512	石鈞	2487	釋上暎	2430
全德	3014	邵齊燾			2507		3010	石韞玉	2588	釋紹隆	1747
		邵雍			1276		0053		2589	釋施護	1732
R				沈起元	1917		2475	史垂教	1640	釋拾得	1852
饒伸	1623			沈佺期	3077		2626	史典	1484	釋實叉難陀	1715
仁孝皇后徐氏	1062	邵遠平		沈纕	0381		2906	史珥	1031	釋實行	0795
	1461			沈嶸	0420		2977	史浩	1965	釋適之	0317
					1078	沈士駿	2812		1966	釋思坦	1721
任瓣芸	0660				0357	沈士榮	1739	史申義	2381	釋嗣端	1747
任大椿	3095	邵真人			1809	沈世昌	2863	史游	0300	釋畹荃	0790
任端書	1206	邵志琳			1410	沈淑	2966	史震林	0281	釋希陵	1749
任昉	2622	佘翹			2504	沈泰			0073	釋希顏	1750
任啓運	0073	申甫							2498		

釋希運	1746	嵩年	0567		0075		1638	唐伯元	2049
釋心泰	1741	宋弻	2508		1149	孫強	0310	唐光夔	0243
釋行海	0777	宋長白	2943		1390	孫洤	2357	唐鶴徵	0031
釋性通	1792	宋慈	1138		1832	孫奭	0003		0615
釋玄奘	0857	宋廣業	0809		1833		0004	唐炯	2604
	1719	宋旡	2009		1926	孫廷銓	3084		2605
釋延壽	1730	宋景濂	2250		1927	孫旬	0549	唐琳	3059
	1731	宋濂	0353		1928	孫一奎	1176	唐夢賚	2290
釋一休	0841		0354		1929	孫玉甲	1037		2291
釋一元	1755		0355		1930	孫岳頒	1327	唐汝諤	0223
釋原妙	1751		0382		1931	孫雲翼	1981	唐汝詢	2792
釋圓淨	1761		0419		1932	孫枝蔚	2353	唐慎微	1153
釋圓至	2780		2020		1933	孫枝秀	1297	唐時升	2903
釋贊寧	1377		2021		1934	孫洙	1510	唐式南	1707
釋湛祐	0843	宋魯珍	1246		1935	孫鑄	0565	唐順之	0153
釋昭如	1749	宋犖	0434		1936	孫宗彝	2287		0430
釋智達	2988		0840		1937				0431
	2989		2328		1938		T		0439
釋智及	1750		2644		1939	譚錦珩	0689		1110
釋智朴	0773		2898		1940	譚綸	0555		1599
釋智祥	1736		2918		1941	譚尚忠	3074		2119
釋智旭	1770		3089		1942	譚元春	1927		2707
釋智顗	1729	宋訥	2030		1943		2236	唐孫華	2382
釋住想	1149	宋祁	0381		1944		2237	唐廷樞	0380
釋自如	0772		0382		1945		2623	唐文獻	2839
釋宗泐	1712	宋權	2918		2922		2677	唐寅	2074
釋宗印	1721	宋廷桓	2567	蘇洵	0265		2678	唐英	2486
釋祖欽	1749	宋琬	2279		0266		2860		3000
釋祖心	1733	宋咸	0294		0268	湯斌	2295	唐愔宸	2904
殳國楷	1339		1038		1924		2296	唐祖命	2443
殳洪	1339		1048		2922	湯賓尹	0211	陶安	2027
舒芬	2100	宋纁	2918	蘇轍	0388		1880	陶穀	1476
	2101	宋楊皇后	2624		0389		2069	陶弘景	2622
舒弘諤	0716	宋玉	1815		1947		2204	陶及申	0484
舒榮都	1469	宋沾	2918		2922	湯傳楶	0237	陶潛	1831
司馬光	0425	宋振譽	0977	孫從添	0188	湯大坊	2463		1832
	1038	宋徵輿	2827	孫琮	2752	湯道衡	0128		2622
	1048		2830	孫大山	0782	湯漢	1831		2623
	1050	宋之問	2626	孫覿	1961		2622	陶叔獻	2775
	1231	宋至	1929	孫阜昌	1351		2623	陶珽	3034
	1914		2393	孫光祀	2300	湯紹祖	2663	陶望齡	2196
司馬遷	0381	宋宗元	2813	孫鋐	2871	湯斯質	3032	陶煊	2874
	0382	宋祖驊	2143	孫濩孫	2810	湯顯祖	2193	陶元藻	2584
	0383	宋祖駿	2143	孫嘉淦	0565		2639	陶治	2167
	0384	蘇復之	2980	孫鑛	0155		2670	陶滋	0979
	1824	蘇過	1952		0162		2974	陶宗儀	1289
	1826		1953		1795		2975		1396
司馬相如	2622	蘇濬	0449		2652	湯貽汾	0681		2964
司馬貞	0382		1041		2704				3034
	0382	蘇上傑	1237	孫綸	0922	湯右曾	2379	滕琪	1059
	0383	蘇軾	0017	孫夢逵	0060		2380	天放道人	1554
	0384		0020	孫丕顯	1451	湯準	2476		1555

天花藏主人	1536	汪份	0239	王常	0997	王鳴盛	0090		3086
田朝恒	0317	汪誥	0068		0998		2899	王世懋	1440
田從典	2384	汪廣洋	2026	王崇炳	0626	王納諫	1943		2158
田霢	3076	汪國蔚	0662		1969	王梟	1322	王世業	0064
田汝成	2115	汪立名	2633		2399		1323	王世貞	0446
田同之	1437	汪砢玉	1283	王崇慶	1499		1324		0509
	3076	汪懋麟	2337	王存	0723	王沛恂	2359		0636
田文鏡	0564		2338	王達	0600	王圻	0875		1290
田雯	3076	汪明際	1380	王丹林	2449		0876		1440
田需	3076	汪淇	1019	王黼	0974		0901		1606
田肇麗	3076	汪堪	0781		0975		1463		1607
鐵保	2540	汪啓淑	1342	王棨	0800		1611		1783
佟賦偉	0829	汪森	2957		1320	王琦	1854		1814
佟世男	0343	汪少泉	0548		1321	王契真	1805		2146
童濂	1138	汪士漢	3068		1322	王乾章	2838		2147
童宗說	1896	汪士賢	2625		1323	王欽若	1566		2148
	1897	汪廷訥	2730		1324	王仁俊	0987		2718
涂天相	1102		2976	王艮	2110	王如錫	1944		2757
屠本畯	0096	汪琬	2298	王光祖	1077	王汝槐	0653		2758
屠粹忠	1687		2299	王珪	2624	王睿章	1341	王仕雲	1710
屠隆	1407	汪萬頃	2829	王桂	1704	王潤翰	1346	王式丹	2402
	2175	汪文柏	2400	王好古	1144	王三聘	1602		2898
	2184		2401	王衡	1840	王尚絅	2085	王守仁	0446
	2185	汪象旭	1530		2210	王慎中	2116		1073
	2639	汪嘯尹	1297		2862		2117		1074
	2723	汪以成	0333	王鴻鈞	2612	王蓍	1322		2075
	2761	汪應蛟	0557	王鴻緒	0421		1323		2076
屠叔方	0516		1083	王奐曾	2343		1324		2077
屠倬	2592	汪越	0829	王畿	1087	王十朋	0749		2078
脫脫	0382	汪雲鵬	1814		2079		1928		2079
W		汪兆舒	1705		2125		1970		2080
		汪之元	1328	王家佐	1629	王士鰲	0247	王叔和	1162
萬安	0726	汪宗元	2837	王建	2624	王士俊	0923		1163
	0727	王安石	1925	王樛	2351		1487	王澍	0088
	0728		2778	王九思	2072	王士祿	2910		1305
	0729	王安舜	0014	王漸	2562	王士禛	2910	王思任	1311
萬光泰	2525	王鏊	1398	王肯堂	1145	王士禎	0903		1832
萬經	0049		1443		1146		1417		2639
	1293		2059		1179		1436		3082
萬民英	1255	王弼	0003	王良臣	1639		1689	王鐩	0245
萬人望	0253		0004	王良樞	1618		2291	王廷魁	2559
萬樹	2962		0273	王麟生	2552		2302		2899
	2993		1775	王靈岳	2226		2303	王廷相	1075
萬斯同	0292	王冰	1149	王路	1376		2304	王廷章	3003
萬衣	2135		1150	王履	1144		2305	王圖炳	2898
萬振孫	0521	王伯大	1884	王懋竑	2417		2329	王維	1845
汪邦柱	0037		1885	王玶	2406		2644		1846
汪本直	0784	王勃	1839	王夢白	0106		2669		2626
汪霦	2689		2626	王夢簡	0224		2799	王維德	1250
汪道昆	2150	王步青	0247	王明嶅	1573		2870	王維楨	2129
汪棣	2899		2459	王明德	0916		2907	王蔚宗	2595
汪定國	2743	王昌會	2938	王鳴鶴	1112		2944	王文潔	1151

	1163		2695	翁照	2583	吳荃	0087	吳鉞	2905
王文治	2451	王穉登	2175	倭仁	0934	吳仁敵	0772	吳翟	0699
	2530		2187	吳霶	0908	吳仁傑	1823	吳兆	2907
	2531	王仲儒	2438	吳炳	2985	吳任臣	0505	吳兆寬	2432
王錫琯	1716	王晫	3069		2986		1500	吳兆騫	2314
王錫爵	0706	王子音	2551		2987	吳日章	1002	吳兆宜	1838
	2160	王宗稷	1929	吳長元	0748	吳如珩	1037	吳照	0308
	2854	王宗沐	0441	吳焯	2885	吳瑞	1154	吳鎮	2014
王羲之	1830	王佐	1447	吳澄	2002	吳善述	0309	吳之斑	1421
王璽	1177	韋調鼎	0098	吳楚奇	0855	吳姓	0601	吳之振	2369
王延年	2771	韋謙恒	2535	吳從先	1507	吳師道	0495	無極呂子	0045
王炎	1971	韋應物	1859		1508		0496	伍涵芬	2945
	1972		2623	吳鼎	0063	吳士玉	2898	伍袁萃	0334
王彝	2028	惟善堂	0957		0073	吳士元	2215	武陵逸史	2955
王奕清	0894	魏伯陽	1801		0285	吳仕期	1617	武先慎	0140
	2958	魏了翁	1424	吳鼎雯	0703	吳壽昌	1706	武憶	0287
	2963	魏齊賢	2817	吳定璋	2900		2539		
王逸	1816	魏慶之	2933	吳鳳來	0186	吳壽國	1706		X
	1817	魏收	0381	吳琯	3047	吳淑	1564	西湖散人	1672
	1818		0382	吳國輔	0737		1565	西泠氏	0627
	1819			吳國倫	0709	吳肅公	1029	犀照堂主人	2865
	1820	魏禧	2276		2173	吳綬	1032	席蕙文	2906
王應昌	1074	魏顯國	0456	吳恒宣	3007	吳梯	2591	席啓寓	2630
王應奎	2901		0591	吳弘基	0389	吳廷華	0122	席世臣	2822
王應麟	0300	魏憲	2868	吳宏基	1027	吳廷偉	2802	夏寶晉	2596
	1581	魏校	2090	吳璜	2532	吳廷楨	2394		2597
王用賓	2106	魏裔介	2278	吳繼仕	0085		2898		2598
王友亮	2552	魏徵	0381	吳嘉謨	1045	吳烶	2801	夏秉衡	2959
王又槐	0888		0382	吳見思	1872	吳惟順	1113	夏宏	0329
	1138		0414	吳進	2581	吳維嶽	2132	夏基	2433
王又樸	0073		0415	吳京	1942	吳偉業	1043	夏綸	3001
王又曾	2520	温純	2164	吳兢	0503		1936	夏青山	1261
	2875	温大雅	0462	吳競	0504		2255	夏尚朴	2099
王餘佑	2267	文安禮	0642	吳筠	1847		2256	夏樹芳	1626
王宇	1380	文天祥	1990	吳寬	2057		2897		1627
王禹聲	0521		1991	吳萊	2008		2991	夏完淳	2830
	2059	文翔鳳	2219	吳烈騰	2796	吳渭	2624	夏文彥	1308
王毓賢	1315		2639	吳祕	1048	吳文英	2951		1309
王淵仲	2770	文昭	2452	吳秘	1038	吳雯	2363		1310
王元勳	2853	文徵明	2109	吳勉學	1194		2364	夏壎	2051
王原祁	0894	聞人佺	2669	吳明郊	2825		2365	夏言	0553
王源	0283	聞性道	0844	吳鳴球	1113		2366		2103
王緣督	1508	翁春	1716	吳琦	2899	吳汶	2682	夏駰	0486
王越	2050	翁方綱	0643	吳綺	2320	吳襄	1698	夏允彝	0226
王禎	1139		0982		2685	吳絹	2318	夏震軒	0073
王之鈇	1488		1306		2961	吳學儼	0739	先福	0566
王之樞	0459		2365	吳謙	1184	吳儼	2064	向秀	1789
王禔	1357		2518	吳騫	0263	吳儀一	2606	項淳	0289
	1358		2519		0665	吳英	2682	項鶯	2575
	1359	翁廣平	0859	吳喬	2941	吳雨來	2762	項夢昶	2575
王植	1489	翁同龢	0671	吳球	1165	吳栻	0350	項聖謨	3079
王志堅	1476	翁心存	0671		1166	吳元滿	0326		3080

項煜	0222		2036	徐乾學	2749	許燦	2565		0398
項章	2878		2037	徐釚	2445	許穀	2127	顏延之	1834
蕭伯升	3075	辛全	1092	徐紹吉	0519	許國	2165		2622
蕭匯瀾	0676	辛子成	1492	徐紹錦	1244	許國球	2769	顏胤祚	0833
蕭霖	2544	興獻皇后蔣氏	1063	徐師曾	0029	許衡	2003		0834
蕭麟趾	2471	邢昺	0003		2709	許鴻磐	2969	顏真卿	1848
蕭士瑋	3075		0004	徐時作	1439	許槤	0964		1849
蕭士瑀	3075		0193	徐士俊	1019	許容	0980	嚴乘	1333
蕭士贇	1855		0194	徐士燕	2602	許慎	0301	嚴澂	1361
	1856		0260	徐樹毅	1904	許順義	1080	嚴德甫	1362
	1857		0295	徐崧	0838	許相卿	0402	嚴觀	0986
蕭統	2646	邢墫	0273	徐渭	1432	許獬	2211	嚴光祿	2550
	2645	邢侗	2179		2170	許胥臣	0207	嚴啓煜	2330
	2647	熊伯龍	2641		2639	許英	2882	嚴遂成	2462
	2648	熊賜履	1058		2759	許之吉	1666	嚴我斯	2330
	2649	熊禾	0007	徐文靖	0744	許自昌	2626	嚴毅	1595
	2650	熊浹	0890	徐無黨	0381	許纘曾	1803	嚴虞惇	2386
	2651	熊廷弼	2209		0392	薛承愛	1261	嚴羽	1986
	2652	熊一瀟	2376	徐咸	0608	薛己	1185	晏宏	0436
	2653	熊宗立	1187		0609	薛鎧	1191	晏斯盛	3090
	2655		1256	徐心魯	2715	薛龍光	2899	晏天章	1362
	2656	徐昂發	2898	徐鉉	1502	薛瑄	1067	揚雄	0192
蕭雲從	1825	徐邦佐	0225	徐學謨	0518		1068		1048
蕭震	0805	徐賁	2637		1777		2042		1231
蕭智漢	0725	徐表然	0806	徐彥	0003	薛應旂	0206		2622
蕭子顯	0381	徐炒	1433		0004		0207	楊表正	1360
	0382		1913	徐一夔	0889		0440	楊賓	1292
謝翱	1996	徐昌治	1744	徐胤翀	2227		0454	楊潮觀	0882
謝陛	0410	徐常吉	1622	徐胤魁	2227		0465	楊爾曾	0770
謝道承	2420	徐充	2795	徐胤翊	2227	荀悅	1049		1312
謝鐸	2055	徐春甫	1173	徐永宣	2898			楊逢春	2815
謝恩懋	1993	徐鼎	0109		2904	**Y**		楊圭	1713
謝枋得	0110	徐度	1392	徐用錫	2409	煙水散人	1531	楊宏聲	0185
	1584	徐枋	2270	徐與喬	0277		1548	楊基	2637
	1992	徐奮鵬	1022		0278	煙霞逸士	1538	楊繼盛	0556
	1993	徐光啓	0097		3074	閻鶴洲	1797		2151
謝惠連	2622		1140	徐元太	1612	閻其淵	0258	楊甲	0274
謝景卿	1003	徐光文	0851	徐日璵	2812	閻若璩	0086	楊簡	0024
謝靈運	2622	徐廣	0592	徐岳	1506	閻士選	1932	楊鑑	2168
謝履忠	0898	徐積	1919	徐增	0845	閻循觀	2537	楊捷	0527
謝鳴篁	0909	徐堅	1562		2807		3094	楊倞	1038
謝遷	0446	徐階	1974	徐昭慶	0111	閻詠	0086		1046
謝三賓	2903		1975	徐肇台	0524	顏伯燾	0692	楊炯	2626
謝朓	2622		1976	徐禎卿	2091	顏鯨	0173	楊爵	2120
謝廷讚	0080		2112	徐榛	2825	顏茂猷	1479	楊廉	0608
謝王寵	1104	徐晉卿	0152	徐中行	2154		1670	楊令暐	1347
謝維新	1575	徐景休	1801	徐卓	0293	顏培文	0692	楊令旭	1347
謝雲生	1003	徐炯	1904	徐倬	2342	顏師古	0300	楊陸榮	0491
謝肇淛	0711	徐炬	1628		2800		0381	楊揄	2898
	1409	徐開任	0618		2879		0382	楊齊賢	1855
謝榛	2169	徐陵	1838	徐自明	0862		0396		1856
解縉	1596		2665	許昂霄	2947		0397		1857

楊起元	0208	姚合	1903	殷璠	2777		2657	袁景輅	2902
楊謙	2349	姚際隆	1245	陰時夫	1585	余寅	2188	袁褧	3038
楊慶	0587	姚靖	2627		1586	余應奎	1161	袁凱	2035
楊融博	2734	姚履旋	0321		1587	余應虬	0218	袁枚	1368
楊森	1347		0322		1588		1116	袁日省	1003
楊紹榮	0682	姚培謙	0161	陰中夫	1585	余鈺	2742	袁士龍	1204
楊慎	0110		1697		1586	余藻	1001	袁樞	0482
	0385		2755		1587	余峋	2608	袁祥	1192
	0392	姚舜牧	0013		1588	俞安期	1634	袁儼	1625
	1399		0033	尹起莘	0433		1635		2863
	1425		2176	尹泰	0886		1636	袁中道	2639
	1426	姚思廉	0381	尹壇	0749	俞焕	1182	袁忠徹	1251
	2094		0382	尹煒	1962	俞璘	2078	袁尊尼	2163
	2095	姚廷謙	1946	尹源進	0640	俞文彬	1676	原良	1418
	2096	姚希孟	2223	印光任	0756	俞向葵	0803	岳端	2442
	2097		2224	英和	0643	俞琰	2691		2996
	2623	姚孌	1811		0963	俞允文	2172		2997
	2704	姚之駰	1695	英廉	2478	虞邦譽	2766	岳甫嘉	1186
	2924	葉抱崧	2888	英麟	0960	虞搏	1172	岳珂	0273
	2925	葉采	1054	應劭	1386	虞淳熙	2639	岳元聲	0468
	2955		1055	永恩	3005	虞德升	0369	允禮	2753
	3022	葉承宗	2285	永瑆	2561	虞集	2006	允祿	0534
楊時	1957	葉方恒	0822	永珊	1765		2007		0535
楊時喬	0030	葉茭	2817	尤乘	1198	虞九章	1841		0536
楊士凝	2424	葉封	0847	尤大臣	1118		1842		0892
楊士奇	0539	葉均禧	0624	尤澹仙	2906	虞載	1575		1203
	0540	葉夢得	1391	尤侗	0625	庾信	2622		1698
	2041	葉名灃	2600		1028	玉明	0934	允祹	0887
楊士勛	0003		2601	尤袤	2932	喻昌	1181	允禧	2526
	0004	葉溶	2574	遊戲主人	1514	喻龍德	1114		2527
楊士瀛	1169	葉紹泰	3061	游日陞	1652	喻政	1370	允祉	1203
楊世達	2474	葉士龍	1057	于成龍	0561	豫師	0574	惲格	2904
楊思本	0621	葉泰	1268		0562	元好問	1997		
楊天民	0558	葉廷珪	1569	于光華	2658		2781	**Z**	
楊萬里	1978	葉廷秀	2939	于濬英	0073		2818	臧懋循	2964
楊巍	2149	葉煒	2594	于敏中	2492		2820		2979
楊維坤	2440	葉向高	0009		2493	袁稻	2894	臧岳	2814
楊梧	0132		0095	于若瀛	2191			曾朝節	0032
楊錫觀	0345		0450	于慎行	1020	袁顥	1192	曾覿	2951
楊錫祐	1013		0498		1403	袁宏道	2074	曾丰	1973
楊孌	1347		2189	于奕正	0747		2170	曾鞏	0506
楊衒之	0842		2190	于準	1101		2200		0507
楊炎	2951	葉燮	2340	余光詔	0666		2201		1915
楊一清	0139	葉映榴	2317	余恒	1654		2639	曾棨	2039
	0890	葉澐	0458	余懷	0625		2841	曾受一	0588
楊以任	1033	葉志詵	0985	余繼登	0511		2974	曾廷枚	1454
楊有仁	2094	葉子奇	1397	余戀學	0666		2983	曾唯	0796
楊肇祉	2631	伊齡阿	0908	余闕	2013	袁黄	0451	曾益	1902
楊卓	0073	伊桑阿	0885	余時英	0195		0469	曾瑛	2092
楊宗發	2904	黄秋散人	1534	余象斗	0364		1625	曾自明	1973
養純子	1546	易履泰	2641		1264		2863	翟灝	0287
姚廣孝	1742	易宗涒	0603	余蕭客	0286	袁甲三	0571		1700

詹淮	1081	張吉	2060	張栻	0244	張元忭	0732	趙宧光	0305
	1082	張嘉和	0474	張守節	0384	張遠	1873		2779
詹夔錫	1833	張嘉楨	0244		0382	張曰珣	2883	趙鈛	1430
詹明章	2278	張介賓	1152	張思閌	2434	張岳	2104	趙翼	0492
湛若水	1076	張介寶	1180	張四知	1018	張雲錦	0837	趙用光	2205
	2048	張錦	3009	張松孫	2926	張允格	0640	趙用賢	0877
章大吉	0409	張晉咸	2770	張遂辰	3066	張載華	2947		1133
章黼	0358	張潛	1871	張燧	1021	張湛	1038	趙與峕	1394
	0359	張縉彥	0787	張覃	0776	張照	3002	趙昱	2885
章袞	2113	張景燾	0679	張天復	0731	張貞	2334	趙澐	2897
章潢	1615	張九齡	1844		0732	張之象	1822	趙載	1269
章銓	2014	張九一	2173	張廷玉	0133		2786	趙貞吉	2126
章如愚	1574	張居正	0205		0422	張治	2108	趙之壁	0831
章爲之	0409		0443		0866	張仲璜	3022	趙執端	2543
章宗閔	1340		2145		2884	張倬	1148	趙執信	2355
張邦伸	2914	張君房	1804	張慰祖	0164	張滋蘭	2906		2356
張榜	0162	張開東	2548	張文瑞	2557	張自烈	0230	真德秀	1070
	1131	張琪光	2323	張文柱	1440		0337		1640
張采	2774	張聯元	0794	張我觀	0921	趙標	3044		1983
張璨	2874	張令儀	2439	張五典	2560	趙崇祚	2952		2699
張長均	2772	張璐	1148	張希良	0819		2955		2700
張潮	2373	張履祥	0233		2309	趙峋	0978		2701
	3069	張夢喈	2899	張希堯	1262	趙宧光	1340	正誼齋	1023
張丑	1282	張明憲	0208	張錫爵	2558	趙撝謙	0316	鄭大郁	0332
張次仲	0040	張鳴鳳	1262	張習孔	0042	趙吉士	0623		0366
張從正	1168	張沐	1094		1416		0869		1117
張璁	0522		1095	張銑	2646		1457	鄭大忠	1193
張大純	0838	張蕭	2639		2647	趙佶	2624	鄭方坤	2472
張大復	0721	張能鱗	2280		2648	趙孟頫	2001		2948
	1406	張寧	2052	張夏	0619	趙南星	2178	鄭圭	1941
張大受	2411	張佩芳	1881	張燮	0858	趙寧	0802	鄭開極	0276
	2898	張彭春	0650	張星徽	0500	趙普	1247	鄭廉	0526
張德純	0048	張鵬翀	2464		0599	趙岐	0003	鄭梁	2383
張登	1148	張鵬翮	0635	張行言	0899		0004	鄭茂	0510
張登雲	1039	張溥	0038	張萱	1431	趙如源	1231	鄭樵	0390
張丁	1996		0084	張墳	2547	趙汝愚	0544	鄭若庸	1613
張鼎思	1465		0099	張綖	2955	趙蕤	0017	鄭善夫	2087
張棟	2183		0146	張彥琦	1696	趙睿	2711	鄭師成	0257
張敦頤	1896		540	張彥遠	1307	趙申喬	2339	鄭世元	2480
	1897		1043	張燕昌	1295	趙師使	2951	鄭濤	0638
張爾岐	2322		1056	張揖	0294	趙師秀	2624	鄭文昂	2681
張方湛	0288		1936	張英	0720	趙世杰	2664	鄭賢	1026
張芬	2906		2239		1689	趙廷瑞	2893	鄭曉	0508
張鳳翼	2649	張謙	0439	張應圖	0730	趙維寰	0710	鄭瑄	1473
	2650	張琴	0678	張應俞	1516	趙錫綬	1345		1474
	2651	張汝誠	0141	張羽	2637	趙曉榮	2899		1478
	2972	張汝霖	0756	張玉書	0338	趙昕	0231	鄭玄	0003
張庚	0435	張瑞圖	2714		1690	趙信	2885		0004
	1316	張三錫	1147		2315	趙熊詔	2339		0018
張國璽	2722	張三異	3022	張毓睿	2689	趙彥復	2912		0096
張瀚	0547	張時治	1493		0408	趙燿	2719		0112
張灝	1331	張實居	2329	張元	2477	趙一清	0813		0113

名	號	名	號	名	號	名	號	名	號	號
	0120	周大樞	0065	周宗璜	0668	朱孔彰	0644	朱象賢		1286
	0273		2693	周宗建	0560	朱蘭	0656	朱琰		2538
鄭玉	0171	周敦頤	1918	朱安期	0551	朱里	1030			2836
鄭元慶	0852	周廣業	2586	朱本中	1199	朱璘	0478	朱養純		1380
鄭元勳	2847	周煌	2500	朱炳如	2895		0479	朱一是		2265
鄭源璹	0867	周蕙田	0190	朱長春	1132		1052	朱彝		0658
鄭兆蚩	1703		0290		1133		1968	朱彝尊		2348
鄭之惠	1941	周家棟	0356	朱長文	1285	朱鷺	0517			2349
鄭之僑	0275	周嘉冑	1374		1286	朱孟震	2173			2834
鄭止源	1248	周鑑	1111		1287	朱謀垔	1289			2957
鄭燭	0637	周朗	1182		1951		1313	朱翊鈏		2828
支大綸	0476	周樂清	2970	朱珵堯	2896	朱權	0463	朱埔		1120
止靜生	1798	周亮輔	1127	朱崇正	1169		1275	朱有燉		2044
衷仲孺	0807	周亮工	1280	朱當㴐	3037		1985	朱有熽		1378
鍾大源	2579		1481	朱得章	0551	朱三錫	2781	朱祐檳		0349
	2580		2259	朱得之	1785	朱申	0114	朱元		0189
鍾俊秀	0686		2260	朱棟	1763		0151	朱元璋		0915
鍾人傑	3066		3070	朱東光	1039	朱昇	1960			2019
鍾廷燦	0687	周魯	1686	朱楓	0992	朱仕繡	2514	朱日藩		2137
鍾惺	0098	周南	1243		0994	朱軾	0238	朱載堉		1486
	1017	周權	1557	朱綬	2936		0919	朱載埔		0142
	1018	周汝登	0596	朱焯	0207	朱淑真	2624			0143
	1558		1743	朱樨	1960	朱思本	0733	朱澤澐		2458
	1722		2791	朱玧	2873	朱松	1960	朱瞻基		1069
	1935	周詩雅	1428	朱國禎	0513	朱廷立	0139	朱之藩		2825
	1940	周時雍	1674		0514	朱文治	2729	朱之京		2832
	2079	周世選	2161		0515	朱吾弼	0550	朱鍾萱		2609
	2217	周思得	1806		0613	朱熹	0015	朱宗琦		0659
	2218	周斯盛	2316		0614		0015	朱宗淑		2906
	2623	周廷寀	0291		1446		0016	朱宗文		1301
	2639	周廷祚	0560	朱國祚	2839		0021	諸錦		2460
	2676	周勳常	2586	朱鶴齡	0158		0022	諸匡鼎		0562
	2677	周勳懋	2586		1869		0023	諸變		0442
	2678	周延儒	0215		2275		0195	主善道人		1551
	2680	周應賓	0791	朱鴻瞻	2333		0198	祝穆		1571
	2728	周用	2082	朱厚煐	0355		0199			1572
	2767	周與爵	1918	朱徽	0883		0200	祝淵		1572
	2773	周曰漣	2888	朱惠明	1149		0267	莊大中		2499
	2852	周在都	3070	朱記榮	1354		0432	莊廣還		1740
	3055	周在浚	0641	朱家標	1304		0434	莊令興		2904
鍾元春	2676	周兆蘭	0856	朱琦	0657		0605	莊奇顯		0215
鍾越	1991	周正思	0160	朱健	0880		1060	莊述祖		0284
周昂	0505	周之鱗	2634		0883		1821	莊有恭		0824
周弼	2780	周穉廉	2995	朱諫	1858		1884	抽玄生		1798
周伯琦	0313	周鍾	2859	朱鑑	0551		1885	卓明卿		1619
	0314	周鑄	1966	朱錦	2851		1886	子芳		0379
	0315	周準	2835	朱謹	0792		1967	子卿		0379
周燦	2308	周琢新	0668	朱景英	0751		1968	紫虛崔真人		1144
周昌年	1019									
周朝俊	2983									
周春	3092									

作者拼音索引

宗臣	2153	鄒必顯	1559	鄒思明	2653	左光先	1958	左克明	2666
宗人府	0698	鄒迪光	2721	鄒維璉	2216	左圭	3033	左懋第	2240
宗澤	1955	鄒式金	2967	鄒元標	2186	左潢	3011	左喬林	0264
	1956	鄒守益	2702	左臣	1541				

作者筆畫索引

二　畫

丁一中	2895	王士禄	2910
丁日昌	1128	王士禎	2910
丁丙	0966	王士禎	0903
	1005		1417
丁岳	0861		1436
丁進	1088		1689
丁煒	2326		2291
丁耀亢	2990		2302
丁寶楨	0933		2303
卜大有	0467		2304
	0469		2305
了真生	1798		2329
			2644
			2669

三　畫

于成龍	0561		2799
	0562		2870
于光華	2658		2907
于若瀛	2191		2944
于奕正	0747	王士騏	3086
于敏中	2492	王之銕	0247
	2493	王之樞	1488
于準	1101	王子音	0459
于慎行	1020	王元勳	2551
	1403	王友亮	2853
于潽英	0073	王仁俊	2552
上官周	0602	王丹林	0987
子芳	0379	王文治	2449
子卿	0379		2451
			2530
			2531

四　畫

		王文潔	1151
王十朋	0749		1163
	1928	王世貞	0446
	1970		0509
王九思	2072		0636
王又曾	2520		1290
	2875		1440
王又槐	0888		1606
	1138		1607
王又樸	0073		1783
王三聘	1602		1814
王士俊	0923		2146

			2147
			2148
			2718
			2757
			2758
王世業	0064		
王世懋	1440		2158
王仕雲	1710		
王用賓	2106		
王式丹	2402		
	2898		
王存	0723		
王光祖	1077		
王廷相	1075		
王廷章	3003		
王廷魁	2559		
	2899	王尚綗	2085
王延年	2771	王昌會	2938
王仲儒	2438	王明敖	1573
王冰	1149	王明德	0916
	1150	王炎	1971
王汝槐	0653		1972
王宇	1380	王宗沐	0441
王守仁	0446	王宗稷	1929
	1073	王建	2624
	1074	王契真	1805
		王勃	1839
	2075		2626
	2076		
	2077	王思任	1311
	2078		1832
	2079		2639
	2080		3082
王安石	1925	王禹偁	0521
	2778		2059
王安舜	0014	王奕清	0894
王艮	2110		2958
王如錫	1944		2963
王好古	1144	王珪	2624
	0875	王桂	1704
	0876	王原祁	0894
	0901	王臬	1322
	1463		1323

	1611		1324
王志堅	1476	王家佐	1629
	2695	王納諫	1943
王步青	0247	王晦	2406
	2459	王乾章	2838
王佐	1447	王常	0997
王伯大	1884		0998
	1885	王崇炳	0626
王奐曾	2343		1969
王沛恂	2359		2399
王良臣	1639	王崇慶	1499
王良樞	1618	王逸	1816
王叔和	1162		1817
	1163		1818
王肯堂	1145		1819
	1146		1820
	1179	王琦	1854
		王越	2050
		王達	0600
		王植	1489
		王晫	3069
		王欽若	1566
		王淵仲	2770
		王弼	0003
			0004
			0273
			1775
		王蓍	1322
			1323
			1324
		王夢白	0106
		王夢簡	0224
		王路	1376
		王源	0283
		王慎中	2116
			2117
		王禎	1139
		王褆	1357
			1358
			1359
		王綮	0800
			1320
			1321

			1322	王靈岳	2226	仇俊卿	0816	孔晁	0493	田需	3076
			1323	天花藏主人	1536	殳洪	1339	孔傳	1563	田肇麗	3076
			1324	天放道人	1554	殳國楷	1339	孔毓圻	0893	田霡	3076
王蔚宗	2595			1555	文天祥	1990		2336	史申義	2381
王睿章	1341	元好問	1997		1991	孔鮒	0294	史典	1484
王鳴盛	0090		2781	文安禮	0642	孔穎達	0003	史垂教	1640
	2899		2818	文昭	2452		0004	史珥	1031
王鳴鶴	1112		2820	文翔鳳	2219		0074	史浩	1965
王圖炳	2898	支大綸	0476		2639	孔繼汾	2336		1966
王毓賢	1315	尤大臣	1118	文徵明	2109	孔繼涑	2336	史游	0300
王維	1845	尤侗	0625	亢思謙	2152	孔繼涵	0814	史震林	1511
	1846		1028	方一元	2790	允祉	1203		2498
	2626	尤乘	1198	方于魯	1371	允祹	0887	史徵	0019
王維楨	2129	尤袤	2932	方士琯	2510	允祿	0534	丘兆麟	2841
王維德	1250	尤澹仙	2906	方日升	0352		0535		2850
王穋	2351	戈九疇	0145	方中通	2327		0536	丘象升	1944
王餘佑	2267	戈守智	1298	方中德	1688		0892	丘葵	0115
王澍	0088	戈直	0503	方中履	1435		1203	丘濬	0138
	1305		0504	方以智	0798		1698		0445
王潤翰	1346	戈鯤化	2618	方世舉	1890	允禧	2526		1070
王履	1144	止靜生	1798	方弘靜	1401		2527		1071
王緣督	1508	牛紐	0047	方式濟	2917	允禮	2753		1072
王畿	1087	牛運震	0972	方成培	3008				2638
	2079		0988	方回	1424	**五　畫**		白居易	1563
	2125	毛大倫	1310		2672	玉明	0934		1899
王衡	1840	毛邦翰	0274	方舟	0240	正誼齋	1023	白胤昌	1415
	2210	毛先舒	2309	方如騏	2791	甘懷和	0654	白雲道人	1537
	2862	毛亨	0003	方孝孺	2038	世綱	0960	白輝	0724
王錫琯	1716		0004	方若	0989	左圭	3033	令狐德棻	0381
王錫爵	0706		0273	方夏	1668	左臣	1541		0382
	2160	毛奇齡	0370	方登嶧	2917	左光先	1958	印光任	0756
	2854		3087	方婺如	2405	左克明	2666	包大燦	0583
王鋑	0245	毛振翮	2423	方廣	1170	左喬林	0264	包桂生	1349
王羲之	1830	毛晉	2624		1171	左潢	3011	包瑜	1589
王戀竑	2417	毛晋	0381	方應龍	0216	左懋第	2240	主善道人	1551
王穉登	2175		0607	方觀承	0240	石介	1912	永珊	1765
	2187		2951		0820	石鈞	2487	永恩	3005
王應昌	1074		2955		0907	石韞玉	2588	永瑢	2561
王應奎	2901		3063		2917		2589	司馬光	0425
王應麟	0300		3064	尹泰	0886	申甫	2504		1038
	1581	毛煥文	1699	尹起莘	0433	申時行	0079		1048
王鴻鈞	2612	毛際可	2309	尹焞	1962		0877		1050
王鴻緒	0421		2310	尹源進	0640	申涵光	2274		1231
王濬	2562		2311	尹壇	0749	申贊皇	1703		1914
王鏊	1398	毛德琦	0799	孔安國	0003		2693	司馬相如	2622
	1443		0856		0004	田文鏡	0564	司馬貞	0382
	2059	毛調元	0595		0074	田同之	1437		0382
王彝	2028	毛憲	0552		0273		3076		0383
王璽	1177	毛應翔	2849	孔尚任	2372	田汝成	2115		0384
王黼	0974	升泰	0580	孔貞運	0530	田從典	2384	司馬遷	0381
	0975	仁孝皇后徐氏	1062		2842	田朝恒	0317		0382
王麟生	2552		1461	孔胤植	0832	田雯	3076		0383

		朱一是	2265	朱崇正	1169	朱澤澐	2458		1837
	0384	朱三錫	2781	朱得之	1785	朱徽	0883		2622
	1824	朱之京	2832	朱得章	0551	朱鍾萱	2609	江湄	1352
	1826	朱之藩	2825	朱象賢	1286	朱鴻瞻	2333	江學詩	2003
弗若多羅	1727	朱元	0189	朱翊鈏	2828	朱瞻基	1069	江環	0103
弘晝	0534	朱元璋	0915	朱淑真	2624	朱謹	0792	江鴻緒	0280
	2577	朱日藩	2019	朱琰	2538	朱彝	0658	江贄	0428
弘瞻	2473	朱文治	2137		2836	朱彝尊	2348		0430
		朱孔彰	2729	朱棣	1763		2349		0431
六畫		朱本中	0644	朱惠明	1149		2834	安岐	1284
匡文昱	0066	朱申	1199	朱景英	0751		2957	安希范	2194
邢侗	2179		0114	朱焯	0207	朱蘭	0656	那連提耶舍	1726
邢昺	0003		0151	朱載堉	0142	朱權	0463	阮大鋮	2978
	0004	朱仕繡	2514		0143		1275	阮其新	1138
	0193	朱有燉	2044	朱載壐	1486		1985	阮逸	1038
	0194	朱有熿	1378	朱楓	0992	朱鶴齡	0158	阮閱	2927
	0260	朱廷立	0139		0994		1869	阮學浩	2881
	0295	朱安期	0551	朱軾	0238		2275	阮學濬	2881
邢璹	0273	朱吾弼	0550		0919	朱鑑	0551	阮籍	2622
西泠氏	0627	朱里	1030	朱當㴸	3037	朱鷺	0517	如松	2509
西湖散人	1672	朱長文	1285	朱塤	1120	先福	0566	牟允中	1484
成書	2553		1286	朱樺	1960	伍袁萃	0334	牟欽元	2806
成德	0005		1287	朱養純	1380	伍涵芬	2945	牟巘	2806
呂一經	1936		1951	朱璘	0478	任士林	1999		
呂大防	0642	朱長春	1132		0479		2000	**七畫**	
呂大臨	0973		1133		1052	任大椿	3095	扶安	0436
呂元善	0585	朱松	1960		1968	任兆麟	1494	花蕊夫人	2624
	0586	朱東光	1039	朱熹	0015		2906	杜大珪	0604
	0835	朱昇	1960		0015		3097	杜本	2624
呂延濟	2646	朱宗文	1301		0016	任昉	2622	杜光庭	1907
	2647	朱宗淑	2906		0021	任啓運	0073	杜甫	1862
	2648	朱宗琦	0659		0022	任端書	1206		1863
呂向	2646	朱孟震	2173		0023	任瓣芸	0660		1864
	2647	朱绂	2936		0195	伊桑阿	0885		1865
	2648	朱厚熿	0355		0198	伊齡阿	0908		1866
呂兆祥	0834	朱思本	0733		0199	向秀	1789		1867
	0835	朱炳如	2895		0200	全德	3014		1868
	0849	朱祐檳	0349		0267	冲和居士	3020		1869
呂坤	1084	朱珩	0657		0432	江人鏡	2603		1871
呂柟	1077	朱珖	2873		0434	江之棟	1269		1873
呂忢	0525	朱健	0880		0605	江永	0250	杜思	0455
呂宣曾	0137		0883		1060		0251	杜庭珠	2804
呂祖謙	0150	朱記榮	1354		1821		0280	杜詔	2412
	1969	朱家標	1304		1884	江光裕	0661		2804
呂逢時	0835	朱珵堯	2896		1885	江旭奇	0470	杜預	0003
呂留良	0233	朱國祚	2839		1886	江伯容	2238		0004
	1099	朱國禎	0513		1967	江柟	0037		0149
	2747		0514		1968	江昱	0378		0273
呂逸	2611		0515	朱錦	2851	江盈科	0616	杜審言	2626
呂葆中	2747		0613	朱謀垔	1289	江珠	2906	李士麟	2751
呂維祺	0196		0614		1313	江浩然	2348	李之用	2679
呂履恒	2390			朱諫	1858	江淹	1836	李天植	2250
呂熾	0695		1446						

李天麟	2724	李祁	2016	李書雲	0377	李禎	0254		2156
李元英	0663	李如松	1714	李恕	0008	李嫩	2906	李燾	0301
李元珍	1475	李芳華	2450	李純卿	0446	李毓之	1482		0302
李元陽	0385	李呈祥	2263	李菊房	2919	李槃	0446		0303
李日華	1453	李伯璵	2703	李梓	1091	李漁	0865		0304
	3079	李沛霖	0254	李國祥	2760		1495	李鎧	1419
	3080		0255	李符	2919		2257	李雛來	2573
	3081		0256	李章達	2450		2886	李攀龍	0362
李中立	1159	李良翰	1018	李商隱	1904	李肇	1441		1604
李中素	0561		2225		1905	李綱	1958		2138
李中梓	1178	李奉翰	0900	李清	0528		1959		2139
李化龍	2177	李拔式	0297	李清照	2624	李維楨	2148		2140
李公昂	2951	李若膺	2414	李淳風	1234	李維禎	2639		2141
李文炤	2450	李茂春	0593		1235	李蕃	2920		2142
李文藻	0853	李來泰	2293		1236	李賢	0381		2143
李玉	2992	李來章	0752	李惟一	1091		0382		2676
李世熊	2377	李東陽	2054	李隆基	0003		0403		2787
李世澤	0367		2055		0004		0726		2788
李白	1853	李杲	1144		0193		0727		2789
	1854		1154		0194		0728	李霨	2286
	1855		1156	李紱	1103		0729	李靠	2624
	1856		1200		2408	李鄴嗣	2272	李瀚	1676
	1857	李果	2427	李琨	1263		2915	李繩	2899
李必恒	2898	李昂枝	2833	李瑄	0543	李嶙瑞	2441	李繩遠	2919
李幼武	0605	李昉	2660	李雲鵠	0550	李儀	0649	李騰蛟	2264
李邦華	2214		2661	李雯	2254	李樂	1405	李瀕	0252
李百藥	0381	李迪	1263		2827	李盤	1111	車萬育	2331
	0382	李念慈	2306		2830	李銳	0647	車鼎晉	0868
李光元	2215	李周望	0898	李雱	0299	李劉	1988	貝瓊	2029
李光地	0001		0930	李鼎祚	0018	李澄中	2352	吳士元	2215
	0046	李周翰	2646	李凱	0271	李默	0863	吳士玉	2898
	1058		2647	李善	2646		2107	吳之琕	1421
	1100		2648		2645	李興祖	2267	吳之振	2369
	2750	李京	0342		2647		2426	吳元滿	0326
李光坡	0134	李春芳	2144		2648	李學孔	0457	吳日章	1002
李光暎	0981	李春熙	1958	李賀	1901	李壁	1925	吳仁傑	1823
李因培	2811	李茹旻	2414		1902	李鍇	0405	吳仁敵	0772
李因篤	2776	李柏	2448	李登	0321	李鍾峨	2920	吳文英	2951
李廷忠	1981	李軌	1038		0322	李鍾璧	2920	吳仕期	1617
李廷機	0156		1048		0324	李鴻章	0578	吳弘基	0389
	0363	李重華	2461		0325	李贄	0208	吳廷華	0122
	0387	李宣	1034		0336		0394	吳廷偉	2802
	0448	李祖堯	1961	李瑜	1263		0395	吳廷楨	2394
	0498	李栻	1796	李夢陽	1851		0469		2898
	1016		3043		2067		1087	吳任臣	0505
	1579	李根	0318		2068		1509		1500
	1584		0319		2069		1521	吳兆	2907
李延壽	0381		0320		2070		1523	吳兆宜	1838
	0382	李時	0523		2071		1933	吳兆寬	2432
	0391	李時珍	1156	李鈐	1230		1939	吳兆騫	2314
李仲麟	1491		1158	李會嘉	3079		2097	吳如珩	1037
李兆賢	0071	李流芳	2903		3080		2126	吳見思	1872

吳汶	2682	吳善述	0309	何良俊	1440	汪士賢	2625	沈彤	3093		
吳宏基	1027	吳焯	2885		1444	汪之元	1328	沈初	2533		
吳長元	0748	吳渭	2624	何昆玉	1006	汪少泉	0548	沈青崖	2475		
吳英	2682	吳瑞	1154		1353	汪文柏	2400	沈亞之	1900		
吳雨來	2762	吳楚奇	0855	何孟春	1044		2401	沈明臣	2171		
吳明郊	2825	吳照	0308		2055	汪以成	0333	沈佳胤	2763		
吳京	1942	吳筠	1847	何晏	0003	汪本直	0784		2764		
吳定璋	2900	吳鉞	2905		0004	汪立名	2633	沈佺期	2626		
吳荃	0087	吳肅公	1029		0260	汪邦柱	0037	沈周	2065		
吳勉學	1194	吳綃	2318	何通	1330	汪廷訥	2730	沈宗騫	1305		
吳炳	2985	吳綏	1032	何偉然	3058		2976		1317		
	2986	吳嘉謨	1045	何超	0412	汪份	0239	沈定之	0737		
	2987	吳壽昌	1706	何棟如	0512	汪兆舒	1705	沈持玉	2906		
吳恒宣	3007		2539		1276	汪明際	1380	沈括	1149		
吳祕	1048	吳壽國	1706	何景明	2083	汪宗元	2837		1389		
吳烈騰	2796	吳兢	0503		2084	汪定國	2743	沈科	0705		
吳牲	0601	吳鳴球	1113	何喬遠	0423	汪砢玉	1283	沈炳震	1701		
吳秘	1038	吳鳳來	0186		2720	汪國蔚	0662	沈津	1464		
吳師道	0495	吳寬	2057		2840	汪象旭	1530		3036		
	0496	吳翟	0699	何喬新	2053	汪洪	1019	沈祖禹	2921		
吳烶	2801	吳綺	2320	何道全	1776	汪啟淑	1342	沈約	0381		
吳球	1165		2685	何楷	0039	汪琬	2298		0382		
	1166		2961	何瑭	2081		2299		1835		
吳萊	2008	吳維嶽	2132	何震彝	0931	汪越	0829	沈泰	2966		
吳梯	2591	吳璟	2532	何慶元	2206	汪萬頃	2829	沈起元	0053		
吳國倫	2155	吳儀一	2606	何鏜	0767	汪森	2957	沈起鳳	1512		
	2173	吳澄	2002	佟世男	0343	汪棣	2899		3010		
吳國輔	0737	吳學儼	0739	佟賦偉	0829	汪雲鵬	1814	沈彬	2045		
吳進	2581	吳謙	1184	佘翹	1410	汪道昆	2150	沈國元	0472		
吳偉業	1043	吳襄	1698	余光詔	0666	汪詰	0068		0473		
	1936	吳鎮	2014	余崢	2608	汪廣洋	2026		0477		
	2255	吳霦	0908	余恒	1654	汪琎	0781	沈靖	2541		
	2256	吳競	0504	余時英	0195	汪嘯尹	1297	沈淑	0281		
	2897	吳騫	0263	余象斗	0364	汪懋麟	2337	沈越	0475		
	2991		0665		1264		2338	沈萬鉥	0101		
吳從先	1507	吳繼仕	0085	余寅	2188	汪應蛟	0557	沈嵊	2977		
	1508	吳儼	2064	余鈺	2742		1083	沈節甫	3042		
吳淑	1564	岑參	1860	余蕭客	0286	汪霦	0498	沈嘉轍	2885		
	1565		2626		2657	沈一貫	0666	沈廣近	1740		
吳惟順	1113	邱先德	2883	余懋學	0666		1778	沈磊	0232		
吳琦	2899	邱志廣	2252	余應虬	0218		1788	沈德潛	1876		
吳宿	3047	邱性善	2252		1116	沈九疇	2171		2502		
吳械	0350	邱維屏	2266	余應奎	1161	沈士榮	1739		2503		
吳雯	2363	何三畏	1620	余闕	2013	沈士駿	2812		2640		
	2364	何士泰	1246	余藻	1001	沈大成	2523		2642		
	2365	何之銑	2872	余懷	0625	沈之奇	0918		2835		
	2366	何出光	2192	余繼登	0511	沈心友	2886	沈懋學	2180		
吳鼎	0063	何休	0003	谷虛生	1798	沈世昌	2863	沈應魁	0612		
	0073		0004	狄之武	2693	沈廷潞	0829	沈豐岐	2887		
	0285		0162	辛子成	1492	沈自南	1434	沈鯉	1477		
吳鼎雯	0703	何兆聖	1681	辛全	1092	沈赤然	2549		2166		
吳喬	2941	何如潚	0249	汪士漢	3068	沈辰垣	2958	沈寵綏	3021		

姓名	編號	姓名	編號	姓名	編號	姓名	編號	姓名	編號	姓名	編號
沈纕	2906		2644	范爾梅	0279	林德謀	0914	周廷寀	0291
宋之問	2626	邵真人	0357	范曄	0381	林獬錦	2872	周延儒	0215
宋无	2009	邵晉涵	0296		0382	來知德	1427	周兆蘭	0856
宋玉	1815	邵博	1442		0403	來集之	1480	周汝登	0596
宋至	1929	邵遠平	0381	范聞賢	3003	來爾繩	0055		1743
	2393		0420	范端昂	0753		0056		2791
宋廷桓	2567		1078	范鶴年	3013	東方朔	2622	周伯琦	0313
宋祁	0381	邵雍	1276	茅一相	1370	卓明卿	1619		0314
	0382		1917	茅坤	0400	昌弘綱	2796		0315
宋長白	2943		3077		0589	門無子	1136	周昌年	1019
宋沾	2918	邵經邦	0381		0704	門慶安	0746	周昂	0505
宋宗元	2813		1078		0712	易宗涒	0603	周宗建	0560
宋咸	0294	邵齊燾	2507		1382	易履泰	2641	周宗璜	0668
	1038	邵履嘉	2435		1383	季本	0094	周春	3092
	1048	邵寶	1864		1898	岳元聲	0468	周南	1243
宋祖駿	2143		2062		1937	岳甫嘉	1186	周思得	1806
宋祖驊	2143		3083		1938	岳珂	0273	周亮工	1280
宋振譽	0977				1940	岳端	2442		1481
宋訥	2030	**八　畫**			2133		2996		2259
宋琬	2279	武先慎	0140		2628		2997		2260
宋景濂	2250	武陵逸史	2955	茅維	2857	金一驥	1335		3070
宋弼	2508	武憶	0287	林大桂	1404	金人瑞	1520	周亮輔	1127
宋楊皇后	2624	青陽野人	1553	林之蒨	2431		2797	周時雍	1674
宋慈	1138	拙玄生	1798	林子卿	0483		3085	周家棟	0356
宋廣業	0809	英和	0643	林兆珂	0104	金友理	0825	周朗	1182
宋犖	0434		0963	林兆恩	1402	金曰追	0123	周琢新	0668
	0840	英廉	2478	林希逸	1783	金日升	0520	周斯盛	2316
	2328	英麟	0960	林尚葵	0318	金至元	2444	周朝俊	2983
	2644	范士楫	2683		0319	金門詔	2425	周敦頤	1918
	2898	范立本	1414	林挺秀	0183	金忠	1090	周弼	2780
	2918	范成大	1977	林挺俊	0183	金甡	2506	周與爵	1918
	3089		2624	林洪	1367	金梁	1356	周詩雅	1428
宋徵輿	2827	范光陽	2378	林逋	1908	金惟駿	2481	周煌	2500
	2830	范仲淹	1922		1909	金楸志	1363	周準	2835
宋魯珍	1246	范希哲	2998	林清標	0846	金誠	0069	周嘉冑	1374
宋濂	0353		2999	林堯叟	0015	金雍	2797	周廣業	2586
	0354	范雨樓	1350		0149	金榮	2304	周蕙田	0190
	0355	范泓	1610		0166		2305		0290
	0382	范建昊	3009		0167	金德瑛	2916	周樂清	2970
	0419	范承勳	0811	林雲銘	1793	金履祥	0434	周魯	1686
	2020	范承謨	2292		1826	金學詩	0667	周勳常	2586
	2021	范純仁	1922		1828	金燫	0447	周勳懋	2586
宋繼	2918		1923		2748	周大樞	0065	周穉廉	2995
宋權	2918	范淶	1610	林尊賓	2796		2693	周鍾	2859
阿桂	0481	范景文	1115	林楨	1593	周之鱗	2634	周應賓	0791
	0490	范鄗鼎	1098		1594	周曰漣	2888	周燦	2308
	0896		2908	林鉞	0718	周正思	0160	周權	2004
邵志琳	1809	范翔	0241		0719	周世選	2161	周鑄	1966
邵伯溫	1442	范甯	0003	林愈蕃	2516	周用	2082	周鑑	1111
邵長蘅	0371		0004	林駉	1576	周在都	3070	法式善	2585
	1929		0162		1577	周在浚	0641	法坤宏	2555
	2321	范與良	2684		1578	周廷祚	0560	法若真	2277

法顯	1718	胡元長	2529	胡應麟	2937	計有功	2928		2176
河上公	1038	胡文煥	1260	胡魁元	0061		2929	姚靖	2627
宗人府	0698	胡文學	2915	胡繼宗	1579	計東	2313	姚際隆	1245
宗臣	2153	胡以梅	2803		1580	施元之	1929	姚廣孝	1742
宗澤	1955	胡正言	0336	胡纘宗	2785	施仁	1601	姚履旋	0321
	1956		1332	茹鉉	0741	施邦曜	2080		0322
官裳	0178	胡世安	1373	南明信	0070	施何牧	0460	姚夔	1811
空谷老人	1525	胡仔	2930	南岳道人	1547	施耐庵	1520	紀昀	1510
郎天錦	0669	胡任輿	2856	南逢吉	0749		1521	紀邁宜	2528
郎兆玉	0117	胡安國	0015	南懷仁	1202	施重光	2692		
郎金崖	0669		0016	柯維騏	0418	施奕簪	0847	**十 畫**	
郎奎金	0294		0165	查志隆	0787	施峻	2128	秦文淵	0259
郎師夔	0669		0166	查克弘	2805	施紹莘	3019	秦汴	1603
房玄齡	0381		0167	查景璠	2511	施閏章	0798	秦松齡	0105
	0382		0168	查爲仁	2444	施澤深	1651		2297
	0411	胡孝思	2873	查嗣瑮	2388	姜兆錫	0135	秦淮寓客	1497
	0412	胡宏	0437	查慎行	1930		0147	秦蕙田	0136
	413	胡松	0733		2403	姜宸英	2387	秦錦	0670
	1129	胡宗憲	0765		2404	姜宸熙	2899	班固	0381
	1130	胡香昊	2904		2947	姜紹書	1314		0382
	1131	胡泰文	1260	查遜	2008	洪咨夔	2951		0396
房祺	2624	胡夏客	2362	查禮	1004	洪適	0971		0397
屈大均	0750	胡浚	2454		2582	洪璞	2951		0398
	2324	胡國楷	2421	查繼佐	1669	洪邁	1393		1385
	2325	胡寅	1011	柳宗元	1038		2779	敖福合	0488
屈成霖	1490		1012		1048	洪應明	1408	馬上巘	2942
屈原	1815	胡渭	1296		1892		1504	馬日琯	0642
屈復	1828	胡渭	0089		1893		1505		2563
	2453	胡煦	0050		1894	洛源子	1515	馬日璐	2563
屈曾發	0374		0051		1895	宮國苞	2876	馬中錫	2058
孟介臣	1351		2413		1896		2877	馬世奇	2241
孟永棻	2891	胡嗣廉	1149		1897	宮夢仁	1691		2860
孟思	2114	胡鳴玉	1438		1898	宮鴻曆	2898	馬世榮	2428
孟浩然	1850	胡銓	1964	柳華陽	1810	祝淵	1572	馬令	0416
	1851	胡廣	0009	柳煌	2450	祝穆	1571	馬長淑	2911
	2626		0010	段玉裁	2546		1572	馬其昶	1829
			0011	段松苓	0853	韋調鼎	0098	馬晉允	2744
九 畫			0026	皇甫中	1179	韋謙恒	2535	馬師問	1142
郝天挺	2781		0078	皇甫汸	2121	韋應物	1859	馬端臨	0872
郝浴	2282		0093	侯一麐	2118		2623		0873
郝敬	0034		0125	侯方域	2268	姚之駰	1695		0874
	0126		0172	侯鶴齡	1067	姚廷謙	1946	馬駉	0121
	0127		0201	俞文彬	1676	姚合	1903	馬璞	2453
	0174		0202	俞允文	2172	姚希孟	2223	馬總	1460
	0262		0269	俞向葵	0803		2224	貢渭濱	0067
郝經	1998		1064	俞安期	1634	姚思廉	0381	袁士龍	1204
黃秋散人	1534		1065		1635		0382	袁日省	1003
荀悅	1049		1066		1636	姚培謙	0161	袁中道	2639
胡三省	0426	胡震亨	0018	俞焕	1182		1697	袁甲三	0571
	0427		0874	俞琰	2691		2755	袁宏道	2074
胡士佺	0242		2793	俞嶙	2078	姚舜牧	0013		2170
胡之驥	1837		2794	計六奇	0754		0033		2200

2469

			2201	夏完淳	2830	徐光文	0851		2759	高出	2207
			2639	夏宏	0329	徐光啓	0097	徐熥	1433	高似孫	1423
			2841	夏青山	1261		1140		1913	高兆麟	0443
			2974	夏尚朴	2099	徐自明	0862	徐與喬	0277	高汝栻	0471
			2983	夏秉衡	2959	徐充	2795		0278	高岑	2587
袁枚	1368	夏基	2433	徐表然	0806		3074	高其名	0257
袁忠徹	1251	夏塤	2051	徐枋	2270	徐鉉	1502	高其倬	1268
袁祥	1192	夏綸	3001	徐卓	0293	徐禎卿	2091		2391
袁黃	0451	夏震軒	0073	徐昌治	1744	徐榛	2825	高述明	2361
	0469	夏駰	0486	徐昂發	2898	徐廣	0592	高岱	0485
	1625	夏樹芳	1626	徐岳	1506	徐肇台	0524	高承	1567
	2863		1627	徐炬	1628	徐增	0845		1568
袁景輅	2902	夏寶晉	2596	徐春甫	1173		2807	高拱	0554
袁凱	2035		2597	徐咸	0608	徐樹穀	1904	高珩	2261
袁尊尼	2163		2598		0609	徐奮鵬	1022		2262
袁樞	0482	原良	1418	徐昭慶	0111	徐積	1919	高晉	0895
袁稹	2894	柴升	2634	徐胤翀	2227	徐學謨	0518	高啓	2031
袁裒	3038	柴杰	2568	徐胤胡	2227		1777		2032
袁顥	1192	柴紹炳	1697	徐胤魁	2227	殷璠	2777		2033
袁儼	1625	畢弘述	0330	徐度	1392	翁方綱	0643		2034
	2863		0331	徐彦	0003		0982	高棅	2623
都穆	0977	畢自嚴	0559		0004		1306		2782
都興阿	0575	畢沅	0836	徐炯	1904		2365	高景光	2899
耿介	2294		0983	徐晉卿	0152		2518	高斌	2484
耿蒉	2914		1379	徐時作	1439		2519	高道淳	1470
耿隨朝	1605	畢岱烇	0674	徐倬	2342	翁心存	0671	高瑋	2262
華淑	3056	畢振姬	2284		2800	翁同龢	0671	高塘	2858
華琪芳	0221	晏天章	1362	徐偉	2879	翁春	1716	高鳴鳳	3039
華鵬	0825	晏宏	0436	徐師曾	0029	翁照	2583	高鳳翰	2483
莽鵠立	0913	晏斯盛	3090		2709	翁廣平	0859	高誘	1383
真德秀	1070	恩齡	0655	徐釚	2445	凌迪知	0719		1384
	1640	剛林	0917	徐陵	1838		1609	高適	1861
	1983	秘書省	0958		2665		1632		2626
	2699	倭仁	0934	徐乾學	2749		2848	高熊徵	1096
	2700	倪元璐	2231	徐堅	1562		3041	高濂	1449
	2701		2232	徐常吉	1622	凌南榮	2787		1450
莊大中	2499	倪思	0401	徐崧	0838	凌紹乾	2805	高應科	0826
莊令興	2904	倪晉卿	0036	徐階	1974	凌雲翼	2708	高觀國	2951
莊有恭	0824	倪瑄	1445		1975	凌瑞森	2787	郭子章	0584
莊述祖	0284	倪璐	0375		1976	凌稚隆	0157		0790
莊奇顯	0215	徐一夔	0889		2112		0386		1614
莊廣還	1740	徐士俊	1019	徐紹吉	0519		0399		2174
桂雪芸	2816	徐士燕	2602	徐紹錦	1244		0707	郭元釪	2818
桂敬順	0782	徐元太	1612	徐貫	2637		1381		2898
桓寬	1047	徐曰璉	2812	徐鼎	0109		1667	郭元鎬	1105
連斗山	0119	徐中行	2154	徐開任	0618	凌義渠	1471	郭正域	0118
夏文彦	1308	徐文靖	0744	徐景休	1801	凌樹屏	2501		0891
	1309	徐心魯	2715	徐無黨	0381	凌濛初	2655		1865
	1310	徐用錫	2409		0392	衷仲孺	0807		1891
夏允彝	0226	徐永宣	2898	徐渭	1432	高士奇	0152		2655
夏言	0553		2904		2170		2370		2656
	2103	徐邦佐	0225		2639	高大爵	1706	郭朴	2131

郭見龍	1344		0439		1381		0440		0470
郭良翰	0594		1110		1395		0454		0472
	0597		1599		1979		0879		0473
	1411		2119		3078		1043	陳垣	0990
郭忠恕	0311		2707	陸鳳池	2465		1071	陳省	2710
郭奎	2013	唐惲宸	2904	陸德明	0003		1072	陳昱	1452
郭起元	2512	唐夢賚	2290		0004		1081	陳禹謨	0210
郭偉	0212		2291		0074		1082	陳衎	0529
郭偉勣	1344	唐慎微	1153		0112		1655	陳亮	2636
郭象	1038	唐鶴徵	0031		0113		1656	陳洪綬	2253
	1780		0615		0149		1783	陳祖范	2515
	1781	浦南金	1600		0273		2639	陳祖綬	0226
	1782	浦起龍	1010		1038		2736	陳英	2833
	1783		1875		1781		2737	陳晉	0231
	1784		2754		1782		2758	陳造	1980
郭啓翼	1337	浦龍淵	0043	陸慶臻	0486		2844	陳師道	1950
	1344		0044	陸機	2622		2923	陳逢衡	0424
郭裕之	1007	海瑞	2638		2625		2953		0493
郭嵩燾	0673	海寧	0867	陸聲鐘	1298	陳氏	3073	陳訏	2632
郭維藩	2098	涂天相	1102	陸繁弨	2398	陳氏尺蠖齋	2973	陳高	2015
郭璞	0003	陸九淵	1974	陸應陽	0734	陳文	0480	陳樫	0434
	0004		1975		0735	陳文中	1188	陳第	0081
	0294		1976	陸贄	1879	陳允錫	1036	陳翊九	2765
	0295	陸公鏐	0235		1880	陳玉輝	2213	陳淮	2956
	0812		0236		1881	陳世倌	0606	陳淳	1060
	1269	陸西星	1557	陸燿	0823	陳弘緒	0839	陳深	0012
	1498		1558	陸隴其	0234	陳幼慈	2610		0116
郭諶	1299		1786		0235	陳邦彥	2690		0713
	1300	陸廷燦	1369		0236	陳邦瞻	2637	陳組綬	0738
席世臣	2822		2028		0499	陳芝光	2885	陳琛	2105
席啓寓	2630	陸次雲	3088		3035	陳光緯	2362	陳堦	0724
席蕙文	2906	陸羽	1369	陸鑨	1000	陳廷敬	2312	陳彭年	0310
庫勒納	0182		1370	陳一彭	1643	陳廷會	2832		0349
唐文獻	2839	陸圻	2832	陳九德	0546	陳自明	1185	陳萬言	2222
唐式南	1707	陸孝錫	1042	陳士元	1276	陳全之	1400	陳敬宗	2040
唐光夔	0243	陸佃	0294	陳子壯	1653	陳字購	2253	陳雯	1249
唐廷樞	0380		0298	陳子昂	1843	陳孚	0062	陳鼎	0622
唐汝詢	2792		1380		2626		0272	陳復心老人	1269
唐汝諤	0223	陸承憲	2187	陳子龍	2739	陳長鎮	2453	陳舜英	2327
唐伯元	2049	陸杲	2694		2827	陳其柱	2040	陳善	0965
唐英	2486	陸時雍	1824		2830	陳其悰	2843	陳普	1994
	3000	陸烜	3072	陳元素	1125	陳其凝	0248	陳道	2513
唐炯	2604		3096		1127	陳枚	2768	陳曾	0106
	2605	陸翀之	2854	陳元龍	1692	陳叔子	1429	陳裕	1119
唐祖命	2443	陸深	2089		2358	陳所聞	3017	陳絳	1452
唐時升	2903	陸紹曾	1295		2696		3018	陳夢雷	1694
唐孫華	2382	陸瑛	2906	陳仁錫	0219	陳念先	2040	陳詵	0054
唐寅	2074	陸堦	0232		0220	陳法	0052	陳新德	0839
唐琳	3059	陸雲	2622		0365	陳建	0466	陳義錫	0219
唐順之	0153		2625		0395		0467	陳摶	1251
	0430	陸雲龍	2639		0398		0468	陳嘉謨	1157
	0431	陸游	0417		0438		0469	陳壽	0381

		0382		3050	陶安	2027	黃宗羲	2571	菊畦主人	1529
		0406		3051	陶叔獻	2775	黃承昊	1149	梅建	0373
		0407		3052	陶治	2167	黃省曾	1049	梅堯臣	1916
陳榮選	1931			3053	陶宗儀	1289	黃庭堅	1948	梅鼎祚	1635
陳漢卿	1269	陳懿典	1774			1396		1949		2621
陳實	1767		1791			2964	黃祖絡	0645		2667
	1768		2199			3034	黃晟	0976		2713
陳維崧	2344	陳顯微	1795	陶珽		3034	黃訓	0545		2982
	2345	孫一奎	1176	陶望齡	2196		黃庶	1948	梅慶生	2924
	2346	孫大山	0782	陶滋	0979		黃淮	0539		2925
	2347	孫玉甲	1037	陶煊	2874			0540	梅膺祚	0328
	2869	孫丕顯	1451	陶穀	1476	黃淳耀	2244			0367
陳儀	2416		1638	陶潛	1831		2245	曹一士	2465
陳毅	0775	孫光祀	2300		1832	黃習遠	2779	曹于汴	2202
陳澗	0242	孫廷銓	3084			2622	黃越	1239	曹文埴	1899
陳澔	0015	孫旬	0549			2623	黃鼎	1238	曹希煌	0092
	0016	孫枝秀	1297	娥川主人		1539	黃道周	0197	曹昭	1447
	0124	孫枝蔚	2353			1540		0276	曹亮武	2345
陳履端	1189	孫岳頒	1327	桑欽		0812		0366	曹庭棟	2635
陳薦夫	2203	孫阜昌	1351	桑調元		2071		1126	曹植	2622
陳龍正	1053	孫宗彝	2287			2468		1127	曹聖臣	1372
	2242	孫洙	1510			2469		1657	曹煜	2360
陳懋仁	1661	孫洤	2357			2470		1658	曹溶	2258
陳鍊	1336	孫從添	0188	納蘭常安		2395		1659	曹銘	1675
	2904	孫琮	2752			2396		1660	曹端	0261
陳鍾麟	3012	孫雲翼	1981			2397		2233	曹學佺	0771
陳翼飛	2727	孫強	0310		**十一畫**			2234		2639
陳璿	0792	孫夢逵	0060					2235		2674
陳璸	2385	孫嘉淦	0565	琅玕		0821		2728		2925
陳鎬	0832	孫綸	0922	堵景瀲	0129	黃槐開	1832	戚元佐	0463
陳櫟	2005	孫奭	0003	黃士良	0621	黃鉞	2554	盛百二	0091
陳鵬年	2389		0004	黃士京	2745	黃溥	2935		1422
陳鵬霄	0225	孫鋐	2871	黃之雋	2418	黃鳳池	1319	盛宜梧	1336
陳繹曾	1288	孫濩孫	2810	黃元立	0329	黃廣	0131	盛符升	2701
陳獻章	2047	孫覿	1961	黃仁溥	0878	黃養蒙	0863	婁元禮	1141
	2048	孫鑄	0565	黃六鴻	2808	黃漢榮	0675	婁近垣	0797
	2049	孫鑛	0155	黃文炤	0600	黃震	1061	婁堅	2903
			0162	黃文煥	0107	黃澍	3061	婁機	0312
陳耀文	1608			1795	黃生	1870	黃履翁	1576	啖啖道人	1543
陳繼儒	0598		2652	黃百家	2367		1577		1544
	1455		2704	黃光昇	0464		1578	鄂海	0502
	1478	陰中夫	1585	黃任	0804	黃憲	1387		0868
	1662		1586	黃汝亨	0215	黃邁戡	2796	鄂爾泰	0695
	1663		1587		0541	黃鎮成	0077		0884
	2229		1588		2208	黃贊湯	0576		0927
	2230	陰時夫	1585		2639		0577		2866
	2639		1586	黃佐	0144		0645	國史館	0628
	2718		1587		2706		0932	崔桐	2102
	2731		1588	黃叔琳	1009	黃鵠	1348	崔應階	2479
	2732	陶及申	0484	黃叔璥	2809	黃獻臣	1106		3004
	2733	陶元藻	2584	黃昇	2955	黃繼善	1013	過臨汾	0188
	3048	陶弘景	2622	黃金璽	1573	黃鶴	1862	符曾	2885
	3049								

脫脫	0382		2489	張三錫	1147	張英	0720	張照	3002
許之吉	1666		2490	張大受	2411		1689	張湑	1871
許自昌	2626		2491		2898	張松孫	2926	張溥	0038
許英	2882		2492	張大純	0838	張明憲	0208		0084
許昂霄	2947		2493	張大復	0721	張岳	2104		0099
許相卿	0402		2494		1406	張佩芳	1881		0146
許胥臣	0207		2495	張之象	1822	張采	2774		540
許容	0980		2756		2786	張庚	0435		1043
許國	2165		2880	張天復	0731		1316		1056
許國球	2769		3071		0732	張治	2108		1936
許順義	1080	清聖祖玄燁	0488	張元	2477	張居正	0205		2239
許慎	0301		0854	張元忭	0732		0443	張珽光	2323
許樞	0964		1483	張五典	2560		2145	張嘉和	0474
許穀	2127		2374	張曰珣	2883	張貞	2334	張嘉楨	0244
許衡	2003		2375	張介賓	1152	張星徽	0500	張榜	0162
許獬	2211		2686	張介賓	1180		0599		1131
許燦	2565	淳于叔通	1801	張文柱	1440	張思閔	2434	張爾岐	2322
許鴻磐	2969	梁延年	1485	張文瑞	2557	張彥琦	1696	張鳴鳳	1262
許纘曾	1803	梁知	0217	張方湛	0288	張彥遠	1307	張毓睿	0408
麻三衡	2668	梁國治	2494	張丑	1282	張栻	0244	張銑	2646
庾信	2622	梁表	1329	張允格	0640	張夏	0619		2647
康海	2086	梁清標	2269	張玉書	0338	張晉咸	2770		2648
康麟	2783	梁寅	0889		1690	張時治	1493	張鳳翼	2649
	2784		2018		2315	張倬	1148		2650
鹿善繼	2221	梁詩正	0828		2689	張能鱗	2280		2651
鹿傳鈞	2620		0984	張四知	1018	張國璽	2722		2972
章大吉	0409		2467	張令儀	2439	張從正	1168	張寧	2052
章如愚	1574	梁誠	0582	張邦伸	2914	張習孔	0042	張寶居	2329
章宗閔	1340	梁肅	1882	張吉	2060		1416	張蕭	2639
章袞	2113	梁鼐鴻	2479	張廷玉	0133	張琴	0678	張璁	0522
章爲之	0409	梁熙	2301		0422	張揖	0294	張德純	0048
章銓	2014	梁維樞	1456		0866	張彭春	0650	張潮	2373
章潢	1615	梁錫珩	2446		2884	張萱	1431		3069
章黼	0358	梁錫璵	0059	張仲璜	3022	張棟	2183	張慰祖	0164
	0359	梁濬	2524	張自烈	0230	張覃	0776	張履祥	0233
商輅	0434	惟善堂	0957		0337	張雲錦	0837	張燕昌	1295
	2046	寇宗奭	1153	張行言	0899	張鼎思	1465	張錫爵	2558
商盤	2466	屠本畯	0096	張次仲	0040	張開東	2548	張錦	3009
商濬	3045	屠叔方	0516	張汝誠	0141	張景燾	0679	張燧	1021
清世宗胤禛	0534	屠倬	2592	張汝霖	0756	張敦頤	1896	張縉彥	0787
	0535	屠隆	1407	張守節	0384		1897	張璨	2874
	0536		2175		0382	張遂辰	3066	張璐	1148
	0537		2184	張羽	2637	張湛	1038	張聯元	0794
	1731		2185	張芬	2906	張滋蘭	2906	張謙	0439
	1753		2639	張我觀	0921	張登	1148	張燮	0858
	1754		2723	張希良	0819	張登雲	1039	張應俞	1516
	1764		2761		2309	張繼	2955	張應圖	0730
清宣宗旻寧	2599	屠粹忠	1687	張希堯	1262	張瑞圖	2714	張鵬翀	2464
清高宗弘曆	0487	張丁	1996	張沐	1094	張載華	2947	張鵬翮	0635
	0489	張九一	2173		1095	張塏	2547	張瀚	0547
	2479	張九齡	1844	張君房	1804	張遠	1873	張灝	1331
	2488	張三異	3022	張長均	0565	張夢階	2772	張灝	2899

2473

十二畫

		葉溶	2574	惠棟	0292	程明善	3031		1085
		葉澐	0458		0708	程典	0652		1468
項章	2878	葉夒	2340	紫虛崔真人	1144	程岯	1982		1787
項淳	0289	萬人望	0253	関于忱	1108	程垓	2951		2725
項聖謨	3079	萬民英	1255		3057	程庭	2456		2839
	3080	萬光泰	2525	関元京	1471	程洪	2961		2855
項夢昶	2575	萬衣	2135	関文振	1994	程洵	2888		2856
項煜	0222	萬安	0726	関光德	0149	程哲	1420		2862
項鷟	2575		0727	関昭明	2738	程師恭	2346	焦欽寵	0847
揚雄	0192		0728	関師孔	2851		2347	舒弘諤	0716
	1048		0729	関無頗	2738	程敏政	2056	舒芬	2100
	1231	萬振孫	0521	関夢得	0149		2892		2101
	2622	萬斯同	0292	関齊俋	0163	程琰	2888	舒榮都	1469
		萬經	0049		0330	程達	1466	鄒元標	2186
彭士望	0600		1293		0331	程雲	2283	鄒必顯	1559
彭大翼	1630				0494	程晴川	0743	鄒式金	2967
彭以明	0714	萬樹	2962		0497	程敦	0993	鄒守益	2702
	0715		2993						
彭好古	1624	葛一龍	2228	関齊華	2652	程曾	2056	鄒迪光	2721
	1800	葛世振	2740	関邁德	2734	程遠	0999	鄒思明	2653
	1801	葛世揚	0057	関聲	1107	程嘉遂	2907	鄒維璉	2216
彭時	0480	葛立方	2931	関麟嗣	0780	程嘉燧	2903	馮可賓	3065
彭烊	0589	葛長庚	1984	喇沙里	0742	程端蒙	1060	馮如京	0179
彭孫遹	2307		1985	喇嘛阿王老藏	0783	程榮	3046		2457
彭鵬	2319		2622	景日昣	0789	程德洽	0306	馮厚	2703
揆敘	0742	葛其英	2429		0850	程頤	0021	馮思慧	2556
	2375	葛洪	1149	景廉	0755		1051	馮浩	1905
葉士龍	1057		1802	景霖	0934		1052	馮從吾	2198
葉子奇	1397	葛乾孫	1149	喻昌	1181	程應庚	1167	馮惟訥	2675
葉方恒	0822	葛寅亮	0213	喻政	1370	程顥	1051	馮紹祖	1820
葉廷秀	2939	葛勝仲	2951	喻龍德	1114		1052	馮琦	1616
葉廷珪	1569	葛鼏	2741	無極呂子	0045	喬于洞	2529		2181
葉向高	0009	葛鼐	2741	嵇永仁	2332	喬中和	1241		2182
	0095	葛震	1035	嵇康	2622	喬拱璧	0816	馮椅	0025
	0450	董大倫	2904	程大年	1334	喬億	2569	馮雲驌	2457
	0498	董天工	0808	程之鎬	2482	喬學衍	2529	馮雲驤	0179
	2189	董文驥	2289	程元愈	0829	傅王露	0827	馮鼎調	0344
	2190	董光宏	2212	程化駱	2853	傅文兆	0035	馮景	1929
葉名澧	2600	董仲舒	0191	程允升	1709	傅以禮	0967	馮集梧	0723
	2601		0192	程允兆	3054	傅世垚	0339	馮復京	0102
葉均禧	0624		2622	程世錫	0851		0340	馮登府	2593
葉志詵	0985	董其昌	1281	程世繩	2542	傅恒	2495	馮夢龍	0176
葉抱崧	2888		2197	程永培	1149	傅振商	1867		0177
葉采	1054		2639	程廷祚	0187	傅起儒	1296		1522
	1055	董斯張	1642	程伊園	0376	傅致雲	0680		1532
葉承宗	2285		1643	程佐	2613	傅遜	0154	馮溥	2281
葉封	0847	董榕	3006		2614	傅澤洪	0817	馮嘉言	2247
葉映榴	2317	董誥	0746		2615	焦如蘅	0847	馮應京	0722
葉泰	1268		0897		2616	焦秉貞	1325	馮繼先	0273
葉棻	2817	董說	2273		2617	焦映漢	2638	童宗說	1896
葉紹泰	3061	董衡	0382	程作舟	3091	焦竑	0006		1897
葉夢得	1391	董難	0360	程良孺	1679		0387	童濂	1138
葉煒	2594	敬徵	0646	程若庸	1060		1040	遊戲主人	1514

道宣	1725	費經虞	2940				2007	趙師使	2951
	1771	賀詳	1015			0385	1575	趙宧光	0305
曾丰	1973	賀澍恩	0782			0392	1172		2779
曾廷枚	1454	**十三畫**				1399	0369	趙執信	2355
曾自明	1973					1425	0441		2356
曾受一	0588	靳榮藩	2255			1426	0567	趙執珪	2543
曾益	1902		2256			2094	0639	趙崇祚	2952
曾唯	0796	靳學顏	2130			2095	2278		2955
曾朝節	0032	幕講禪師	1269			2096	1081	趙崡	0978
曾棨	2039	蓬蒿子	1528			2097	1082	趙鈫	1430
曾鞏	0506	蒲俊卿	2981			2623	1833	趙普	1247
	0507	楊一清	0139			2704	1727	趙載	1269
	1915		0890			2924	1596	趙與峕	1394
曾璵	2092	楊士奇	0539			2925	2036	趙睿	2711
曾覿	2951		0540			2955	2037	趙寧	0802
湛若水	1076		2041	楊爾曾	0770	3022	1531	趙熊詔	2339
	2048	楊士助	0003		1312	煙水散人	1548	趙維寰	0710
湖上扶搖子	0830		0004	楊齊賢	1855	煙霞逸士	1538	趙撝謙	0316
湯大坊	2463	楊士凝	2424		1856	慎蒙	0769	趙蕤	0017
湯右曾	2379	楊士瀛	1169		1857	慎懋官	1375	趙標	3044
	2380	楊天民	0558	楊賓	1292	褚峻	0972	趙潥	2897
湯紹祖	2663	楊以任	1033	楊肇祉	2631		0988	趙曉榮	2899
湯斯質	3032	楊世達	2474	楊維坤	2440	褚澄	1149	趙錫綬	1345
湯貽汾	0681	楊甲	0274	楊慶	0587	福康安	1122	趙翼	0492
湯斌	2295	楊令旭	1347	楊潮觀	0882	福慶	2607	趙燿	2719
	2296	楊令暐	1347	楊融博	2734	**十四畫**		蔡升元	1690
湯道衡	0128	楊圭	1713	楊錫祐	1013			蔡方炳	0562
湯傳楔	0237	楊有仁	2094	楊錫觀	0345	趙一清	0813		0735
湯準	2476	楊宏壁	0185	楊爵	2120	趙之壁	0831		0881
湯漢	1831	楊表正	1360	楊謙	2349	趙世杰	2664	蔡正孫	2934
	2622	楊卓	0073	楊燮	1347	趙申喬	2339	蔡世遠	2410
	2623	楊炎	2951	楊簡	0024	趙用光	2205	蔡羽	2111
湯賓尹	0211	楊宗發	2904	楊巍	2149	趙用賢	0877	蔡沈	0015
	1880	楊思本	0621	楊繼盛	0556		1133		0076
	2069	楊炯	2626		2151	趙吉士	0623		1256
	2204	楊起元	0208	楊鑑	2168		0869		1257
湯顯祖	2193	楊時	1957	裘行恕	1121		1457	蔡沉	0016
	2639	楊時喬	0030	裘君弘	2946	趙廷瑞	2893	蔡忠立	2899
	2670	楊佺	1038	裘璉	0792	趙汝愚	0544	蔡邕	2622
	2974		1046		2415	趙如源	1231	蔡清	0027
	2975	楊逢春	2815	賈公彥	0003	趙岐	0003		0028
	2979	楊陸榮	0491		0004		0004		0203
溫大雅	0462	楊捷	0527		0112	趙昕	0231		0204
溫純	2164	楊掄	2898		0120	趙佶	2624	蔡新	2496
游日陞	1652	楊基	2637	賈邦秀	1183	趙孟頫	2001	蔡毓榮	0483
惲格	2904	楊梧	0132	賈誼	1815	趙南星	2178	蔡襄	1913
富大用	1571	楊衒之	0842	雷禮	0611	趙貞吉	2126	蔣一葵	1472
	1572	楊紹榮	0682	虞九章	1841	趙昱	2885	蔣之翹	1889
甯本立	1805	楊萬里	1978		1842	趙信	2885		1894
犀照堂主人	2865	楊森	1347	虞邦擧	2766	趙彥復	2912	蔣以化	1404
費密	2940	楊廉	0608	虞淳熙	2639	趙宧光	1340	蔣以忠	1404
費源	1364	楊慎	0110	虞集	2006	趙師秀	2624	蔣永	0600

蔣民奉	0684	廖文炳	2781	翟灝	0287		2722	劉晝	1388
蔣台梅	0246	廖用賢	1680		1700	劉士鏻	2738	劉斯組	1232
蔣光弼	0292	廖偉和	0683	熊一瀟	2376		2845	劉葉	1650
蔣因培	0985	廖景文	2899	熊禾	0007	劉子莊	2641	劉楚先	2861
蔣先庚	0883	廖道南	0610	熊廷弼	2209	劉元震	2861	劉節	2662
	1607	齊之千	2436	熊伯龍	2641	劉孔敦	1157	劉義慶	1440
蔣廷錫	0740	齊召南	0793	熊宗立	1187	劉孔當	0327	劉源淥	1093
	1694	齊東野人	1518		1256	劉世儒	1311	劉蟄	0444
	2898		1519	熊浹	0890	劉可書	2292	劉熙	0294
蔣易	2271	齊德之	1144	熊賜履	1058	劉召材	1257	劉鳳	2134
蔣和	0307	齊學裘	1355	鄧元錫	0130	劉式訓	0579		2136
	1294	養純子	1546		0393	劉仲達	1641	劉鳳誥	0896
	1326	鄭大郁	0332		2162	劉向	0589	劉維詔	1633
蔣信	1079		0366	鄧志謨	1496	劉名芳	0778	劉綸	2497
蔣國祚	0461		1117		1644		0779	劉履	2654
蔣國祥	0461	鄭大忠	1193		1645	劉安	1382	劉麒	2924
蔣景祁	0184	鄭之惠	1941		1646		1383		2925
	2345	鄭之僑	0275		1647		1384		2926
	2368	鄭元慶	0852		1648	劉孝標	1440	劉畿	1124
	2960	鄭元勳	2847		1649	劉克莊	1987	劉謐	1737
蔣溥	0282	鄭止源	1248	鄧景南	0736	劉辰翁	0401	劉應李	1590
	0774	鄭文昂	2681	鄧源昌	0685		1783		1591
	0984	鄭方坤	2472				1846		1592
	2489		2948	**十五畫**			1851	劉鴻訓	1582
	2490	鄭玉	0171	穀于峯釋和	2671		1862		2220
	2491	鄭世元	2480	樓英	1174		1901	劉績	1130
蔣鳴玉	0083	鄭玄	0003	樓昉	2698		1995		1131
蔣衡	1294		0004	樊庶	1945		2623	劉雙松	1671
蔣薰	1832		0018	歐陽玄	2010	劉伯祥	1164	劉敹	2678
蔣應鎬	1498		0096	歐陽修	0381	劉含芳	0578	劉繼莊	0159
蔣鏄	0803		0112		0382	劉良	2646	劉體恕	1808
蔣瀾	2950		0113		0392		2647		1809
蔣驥	1294		0120		1920		2648	諸匡鼎	0562
	1827		0273		1921	劉青芝	0620	諸錦	2460
厲鶚	2885	鄭圭	1941	歐陽詢	1560		2288	諸燮	0442
	2949	鄭兆蚃	1703		1561	劉青蓮	2288	潘士達	2726
臧岳	2814	鄭若庸	1613	歐陽銘	2010	劉昌	2913	潘大復	0815
臧懋循	2964	鄭茂	0510	歐陽鏞	2010	劉昉	1189	潘耒	0372
	2979	鄭師成	0257	墨磨主人	1459	劉侗	0747		2350
裴松之	0381	鄭梁	2383	樂純	1412	劉定之	2043	潘江	2864
	0382	鄭開極	0276	樂韶鳳	0353	劉昭	0381	潘辰	2055
	0406	鄭善夫	2087		0354	劉胤昌	1637	潘松竹	2566
	0407	鄭瑄	1473		0355	劉宣化	1024	潘叔應	0082
裴駰	0381		1474	德沛	0058	劉恕	0428	潘季馴	0815
	0382		1478		0930	劉理順	2243		0818
	0383	鄭廉	0526	滕琪	1059	劉執玉	2643	潘岳	2622
	0384	鄭源璹	0867	魯之裕	0913	劉基	1259	潘相	2534
聞人佺	2669	鄭賢	1026	魯伯嗣	1190		1269	潘眉	1872
聞性道	0844	鄭樵	0390	魯重民	1681		2022	潘恩	0361
槃什馬氏	0373	鄭曉	0508	魯曾煜	2419		2023	潘書馨	2455
鳳凌	0860	鄭燭	0637	魯點	0785		2024	潘基慶	1790
廖文英	0337	鄭濤	0638	劉一相	2673		2025		2735

潘雲杰	1000		2012	錢薇	2124	韓愈	1883		2677
潘緯	1896	樵雲山人	1542	錢謙益	0961		1884		2678
	1897	勵廷儀	2392		1868		1885		2680
潘鐸	0568	盧一誠	0209		2248		1887		2728
	0569	盧元昌	1874		2249		1888		2767
	0570	盧世㵌	1866		2831		1889		2773
豫師	0574	盧見曾	2909		2867		1891		2852
		盧宜	0623		2897	韓霖	1111		3055
十六畫		盧湛	0634	鮑倚雲	2576	韓騏	2522	謝三賓	2903
駱賓王	1840	盧登焯	1343	鮑彪	0495	魏了翁	1424	謝王寵	1104
	1841	盧照鄰	2626		0496	魏收	0381	謝廷讚	0080
	1842	盧綸	1878	鮑雲龍	1233		0382	謝枋得	0110
	2626	閻士選	1932	鮑照	2622		0709		1584
駱綺蘭	2590	閻其淵	0258	鮑鉁	2572	魏伯陽	1801		1992
薛已	1185	閻若璩	0086	鮑寧	1233	魏校	2090		1993
薛承愛	1261	閻循觀	2537	鮑應鼇	0902	魏裔介	2278	謝陛	0410
薛瑄	1067		3094	獨孤及	1877	魏齊賢	2817	謝恩黻	1993
	1068	閻詠	0086	鄭露	2246	魏徵	0381	謝朓	2622
	2042	閻鶴洲	1797	鄭灝	2705		0382	謝惠連	2622
薛龍光	2899	穆文熙	0717	龍大淵	0991		0414	謝雲生	1003
薛應旂	0206		1462	龍輔	2624		0415	謝景卿	1003
	0207		2712			魏慶之	2933	謝道承	2420
	0440		2826	**十七畫**		魏憲	2868	謝榛	2169
	0454	興獻皇后蔣氏	1063	璩之璞	0636	魏禧	2276	謝鳴篁	0909
	0465	錢一本	1086	璩光燦	0688	魏顯國	0456	謝肇淛	0711
薛鎧	1191		1467	璩崑玉	1673		0591		1409
蕭士瑪	3075	錢士升	0617	璩惠	0688	儲方慶	2335	謝維新	1575
蕭士瑋	3075	錢大昕	2521	戴任	0722	儲欣	0184	謝遷	0446
蕭士贄	1855	錢允升	2683	戴明說	0335		0501	謝履忠	0898
	1856	錢允治	1154		2683		2629	謝翱	1996
	1857		2718	戴侗	0346	儲罐	2061	謝鐸	2055
蕭子顯	0381		2953	戴昺	1989	鍾人傑	3066	謝靈運	2622
	0382	錢名世	2898	戴晟	2447	鍾大源	2579	應劭	1386
蕭伯升	3075	錢沛思	3030	戴銑	2056	鍾元春	2580	彌伽釋迦	1720
蕭雲從	1825	錢良擇	2371	戴震	2546		2676		1721
蕭智漢	0725	錢尚濠	2746	戴羲	0709	鍾廷燦	0687	繆希雍	1160
蕭統	2646	錢我	1338	戴翼子	2536	鍾俊秀	0686	繆沅	2407
	2645	錢峻	1182	聯瑑	0581	鍾越	1991		2898
	2647	錢祥保	0931	藍水漁人	1996	鍾惺	0098	繆昌期	0214
	2648	錢書	2968	韓邦奇	2093		1017		
	2649	錢陳群	2422	韓有和	0689		1018	**十八畫**	
	2650	錢棻	2014	韓昂	1309		1557	瞿世壽	0180
	2651	錢曾	0962	韓是升	2545		1558	瞿汝稷	1759
	2652		2249	韓忞	1149		1722	曠敏本	0801
	2653	錢雷	0691	韓荻	2341		1935	邊汝元	2570
	2655	錢肅楷	2333	韓偓	1906		1940	邊貢	2073
	2656	錢肅樂	0227	韓康伯	0003		2079	邊習	2073
蕭匯瀾	0676	錢楷	1939		0004		2217	歸有光	1784
蕭震	0805	錢端禮	0720		0273		2218		2159
蕭霖	2544	錢穀	1940	韓琦	1910		2623	離垢軒	1318
蕭麟趾	2471	錢德蒼	1513		1911		2639	顏延之	1834
薩都剌	2011	錢澄之	0041	韓道昭	0351		2676		2622

顏伯燾	0692				1945	譚尚忠	2860	釋惠洪	1756		1017
顏茂猷	1479				2922	譚綸	3074	釋智及	1750		1018
	1670	蘇溶			0449	譚錦珩	0555	釋智朴	0773		1019
顏胤祚	0833				1041	龐啓鯨	0689	釋智旭	1770	顧秉謙	0519
	0834	蘇轍			0388	龐塏	0690	釋智祥	1736	顧炎武	0292
顏真卿	1848				0389		2354	釋智達	2988		0368
	1849				1947	懶道人	1527		2989	顧春	1038
顏師古	0300				2922			釋智顗	1729	顧奎光	2819
	0381	關朗			0017	**廿 畫**		釋然叢	0843		2823
	0382	關槐			1808	釋一元	1755	釋普濟	1757	顧祖訓	0700
	0396				2697	釋一休	0841		1758	顧起元	0404
	0397	嚴光祿			2550	釋大然	0798	釋道宣	1725		2147
	0398	嚴羽			1986	釋上暎	2430	釋道誠	1771	顧起經	1845
顏培文	0692	嚴我斯			2330	釋今辯	2251	釋湛祐	0843		3040
顏鯨	0173	嚴乘			1333	釋心泰	1741	釋寒山子	1852	顧起綸	1621
		嚴啓煜			2330	釋玄奘	0857	釋晥荃	0790		2824
十九畫		嚴遂成			2462		1719	釋嗣端	1747	顧珵美	1685
蘇上傑	1237	嚴虞惇			2386	釋弘儲	1760	釋圓至	2780	顧野王	0310
蘇洵	0265	嚴德甫			1362	釋成鶩	0810	釋圓淨	1761	顧崧齡	1915
	0266	嚴毅			1595	釋延壽	1730	釋鳩摩羅什	1711	顧從敬	2953
	0268	嚴澂			1361		1731		1712	顧從義	1303
	1924	嚴觀			0986	釋自如	0772		1716	顧瑛	2017
	2922	羅公權			1333	釋行海	0777		1717	顧森	3015
蘇過	1952	羅本			1517	釋如玘	1712	釋福深	1748	顧鼎臣	0700
	1953				1521	釋如德	1772	釋適之	0317		2088
蘇復之	2980				1523	釋克文	1748	釋實叉難陀	1715	顧湄	0776
蘇軾	0017	羅汝芳			2157	釋住想	1149	釋實行	0795	顧夢麟	0100
	0020	羅玘			2063	釋佛陀跋陀羅	1718	釋慧泉	1752		0228
	0075	羅更翁			0973	釋希陵	1749	釋德介	0844		0229
	1149	羅尚年			1089	釋希運	1746	釋德洪	1954	顧嗣立	1929
	1390	羅洪先			0733	釋希顏	1750	釋德基	1725		2687
	1832				2122	釋念常	1762	釋德輝	1734		2688
	1833				2123	釋淨善	1735	釋豐干	1852		2821
	1926	羅從彥			1963	釋法新	2437	釋贊寧	1377		2822
	1927	羅清			3023	釋性通	1792	釋覺慈	1756		2898
	1928				3024	釋宗印	1721	釋辯機	0857	顧璘	2623
	1929				3025	釋宗泐	1712	饒伸	1623	顧憲成	0270
	1930				3026	釋函昰	2251	寶克勤	1097	顧禧	1929
	1931				3027	釋拾得	1852		2294	顧懋宏	2195
	1932				3028	釋昭如	1749	**廿一畫**		顧應祥	0453
	1933	羅萬藻			1681	釋思坦	1721			顧鴻志	2899
	1934	羅景			0635	釋施護	1732	酈道元	0812	顧鴻烈	0693
	1935	羅欽順			2066	釋祖心	1733	鐵保	2540	顧藹吉	0341
	1936	羅遐春			2505	釋祖欽	1749	顧九錫	1693	蠹庵	1541
	1937	羅懋登			1526	釋原妙	1751	顧元標	2802		
	1938	鏡塘			1345	釋般刺密帝	1720	顧元慶	1370	**廿二畫**	
	1939	譚元春			1927		1721	顧正誼	1025	龔士烱	0459
	1940				2236	釋海霆	0788	顧有孝	2798	龔在升	1685
	1941				2237	釋紹隆	1747		2897	龔鼎孳	2897
	1942				2623	釋超古	0848	顧光旭	2517	龔煒	1458
	1943				2677	釋超格	1766	顧朱	0181		
	1944				2678	釋超源	2485	顧充	1016		